教科书研究方法与质量保障研究

JIAOKESHU YANJIU FANGFA YU ZHILIANG BAOZHANG YANJIU

孔凡哲　张　恰　等著

东北师范大学出版社　长　春

图书在版编目（CIP）数据

教科书研究方法与质量保障研究/孔凡哲等著. —2版. —长春：东北师范大学出版社，2015.3
（2025.7重印）ISBN 978-7-5681-0370-1

Ⅰ.①教… Ⅱ.①孔… Ⅲ.①教材—研究方法
Ⅳ.①G423.3

中国版本图书馆CIP数据核字（2015）第006648号

□责任编辑：黄玉波　□封面设计：宋　超
□责任校对：曲　颖　□责任印制：刘兆辉

东北师范大学出版社出版发行
长春净月经济开发区金宝街118号（邮政编码：130117）
网址：http：//www.nenup.com
东北师范大学出版社激光照排中心制版
河北省廊坊市永清县晔盛亚胶印有限公司
河北省廊坊市永清县燃气工业园榕花路3号（065600）
2015年3月第2版　2025年7月第3次印刷
幅面尺寸：170mm×227mm　印张：21.5　字数：370千

定价：**63.00**元

前 言

在基础教育研究中，教科书始终处在重要而显赫的位置。在“以本为本，以纲为纲”的时代，更多的人往往不需要过多地思考如何修改教科书，评判教科书，而是更需要思考如何把教科书执行好。随着课程研究的深入，特别是基础教育课程改革的不断深入，素质教育逐步得以落实，人们逐渐认识到，从理想的课程到文本的课程，再到实施的课程，只有变成学生习得的课程，才能说课程的实施是有效的。而教科书作为理解的课程，不仅直接影响着实施课程、习得课程的落实效果，而且对于检验和完善作为文本课程的课程标准起着重要作用。其中既涉及教科书的研制开发环节，又涉及教科书实施过程中的质量保障。

但是，长期以来，我国一直缺乏系统的教科书研究方法，现存的习惯方法多是零散的经验，同时，关于教科书质量保障的研究少之又少。这不仅表现在教科书研制开发阶段“一套教科书首版出齐后基本无需修改”等惯例，缺乏系统的教科书研发的质量保障的理论支撑，而且，即使在推广阶段，也常常出现“照本宣科，穿新鞋走老路”或者“随意更改教科书，轻视教科书资源”等通病。

2003年3月，几位志同道合的学者申报了“基础教育新课程新教材研制开发与质量监控的研究与实践”研究课题，于2003年底被正式批准为全国教育科学“十五”规划重点课题（国家一般级，编号BHA030025)。以孔凡哲为首的课题组，立足自己已有的前期研究，按照课题计划，先后以“教科书研制开发的国际比较”、“教科书研制开发的理论研究”、“教科书研制开发的实践探索”为专题，如期开展了系列研究，同时，以“教科书推广的理论研究”、“教科书推广的实践探索”为专题，进行了连续四年半的实践探索。其间，课题组不仅对教科书的研制理论进行了相对系统的探讨，而且以两套课程标准实验教科书的研制开发和实验推广为典型个案，进行了比较翔实的实证研究，其中不仅涉及教科书编写阶段的质量保障，而且包括教科书的选用制度研究，教研员与教科书推广，学校层面的教科书实施，教师“用教科书教”等等几乎涉及教科书实施的各个领域、各个环节。研究结论既是对2001年9月基础教育新课程实施以来新教科书实践探索的系统提炼，又饱含着作者对教科书研究方法、教科书质量保障机制的深入思考和精心建构。

2007年7月，在BHA030025课题研究接近尾声之际，课题组主要成员继续深化研究，申报了“教科书研究方法的理论分析与实践探索”研究课题，被获准为教育部人文社会科学研究2007年度规划基金项目（编号07JA880058）。本书成果既是BHA030025课题的最后成果，也是07JA880058项目的首批成果。

当您开展教科书研究、教科书研制开发与质量保障活动之时，如果这里的理论提炼与实践探索能给您带来一定的方法启迪和案例帮助，那将是对作者们的最大宽慰，更是作者们的最大愿望。

孔凡哲

附：研究内容（主要成果）一览表

研究内容(主要成果)一览表

研究的具体内容		主要成员	成果形式	成果执笔人
教科书研制开发：国际比较	基础教育教科书质量保障的国际比较	孔凡哲、孙晓天	论　文	孔凡哲
	发达国家课程教材制度比较研究	张恰、杨述春	论　文	张　恰
	中韩教科书对比研究	崔英梅、孔凡哲	论　文	崔英梅、孔凡哲
	中俄教科书对比研究	徐秀娟、孔凡哲	论　文	徐秀娟、孔凡哲
	中日教科书对比研究	李淑文	论　文	李淑文
	课程资源有效利用的比较研究	徐秀娟、孔凡哲	论　文	徐秀娟、孔凡哲
教科书研制开发：理论研究	国外教科书设计思想对比研究	张恰、马云鹏	论　文	张　恰
	教科书的古今比较	孔凡哲、潘冠	论　文	孔凡哲
	教科书质量分析方法	孔凡哲、史宁中	专著、论文	孔凡哲、史宁中
	教科书评价	王郢、孔凡哲	论　文	孔凡哲、王　郢
	教科书研究方法	孔凡哲、王辉、李寒月、王继伟等	著作(部分)	孔凡哲、张恰、王辉、李寒月等
教科书研制开发：实践探索	教科书编写机制的实践探索	王林 等	著作(部分)	王　林
	教科书文本的编制特点	孔凡哲、任景业	论　文	孔凡哲、任景业
	教科书设计研究	马云鹏、孟祥静、何凤波、赵艳辉	报　告	马云鹏、孟祥静何凤波、赵艳辉
	教科书质量的出版社保障机制研究	张恰、杨述春	论　文	张　恰
	教科书审查制度研究	孔凡哲、张恰	论　文	孔凡哲、张恰

教科书推广：理论研究	教科书质量保障机制分析	孙忠慧、李莹、王林	著作(部分)	孙忠慧、李莹
	课程资源的开发、利用	孔凡哲、马云鹏、蔡雪怡	论　文	孔凡哲、马云鹏
	教科书推广中的信息渠道研究	任景业	著作(部分)	任景业、孙忠慧
	国家课程的校本化处理	刘晓玫	论　文	刘晓玫
教科书推广：实践探索	教科书推广的机制建设	王林 等	著作(部分)	王林 等
	教研员与教科书的实施	李博、孟祥静、李春花、黄诚	著作(部分)	李博、孟祥静
	学校层面的教科书质量保障研究	李昭军(农村中学) 周赫(城市中学) 赵艳辉(城市小学)	著作(部分)	李昭军 周　赫 赵艳辉
	实施中的教科书实验研究	孔凡哲、于明华、周赫	论　文	孔凡哲等
	教科书实施状况的调查分析	王铁红、宫长海、苗慧等	著作、论文	王铁红、苗慧等
	教师与教科书的实施	姜羽秋、赵春梅	著作(部分)	姜羽秋等

目　　录

第一编　教科书研究方法

第一编

教科书研究方法

关注教育质量与效率是近年来国际教育研究的共同趋势。教科书作为课程的主要载体之一，在课程中居于不可替代的位置，其文本质量和使用实效会直接影响课程的整体水平和质量。事实上，中小学领域的课程质量问题在许多层面上都被具体物化为教科书质量问题。因而，教科书研究是课程研究的核心内容，是确保课程质量的重要环节，对教科书的分析、评价在今天已经演变为教育评价的重要组成部分。尤其近年来全国教科书领域出现了“多个标准多套教科书”（上海课程标准及其教科书、全国课程标准及其多个版本的教科书）的新格局，这是我国教科书史上的一次重大进步，但也由此产生了教科书质量的参差不齐以及教科书的“多样化”演变成“多本化”等问题。这些问题促使教科书评估既成为教育主管部门的必要工作，也变成教师无法回避的现实问题。但是，长期以来，我国缺乏相对系统、完整的教科书研究方法，尤其缺乏实用、有效的研究方法。这既是国内教育界的困惑，也是国际教育研究的整体缺憾。因而，在基础教育领域系统探讨教科书的研究方法对于深化中小学教育教学改革具有十分重要的意义。本编将集中讨论基础教育领域的教科书研究方法问题。

第一章

教科书概论

进行教科书研究，目的在于切实提高教科书的质量，强化其使用效果。为此，我们必须首先界定教科书的有关概念，明确教科书质量的含义，讨论对教科书进行质量分析的基本思路。

第一节　教科书的有关概念

在《中国大百科全书·教育》(1976 年版）中，教科书被定义为“根据教学大纲或课程标准编制的系统地反映学科内容的教学用书”①，现行的《中国大百科全书·教育卷》（1985 年版）则将其修改为“根据教学大纲（或课程标准）编订的，系统地反映学科内容的教学用书”，即几乎未作改动。

有学者将教科书定义为“学校或任何学习集团在学习一定领域的知识时所运用的教材，以更利于教学的方式（而）编辑的图书”②。也有研究者将教科书定义为“学校教育中的核心文本”③，将教科书的属性分为表现性属性和内在性属性两类。

此外，关于教科书概念的讨论还有很多。我们发现，教科书的如下性质最为突出，能比较全面地反映教科书的含义：教科书是教学活动中的主要凭

① 编委会．中国大百科全书·教育［M］．北京：中国大百科全书出版社，1976：145.

② 钟启泉．现代课程论［M］．北京：教育科学出版社，2003.

③ 吴瑞祥．关于教科书分析与评价的理论探讨：以社会科教科书的分析与评价为例［D］：［硕士学位论文］．上海：华东师范大学，2003．中国优秀硕士学位论文全文数据库(CDMD).

借，是联系师生活动的桥梁和纽带；教科书是课程内容的主要载体（当然，学校的课程还包括学校文化等隐性课程的内容，但我们这里主要探讨学生实际学习到的、可测量的学科知识）；教科书是教材的重要组成部分，在日常生活中我们常常将教材等同于教科书。

我们注意到，将教材直接理解为教科书，同时将教科书武断地理解为事实性知识的载体，这在以往我国长期的教学实践中普遍存在，并与我国长期沿用的中央集权的课程体制密切相关——国定教科书的制度使教科书神圣化，教师只要“教教科书”就可以了，不必思考和探讨“用教科书教”的问题。笔者认为，教材与教科书是完全不同的两个概念，教材不完全等同于教科书，但两者又有千丝万缕的联系。教科书包含在广义的教材概念之内，是教材的重要组成部分。在本研究中，教科书特指以“课程标准”等文件为指导和依据，由特定出版社出版，用于中小学教与学的文本式的参考凭借，即指中小学各门学科课程的学生用书、教师用书及与之相配套的必要的练习册。这里的“特定出版社”指的是取得一定资质的出版社，这些出版社能够出版、发行中小学有关学科的教学用书。

其实，对教科书的定义与课程观相辅相成，相互影响。尽管对于课程定义的争论至今仍在延续，但仍可以达成这样的共识：教科书是教材的重要组成部分，是课程目标和课程内容的主要呈现形式，也是师生在教学活动中的主要凭借。正如 2006 年修订的《中华人民共和国义务教育法》① 指出的：“教科书根据国家教育方针和课程标准编写，内容力求精简，精选必备的基础知识、基本技能，经济实用，保证质量。”

总之，教科书是课程目标、课程内容的主要载体，是师生进行教学活动的主要凭借。教科书的编写要依据课程标准，是对课程标准的一次再创造、再组织，同时，对教科书的编写和实验也可以检验课程标准的合理性。

第二节 教科书质量及其有关概念

基于质量学视角，一本高质量的教科书必须满足用户的需要并为用户带来利益，符合国家的教育方针，必须有助于实现国家规定的教育教学目标，

---

① 中华人民共和国义务教育法．中华人民共和国主席令第五十二号［DB/OL］．中央政府门户网站（www. gov. cn），2006－06－30 引用．

并与社会主流文化相一致。同时，我国当前实行的“多个标准多套教科书并存”的教材管理政策决定了教科书的质量受制于它与其相应的课程标准的符合程度、教科书的特色等等因素。同时，这又直接影响着教科书的使用范围。

事实上，质量一方面代表一种产品的属性，另一方面也代表着一种服务。对于学校教育来说，学生成为其用户，学校为用户（这里指学生）提供一种特定的服务。而对于整个社会整体而言，学校教育提供的是一种特殊“产品”——学生。学生能否获得谋生的本领并在现实生活中得到认可；学生是否能很好地适应社会，满足社会需要，进而促进社会进步与发展；学生能否在未来促进学科的进一步发展：就此而言，学校还须要对学生、家长、教育行政部门、社会、国家等多方因素负责。

根据全面质量管理理论（Total Quality Management）的经典理论PDCA循环的基本观点，质量分析评价是一个循环不断的动态过程①。由此，我们认为，就教科书质量分析评价而言，其目的主要体现在如下四个方面：提供证据说明教科书的质量是否达到投入试用或使用的要求；分析教科书的特点供选用者做决策时参考；根据分析评价的资料提出修改教科书、提高教科书质量的意见与建议；通过分析评价的过程促进教师教学水平的提高和学生的发展。

须要指出的是，单纯的用户需要并不能完整地表达教科书的质量标准。事实上，教科书的质量一方面蕴含着与教科书发生关系的各个群体对教科书质量的主观期待，另一方面也包含教科书本身的一些物理质量指标与潜在的内容质量指标，这些属性与指标符合有关标准、要求。

笔者认为，教科书质量的本质内涵在于符合课程标准等的有关规定，特色明显，能够最大限度地满足学生学与教师教等各方面的合理需求。

由此，教科书作为一种特定的“商品”，要对其质量进行评判和改进，“生产厂家”的自我分析、判断并非“真理”——使用的时间与课程实施的实践活动才是检验教科书质量的唯一标准，而教科书的用户也是其质量重要的评判者。要提升教科书的质量，不仅应该关注教科书文本的改进和质量提升，也应该关注师生这些特殊用户的需要及其得到满足的实际状况，教科书的使用带来的社会影响（如教科书所倡导的理念是否与社会的主流文化相一致等等，正是教科书的社会性的具体体现）。

---

① 赵涛，高林．发现戴明［M］．北京：北京工业大学出版社，2002．

第三节　影响教科书质量的因素分析①

一、教科书质量的类别

教科书质量研究隶属课程评价领域。正如艾伦 C. 恩斯坦、费朗西斯 P. 金斯在其名著《课程：基础、原理和问题》(第三版) 中分析的，“(课程评价有多种分类……) 我们还可以内在——效果视角来分析评价”②，也就是说从内在——效果视角来分析，可以将课程评价分为内在课程评价和效果评价。前者须要对“课程的具体内容、编排方式、内容的准确性以及所采用的材料的种类等等”进行研究，以决定课程是否有价值。其假设前提是“只要课程计划得内容准确，其具体的组织有坚实的基础，就可以有效地激励特定学生的学习”。而后者就是要对课程实施的效果进行检测。尽管目前国际上既有效果评价的支持者，也有内在评价的支持者，但是，如果我们能够兼顾二者，未必不是一件好事。

相对教科书质量研究来说，内在评价实际上就是对教科书进行内在质量的分析，效果评价则是对教科书在实施中的实际效果进行评价。因而，我们可以将课程质量区分为内在质量与外在质量两个方面，前者特指课程潜在的特质，后者特指课程在实际实施过程中表现出来的特质。从内在质量和外在质量两个层面进行课程质量研究，可以深入静态的课程文本、条件以及动态的课程实施两个不同的层面，分别进行细致、深入的研究，将课程评价理论深化、细化到微观层面和实际操作层面。教科书质量有广义和狭义之分，狭义的教科书质量特指教科书文本的质量，广义的教科书质量既包括文本的质量，也包括实施过程中的使用效果。我们认为，教科书文本的质量以及教科书实际的使用效果可统称为教科书质量，更确切地说，前者可称之为教科书的内在质量，而后者可称之为教科书的外在质量。

一般地，教科书文本的水平应包含文本的内容水平和印刷出版水平两方

① 本部分是孔凡哲博士学位论文的一部分：孔凡哲．教科书质量研究方法的探索［D］：［博士学位论文］．长春：东北师范大学，2007．中国优秀博士学位论文全文数据库（CDMD）．本部分曾公开发表在《教育发展研究》2007 年第 6B 期上。（作者：孔凡哲、史宁中，题目：教科书质量及其影响因素）

② ［美］艾伦 C. 奥恩斯坦，费朗西斯 P. 金斯．课程：基础、原理和问题［M］．南京：江苏教育出版社，2002：347.

面，前者特指教科书的内容属性，后者特指教科书的物理属性，这就决定了教科书文本的质量包含了文本的内容质量与印刷质量两层意思。其中，对教科书印刷质量的深入研究由印刷专业人员来完成效果会更“专业”。

教科书文本的内容与结构是教科书内在质量的关键要素，而编排特色是教科书内在质量和外在质量的生命线。对于教科书的内在质量，我们既可以从静态角度对其文本进行多维度的质量分析，也可以在课堂教学中探讨不同版本教科书的差异、教科书设计的有效性分析、教科书的师生认同程度等等一系列问题，进而提出课程设计、教科书设计的改进对策。对于教科书的外在质量来说，尽管影响教科书实施效果的因素很多，但是，教师使用教科书的水平、教科书的不同呈现方式以及教学条件、环境因素，是其主要因素。特别地，教科书的外在质量在很大程度上受制于教师借助教科书进行创造性教学的水平和实际发挥的状况。教师使用教科书的过程包括教师感悟和理解教科书的设计、开发意图，选择、研究和实际运用以及评价教科书等多个环节，而教师使用教科书实施课程的能力和实际水平具体体现在上面的各个环节之中。

二、影响教科书质量的相关因素

如前文分析，教科书质量研究隶属课程评价领域。教科书的质量对于课程质量、教学效果和学生学习绩效有着直接而重要的影响。尽管教科书只是教材的一种，是学生学习的材料之一，但在学校教育中占有主要地位。对教师来说，难得有一本书像教科书那样可以反复研读，反复思考。这说明，教科书在教学中的地位的确很高。同时，教学离不开教科书，教科书的指导价值不容忽视。正是如此，许多教师对教科书百依百顺，成为教科书的“奴仆”。也正是针对当前中小学的这种实际情况，为数甚多的学者呼吁一线教师“做教材的研究者”[①]，即“教师不能做教材的奴仆，应该成为教材的主人。做教材的主人，就是驾驭好教材，用活教材，发挥它的最大效益。想要做到这一点，教师就要认真研究教材”。

综合国内外已有的研究成果，笔者认为，影响教科书质量的因素很多，包括教科书的文本、政策保障、教师、学生、外在条件环境（包括课程资源、课程实施的硬件和软件等等）诸多因素。

（一）教科书的文本

教科书的文本是教科书内在质量的主要载体之一，也是影响教科书实施

① 申建春. 做教材的研究者［J］. 湖南教育·数学教师，2007（2）：1.

质量和效果的最直接因素。其中，教科书的编排方式、体例、内容、版式、印刷质量等因素不仅决定着教科书的内在质量，而且直接制约着教科书的外在质量（即实际的使用实效）。

1. 教科书的文本对于实际的教学起到不容忽视的正面引领作用

教科书不仅提供了一定的公共文化科学知识，而且为教师的课堂教学组织、教学的方式方法提供了一定的指导和参考。有了教科书，教师就不必每一单元、每一节都自编教材，就可以节省下相当的精力和时间作其他方面的教学准备，以便更好地辅导学生学习。

与此同时，教科书是辅助学生学习的最经济、最具实效的材料，具有携带方便等特点。但是，如果教科书文本阐述的课程目标不够明确，教科书的内容呈现方式不够理想，素材的选取和情境的创设不够贴切，就会直接影响课程的实际实施效果。

特别地，对于许多内容来说，即使教科书的呈现方式比较理想，但如果其特点不能被使用者（教师、学生，尤其教师）理解、接受并加以落实，其实际效果也未必如愿。对此，笔者选择现行的课程标准实验教科书初中“有理数乘法法则”不同版本教科书的呈现方式进行了对比实验[①]，我们发现：一般地，在教科书中呈现有理数乘法法则，通常有“合情推理模式”、“运动模式”以及“变号法则模式”三种。对比实验显示，教科书不同的呈现方式对于实际的课堂教学效果影响显著：“运动模式”从已有的算式出发导出乘法法则，可以减少“硬性规定”的痕迹，增强学生的认同感，同时，重视学生对有理数乘法法则实际运用的熟练程度。但是，“运动模型”中“负负得正”的实际意义并不能被为数甚多的学生理解。“合情推理模式”从若干算式中寻找规律，归纳出乘法法则，更容易被程度较好的学生认同。同时，该模式重视学生对有理数乘法法则运用的熟练程度。但是，这种模式对于学生的接受能力要求较高，即使在办学水平比较高的城市重点中学的相应班级，仍有超过半数的学生对教学内容的理解有困难。“变号法则模式”关注学生的归纳、概括能力，各类学生的认同率高。但是，在这种模式下，有理数乘法法则的现实性欠缺，不少学生感到啰唆甚至乏味。

此外，长期的中小学教学实践表明，教科书内容的不同难度对实际的教学效果也有显著影响，而难易适中的教科书能够有效提高课堂教学效果。已

① 本书第四章第一节。

有的研究表明，“成就动机强的学生倾向于喜欢具有挑战性的教科书”①。其实，2001 年 9 月开始实施的基础教育新一轮课程改革的一个重要目标就是旨在改变课程、教科书内容过难的问题，即“繁、难、偏、旧、贵”中的“难”。

2. 教科书的内容也有偏见的可能，教科书的文本有时也有一定的负面性

香港学者黄显华、霍秉坤指出：“教科书对教师在教室中的教学及学生的学习，均有重大的影响。不少研究亦显示，教科书中的偏见对学生亦产生一定的损害。”②

王婷的研究表明：“教科书易带有编写者的偏见，社会上的舆论和偏见也影响着编者，易使教科书带有偏见；教科书具有明显的滞后性，教科书内容的陈旧性与滞后性尤为突出；教科书不利于适应学生的个别差异；教科书容易忽视地方的特殊需要；教科书存在的不足容易窒息学生的好奇心和创造性。”③

台湾地区一线教师卢逊指出：“如果我们的老师长期仅仅依赖教科书进行教学，我认为将会出现很大的弊端：懒惰的老师只会照着课文进行教学，背离了课程改革的宗旨；长期依赖教科书使老师缺乏研究及解决问题的精神，在课程教学中更无法将这种探究精神感染、传递给学生；许多老师也以为，只有教科书的提法才是唯一的、科学的、标准的、权威的，才是可以教授的知识，这一点也易阻碍学生对知识的探究；很多老师和学生只读教科书及参考书，因而觉得只有教科书才是‘有用’的；（这就导致）无法充分调动学生的批判精神，启发个人潜能。”④

“教师如何面对教材”成为当前中小学教师普遍关注的热门话题，“做教材的研究者”⑤，“以尊重的态度理解教材，以开阔的视野研究教材，以批判

---

① 高凌飚. 基础教育教材评价：理论与工具［M］. 北京：人民教育出版社，2002：316－327.

② 黄显华，霍秉坤. 寻找课程论和教科书设计的理论基础［M］. 北京：人民教育出版社，2002：146.

③ 王婷. 教科书的负面性及对策研究［J］. 教育科学研究，2000（1）：68－72.

④ 卢逊. 教科书与教师［J］. 基础教育课程，2005（10）；内蒙古教育，2006（2）：7－8 转载.

⑤ 申建春. 做教材的研究者［J］. 湖南教育·数学教师，2007（2）：1.

的眼光审视教材”[①]，成为当前中小学教师和教育研究者普遍持有的积极态度。

3. 影响教科书内在质量的因素

教科书文本是教科书内在质量的主要载体。教科书文本对教科书内在质量的制约作用集中表现在教科书的内容、组织结构、印刷制作等三个方面。

教科书的内容涉及内容的学科性（即符合所属学科的学术性和作为中小学课程的教育性）、社会性（即反映社会主流文化，体现社会进步、科技与经济的发展），教科书课程目标的设计及其落实的可行性、有效性和完备性以及教科书资源的丰富性、聚焦性（即各种资源紧紧围绕目标而展开，而不松散，彼此不够连贯）和完备性等等。

教科书的组织结构具体体现为内容组织特征（如设计编排的体例、风格等等，这是学科为本、学生发展为本等课程教材观的具体体现），教科书提供的教与学的实施措施的完备性、可行性（如方便教师的教、学生的学，充分的人性化，可读性强）等等。特别地，教科书的“螺旋式结构”是当前基础教育课程设计、教科书开发十分关注的焦点话题，如何合理使用螺旋式结构与直线式结构成为当前基础教育课程设计、教科书编写的基本对策之一，也是影响教科书内在质量的重要因素之一[②]。

教科书印刷制作因素特指教科书的出版属性，如印刷的纸质、规格、装帧、制作水平等等，“图画文字搭配合适，纸质良好，印制美观，坚固耐用”就是对此属性的一种刻画和描述。对此，我国出台了专门的法规，明确规定中华人民共和国关于中小学教科书的印刷质量的国家标准，如《中小学教科书幅面尺寸及版面通用标准》、《中小学教科书用纸、印制质量标准和检验方法》[③] 等等。

特别地，教科书的编写特色是制约教科书内在质量的第四个重要因素，甚至可以说是教科书质量赖以生存的“灵魂”。以往的同类研究大多忽略此因素。

---

① 潇湘数学教育研究室．数学教师如何面对教材［J］．湖南教育·数学教师，2007（2）：9－13．

② 孔凡哲．基础教育新课程中“螺旋式上升”的课程设计和教材编排问题探究［J］．教育研究，2007（5）：66．

③ 中华人民共和国国家标准 GB/T18358－2001：《中小学教科书幅面尺寸及版面通用标准》；中华人民共和国国家标准 GB/T18359－2001：《中小学教科书用纸、印制质量标准和检验方法》。国家质量监督检验检疫总局 2001－06－07 批准，2001－06－07 实施。

事实上，在全面推进课程改革、深化素质教育的今天，教科书的多元化并不是“多本化”，正如韩艳梅针对当前语文教科书建设的问题指出的：“较之‘一本’，‘多本’固然是历史的进步，但多本化不等于多样化。目前语文新课程的三套实验教科书虽然也各有创新之处，但总体格局基本雷同，各自的风格和特色并不十分鲜明，因而，距离多样化的要求仍有不少差距。究其原因，理论上缺乏必要的相关专业支持，实践上因袭守旧的编写体制恐怕是关键。随着教科书选用的市场化，教科书品质的提升变得越来越重要，教科书要独树一帜，别具一格，要有原创性，要有自己的特色和价值。”①

无独有偶，对于义务教育数学课程标准实验教科书而言，正如我们在文中指出的：“随着初中数学七至九年级六册教科书的逐步出齐，对比各套教科书，趋同现象虽然不能说愈发严重，但风格的彼此模仿、各自特色的衰减趋势是值得关注和思考的问题。开发真正有特色的数学教科书任重而道远。”②

（二）教师的水平

教师是影响教科书使用质量和效果的最直接因素之一。在中小学实际的教学过程中，尤其在当前的基础教育课程改革中，教师的角色转变，教师使用教科书的方式方法与技能技巧，教师对教学材料、资源解读的方式和效果③等等都将直接影响教师课程实施水平的正常发挥。

中小学教育、教学的实际显示：“面对新教材，教师之间的差异非常大：有的感到无所适从，茫然不知所措；有的恪守教材而教教材，不敢越雷池半步，从而照本宣科；有的脱离教材而随意另选材料，费力而收效不佳；有的在教学中再生教材，把教材当作活的资源来使用。”④

正如台湾学者卢逊在《教科书与教师》一文中指出的：“教科书是文本，有多义性和诠释空间，教科书的用途和用法也很多样，它不是真理的载具。这样想，教科书和使用者就都可以得到解放而获得更广阔的空间了。”这是当前中小学教师应该持有的、相对理想的教材观。

---

① 韩艳梅．特色问题建议：语文新课程实验教科书透视［J］．全球教育展望，2003（9）：21．人大报刊复印资料·中学语文教与学，2004（1）全文转载。

② 孔凡哲．数学课程标准实验教科书发展中的问题及其对策［J］．教育科学研究，2005（3）：53－56．

③ 孔凡哲．课堂教学素材解读的常见误区及其对策［J］．澳门数学教育，2007（4）；课程研究，2007（2）．

④ 郝淑芳，蒋夏林．处理教材要把握好三个关系［J］．湖南教育·数学教师，2007（2）：16．

事实上，今天看来，教科书在教师进行教育、教学过程中的作用依然明显[①]。首先，教科书是教师课堂教学的重要参考之一，教师借鉴和参考教科书规定的教学目标和教科书编排方式进行教学设计和教学实施，常常是经济的和最便利的。其次，教科书并不是教师教学的全部内容，而仅仅是最重要的课程资源之一，除教科书外，教材还包含其他更为丰富的资源。教科书是针对全国普遍的情况而编写的材料，未必适合本地、本班学生实际，未必适合教师本人的教学风格，许多素材须要更换，许多内容须要调整和进一步完善。因而，转变以往那种"教教材"的教材观，树立"用教材教"的新教材观，真正实现教科书作用的转变，就变得十分必要和迫切。其中尤为重要的是切实提高教师的教科书使用水平，增强教师评判教科书的意识[②]。对于前者，可以通过各种具体的途径与方法，正如笔者在文中指出的："从课程目标的视角'直读'教学素材，挖掘素材背后的学科含义和作用；依靠校本机制，立足个性风格重组教学素材，注重课堂中的生成性素材，是课堂教学素材解读的两种基本方法，也是解读课堂教学素材，保障课堂教学质量的有效策略。"[③]

（三）学　生

学生是课程实施最直接的受益者，是课程质量最直接的"客户"，学生期望获得全面、健康、和谐和可持续发展，而教科书对学生的合理需要的满足程度直接影响着教科书的使用效果。丁朝蓬及其合作者的研究[④]表明：学生评价教科书首先（和重点）关注的是教科书的直观形式，如插图的运用、色彩的丰富性、版式的设计及语言的生动性等，他们喜欢活泼、漂亮的插图和封面，喜欢丰富的色彩，喜欢新颖的版式，喜欢生动有趣的语言，而对"死板"、"没有活力，死气沉沉"的教科书没有兴趣。其次，教科书的知识内容如何，也影响学生对教科书的评价，学生喜欢教科书知识丰富，喜欢教科书所传授的知识"实用，有用，贴近生活"，而不喜欢知识"不实用，离

---

① 孔凡哲，王辉．新课程深化阶段中小学教师的新需求［J］．当代教育论坛（学科教育研究），2007（4）：73－75．

② 孔凡哲，王郢．提升教师教科书评价意识保障教科书质量［J］．教育理论与实践，2006（10）：58－62．

③ 孔凡哲．课堂教学素材解读的常见误区及其对策［J］．澳门数学教育，2007（4）；课程研究，2007（2）．

④ 高凌飚．基础教育教材评价：理论与工具［M］．北京：人民教育出版社，2002：316－327．

生活太远”，“陈旧”。最后，学生喜欢教科书有丰富多彩的活动形式，如各种实验、表演、小故事、阅读材料等，而对“形式枯燥、没有其他活动”的教科书不喜欢甚至厌恶。教科书中的习题也是备受学生关注的部分，如果习题设计得有趣并有助于巩固所学知识，学生就会喜欢。与此同时，教科书的难度也直接影响学生对教科书的评价。总体来看，更多的学生喜欢不太难的、比较容易的教科书，而成就动机强的学生倾向于喜欢具有挑战性的教科书。由此可见，学生对教科书的喜欢程度也是衡量教科书质量的一个重要因素。

正如卢逊指出的，“教科书应具有五个特质——基础是较完整的知识体系；须要与学生的实际生活有着更为紧密的联系；要对学生拓展性思维起着引导作用；要体现批判精神；内容是通过归类的、有意义的或学生必须知道的知识，而且具有参考、查阅价值，而不是规定老师必须上哪些课”①。学生对于教科书的合理期望及其满足的实效是教科书质量得以保障的一个重要源泉。

（四）外在的条件、环境与资源

巧妇难为无米之炊，外在的条件、环境以及包括教科书在内的课程资源是课程实施不可缺少的重要条件。尤其是与教科书配套的系列课程资源，对于教科书的外在质量和效果都起到显著的促进或拟制作用。我们的研究②表明：在义务教育数学课程标准实验教科书的编写和教学实施过程中，数学课程资源的丰富性常常制约着实际的实施效果。广泛开发和有效利用各种课程资源已经成为新课程改革的“瓶颈”。数学课程资源可以通过课堂内外的实践活动及其材料，与其相关学科的资源，校内外的场馆资源、乡土特色资源，信息化系列媒体资源，广泛的智力资源、人力资源等渠道得以有效利用。事实上，新课程实施迫切需要丰富与教科书配套的大量相关资源。配套资源的形态包括参考书、光盘资料、网上资源、软件工具和辅助材料等等。配套资源的内容包括案例、范例（包括学案和教案）、评价量表与工具、工作模板（包括作业模板和教案模板）等。许多版本的教科书还包含纸质印刷品、配套多媒体光盘和网站支持平台三种载体形式，旨在形成多元化的教材

① 卢逊．教科书与教师［J］．基础教育课程，2005（10）；内蒙古教育，2006（2）：7－8转载．

② 孔凡哲，马云鹏．论数学课程实施中的数学课程资源［J］．数学教育学报，2004，13（2）：27－29．

体系。

（五）政策保障

政策保障是教科书使用过程中的外在机制和保障之一。事实上，不同的评价机制、校本教研制度，甚至教科书的编排、审查和选择、实验制度都会直接影响课程实施中教科书内在质量的正常发挥。

我们对基础教育课程、教科书质量保障机制的国际比较研究[①]表明，稳定、持续的教育质量是基础教育发展的核心问题，而稳定、严密的课程、教科书质量保障系统是基础教育新课程得以推广和发展的生命线。

针对我国基础教育课程教材研制开发和实验推广的实际，特别是当前基础教育课程标准实验教科书的质量在“高原期”徘徊的实际，我们认为，以课程教材研制开发机制和同步的质量保障建设为核心，是解决问题的要害。其中，课程教材开发与评价的制度建设是关键。它包括课程开发人员的专业化趋势、研制开发系统与推广系统的局部分离、课程教材反馈机制、反馈系统建立的迫切性等等。

由于各科课程标准还须要在相应教科书的实验中得到验证和进一步完善，因而，教科书实验必须与课程标准实验同步进行，二者相互依托，共同完善（即课程标准指导课程标准实验教科书的实验，而后者是课程标准实验的重要组成部分）。同时，课程标准及其教科书的实验自始至终都是一项科学研究工作。

如何建立进而形成良性的课程教材质量更新机制是当前教材质量保障政策系统的核心和关键，这个机制能够将包括一线教师在内的各级课程教材人员针对课程教材的研制开发、质量保障提出的建议及时、有效地反馈到课程教材研制开发部门和监管部门，形成有章可循、有法可依的良性机制。

总之，保证课程质量的高水平是课程改革和发展的根本。提高课程质量研究的理论水平，丰富和完善课程质量、教科书质量的理论，是深化课程理论建设、增强课程实施效果的关键环节。考虑当前国内课程质量研究的实际，尤其是教科书作为课程内容的主要载体，对课程的设计、实施和评价都起到提纲挈领的功效，基于教科书层面进行课程质量保障研究可以立足于课程质量的基本内涵，深入分析教科书的内在质量和外在质量及其保障机制，进而构建教科书分析的一般思路和方法，形成教科书质量保障的一般策略。

---

① 孔凡哲．基础教育教科书质量保障机制的国际比较及其启示［J］．东北师范大学学报：哲学社会科学版，2004（6）：36—42．

第二章

教科书研究的常用方法

教科书是实现课程目标、实施教学的重要资源，是课程内容的具体体现，为学生的学习活动提供了基本线索。教科书作为课程的主要载体（虽然不是唯一的载体），在中小学课程中具有不可替代的作用。课程质量问题在很大程度上具体体现为教科书质量。然而，当前的教科书研究缺乏系统的方法，现有的方法实效性不佳。深化教科书研究可以更好地提高课程的实施实效。在本章，我们将系统阐述教科书研究的基本方法。

第一节　教科书研究的基本方法

一、教科书研究的惯用方法

教科书研究一般可以分为过程取向研究、产品取向研究和接受取向研究[①]三种类型。过程取向研究旨在对发展、批准、市场、采用和应用等环节进行研究。产品取向研究将教科书视为教学媒介和视觉沟通工具，经常利用内容分析法进行研究。接受取向研究旨在了解公众对某类教科书的反映。

美国科学促进协会推出的“2061 计划评价工具”用于对教科书进行内容分析和教学分析（instructional analysis）。而英国苏赛克斯大学采用的课程、教科书分析（textbook analysis）方法是国际同领域有名的方法，目前已成为高校教科书分析、评价的基本框架，对基础教育教科书的分析评价也

① 黄显华，霍秉坤. 寻找课程论和教科书设计的理论基础［M］. 北京：人民教育出版社，2001.

有较大影响[①]。此外，戴尔、查尔与弗赖[②]所使用的"计算可读性，即检查课本中词汇和句子的复杂程度，给教科书打出等级"有一定的使用范围，但指标过于简单。运用课本检核表是教科书分析的另一种方法，但测试表内容叙述的含糊成为制约该方法使用实效的最大障碍。当然，教科书研究的方法不止这些，还包括其他一些方法。例如，利用质化方法进行教科书认同的研究，利用社会学的一些方法进行教科书的内容研究（如性别歧视、道德倾向、价值观念等等的研究）。

正如 L. David 指出的："直到最近几年，在教科书领域的研究还十分有限。"[③] 其实，对教科书分析和评价的研究相对薄弱，不但中国如此，美国等国家也是如此。

二、教科书研究范式的发展

通过对教科书分析与评价的现状进行比较深入的研究，吴瑞祥指出了教科书评价走向教科书分析的必然[④]，并进一步提出，教科书分析是指基础性分析、适应性分析和发展性分析的统一。基础性分析就是判断教科书的理论系统是否准确，表达系统和作业系统的形式是否正确，是否符合相关的课程标准。适应性分析就是收集能够反映教科书理论系统、表达系统和作业系统的属性特质，观察和收集教科书在实际使用中适应程度的资料和数据，从而更好地服务于教科书的管理、选择和改进，为学生提供更合适的教科书，主要解决的问题是教科书是否适应当前的现实。发展性分析就是评估教科书是否符合未来社会发展的需求，是否考虑了学生的全面发展要求等因素。对此，笔者以义务教育数学课程标准实验教科书为例，从教科书分析的基础性、发展性和适应性等多个维度开展了一些研究：详细分析了我国当前普遍使用的义务教育数学课程标准实验教科书的基本特点及其成功点；详细分析了数学课程标准实验教科书发展中的问题，提出了解决这些困惑的对策；对初中阶段（即义务教育七至九年级）"空间与图形"教科书内容的成功与不

---

① 范印哲. 教科书设计与编写［M］. 北京：高等教育出版社，1998.

② Chambliss，M J and R C Calfee. *Textbooks for Learning：Nurturing Children' s Minds*［M］. Oxford：Blackwell，1998.

③ David L Elliot and Arthur Woodward. *Textbooks and Schooling in the United States*［M］. Chicago：University of Chicago Press，1990.

④ 吴瑞祥. 关于教科书分析与评价的理论探讨：以社会科教科书的分析与评价为例［D］：［硕士学位论文］. 上海：华东师范大学，2003. 中国优秀硕士学位论文全文数据库(CDMD).

足进行了比较系统、深入的反思研究，在充分肯定其成就的同时，提出了我国初中几何教科书呈现方式的发展趋势。这些研究在国内数学教科书研究领域产生了良好影响，也为我们进行深入研究提供了必要前提和重要基础。

正如前文分析的："从教科书评价走向教科书分析、教科书评定，这是教科书研究的一种重要趋势。"对此，笔者表示认同。但是，对于教科书分析研究是否停留在"基础性分析、适应性分析和发展性分析的统一"阶段，笔者认为值得商榷。

三、教科书研究的一般方法

众所周知，科学合理的研究方法是提高研究实效，进而完成研究任务的利器。课程质量研究、教科书质量研究更是如此。

事实上，课程质量分析的过程就是运用一定的模型、工具和方法对特定的课程内容进行质量分析的过程。这里的方法既可以是质性方法，也可以是量化方法，而且很多情况下往往以一种方法为主并辅以其他方法。当然，在课程质量分析过程中，建模法、内容分析法与质性方法等是常用方法。

对教科书研究而言，研究的方法和工具尤为重要。长期以来，国内外同类研究大多停留在经验层面，构建恰当而有效、简洁而实用的模型进行定量研究一直是国内外同类研究的难点和"瓶颈"。黄甫全教授在其博士论文及其相关研究①②中的尝试就是国内在这一方面为数不多的有益探索，尽管这种灰色模型在今天看来有"过于专业和理想"之嫌。一方面，正如张培善先生指出的，"课程实施的测量非常艰难，很多内容无法量化"③，另一方面，也说明课程测量评价、教科书测量评价的学科边缘性、交叉性和问题的复杂性。

基于当前教科书研究的实际，综合运用建模法、内容分析法、层次分析法、质性方法等有关研究方法开展教科书研究是切实可行的。

（一）建模法

即数学建模法，它是把实际问题抽象成数学语言符号，通过构建数学模型进而解决实际问题的方法。这是一种极其重要的模式和方法。建模法是本研究的主要方法之一。在本研究中，我们将通过因素分析构建课程难度的定

---

① 黄甫全．关于课程难度阶梯的初步探讨［J］．华南师范大学学报：社科版，1995（2）：104－108．

② 黄甫全．课程难度刍论［J］．东北师范大学学报：哲学社会科学版，1994（4）：91－96．

③ 张善培．课程实施程度的测量［J］．（香港）教育学报，1998，26（1）：149－170；当代华人教育学报，1999，1（2）．

量模型、教师使用教科书的水平模型，并进行教科书与课程标准吻合程度（即符合程度）的分析，以及教师使用教科书水平测定的实证研究。

（二）内容分析法

即 content analysis，是对文献内容进行客观、系统、量化分析的一种科学研究方法。它始于二战期间的军事情报研究，在情报战中成效显著。战后，新闻传播学、政治学、图书馆学、社会学等领域的专家、学者与军事情报机构一起对内容分析方法进行了多学科研究，使其应用范围大为拓展。[①]教育和教学活动也是一种信息的传播过程，因而，可以利用内容分析法对教育文献、教科书、课堂讲授、视听教材、直观教具、学生反应、学生练习甚至特殊教育等问题进行分析，以便探索其中的规律。

在本研究中，我们主要运用内容分析法进行教科书具体内容的分析，尤其是教科书内容的课程难度、深度、广度等的计算与分析，教科书组织结构的分析以及教师使用教科书过程中对课程内容分析处理的适切程度的评估等等。

（三）层次分析法

它是美国运筹学家 Saaty 教授于 20 世纪 80 年代提出的一种实用决策方法。其主要特征是将定性与定量的决策合理地结合起来，按照思维规律、心理规律把决策过程层次化、数量化。层次分析法自 1982 年传入我国以来，以其定性与定量相结合处理各种决策因素的特点迅速在我国社会、经济等诸多领域得到广泛应用。在本文中，我们将采用层次分析法进行教科书使用水平研究以及不同被试使用教科书的水平层次差异的分析、改进策略等研究。

（四）质性方法

也叫质化方法、质的方法、质的研究等，是相对量化方法而言的。质的研究是以研究者本人作为研究工具，在自然情境下采用多种资料收集方法对社会现象进行整体性探究，使用归纳法形成资料理论，通过与研究对象互动对其行为和意义建构获得解释性理解的一种活动[②]。在这种研究中，研究者置身于研究情境中，运用观察、访谈、文献分析等调查方法接近、体验和理解研究对象，并力求从当事人的角度描述、解释研究对象的行为并对其进行意义建构。简单地说，质性方法就是“非量化方法”。常用的质性方法主要有访谈法、观察法、文献法、历史研究、扎根理论方法、叙事分析、行动研

① 范并思. 论社科情报研究的方法体系突破口［J］. 情报资料工作，1995（2）：1. 或 R. P. 韦伯. 内容分析法导论［M］. 林义男，陈淳文译. 台北：巨流图书公司，1989.

② 陈向明. 质的研究方法与社会科学研究［M］. 北京：教育科学出版社，2000：12.

究等等。质性方法主要包括确定研究问题及研究对象，进入研究现场，收集资料，整理和分析资料，撰写研究报告，评价研究结果等基本步骤。在本研究中，我们将质性方法主要用于对与教科书相关群体的个案调查、分析和跟踪研究中。其中，聚焦式访谈将是最常用的方法之一。

（五）对比实验法

即选择具有可比性的同类事物，采用实验的方法进行对比、分析，进而确定哪些因素导致差异。在本书后续的分析中，我们将对课程内容不同的教科书呈现方式进行小范围的对比实验研究，以求寻找教科书文本对教科书使用效果的影响程度。

特别要指出的是，进行教科书研究方法的研究，其目的在于通过具体的研究实践活动归纳、总结教科书研究的基本方法，形成一些新思路、新方法。因而，上面的方法既是我们开展研究的工具，又是我们解决教科书研究问题的基本方法。

第二节　教科书静态研究的基本方法

如前文分析，课程评价可以分为内在评价和效果评价两种。对于教科书研究来说，内在评价实际上就是对教科书的内在质量进行的分析，而效果评价是对教科书在实施过程中的实际效果进行的评价。如此说来，我们就可以把教科书的研究方法细分为静态研究的方法以及动态研究的方法两种。前者侧重于对教科书的文本作静态的分析、研究，后者则侧重于对教科书的实施进行动态的探讨和分析。

一、制约教科书内在质量的主要因素

正如我们在前文中的分析，影响教科书内在质量的因素主要集中表现为教科书的内容、组织结构、印刷制作等三个因素。同时，作为教科书质量赖以存在的“灵魂”——教科书的编写特色，也不应该被忽视。

二、教科书静态研究的基本方式、方法

通常情况下，教科书大多数指的是教科书的纸质文本[①]。教科书的静态

① 近年来也出现了以纸质文本为主、辅以光盘等配套的系列式的教科书，新加坡甚至还出现了电子书包式的“教科书”。但是，人们习惯上仍以纸质的教科书的文本作为“课本”。本研究按照后面这种理解。

研究通常集中围绕教科书的文本而展开。进行教科书文本的研究有多种目的和价值取向，也有正式和非正式之分，大到教科书的国家审定期间的正规评价，小到日常教学之中开展的不同版本的非正式比较，都涉及教科书文本的质量分析与评价。

正如钟启泉教授指出的："对教科书进行分析、评估的目的是为了对教科书的质量和价值作出判断或提供资料和事实作为决策和判断的参考，也就是分析教科书在帮助学生学习、促进学生智力和思想品德成长方面的有效性、可靠性和可行性，评估教科书的功能效益水平。"[①] 为此，我们须要收集能反映教科书潜在质量及实际使用过程和效果的资料和数据，科学地对其加以分析，并通过一定的方式对分析结果进行综合概括，从而得出对教科书的总体评价。

回顾国内外学者对中小学教科书的研究，我们发现，针对教科书的静态研究主要是从宏观和微观两个层面进行的，并采用了如下几个基本的研究方式和方法：

（一）宏观视角

1. 教科书的功能和地位——资料分析法、思辨方法

曾天山研究员通过对国外关于教科书功能论争的述评进一步指出："教科书集中体现社会规范文化与国家的政策，便于实现国家的教育目标，统一全国教育教学的标准，是评价'考核教育'教学效果的主要依据，充当教师教学的指南及规范教师课堂教学的依据，是学生掌握知识的基本源泉。"[②]

国内外学者，如美国的格温、蔡斯、戴顿等，对教科书的功能都有一定的研究[③]，但总体来看，他们主要是从社会与教师的角度来看待教科书的功能的，即便提到教科书对学习者的作用，也大多指为学习者提供学习材料之类。鉴于此，郭晓明在其博士论文[④]中重新反思了教科书的功能，把其定位为"对话者"而非"支配者"，这将改变教师与教科书的关系，解除教科书对教师的强制性，一方面有助于充分释放教法在教学中的张力，另一方面有

① 钟启泉，崔允漷，张华. 为了中华民族的复兴 为了每位学生的发展：《基础教育课程改革纲要（试行）》解读［M］. 上海：华东师范大学出版社，2001.

② 曾天山. 国外关于教科书功能论争的述评［J］. 西南师范大学学报：哲学社会科学版，1998（2）.

③ 曾天山. 教材论［M］. 南昌：江西教育出版社，1997：26—37.

④ 郭晓明. 课程知识与个体精神自由［D］：［博士学位论文］. 上海：华东师范大学，2003，中国优秀博士学位论文全文数据库（CDMD）.

利于改变教师的职业生活状况，从而有助于为学生创造一种充满生命活力的教育生活。郭晓明认为，“支配型的教科书”必将导致“支配型的教育生活”。此观点对我们分析教科书的生活取向有一定的启发意义。

杨启亮教授对教材的功能提出了一种超越知识观的解释，即“教材不是供传授的经典，不是供掌握的目的，不是供记忆的知识仓库，而是供教学使用的材料。面对新课程改革，教师和学生不是‘材料员’而是‘建筑师’，他们是材料的主人，更是新材料和新教学智慧创生的主体”①。任丹凤认为，教科书设计与编写质量的优劣直接影响教育信息的传递。为此，她提出对教科书设计的优化处理策略，即“提高信息形式和内容强度，减少干扰信息，控制冗余信息和信息量”②。

对于教科书的功用，人们较少有异议，但对于它的负面性，很多人也许感到诧异，王婷认为，教科书“易带有编写者的偏见、滞后性，容易忽视地方的特殊需要和易窒息学生的好奇心、创造性”③。这一点对教科书的使用者和编制者无疑都是一个很好的启示。

显然，资料分析法、思辨方法是上面的研究中所采用的主要方法。

2. 教科书制度研究：比较法、历史学分析法

对教科书制度的探讨一般是从教科书的编、审、用等环节进行的。我国学者对中小学教科书选用的原则、模式和理论等方面进行探讨的比较多，如王嘉毅认为：“教科书的选用应以优质教育资源的充分利用和最大限度地促进学生身心发展为基本原则，当前我国中小学可结合实际，选用专家、师生参与下的政府采购模式、学生自主选用模式、教育行政部门和专家指导下的选用模式等等。”④ 钟启泉教授从教科书编制技术的基本问题以及教科书编制的思想与实践出发，提出把握教科书编制的一些基本特征⑤。还有很多学者⑥介绍国外的教科书制度状况，以期对我国教科书制度的改革提供一些借鉴和启示。

---

① 杨启亮. 教材的功能：一种超越知识观的解释［J］. 课程·教材·教法，2002（12）：10—13.

② 任丹凤. 对教科书设计的优化处理策略［J］. 课程·教材·教法，2003（10）.

③ 王婷. 教科书的负面性及对策研究［J］. 教育科学研究，2000（1）：68—72.

④ 王嘉毅. 中小学教材选用的基本原则与若干模式［J］. 西北师范大学学报：社会科学版，2003（6）.

⑤ 钟启泉. 教材编制的思想与教学结构［J］. 外国教育资料，1994（6）.

⑥ 晓力. 论德国的教科书管理［J］. 外国教育资料，2000（6）.

在教科书制度建设研究中，历史分析法、比较法是使用最多的方法，特别是采用历史学分析法，常常能取得好的研究效果。例如，台湾地区著名的教科书研究者蓝顺德在《教科书开放政策的演变与未来发展趋势》[①] 中对台湾教科书的政策发展进行的研究就是这种方法应用的典型代表。

3. 教科书的结构研究：内容分析法、因素分析法

在教科书的结构研究中，内容分析法、因素分析法是最常用的方法。例如，叶立群提出，“教科书的结构指的是教科书有哪几部分，由哪几种形式组成的”[②]，教科书“需要采取和运用多种形式，通常用的是文字的阐述（课文）、图画、图表、表解、实验、作业等”。廖哲勋认为，“教科书的基本结构是教科书内容各要素、各成分之间合乎规律的组织形式，教科书的各要素主要包括知识要素、技能要素，以及必要的思想教育要素和一些审美、心理要素等，而各教科书的成分是指教科书的目标、内容和各学科学习活动的方式。”[③] 丁朝蓬认为：“教科书是学科结构与教学结构的统一，是深层结构和表层结构的统一。”[④] 任丹凤指出了传统教科书基本结构的特点，批判了传统教科书基本结构的缺陷，以此为基础阐述了教科书的知识结构理论（即知识系统结构理论和应用结构理论）。她认为：“一个完整的认识过程不仅包括对知识的消化，还应包括对知识的吸收和应用，而其中对知识的应用是检验知识吸收的重要手段。”[⑤] 与此同时，苏鸿站在“科学的教科书结构理论可以进一步深化教科书改革”这一立场，指出“当代教科书结构的研究须从其活动本质出发，构建系统合理的教科书层次，赋予教科书促进学生个性发展的全面功能；对教科书结构进行系统设计时应注重完善内容结构，构建程序结构以及优化形态结构”[⑥] 等等。胡中锋具体对数学教科书的结构进行了分析，并指出制约其结构的因素和数学教科书结构的建构原则[⑦]。当然，值得一提的是，无论内容分析法，还是因素分析法，逻辑是永远回避不了的因素，而量化趋势也是近年来的一种突出特点。例如，我们对四边形等教科书

① 蓝顺德．教科书开放政策的演变与未来发展趋势［J］．（台湾）国立编译馆馆刊，2003，Vol. 31，复刊号：3—11.

② 叶立群．课程教材改革探索［M］．北京：人民教育出版社，1997：62—63.

③ 廖哲勋．课程学［M］．武汉：华中师范大学出版社，1999：213—217.

④ 丁朝蓬．教科书结构分析与内容质量评价［J］．教育理论与实践，2001（8）：61—64.

⑤ 任丹凤．论教材的知识结构［J］．课程·教材·教法，2003（2）：5.

⑥ 苏鸿．论中小学教材结构的建构［J］．课程·教材·教法，2003（2）：9—13.

⑦ 胡中锋．论数学教材结构的制约因素与建构原则［J］．课程·教材·教法，1999（2）.

内容的课程难度的研究[①]就是典型代表。

4. 教科书的评价研究：比较法、建模法

教科书评价的本质是评价主体对教科书价值的判断过程。邝丽湛从哲学视角对教科书评价的本质及其价值进行了比较、分析，指出："教科书评价活动是一种特殊的认识活动，它存在着两对主客体关系——价值客体与价值主体，评价客体与评价主体，进而从价值维度对教科书评价的功能进行定位，即不仅有满足社会、学生发展需要的外在职能，也有满足教科书评价者自身发展需要的内在职能。"[②]。鉴于此，丁朝蓬认为："在制定教科书评价标准时必须综合考虑学生主体的需要和社会主体的需要，辩证地整合两个主体的需要，即教科书的评价标准来自对儿童身心发展规律、社会需要、教育教学规律和学科体系的逻辑规律的分析演绎，是这些规律的具体化。"[③] 高凌飚以新时期的教育方针为出发点，从知识与科学性、思想品德与文化内涵、认知与心理规律、编制技巧与工艺水平等四个维度提出分析的问题、构建评价的指标及其层次[④]，所采用的方法属于典型的建模法。笔者在《我国中小学教科书评价发展的趋势分析》[⑤] 一文中对我国中小学教科书的评价标准进行了对比分析，提出了我国中小学教科书评价的未来发展趋势，其中主要采用了比较（分析）法。

（二）微观视角

微观研究是教科书静态研究的进一步深化。通常情况下，如下专题研究属于典型的教科书微观研究，而内容分析法、综合法、跨学科方法等是其常用方法。

1. 教科书内容价值取向的社会学分析：内容分析法

教科书的社会学分析热潮大致出现在20世纪70年代以后，欧美、日本的许多学者在此领域建树颇丰。相对而言，我国学者对教科书的社会学分析研究起步较晚。近年来，涉足教科书社会学分析的研究者主要有曾天山、吴康宁、吴永军、刘云彬、朱晓斌、佐斌、朱志勇、赵文华和傅建明等。他们的研究基本上可以得出这样的结论：教科书是根据一定的价值标准进行精心

① 孔凡哲，史宁中．四边形课程难度的定量分析比较［J］．数学教育学报，2006，15（1）：11－15；人大报刊复印《中学数学教与学》，2006（5）：20－25.

② 邝丽湛．教材评价的本质及其价值分析［J］．教育研究，2002（7）.

③ 丁朝蓬．教材评价指标体系的建立［J］．课程·教材·教法，1998（7）：26－30.

④ 高凌飚．教材分析评估的模型和层次［J］．课程·教材·教法，2001（3）：1－5.

⑤ 孔凡哲，王郢．我国中小学教科书评价发展的趋势分析［J］．教育科学研究，2006（6）.

选择的，体现统治阶级意志和利益的一种文本表达，所选择的文本都具有特定的意义和价值特征，国家或社会的主流价值观就是通过教科书这个物质载体加以具体化，并通过对教科书中价值取向的控制来达到控制社会的目的。这些学者所采用的“内容分析法”和分析框架为其他学者研究、分析教科书内容提供了极为有用的研究范式及研究案例。综观这些学者对教科书所作的社会学分析，其中对性别意识形态的分析最有成就，而且研究者甚多，发表的成果颇丰，这些研究结论警示我们，只有纠正教科书中存在的社会性别刻板印象，才能使教育发展真正符合男女平等的社会历史潮流。

2. 教科书插图研究：功能分析法、内容分析法

插图是教科书必不可少的组成部分，尤其对中小学低年级教科书而言。对教科书插图的分析既可以成为教科书设计的基本依据，也可以成为教科书插图评价的主要信息来源。进行教科书的插图研究，使用最多的方法是内容分析法、功能分析法，尤其是功能分析法，它对于深刻揭示插图与教科书其他组成部分的地位、作用和功能分工，十分有帮助。例如，曾天山研究员认为：“近年来世界各国对插图的形式、内容及其在教学中的作用进行了大量研究。结果证明，教科书插图在丰富教科书内涵、提高教科书质量、增强教育效果方面发挥了重要作用。”[①] 而陈娴等在对一套教科书插图的特点进行剖析时也得出了同样结论[②]。不过，总的来看，他们大都是从教科书插图如何有助于学生理解教科书内容这一层面考虑的，对于教科书插图的其他作用，尚未作深刻揭示。

3. 从艺术的视角对教科书的话语呈现方式进行分析：跨学科方法

为了解决“以教科书形态呈现的知识是如何出现的”、“其话语组织的秘密是什么”等问题，高水红通过“蒙太奇”这一整体性视角来关注教科书话语呈现策略[③]（“单元语境”、“经验类型”、“分类与控制”），并以具体例子对其加以阐述。如在分析“分类与控制”这一策略时，对大陆《语文》和台湾《国语》的第八册单元安排进行对比分析论述，从而说明“分类”这一策略被打上了地域的烙印，滋生于不同地域间的规则与规范影响着分类的形式。

① 曾天山. 国外关于教科书插图研究的述评 [J]. 外国教育研究，1999 (3).

② 陈娴等. 浅谈外国教材插图的特点和功能 [J]. 学科教育，2004 (1). 或李丽华. 语文教科书插图研究 [J]. 宁夏教育，2002 (3).

③ 高水红. 教科书话语呈现的蒙太奇 [J]. 教育研究与实验，2003 (2).

4. 教科书文本内容呈现的文化学分析：跨学科方法

王有升认为："教科书所蕴含与呈现的文化世界同现实文化之间所形成的适应、超越或滞后的关系会影响学生的文化价值观。因而，对教科书进行文化构成分析有利于从文化角度对其进行反省，有利于深化课程改革。"① 他以我国现行语文教科书为例，从空间（国家文化、民族文化）及时间（具体的不同时代文化）两个层面进行剖析，指出其存在的一些不足之处，如只有27.92%的课文反映了当今时代文化内容，其余72.08%的课文内容则相对疏离于当今日常生活。同样，刘云彬也认为教科书是深层文化的表征②，他从文本视域的有限性角度切入，以"零度描述"的视角展示了大陆与台湾初中语文教科书中自然场域和社会场域的分歧。正如研究者所说："本研究的旨趣不在于得出任何肯定的结论，而在于借此拓展一个空间，让它能够足够开阔，以容纳更多的视角。"

丁朝蓬在分析、归纳世界各国教科书评价指标体系之后指出："关于内容质量大都涉及教科书的目标、教科书的内容和教科书的教学设计等几个方面。……这些研究表明，教科书的内容和结构是影响其质量的关键因素。"③ 丁朝蓬在这里所指的"教科书"实际上就是教科书的文本。我们认同这种观点，并将教科书文本的内容和结构列为静态分析的要素和关注焦点。当然，我们既可以从一个维度单独研究教科书文本的内容或结构，也可以从多个维度同时研究教科书的内容、结构甚至物理属性（如中外对比、不同版本的对比）。

从教科书质量评价指标的视角进行研究是对教科书文本作静态分析的常见思路和手法，其突出优点在于能从外部整体地给出教科书质量"好"、"中"、"差"等等的评语，尤其是给出有关教科书物理属性的评判（诸如"纸质粗糙"、"印刷模糊"）。相比之下，研究者采用这种分析、评判方法对于教科书的整体设计、编排风格进行判断却只能凭经验、感觉和个人臆断，很难对其作定量刻画，个人的主观因素对研究结论的影响较大。对于局部章节内容难易程度等诸多方面的评价、分析，也往往如此。因而，进行教科书的静态分析，构建新的模型、寻找新的视角就显得十分必要。当然，建模法

① 王有升．我国现行九年义务教育阶段语文教科书（人教版）的文化构成分析［J］．教育研究与实验，2000（1）．

② 刘云彬．视域的分歧［J］．教育研究与实验，1997（4）．

③ 丁朝蓬．教科书结构分析与内容质量评价［J］．教育理论与实践，2001（8）：61－64．

需要借助内容分析法、实验等方法获取一定的数据信息，也有可能需要质化方法作为补充。例如，在文[①]中，笔者借助教科书的课程难度模型“$N=\alpha\cdot\frac{S}{T}+(1-\alpha)\cdot\frac{G}{T}$”对教科书相应章节的文本进行了静态的比较分析，并立足于量化数据对其进行了定性诠释。这是教科书研究方法的新探索、新突破。

正如张三花指出的：“站在当前课程改革的时空里解读以上诸多学者对教科书的研究，可以看出，教科书的理论研究和实践研究已逐渐成为国内课程改革关注的范畴之一，而且取得了许多成果和明显进步，但其中也表现出一些不平衡的状况：第一，与教科书宏观层面研究形成鲜明对照的是关于教科书微观层面的探讨比较缺乏。对教科书进行科学、全面的研究应是宏观、微观两个层面的有机结合，如果只从宏观层面对其加以研究，对教科书的分析必定空洞，乏力，落不到实处，而且容易使研究者不知不觉地被自己的主观因素所干扰；如果仅从微观层面对其加以研究，其分析又可能落入烦琐的陷阱中，不能窥其全貌。纵观以上研究，可以发现，教科书的微观层面分析尚存在大量的理论空白，尤其是定量化数据的建立与确证这一项艰巨的工作，是须要攻破的难点。近期的文章仿佛都缺乏对现行教科书加以具体的、客观的实证研究。”[②] 第二，从笔者所检索到的文献来看，我国学者对教科书的分析存在“书斋式研究”倾向，对现实中的热点话题关注不多。

换言之，我国学者没有把握时代脉搏，没有了解和关注当前的基础教育课程改革。如“知识技能”、“过程方法”、“情感态度价值观”是当前世界各国课程标准普遍提出的三维目标，而我国现行教科书是怎样体现这些目标的呢？教科书内容生活化也是现行中小学教科书的特色之一，虽有学者论及教科书内容需要生活化，向学生生活世界靠拢，但他们只是从理论层面谈及，并未深入对其进行实证分析研究。笔者尚未发现有研究者从生活取向这一视角对教科书进行实证研究，也未发现有研究者对教科书中蕴含的情感、态度、价值观等目标进行具体分析。同时，研究者忽略了对教科书内容作具体分析，而对教科书的内容进行具体分析是具有重要意义的。它可以为广大一线教师提供一份具有可操作性的教学资料，为学习者提供一份学习参考资

① 孔凡哲，史宁中．四边形课程难度的定量分析比较［J］．数学教育学报，2006，15（1）：11－15；人大报刊复印《中学数学教与学》，2006（5）：20－25.

② 张三花．我国中小学教科书研究述评［J］．教育科学研究，2005（5）：9－12.

料，让他们从含糊的课程标准和系统的知识体系中跳出来，进而更好地教学和学习。可以说关于教科书具体内容的深入细致的研究（特别是实证研究）也是研究者亟待解决的课题之一。笔者认同张三花的观点，对教科书仅仅作静态研究是远远不够的。教科书的研究必须深入学校，深入课堂教学实际，只有这样，才能真正检验教科书的设计意图、设计理念和实际使用效果。只有真正被学生所获得，真正促进学生获得全面发展的教科书，才是高质量的教科书。

第三节　教科书动态研究的基本方法

正如前文分析，教科书质量既包括教科书的内在质量，也包括教科书的外在质量。前者主要针对教科书的文本而言，而后者主要针对教科书的实施而论。

在对教科书文本作分析研究的基础上，进行教科书实施效果的研究就变得特别重要。这不仅制约着教科书最终质量目标的实现，也能够直接检验教科书内在质量的实际发挥状况。

教科书的动态研究属于课程实施领域，国内传统的研究手法大多是开展教科书实施状况的调查，其中样本的代表性、样本的数量成为影响研究信度和效度的关键，而时间、人力、物力和研究的可行性是决定研究能否顺利开展的要害。

教科书实施中的大多数问题都直接或间接地体现在三个核心问题之中：一是教师、学生对教科书的认同问题；二是影响教科书使用效果的因素问题；三是教科书实施实效的调查分析、评价与改进问题。

对教科书进行动态研究，既可以从教科书使用的现状切入作直接的分析，也可以从教师使用教科书的实际水平等维度加以间接研究。也就是说，对教科书在使用过程中外显的属性进行研究，最直接的手法是通过教科书这个特殊“商品”满足师生“特殊用户”需要的满意程度来反映，通过教科书实施现状的各种翔实数据来分析。间接的方式则是通过教师使用教科书水平的高低来折射——对于同一类教科书、同一群体的教师而言，教师使用教科书的整体水平愈高，使用教科书水平高的教师所占的比例越大，间接地说明这本教科书能被更多的教师所接受，所认同，这意味着教科书的文本质量愈高。

事实上，通过调查获得大范围、大样本的数据对教科书实施现状进行研究，的确可以获得有关的实际信息。但是，这些信息往往着重回答“现在怎么样”，而尚未回答“为什么这样”、“怎样更好”等问题。

此时，问卷调查、访谈等方法就成为主要方法。如果从教科书文本对课堂教学的影响进行分析，同时从师生对教科书的满意程度、认同程度进行实证调查，从教师使用教科书的水平上进行分析和改进，同样也可以获得有关教科书实施的直接信息，而且能针对教科书的实施效果从“商品—教科书”和“用户—师生”两个维度进行更全面的研究。如此，不仅可以在适当范围内进行小样本的研究，增加研究的可行性，而且可以另辟蹊径。此时，课堂实验法、对比实验法、质化方法（如聚焦式访谈）等实证方法就成为主要方法。

第四节　教科书研究方法的最新发展

近年来，随着教科书研究的不断深入，教科书研究方法呈现出了一些新特点、新趋势。

一、教科书研究的静态方法特别关注文本内容、组织结构与编排特色

在中小学教科书的静态研究中，文本内容、组织结构以及编排特色是问题的要害，其中文本的内容和结构是教科书内在质量的关键要素，而编排特色是教科书质量的“灵魂”和“生命线”。因而，教科书静态研究的有效方法往往围绕教科书的文本内容、组织结构以及编排特色三个维度开展研究。例如，建模法就是进行教科书静态研究的一种有效方法，利用课程难度模型 $\alpha \cdot \frac{S}{T}+（1-\alpha）\cdot \frac{G}{T}$，我们可以从教科书文本的内容维度、结构维度分别对教科书文本的质量进行定量研究。

二、内容分析法与因素分析法是教科书静态研究的重要而有效的方法

对教科书的文本进行研究，方法的恰当性、有效性往往具体体现在所采取的方法对于文本的要素分析的适切性、准确性上，表现在内容分析的逻辑性、条理性和准确性上，尤其是内容分析所选取的度量单位的有效性。前者是因素分析法的要害，后者是内容分析法的重点。

我们在利用内容分析法对教科书的内容进行研究时，可以选取课程的深

度、广度、时间与课程的可比深度、可比广度、课程难度，对教科书进行内容分析，从中不仅可以发现教科书的整体内容或作为章、单元或节的部分内容的课程难度、可比深度、可比广度依次与课程标准相应内容的吻合程度，也可以清晰地比较两个不同版本的教科书其内容难度存在的差异，进而作出有关教科书文本质量的合适判断或者提出改进教科书文本的难度、深度、广度的意见或建议。

利用因素分析法对教科书文本的内容进行研究，选取合适的研究维度是关键。一般地，我们可以从课程难度、课程容量、编写体例、素材选取、呈现风格以及与其他课程内容的整合、与信息技术的整合等若干维度进行。

三、课堂教学实证分析法常常是进行教科书动态研究的最有效方法

教科书的外在质量在很大程度上受制于教师使用教科书进行创造性教学的水平和实际发挥的状况。在教科书的使用过程中，教师须要将教科书结构转化为课堂教学结构，进而帮助学生把教科书转化为学生自己习得的形态，需要对课程标准、教科书作正确理解和准确把握，需要对教科书进行“教学法再加工”，对课堂资源加以随机生成等等。

对于实施中的教科书的分析，既要关注作为课程实施的文本“主角”（即教科书）的适切性以及教科书提供的“服务”满足师生“需要”的程度，也要关注作为教科书“使用者”（即教师）的能力和水平。这是确保教科书使用效果的基本途径。例如，我们开展的课堂教学对比实验结果①显示，教科书文本的呈现方式对教科书的实施效果有着直接影响，以合适的方式呈现课堂教学内容，可能导致良好的课堂教学效果，而这受制于教师的教学水平和专业能力，但教科书提供的呈现方式发挥着条件性资源的作用，其地位不容忽视。因而，在教科书的动态研究中构建适当的模型、工具就显得非常重要。

四、间接法也适合教科书的动态研究

例如，进行教科书质量保障的研究，既可以从教科书设计、编制、出版、发行直至使用机制的视角进行直接分析，也可以从使用者即“用户”的视角进行间接研究。此外，提升教师的教科书评判意识（让教科书处在千万双眼睛的监督之下）也是保障教科书质量的有效措施之一。理想的教科书质量保障机制乃是国家基本标准制下的良性市场自由竞争机制。

---

① 参见第四章第一节。

五、教科书研究方法呈现多元化趋势

例如，对教科书内容呈现方式的研究可以通过理论分析来展开，即内容分析法是有效的，但是，课堂教学实证研究更有说服力。

六、中小学教科书研究须要综合运用多种方法，而且对于不同情况，所采用的方法往往各有侧重

事实上，教科书的质量可以细分为内在质量与外在质量。其中，内在质量主要指教科书文本的质量，而外在质量主要指教科书实施的成效。分析教科书的内在质量，静态的方法往往是有效的。内容分析法对于进行教科书的内在质量分析常常是有效的和实用的。而建模法是另一种十分有效的方法，其中建立恰当的模型就成为问题的关键。进行教科书编写特色的分析，既可以从整体视角切入，也可以从单项视角分别展开。对于不同版本教科书之间的比较或者跨国之间同类教科书的比较，往往须要通盘考虑教科书的内容与结构，甚至还包括教科书的物理属性等等。此时，常见的比较法和内容分析法常常能“派上用场”。相比之下，课堂观察、聚焦式访谈、问卷调查、定量化的模型分析是教科书外在质量分析的常用方法。

第三章

教科书的文本研究及其常用方法

众所周知，教科书文本是教科书内在质量的载体，文本研究是教科书研究中的重要组成部分。在本章我们将结合具体案例集中讨论教科书文本研究的常用方法。

第一节 教科书文本分析的基本内容与基本方法

一、教科书文本分析的基本思路

当前，世界各国通常从社会性和教育性两个方面对教科书进行文本分析。

事实上，国家之所以这样做是要通过教科书这面镜子反映出自己的形象，使教科书发挥强有力的宣传工具作用。正如一些社会学研究者针对教科书所作的分析："教科书中直接呈现的（即显性的）价值取向或隐含于其字里行间（即隐性的）的价值取向充分反映了社会统治阶级的意识形态。"①

教科书的社会学分析促进了人们对教科书社会性的认识，其中所采用的内容分析法分析框架为进一步研究教科书内容提供了极为有用的研究范式及研究案例。当前，针对教科书开展的研究不仅针对教科书的社会性，更集中在教科书的教育性上。事实上，教科书作为学生学习必不可少的资源和工具，不能将学科知识体系原封不动地囊括其中，也无法将教育者所选择的教育内

① 吴康宁．教育社会学［M］．北京：人民教育出版社，1998：51．

容生硬地呈现给学生，而要经过教科书编写者的加工，以符合儿童心理规律和教育教学规律的形式呈现出来。教科书内容的组织和安排一方面要根据学科内容体系的内在逻辑，另一方面也必须兼顾其自身的逻辑顺序和学生的心理顺序。与此同时，教科书的编写更要符合学生的认知规律。这两个方面在中小学教科书中的具体体现应当是分析中小学教科书的重要内容。特别地，对于我国以往的教科书研究过于强调教科书社会属性的分析而言，充分认识教科书的教育性并将之作为教科书的重要属性，是非常难得的和值得肯定的。

随着国家教科书多样化政策的实行，一批形式多样、内容各具特色的教科书应运而生。教科书研究开始从宏观地研究教科书的社会性与教育性发展到注意教科书的内容、结构等。尤其随着教育、教学观念的更新和学术研究视野的拓展，人们在对不同版本的教科书进行对比分析之际，除了对教科书的社会性和教育性进行深入细致的分析之外，还对各版教科书的特色、亮点进行专门研究，而特色和亮点恰恰是教科书得以生存的根本，同时，只有在比较中教科书的特色才能凸显出来。

二、教科书文本分析的基本方法

进行教科书文本分析研究的方法往往因人而异，因内容的不同而有所区别，其中，比较法、内容分析法较为主要。

比较法是运用比较的方法具体、细致地突出事物或事理特征。比较的对象可以是同类事物，也可以是不同类的事物，还可以是同一事物的不同时期。研究者在比较中要注意寻找事物的不同特征，以帮助人们准确地认识事物。在教科书的比较研究中，人们常常将同一课程内容不同版本的文本进行比较，借以揭示各个版本的特色、差异；或者阐述一些相关问题（如分析课程标准要求的准确性等等）；或者将某一版本的教科书文本与其相应的课程标准的要求进行比较，借以分析教科书与课程标准的吻合程度；或者进行同一年级、不同国度、不同地区的同类教科书的比较分析，借以揭示各自的特点，以便借鉴。

在教科书文本研究中，内容分析法是使用频率最高的方法之一。正如前文所述，内容分析法是一种对传播内容进行客观、系统和定量描述的研究方法。其实质是对传播内容所含信息量及其变化的分析，即由表征的有意义的词句推断出准确意义的过程。内容分析的过程是层层推理的过程。内容分析的种类有实用语义分析、语义分析和符号载体分析，其研究模式有推理模式和比较模式两种基本类型。事实上，内容分析法作为一种半定量研究方法，其基本做法是把媒介上的文字、非量化的有交流价值的信息转化为定量的数据，建立有意义的类目分解交流内容，并以此来分析信息的某些特征。通常情况下，人们借助内容分析法对教科书的内容作客观、系统的定量分析，其目的是弄清或测验文献中本质性的事实和趋势，揭示文献所含有的隐性信息内容，对事物发展作出预测。特别地，在使用内容分析法时采用恰当的模型、工具整理定量的数据，进而得出分析评判结论，常常至关重要。

三、教科书文本分析的基本内容

在对教科书文本进行社会性、教育性、特色研究时，人们通常从教科书文本的内容、结构与特色三个方面展开更深入细致的分析。事实上，教科书文本的质量受制于很多因素，教科书文本的内容和结构是关键要素，而教科书的特色是教科书质量赖以生存的“灵魂”。教科书的社会性、教育性、特色蕴含在教科书文本的内容、结构与特色之中。我们对教科书的社会性、教育性的研究更多地采用定性的手法，而对教科书的内容、结构、特色的研究更多采用定量的手法（虽然也会综合地采用定性方法）。一般地，进行教科书文本的研究，既可以从宏观角度对教科书的特色与结构进行整体分析、研究，也可以从微观角度对教科书文本的内容开展深入、细致的剖析。

（一）教科书文本的内容分析的方法与维度

进行教科书文本的内容分析，选择恰当的分析维度至关重要。这往往决定着教科书文本研究的成败。选择教科书文本分析的维度，其实取决于研究者对教科书的理解和认识。其中因素分析法是进行教科书文本内容分析的主要方法。因素分析法（Factor Analysis Approach）是将某一综合问题或指标分解为若干相互关联的因素，通过研究和测定这些因素判定出其对这一综合问题或指标的影响程度。更通俗地讲，因素分析法指的是分析影响某一事物的因素有哪些，影响的方向、程度如何及影响的各因素之间的相互作用和我们怎样改变这些影响的因素。它的实质是分析事物的普遍联系。教育研究中的因素分析法产生于20世纪上半叶，以萨德勒1900年发表的论文《我们从对别国教育制度的研究中究竟能学到什么有价值的东西》为其开端性标志①。因素分析法的产生标志着教育进入了“因素分析时代”。特别地，德国比较教育学家施耐德在强调教育外部因素的同时，尤其强调教育自身内在的发展规律这一因素，日本学者吉田正晴称他的方法为“辩证的因素分析法”。

进行教科书文本内容的分析，常见的分析项目包括如下六个方面：

---

① 朱凌洁．关于比较教育因素分析法的研究［J］．中国西部科技·学术，2007（6）．

1. 内容难度

所谓教科书的内容难度，简单地讲就是内容的难易程度。对于教科书的文本来说，内容的难度是人们首先关注的问题，这就须要借助一定的模型或工具开展研究。事实上，相对教科书文本的内容来说，内容难度是其焦点和核心指标之一，而传统的研究方法基本停留在经验式的直观判断层面，缺乏令人信服的数据支撑。其问题的要害在于缺乏切实可行的研究方法、研究工具，尚未形成适宜的研究范式。影响课程内容难易程度的因素很多，从文本的静态角度来看，几乎都涉及课程深度、课程广度、课程时间与课程难度，其焦点在于课程难度①。其中，课程广度是指课程内容所涉及的范围和领域的广泛程度。对此，我们可以用通常所说的“知识点”的多少进行量化。这既是一个近乎约定俗成的概念，又是蕴含模糊数学思想的近似刻画。课程时间特指课程内容完成所需要的时间，对此，我们可以用通常所说的“课时”多少进行量化。课程深度泛指课程内容所需要的思维的深度，这是一个非常难以量化的要素。黄甫全教授将其理解为“教育预期结果在质和量上从少到多的分布”② 也有一定道理。相对以数学概念体系为主的那些数学课程内容来说，课程的深度与数学抽象度的概念十分接近，而对于数学概念之间的关联程度以及数学推理与运算步骤等成分来说，仅仅用数学抽象度就不能全面刻画数学课程的深度。实际上，课程深度反映了课程内容之间的设计顺序、编排和组合的逻辑深度以及潜在的学科思维深度。它不仅对于培养学生思维的深刻性十分有利，还需要学生具有相应程度的思维深刻性。课程深度、课程广度反映了课程内容垂直组织、水平组织的结构特征，是从度量的视角刻画课程组织的逻辑关联的。正如林智中教授与其合作者陈健生先生、张爽女士指出的：“课程的垂直和水平组织概念是用来协助课程的规划，使课程的设计能按课程的目标趋向广度和深度的平衡发展。”③ 课程的内容难度正是对内容的深度、广度、时间的综合反映。

2. 设计风格

教科书文本的课程设计风格往往决定着教科书的发展方向。事实上，螺旋式与直线式是截然不同的设计风格，而认知发展价值取向的设计模式与学

---

① 史宁中，孔凡哲，李淑文．课程难度模型：我国义务教育几何课程难度的对比［J］．东北师范大学学报：哲学社会科学版，2005（6）：151－155.

② 黄甫全．对中小学课程难度灰色模型 GM_s（1，1）的探索［J］．系统工程理论与实践，1995（10）．黄甫全．课程难度刍论［J］．东北师范大学学报：哲学社会科学版，1994（4）:91－96.

③ 林智中，陈建省，张爽．课程组织［M］．北京：教育科学出版社，2006：7.

术主义价值取向的设计模式也是风格迥异的。因而，进行教科书文本的质量研究，必须考虑教科书的设计风格。

一般地，课程、教科书设计有学术理性主义取向、认知发展取向、人本主义取向、社会重建主义取向、科技取向等多种价值取向，相应地，也就形成了不同的多种设计风格。例如，如果中小学课程、教科书内容指向的是“科学世界”而不是学生的“生活世界”，那么，课程内容设计、教科书内容设计就很容易脱离现实和社会实际，远离学生的生活世界。前者的代表之一是学科型课程的教科书，后者的代表之一是经验型课程的教科书。

学科型课程的教科书通常由从公理（公设）、定义出发，由概念和原理（定理）组成的逻辑链条构建而成，一般需要分科表述，其结构清晰，文字简练，叙述清楚，要点鲜明，教师用起来比较顺手。特别地，使用这样的教科书比较容易实现教师在备课过程中预先设定的课堂教学目标，短短一节课总能按计划完成一个、两个，甚至多个具体任务。另一方面，这种教科书的面貌一般比较抽象，题材离学生熟悉的生活比较远，留给学生思考与想象的空间不大，教师虽然好教，但可能对学生有挑战性，因而学生未必好学。长期以来我国中小学教科书比较接近这种设计模式。这种模式也经常成为人们衡量新课程、教科书的参照系。

而经验型课程的教科书依托的是学生的经验，通常从具体的情景出发，这些情景有的是学生生活中熟知的真情实景，有的可能是学生喜欢的童话、传说、科幻故事中的现成题材，有的就是学生个人已有的学科知识积累等等。从情景出发的教科书通常把新的学科内容隐含在情景后面，把原本在学科型课程教科书中的条理清晰的不同学科知识同时“和盘”托出。这样的教科书题材一般比较丰富，读起来引人入胜。由于教学的空间主要依赖于学生对情景问题的理解和分析，离不开学生自己的新发现，因而，灌输式的教学方法对此基本无效。例如，美国教育百科全书出版社 1998 年出版的《情景数学》就是彻头彻尾的经验型课程教科书，这是专为美国 10 至 14 岁（介于我国小学高年级和初中低年级之间）学生编写的一套教科书，整套教科书的标题系统没有一点数学的味道，都是诸如“上上下下”、“影子的故事”、“干和湿”等等，如果不深入进去，根本无法判断这些标题下面讲的是什么数学内容，只有看完了，读懂了，才能为其中精巧的设计而折服——这套教科书从头至尾由一串串的问题组成，问题一个接一个提出，一步一步地引导学生走入由代数、几何、统计构成的数学世界。

我国现行的义务教育课程标准实验教科书大多介于学科型课程教科书与

经验型课程教科书之间，只不过，有的更靠近后者，即比较“前卫”，而有的更靠近前者，“中规中矩”。

3. 课程容量

课程容量是教科书文本的重要指标，而通常的“容量”多是指所讲知识的量。不容否定，知识的量是课程容量的一个重要方面，但不是唯一指标。我们还应该考虑学习者（即学生）参与操作、参与思考的量，即学生活动的量、思维的量。也就是说，学生在学习相应内容时提出了多少有价值的问题，产生了多少“闪光”的念头，发现了多少独到的思路，等等。当然，经验的积累、情感态度意志等方面的发展状况亦应成为课程容量的构成因素。例如，下表 3-1-1 就是俄罗斯小学数学三年级教科书的课程容量和内容分布表，其突出的特色在于内容呈现的系统性和前后的连贯性。

表 3-1-1　俄罗斯小学数学三年级教科书第二、三册的课程容量和内容分布表

三年级第二册	三年级第三册
1 至 4 课：乘以一个数 5 至 13 课：除以一个数 14 课：图形变换 15 至 16 课：对称 17 课：对称图形 18 至 19 课：时间度量和日历 20 课：时间度量表 21 课：钟表 22 课：时间单位的比较和加减法 23 课：变量（未知数） 24 课：含有变量的式子 25 课：永恒与非永恒，永远与有时 26 课：等式和不等式 27 至 29 课：方程 30 课：公式 31 课：长方体体积公式 32 课：带余数的除法公式 33 课：解习题	1 课：除法和分数 2 课：一个数占另一个数的多少 3 课：分数加法 4 课：分数减法 5 课：真分数与假分数 6 课：线段的真分数与假分数 7 课：该部分练习 8 课：带分数 9 课：假分数整数部分 10 课：用假分数表示带分数 11 至 16 课：带分数加减法 17 课：标尺与刻度 18 课：数轴 19 课：数轴上坐标 20 课：数轴上两点间的距离 21 至 22 课：沿数轴的运动 23 课：数轴上的同时运动 24 至 25 课：接近某点和远离某点运动的速度 26 课：相遇运动 27 课：相向运动 28 课：追击运动 29 课：落后运动 30 至 34 课：同时运动的公式 35 课：名数单位集合 36 课：面积新单位

一般地，确定课程容量的根本标准在于课程内容潜在的学习效果，也就是力求在相应的知识、经验、能力等方面取得最佳效果。影响课程容量的因素主要包括：(1) 内容的难易、深浅程度，即应根据课程内容的抽象程度确定容量。抽象度高，则教学中的知识容量当然就应少一些。(2) 内容的教学价值。这不仅指其在理论或应用中的价值，更主要指其中蕴含的渗透思想、训练思维的有效利用价值，也包括进行思想和世界观教育及心理训练的利用价值。(3) 教学对象的整体水平，即学生的知识基础、思维能力和认知水平。对学生素质差异较大的班级，教师还应注意分层实施教学过程，发挥学生的交互作用，这也对课堂容量产生一定的影响。此外，课程内容的综合程度、课程的学习时间等等，也是影响课程容量的因素。

当然，通常情况下，课程容量是一个比较宽泛、笼统的概念，既包含着课程内容的深度之意，也包含着内容的广泛程度、综合程度，还包含着内容所蕴含着的思维的深浅程度。

4. 编写体例

不同的编写思想、编写理念常常造就不同的教科书编写体例。教科书编写者之所以精心设计特定的教科书编写体例，其根本出发点在于将教学材料分化为可供连续学习的内容元素和基本技术元素，逐步帮助学生形成掌握知识建构的能力基础和经验基础，良好情感、态度基础以及人格基础。因而，进行教科书研究，分析教科书的编写体例非常重要。

例如，国内某套数学课程标准实验教科书通过编写如下章节呈现其基本体例：章主题图——节名称——问题情境——问题串——明晰——例题——随堂练习（做一做，想一想，议一议）——读一读——作业（含两个层次：习题，试一试）——章后小结。

这里的“问题情境”以学生自身和周围环境中的现象、自然、社会与其他学科中的问题为知识学习的切入点，旨在突出数学与现实世界、与其他学科之间的联系，使学生感受到数学的现实意义和应用价值。呈现方式尽可能用事物图、照片等等，而不是用简笔画等形式。这里的“问题串”是指有层次的系列问题组，其中包括活动（自主探索与合作交流），思考与整理（提炼出数学对象），表达（用自己熟悉的方式、语言及数学符号表达学习对象）等三类基本的形式。这里的“明晰”实际上是用较为正规的数学语言表达主要的数学对象，其中，重要的结论、术语、概念、法则可以使用下划线、图、另面或直接给出等多种形式。“例题”旨在使学生熟悉新的数学对象，解释、应用所学的内容。而“做一做”、“想一想”、“议一议”、“读一读”、“作业”等等旨在体现解决问题的过程，也就是说实现对新知识的进一步理解与应用，熟练掌握技能，体会不同知识间的联系。这种体例的基本模式实际上是“问题情境——建立模型——解释、应用——拓展、反思”，其背后蕴含着“教科书为学生提供数学活动的线索”，突出教科书的“学材”功能的意义。

而国内某套小学数学课程标准实验教科书六年级上、下册基本的编写体例是将全书分为“实践与综合应用”和“总复习”两部分。其中“实践与综合应用”部分包括“数学与饮食”、“数学与健康”、“数学与交通”、“数学与生活空间”及“数学与体育”五个单元。而每个单元中各专题的内容结构如下图所示。各个专题采用“情境——问题——求解”的结构及图表和文字结合的方式呈现具体的课程内容。这种编写体例实际上突出了“本册教材主要内容为现实生活中各种专题的综合应用与问题解决”这一特点，实现了数学与生活、社会的融合。

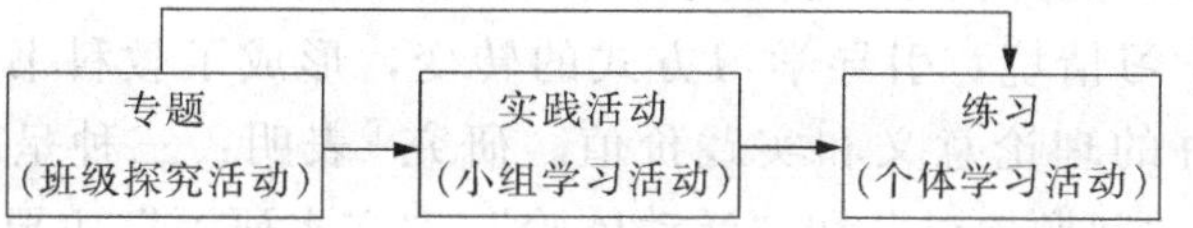

相比之下，作为中小学必修课程之一的音乐课程，其教科书的编写体例别具一格。根据课程标准的要求和课堂教学实践的需要，长期以来，音乐教材形成了一些常见的编写体例。有研究①表明：（1）根据选材范围的不同可以分为以下几种常见体例：歌曲集——以单一的声乐作品为材料加以编排；器乐演奏教材——以器乐曲以及乐器演奏法为材料加以编排；音乐欣赏教材——以音乐欣赏作为主体材料的单行本教材；其他单一形式的教材；综合学习领域教材——以具体教学形式的类别为纲进行综合编排。（2）根据内容组合单位的大小以及教学时数的长短可以分为两种体例：一是以课时为单位进行内容组合与编排；二是以单元为单位进行内容组合与编排。（3）根据教材教与学对象的不同可以分为两种体例：一是以教师教学需要为中心的编排体例；二是以学生学习需要为中心的编排体例。（4）根据教材内容内涵与外延的不同可以分为三种体例：一是以音乐文化为中心的编排体例；二是以音乐基础知识为中心编排的体例；三是以音乐与姊妹艺术相结合的编排体例。

① 杜永寿．浅谈中小学音乐教材的编写体例［J］．儿童音乐，2006（7）：60－62．

正如这位研究者指出，从理论上看，音乐教材的编写体例可以多种多样，并无“定法”，也不能以“好坏优劣”加以简单划分，而应当从音乐课程标准的落实和课堂教学实践操作两个方面对其加以定位和评判。目前我国中小学正在使用的大多数教科书都采取综合编排（台湾称作“混合编辑”）的方式，教学内容的安排灵活多样，栏目设置富有人文气息。

5. 呈现风格

教科书的呈现风格是教科书内容特征的重要方面，也是儿童身心发展规律在教科书编写中的具体体现，更是教科书编写者独具匠心的结晶。

一般地，教科书的呈现方式可以具体分为内容呈现方式、概念呈现方式、版面呈现方式、语言呈现方式等几类。我们既可以开展单方面的某一版本教科书呈现方式的分析，也可以进行不同版本呈现方式的对比研究，前者主要运用内容分析法，后者主要运用比较法。

例如，苏教版普通高中语文课程标准实验教科书根据课程目标和学习材料的性质，以探究为核心，创设了三种各有侧重而又相互融通的呈现方式，构建多元的学习情境，引导学习方式的转变，形成了教科书的一大鲜明特色，具有良好的理论意义和实践价值。研究①表明：三种呈现方式分别是“文本研习”、“问题探讨”和“活动体验”。“文本研习”主要提供典范性的阅读文本，创设阅读对话情境，引导学生参与阅读、对话，表达、交流阅读的体验、感受，侧重于提高学生解读文本、鉴赏作品的能力。“问题探讨”着眼于引导学生发现、提出有价值的问题，进而分析、解决问题，发展理性思维，培养批判意识。“活动体验”则引导学生围绕专题的人文内涵和学习要求，结合具体学习材料，开展丰富多样的语文实践活动，在活动中体验，在活动中思考，在活动中探究，侧重在综合性活动中提高语文素养。

同时，三种呈现方式侧重点不同，彼此交叉，互相交融，往往“探讨”、“活动”中有“研习”，“研习”中有“探讨”、“活动”，而“探讨”是核心，“研习”是基础，贯穿语文学习的整个过程，因此，有的专题就采用了混编的方式。三种呈现方式在教学实际中有一定的比例，所以每个模块只安排一个“问题探讨”和“活动体验”，这样既突出了“文本研习”的基础性，又保持了多种呈现方式的均衡性。

显然，这样的呈现方式较好地实现了课程标准的基本要求。不仅如此，

---

① 曹勇军. 苏教版高中语文实验教科书的三种呈现方式 [J]. 语文教学研究，2005 (4)：37－39.

深化教科书呈现方式的研究也可以在课程标准的基础上实现再创造。

众所周知，教科书编写过程实质上是编写者依据课程标准进行再创造的过程。它直接关系着教科书的水平和质量，决定着教科书的风格和特色，影响着广大师生对教科书的评价。再创造既涉及教科书内容，又涉及教科书形式，而课程内容的呈现方式是教科书形式的关键。有研究①表明：四川教育出版社出版的历史学科义务教育课程标准实验教科书以“主题+时序”作为这套教科书的主导呈现方式，同时把兼顾时序性作为再创造的侧重点，以反映历史本身的发展逻辑和学习者认识历史的逻辑，弥补课程标准在反映历史发展的时序性方面的某些不足。

相比之下，进行中外同类教科书呈现方式的对比，结论不仅仅是教科书特色和风格的对比，更能体现出中外教育的差异。有研究②表明，中美生物学教科书呈现方式既具有较大差异，也有一些共同的特征：从教科书内容呈现方式上看，美国教科书的重点放在了培养学生科学探索的兴趣、方法和能力上，使学生轻松愉快地跨入科学探索者的行列，结构体现了由总到分再综合的特点；从教科书的概念呈现方式上看，美国教科书概念的引入透彻、深入，比较重视对概念的全面理解；从教科书的版面呈现方式上看，中美教科书均重视插图的精美、新颖，图文并茂，图或图群描绘了栩栩如生的生物世界，帮助学生理解看不见、摸不着的生理过程，使生物科学的学习变得富有乐趣；从语言呈现方式上看，美国教科书的语言充满生活气息，富有感情色彩，可读性强，贴近学生的生活，使学生的学习与已有的经验或通过其他渠道获得的知识联系起来，而且由于其生活化的特征，更有利于学生解读新知识、活化新知识以及在生活中实践新知识。

6. 课程的综合性（课程内容的整合）

“课程的综合性”是课程综合的属性，意味着课程综合的程度，有时也称之为课程内容的整合。2001 年 9 月以来，我国全面启动了新一轮的基础教育课程改革。根据新课程计划，中小学教科书的课程结构、课程内容设置很大程度上体现了课程综合化思想。小学阶段的课程以综合课程为主要形式，初中阶段设置分科与综合相结合的课程，供地方和学校自主选择。地方和学校可选择以综合学科为主的课程，也可选择以分科为主的课程，还可选择分科与综合相结合的课程，但国家更鼓励各地选择综合课程。高中阶段以

① 龚奇柱，冯一下，胡长林. 历史教科书呈现方式的再创造［J］. 历史教学问题，2004（5）.

② 叶云屹. 中美生物学教科书呈现方式的比较［J］. 生物学教学，2005，30（4）：85.

分科课程形式为主，走课程综合化的道路，注重学科内部知识之间的联系及学科之间内容的综合，重视培养学生的人文精神、良好品质和综合能力。对教科书而言，课程的综合性可以体现在方方面面上：既包括结构，也包括内容；既包括作为学科内部不同领域之间的综合，也包括学科之间，学科与社会、科技乃至学生生活世界之间的综合。特别地，信息技术与课程的整合趋势对教科书的课程综合性也产生较大影响。

（二）教科书文本组织结构的分析维度

与教科书文本的内容一样，教科书文本的结构同样也是影响教科书文本质量的关键要素之一。如众所知，课程组织可以划分为直线式和螺旋式两种[①]。作为课程外显形式之一的教科书自然也符合这一规律。自 20 世纪后半叶以来，我国一般采用螺旋式上升与直线式编写两种基本方式安排中小学教科书的组织结构。

所谓直线式教科书结构，就是指把一门学科的课程内容或其中一个课题的内容按照知识本身的逻辑结构来展开呈现在教科书中，使各种知识在内容上均不重复的编排形式。这种编排源于赫尔巴特的理论，重视知识的逻辑结构而忽略学生的心理结构。其优点是有利于加大学习容量，加快学习进度，节省教学时间。这种体系比较适合思维能力较强的学生，但是，也易造成学生学习不扎实，知识掌握不牢固和班级教学中的“两极分化”现象。

螺旋式教科书结构就是把同一课题内容按深度、广度的不同安排在教科书的不同阶段，使其重复出现，每一次重复都进一步加深拓广、逐级深化原有的知识方法、经验。从学科的逻辑系统角度看，螺旋式教科书结构的优点在于重视课程内容由简到繁，由易到难的逻辑组织，重视学科的基本概念和基本原理。另一方面，从学生心理发展的角度看，螺旋式教科书结构重视学生的认知结构及其发展阶段，使认识逐步深化，因而有利于学生知识的掌握、认知能力的发展和学习的正迁移。对于思维能力较弱的学生来说，这种结构更适合，更有效。但是，这种体系往往需要较长的教学时间，而且一旦重复过多，也会降低教学效率和学生的学习兴趣。这种课程设计教材编排方式兴起于螺旋式课程。螺旋式课程（Spiral Curriculum）是美国著名教育家、心理学家布鲁纳（J. S. Bruner）在 20 世纪 60 年代提出[②]的，意指根据某一学科知识的“概念结构”，以促进学生认知能力发展为目的的一种课

① 林智中，陈建省，张爽．课程组织［M］．北京：教育科学出版社，2006：7．

② ［美］布鲁纳．教育过程［M］．邵瑞珍译．北京：文化教育出版社，1982．

程设计。其基本假设是，任何教材都可以某种合理形式来教给任何发展阶段的儿童。螺旋式课程提供了一套具有逻辑先后顺序的概念组合让学生在一定的时间内，学习探索一套逐渐加深、拓广的复杂概念体系。布鲁纳认为，应该让学生从低年级起就开始学习比较高深的科学知识，以后随着年级的升高，多次反复学习，逐渐加深理解，这样才能真正掌握它。但这不是说一开始就让低年级学生去学习艰深的公理、概念、公式，而是要用适合学生能力水平的方式来学习。教什么知识，使用什么样的方式方法，必须经过慎重的选择。

正如笔者在专门论文①中分析的：学生思维发展的阶段性决定了课程教材的编写必须考虑适当采用螺旋式上升课程设计教材编排方式，但这种编排风格未必造就比较容易的课程难度。有些内容适合螺旋式，而有的内容采用直线式可能效果更好。进行基础教育课程设计教科书编排，必须因具体内容而异，合理选择"窄而深"与"广而浅"课程设计风格，并寻求"可比深度"与"可比广度"的恰当平衡。螺旋式上升既可以从深度、广度的维度逐级而上，也可以从抽象与类化（即应用）的维度逐步深化。克服螺旋式上升在具体操作中的误用，适时地采用直线式与螺旋式相结合的教科书组织结构，是基础教育新课程设计教材编排发展的重要对策。

（三）教科书文本特色分析的基本思路

教科书文本的特色与"亮点"是提升教科书文本质量的"加速器"。但是，编写特色并不太好确定，正所谓"没有比较就没有鉴别"，即将若干同类的教科书放在一起进行比较，才可以发现其中的特色与"亮点"。因而，进行教科书特色研究，最有效的方法还是比较法与内容分析法。事实上，教科书文本的特色与"亮点"往往不能像教科书内容的课程难度那样可以量化，至少目前尚未找到适宜的模型、方法。我们发现，进行教科书文本的特色与"亮点"的分析，既可以从整体视角进行，也可以从单项分别展开。

为了说明方法的具体使用过程，我们以俄罗斯小学数学教科书为例，参照我国现行的小学数学教科书（即数学课程标准实验教科书）进行研究②：在俄罗斯，联邦教育部推荐的彼捷尔松主编的小学数学教科书③是俄罗斯比

① 孔凡哲．基础教育新课程中"螺旋式上升"的课程设计和教材编排问题探究［J］．教育研究，2007（5）：62－68．

② 本部分研究由孔凡哲、徐秀娟合作完成，详见第六章第三节。

③ Л. Г. Петерсон. Матеиатика（3－его класса часть 4）［M］. С－ИФО：Баласс Москва，1997－г.（彼捷尔松．数学（三年级第四册）［M］．莫斯科：俄罗斯联邦教育部出版社，1997.）

较通用的小学数学教科书，不仅特点鲜明，而且在俄罗斯影响深远。从整体上看，其特色并不明显，认真分析，不难发现，俄罗斯小学数学教科书在某些单一项目上特色明显：1. 非常注重知识之间内在的衔接性、系统性和完整性。俄罗斯教科书非常重视知识之间的内在结构体系（如前文的表3-1-1所示），内在逻辑体系十分严密，尤其注重知识呈现的系统性和前后的连贯性。比如，在呈现数轴的有关内容时，教科书用8课时安排与此相关的知识，而用了10课时安排与坐标有关的知识。同时，上、下册教科书之间的衔接也比较紧密。此外，新知识呈现之后编排有巩固旧知识的相关习题，几乎每一册书的每一课都毫无例外。众所周知，我国原有的数学教科书在对知识的选取上程度偏深，范围偏窄，过分重视数学知识的系统，过分注重培养逻辑思维能力、计算能力与计算技巧，忽视对学生创新精神、实践能力以及情感态度的培养。因而，课程标准实验教科书的编写很注重在这些方面的改善，我们为此也付出了很大的努力，并且取得了一定成效。但是，新的问题也接踵而至，新教科书的编写在注重学生数学学习过程的同时，似乎忽视了数学作为一门学科的内在的逻辑体系，从学科发展角度讲，这是一个弊端。相比之下，俄罗斯数学教科书在兼顾学科结构和学生学习兴趣培养等方面，内容编排比较系统，而且知识结构的安排和呈现方式比较符合学生的学习心理。2. 非常注重本土文化与数学文化的融合。俄罗斯小学数学教科书的编写注重培养学生的爱国情感和文化传承意识，数学知识与其他学科知识整合的特点比较突出。俄罗斯是一个多民族聚集的国家，文化传统（尤其节日）比较多，这一点在这套教科书中得到了广泛的体现。比如，在方格纸中给出不同字母，然后在一个表格中给出一些坐标，把相应坐标的字母填在表格中就是俄罗斯某个节日或者某一著名人物的名字。教科书中还出现了俄罗斯历史上很多有影响的战役，例如莫斯科战役（在三年级第四册第十二课，用莫斯科战役游戏来呈现方格纸在学生生活中的重要意义，从而引出坐标内容的编排），这些内容的编排显然渗透着编者试图通过教科书培养学生爱国意识的情怀。可见，俄罗斯小学数学教科书在编写上很注重地域文化与数学内容的融合，在知识的呈现上尽量结合本民族的民风民俗和文化特点，使学生在学习数学知识的同时，感受本民族的文化精髓。除此之外，教科书的编写很注重对学生爱国情感及和平意识的培养（尤其是对俄罗斯有深刻影响的几次战争，反复出现在其教科书中）。总之，俄罗斯小学数学教科书不仅在数学与生活的整合（特别是数学的现实性与系统性的协调）上特色鲜明，而且在数学与民族文化的整合上“亮点”突出，值得我们借鉴。

第二节 教科书文本分析典型案例分析（一）

——初中数学教科书与课程标准的一致性分析

众所周知，课程标准是课程教学活动应该达到的预期结果或目标，课程标准的最终实现离不开教科书的参与，教科书是课程标准的具体体现。在本节①，我们将以初中数学课程为例，详细分析开展教科书与课程标准的适切性研究的基本方法，同时，期望通过这种研究，为编者和使用者提供建议和决策的依据。我们认为，教科书必须忠于课程标准，同时，教科书必须创造性地超越课程标准。一方面，教科书要忠于课程标准——“下要保底”。教科书首先应该依据课程标准的要求进行编写，这是保障教科书质量的基本前提。另一方面，教科书在忠于课程标准基础上要有所创新——“上不封顶”。我们知道，按照古德莱德关于课程五个层面的划分，教科书属于理解课程的范畴，是教科书编写者对文件课程中所反映的理念、目标、具体内容方法的个性化理解。教科书编写者在哲学观、社会观、课程观和知识观方面的差异导致他们对相同文件会有不同的理解。这就给各个版本教科书在编制过程中进行创新提供了可能性。不同版本教科书在保证达到课程标准这一最低要求的前提下，可以进行创新，国家对此也非常支持。当然，研究教科书与课程标准之间的一致性，并不是一种盲目的忠实观的体现，即并非强调教科书要完全遵循课程标准的要求而没有自己的特色。对于课程标准实验教科书来说，与课程标准达到一致是保障其自身质量的基础和必要前提。

一、课程标准中数与代数领域的内容标准

在义务教育第三学段（即初中），学生将学习实数、整式和分式、方程和方程组、不等式和不等式组、函数等知识，探索数、形及其在实际问题中蕴涵的关系和规律，初步学会使用一些有效地表示、处理和交流数量关系以及变化规律的工具，发展符号意识，体会数学与现实生活的紧密联系，增强

① 本部分是王辉 2006 年 4 月至 2007 年 6 月期间在孔凡哲指导下完成的，系 BHA030025 课题的子课题“不同版本的教科书与课程标准的一致性对比分析——以初中数与代数领域的课程内容为例”的核心成果。以该成果为主体内容的硕士论文被评为东北师范大学 2007 届优秀硕士论文。目前，王辉硕士在石家庄某高校工作。

应用意识，提高运用代数知识与方法解决问题的能力。

二、数与代数领域在三个版本教科书与课程标准中的课程难度

关于教科书与课程标准的一致性分析，国内外已有的研究非常稀少。本研究主要从课程目标（包括知识性目标和过程性目标）、对课程目标的要求、课程难度等方面进行一致性分析。鉴于数学学科的特点和已有的研究成果，我们将采用课程难度模型 $N=\alpha\cdot\frac{S}{T}+(1-\alpha)\cdot\frac{G}{T}$（其中，$0\leqslant\alpha\leqslant1$），把课程难度作为刻画数学教科书与课程标准一致性的重要指标（此模型所包含的要素既可以反映课程目标以及对课程目标的要求，也可以综合反映二者加权之后的课程难度）。其中，N 代表课程难度，S 代表课程深度，G 表示课程广度，T 代表课程时间，$\frac{S}{T}$表示可比深度，$\frac{G}{T}$表示可比广度，α 代表加权系数，它反映了课程对于可比深度与可比广度的侧重程度，课程难度实际上就是可比深度与可比广度的加权平均值。其中，课程广度是指课程内容所涉及的范围和领域的广泛程度，可以用我们通常所说的“知识点”的多少对其进行量化。课程时间是指完成课程内容所需要的时间，可以用我们通常所说的“课时”多少对其进行量化。课程深度泛指课程内容所需要的思维的深度，既涉及概念和数学原理的抽象程度以及概念之间的关联程度，还涉及课程内容的推理与运算步骤。课程深度反映了课程之间的设计顺序、编排和组织的逻辑深度以及潜在的思维的深度。课程深度是难以量化的，但是我们可以通过相应课程目标的不同要求程度的加权平均值来对其加以刻画。一般地，对于同一个知识点，要求越高，其所需要的思维就越深。而刻画课程目标要求高低的标志是目标动词，在课程标准下，刻画知识技能目标的动词是“了解”、“理解”、“掌握”、“灵活运用”，刻画过程性目标的动词是“经历”、“体验”、“探索”，基于对课程深度量化的需要，必须对各个水平进行赋值以区分不同的课程深度。为此，我们规定：知识技能目标中的“了解”、“理解”、“掌握”、“灵活运用”分别被赋值为 1、2、3、4，而过程性目标中的“经历（感受）”、“体验”、“探索”分别被赋值为 1、2、3。特别须要指出的是，这里的课程难度实际上特指绝对的课程难度，也就是说静态的课程难度——仅仅从文本角度对教科书进行分析、评价，不涉及课程实施状态下的教科书使用问题，而对教科书的动态分析、评价，还要考虑课程实施中的教师、学生等特别复杂的因素。根据上述的规定，我们依次计算北师版、华师

版、人教版数学教科书和数学课程标准中七至九年级数与代数领域各个课程内容的课程难度。

（一）不等式

1．关于“不等式”的课程时间

我们用“课时”的多少对课程时间进行量化：北师版中不等式部分被编排在八年级下册第一章，共有 12 课时，其课程时间为 $T=12$；华师版中的不等式出现在八年级上册第十三章，共有 10 课时，其课程时间为 $T=10$；人教版则在七年级下册第九章安排了不等式的内容，共有 13 课时，其课程时间为 $T=13$。由于课程标准里没有规定各部分课程内容所需要的课时，而三个版本都是通过国家审定的教科书，对此我们可以取三套教科书的平均课时数作为课程标准中相应内容的课程时间，从而可以确定课程标准中不等式部分的课程时间为 $T_4=(12+10+13)\div 3\approx 12$。

2．关于“不等式”的课程广度

我们已经知道，课程广度是指课程内容所涉及的范围和领域的广泛程度，因而，我们可以选择“知识点的数量”对此进行量化。

北师版中不等式部分主要有以下 7 个知识点：不等式；不等式的基本性质；不等式（组）的解及解集；一元一次不等式的解法及其解集的数轴表示；一元一次不等式组的解法及其解集的数轴表示；一元一次不等式（组）的简单应用；一元一次不等式与一次函数。因而，其课程广度系数可取为 $G_1=7$。

华师版中不等式部分主要涉及以下 6 个知识点：不等式及不等式的解；不等式（组）的解集；不等式的基本性质；一元一次不等式的解法及其解集的数轴表示；一元一次不等式组的解法及其解集的数轴表示；一元一次不等式（组）的简单应用。因而，其课程广度系数可取为 $G_2=6$。

人教版中不等式部分主要有以下 6 个知识点：不等式及相关概念；不等式的基本性质；一元一次不等式的解法及其解集的数轴表示；不等式组及相关概念；一元一次不等式组的解法及其解集的数轴表示；一元一次不等式（组）的简单应用。因而，其课程广度可取为 $G_3=6$。

课程标准中不等式部分的知识点有：不等式；不等式基本性质；一元一次不等式的解法及其解集的数轴表示；一元一次不等式组的解法及其解集的数轴表示；一元一次不等式（组）的简单应用。因而，其课程广度系数可取为 $G_4=5$。

3. 关于“不等式”的课程深度

北师版中的“不等式”知识点对应的课程深度值分别为：不等式：1.5；不等式的基本性质：3；不等式（组）的解及解集：2；一元一次不等式的解法及其解集的数轴表示：3；一元一次不等式组的解法及其解集的数轴表示：3；一元一次不等式（组）的简单应用：3；一元一次不等式与一次函数：2。由此可见，其课程深度系数为$S=(1.5+2\times2+3\times4)\div7\approx2.5$。

华师版中的“不等式”知识点对应的课程深度值分别为：不等式及不等式的解：1.5；不等式（组）的解集：2；不等式的基本性质：3；一元一次不等式的解法及其解集的数轴表示：3；一元一次不等式组的解法及其解集的数轴表示：3；一元一次不等式（组）的简单应用：3。由此可见，其课程深度系数为$S_2=(1.5+2+3\times4)\div6\approx2.583$。

人教版中的“不等式”知识点对应的课程深度值分别为：不等式及相关概念：1.5；不等式的基本性质：3；一元一次不等式的解法及其解集的数轴表示：3；不等式组及相关概念：1；一元一次不等式组的解法及其解集的数轴表示：3；一元一次不等式（组）的简单应用：3。由此可见，其课程深度系数为$S_3=(1.5+1+3\times4)\div6\approx2.417$。

课程标准中的不等式知识点对应的课程深度值分别为：不等式：1；不等式基本性质：3；一元一次不等式的解法及其解集的数轴表示：3；一元一次不等式组的解法及其解集的数轴表示：3；一元一次不等式（组）的简单应用：3。由此可见，其课程深度系数为$S_4=(1+3\times4)\div5=2.6$。

4. 关于不等式的课程难度

根据课程难度模型“$N=\alpha\cdot\frac{S}{T}+(1-\alpha)\cdot\frac{G}{T}$”，取$\alpha$的值为0.5，其含义表示可比深度与可比广度的侧重各占一半。事实上，如果α取值过大，代表可比深度过大，将是“科学著作”的设计风格；如果α取值过小，代表可比广度过大，乃是“科普读物”的设计风格。就基础教育的基础性、普及性和发展性而言，普及性要求课程设计必须考虑课程广度，课程不能过深，也就是说α的取值不能过大；而基础性和发展性又要求学生必须掌握学科学习和研究的系统知识，并在学习中发展学科能力，接受科学研究的最基本的训练，因而α的取值又不能过小。就基础教育课程而言，α的取值一般应该保持在0.5左右为宜。为了清晰、直观地表示三个版本教科书和课程标准相应各项内容的有关定量数据指标，我们采用表格的形式将其呈现出来（如表3-2-1所示）。

表 3-2-1　“不等式”课程难度对比统计表

	北师版	华师版	人教版	课程标准
课程时间 T	$T_1=12$	$T_2=10$	$T_3=13$	$T_4=12$
课程广度 G	$G_1=7$	$G_2=6$	$G_3=6$	$G_4=5$
课程深度 S	$S_1=2.500$	$S_2=2.583$	$S_3=2.417$	$S_4=2.600$
可比广度 G/T	0.583	0.600	0.462	0.417
可比深度 S/T	0.208	0.259	0.186	0.217
课程难度 N	$N_1=0.3955$	$N_2=0.4295$	$N_3=0.324$	$N_4=0.317$

（二）其余各部分的数据测定与统计

同理，可以确定“一元一次方程”、“一元二次方程”、“分式方程”、“二元一次方程组”、“有理数”、“实数”、“整式”、“分式”、“函数与一次函数”、“反比例函数”各部分的课程深度、广度、难度等等的对比数据，统计数据如下列表 3-2-2 等 10 张表所示。

表 3-2-2　一元一次方程课程难度对比统计表

	北师版	华师版	人教版	课程标准
课程时间 T	$T_1=13$	$T_2=16$	$T_3=18$	$T_4=15.7$
课程广度 G	$G_1=6$	$G_2=6$	$G_3=8$	$G_4=5$
课程深度 S	$S_1=2.25$	$S_2=1.917$	$S_3=2.375$	$S_4=2.4$
可比广度 G/T	0.462	0.375	0.444	0.318
可比深度 S/T	0.173	0.120	0.132	0.153
课程难度 N	$N_1=0.3175$	$N_2=0.2475$	$N_3=0.219$	$N_4=0.2355$

表 3-2-3　“一元二次方程”课程难度对比统计表

	北师版	华师版	人教版	课程标准
课程时间 T	$T_1=10$	$T_2=14$	$T_3=13$	$T_4=12.3$
课程广度 G	$G_1=9$	$G_2=7$	$G_3=5$	$G_4=9$
课程深度 S	$S_1=2.444$	$S_2=2.286$	$S_3=2.6$	$S_4=2.556$
可比广度 G/T	0.9	0.5	0.385	0.732
可比深度 S/T	0.244	0.163	0.2	0.208
课程难度 N	$N_1=0.572$	$N_2=0.3315$	$N_3=0.2925$	$N_4=0.47$

表 3-2-4 "分式"课程难度对比统计表

	北师版	华师版	人教版	课程标准
课程时间 T	$T_1=4$	$T_2=3$	$T_3=4$	$T_4=3.7$
课程广度 G	$G_1=3$	$G_2=2$	$G_3=2$	$G_4=3$
课程深度 S	$S_1=3$	$S_2=2$	$S_3=2$	$S_4=3$
可比广度 G/T	0.75	0.667	0.5	0.811
可比深度 S/T	0.75	0.667	0.5	0.811
课程难度 N	$N_1=0.75$	$N_2=0.667$	$N_3=0.5$	$N_4=0.811$

表 3-2-5 "二元一次方程组"课程难度对比统计表

	北师版	华师版	人教版	课程标准
课程时间 T	$T_1=9$	$T_2=12$	$T_3=10$	$T_4=10.3$
课程广度 G	$G_1=8$	$G_2=7$	$G_3=8$	$G_4=6$
课程深度 S	$S_1=2.5$	$S_2=3$	$S_3=2.5$	$S_4=2.667$
可比广度 G/T	0.889	0.583	0.8	0.583
可比深度 S/T	0.278	0.25	0.25	0.259
课程难度 N	$N_1=0.5835$	$N_2=0.4165$	$N_3=0.525$	$N_4=0.421$

表 3-2-6 "有理数"课程难度对比统计表

	北师版	华师版	人教版	课程标准
课程时间 T	$T_1=17$	$T_2=23$	$T_3=22$	$T_4=21$
课程广度 G	$G_1=12$	$G_2=15$	$G_3=16$	$G_4=12$
课程深度 S	$S_1=2.708$	$S_2=2.233$	$S_3=2.594$	$S_4=1.571$
可比广度 G/T	0.706	0.652	0.727	0.571
可比深度 S/T	0.159	0.097	0.118	0.075
课程难度 N	$N_1=0.4325$	$N_2=0.3745$	$N_3=0.4225$	$N_4=0.323$

表 3-2-7 “实数”课程难度对比统计表

	北师版	华师版	人教版	课程标准
课程时间 T	$T_1=11$	$T_2=10$	$T_3=17$	$T_4=13$
课程广度 G	$G_1=11$	$G_2=12$	$G_3=16$	$G_4=13$
课程深度 S	$S_1=2.591$	$S_2=2.500$	$S_3=2.25$	$S_4=2.385$
可比广度 G/T	1	1.2	0.941	1
可比深度 S/T	0.236	0.250	0.132	0.183
课程难度 N	$N_1=0.618$	$N_2=0.725$	$N_3=0.5365$	$N_4=0.559$

表 3-2-8 “整式”课程难度对比统计表

	北师版	华师版	人教版	课程标准
课程时间 T	$T_1=24$	$T_2=29$	$T_3=13$	$T_4=22$
课程广度 G	$G_1=22$	$G_2=23$	$G_3=18$	$G_4=11$
课程深度 S	$S_1=2.063$	$S_2=1.914$	$S_3=2.694$	$S_4=2.455$
可比广度 G/T	0.917	0.793	1.385	0.5
可比深度 S/T	0.086	0.066	0.207	0.112
课程难度 N	$N_1=0.5015$	$N_2=0.4295$	$N_3=0.796$	$N_4=0.306$

表 3-2-9 “分式”课程难度对比统计表

	北师版	华师版	人教版	课程标准
课程时间 T	$T_1=6$	$T_2=7$	$T_3=9$	$T_4=8.3$
课程广度 G	$G_1=6$	$G_2=8$	$G_3=6$	$G_4=5$
课程深度 S	$S_1=2.667$	$S_2=2.5$	$S_3=2$	$S_4=2.6$
可比广度 G/T	1	1.143	0.667	0.602
可比深度 S/T	0.296	0.357	0.222	0.313
课程难度 N	$N_1=0.648$	$N_2=0.75$	$N_3=0.4445$	$N_4=0.4575$

表 3-2-10 “函数与一次函数”课程难度对比统计表

	北师版	华师版	人教版	课程标准
课程时间 T	$T_1=8$	$T_2=12$	$T_3=15$	$T_4=11.7$
课程广度 G	$G_1=9$	$G_2=11$	$G_3=9$	$G_4=13$
课程深度 S	$S_1=2.333$	$S_2=2.5$	$S_3=2.111$	$S_4=2.236$
可比广度 G/T	1.125	0.917	0.6	1.111
可比深度 S/T	0.292	0.208	0.141	0.191
课程难度 N	$N_1=0.7085$	$N_2=0.5625$	$N_3=0.3705$	$N_4=0.651$

表 3-2-11 “反比例函数”课程难度对比统计表

	北师版	华师版	人教版	课程标准
课程时间 T	$T_1=5$	$T_2=5$	$T_3=8$	$T_4=6$
课程广度 G	$G_1=6$	$G_2=4$	$G_3=8$	$G_4=5$
课程深度 S	$S_1=2.75$	$S_2=2.625$	$S_3=2.813$	$S_4=2.7$
可比广度 G/T	1.2	0.8	1	0.833
可比深度 S/T	0.55	0.525	0.352	0.45
课程难度 N	$N_1=0.875$	$N_2=0.6625$	$N_3=0.676$	$N_4=0.6415$

三、教科书与《课程标准》的一致性分析

在这里，我们讨论三个版本教科书与《课程标准》关于如下课程内容的一致性：不等式、一元一次方程、一元二次方程、分式方程、二元一次方程组、有理数、实数、整式、分式、函数与一次函数、反比例函数。依据前文对这 11 项课程内容的课程广度、课程深度、课程难度进行的分析和计算，笔者得出如下的结论：

（一）课程广度

在三个版本的教科书中，北师版共计 99 个知识点，华师版共计 102 个知识点，人教版共计 101 个知识点，而《课程标准》规定的知识点（包括二次函数）为 94 个。这说明三个版本教科书中的课程广度总体上都略高于《课程标准》的要求，但在一些具体的内容要求上，三个版本与《课程标准》之间的差异还是很大的，以“有理数”为例，对于有理数的课程广度，北师版与《课程标准》的要求一致，均为 12，华师版和人教版中有理数的课程

广度则高于《课程标准》的要求，具体差异表现在：三个版本教科书在有理数的意义、在数轴上表示有理数、比较有理数的大小、相反数和绝对值的意义、相反数和绝对值的计算、有理数的加减乘除运算、有理数的混合运算、有理数的运算律、运用运算律简化运算、乘方的意义等方面的课程广度与《课程标准》是一致的；华师版和人教版教科书对于正数和负数的含义、乘方运算、近似数、有效数字、科学计数法等知识点也作出了要求，这是高于《课程标准》要求的。当然，对于"一元二次方程"、"整式"、"函数与一次函数"等的课程广度而言，情况有些特殊。

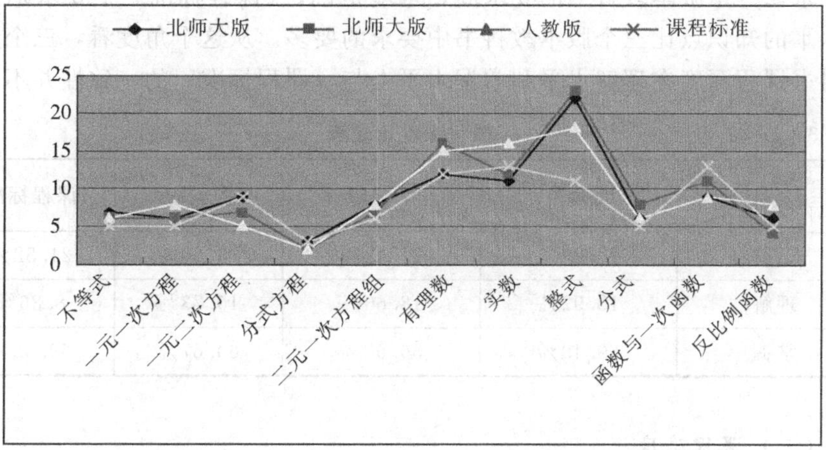

图 3-2-1　课程广度一览图

（二）课程深度

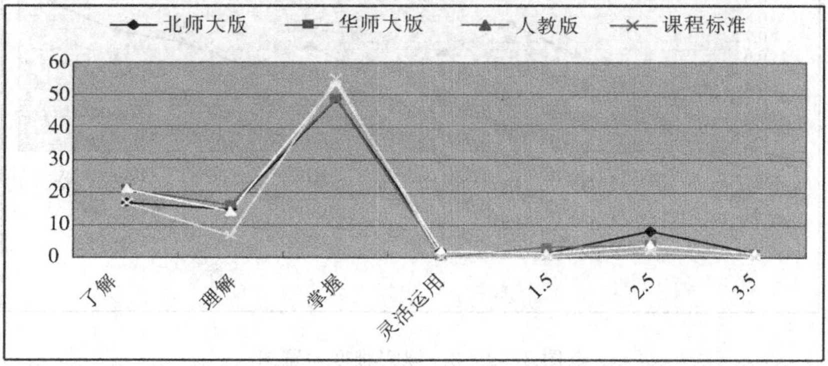

图 3-3-2　课程深度一览图

《课程标准》与三个版本的教科书对课程内容深度的要求都集中在掌握水平上，其次就是了解和理解水平，而灵活运用水平、1.5 水平、2.5 水平和 3.5 水平上所占比重并不大，所以在分析数据的时候对其可以忽略不计，可只分析了解、理解、掌握水平。

从表 3-2-12 中可明显看出，三个版本教科书课程深度在了解水平上与《课程标准》的要求最为接近，除北师版略低于《课程标准》之外，华师版和人教版均高于《课程标准》的要求，可以认为是基本一致的；而在理解水平上三个版本均高出《课程标准》要求很多，但在掌握水平上《课程标准》的要求比三个版本教科书的要求高，也就是说，《课程标准》中要求达到掌握水平的知识点比三个版本教科书中要求的要多。从这个角度看，三个版本教科书课程深度在理解水平和掌握水平上与《课程标准》的一致性并不高。

表 3-2-12　　课程深度比较表

水平＼版本	北师版	华师版	人教版	《课程标准》
了解	20.99%	24.42%	23.60%	21.52%
理解	18.92%	18.60%	15.73%	8.86%
掌握	60.49%	56.98%	60.67%	69.62%

（三）课程难度

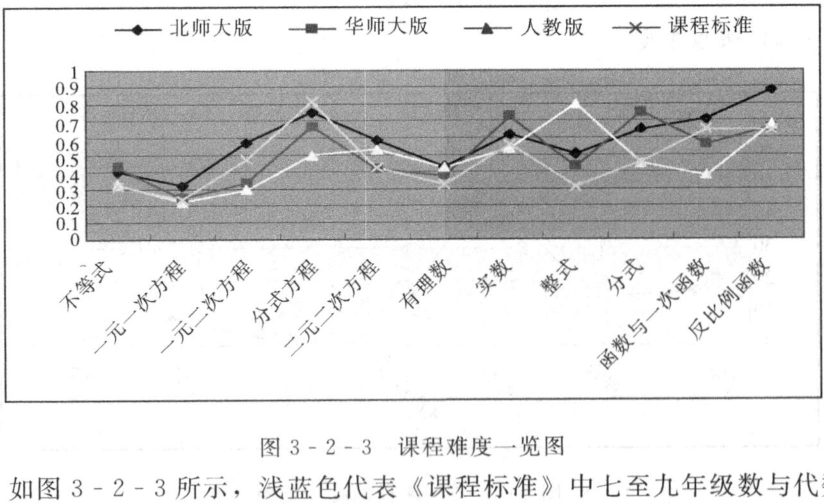

图 3-2-3　课程难度一览图

如图 3-2-3 所示，浅蓝色代表《课程标准》中七至九年级数与代数领域的课程难度曲线，从中我们发现，《课程标准》中各个部分的课程难度差异很大，三个版本与《课程标准》各个内容的课程难度的差异也很大。三个版本的课程难度曲线没有任何一条是和《课程标准》的课程难度曲线一致或者基本一致的，只能说在某些课程内容上趋向或者高于《课程标准》的要求。其中，不等式、一元一次方程、二元一次方程组、有理数、实数、整式、分式、反比例函数这八项课程内容，三个版本课程难度的要求接近或者高于《课程标准》课程难度的要求；而一元二次方程、分式方程和函数与一次函数三项内容，三个版本之间的课程难度差异很大，与《课程标准》的要求也有很大不同，有的低于《课程标准》的要求，有的则高于《课程标准》的要求。以一元二次方程为例，一元二次方程均被安排在九年级下册，人教版的一元二次方程的课程难度最低，仅为0.2925，低于《课程标准》所要求的0.47水平的33.77%；其次是华师版要求的0.3315，也和《课程标准》的要求相差很远，低于《课程标准》要求的29.47%。主要原因是，人教版对于根据实际问题列出一元二次方程的要求不高，认为“作为引入一元二次方程的实际问题，列方程的难度不宜过大”①，在课程学习目标中没有明确提出列方程的要求，这和以往的教学大纲的要求是基本一致的。华师版与人教版的要求基本一致，对于列方程没有提出严格的要求，而在解方程方面三个版本的要求与《课程标准》的要求趋于一致。在这种情况下，由于北师版对列方程提出了较高的要求，可见，北师版的一元二次方程课程难度要高于《课程标准》、华师版和人教版。同时，北师版以“梯子的底端滑动多少米”等实际问题引入，没有直接呈现出方程，先让学生利用已有的知识经验经历、体会列方程的过程，之后再呈现出方程。而人教版和华师版虽然也是从实际生活中的问题引入一元二次方程，但是二者在让学生经历列方程的过程（即方程的建模过程）方面做得稍显逊色。

五、研究的基本结论

通过对北师版、人教版、华师版三个版本教科书数与代数领域在课程容量、课程深度、课程难度三个维度与《课程标准》进行的一致性分析，我们可以得出以下结论：

在课程容量上，从总体上说，三个版本教科书与《课程标准》是一致的，基本符合（略高于）《课程标准》的要求，但是在一元二次方程、有理

① 课程教材研究所中学数学课程教材研究开发中心．数学七年级上册教师教学用书［M］．北京：人民教育出版社，2006：53．

数、整式、函数与一次函数四项课程内容上与《课程标准》差异较大。

在课程深度上，三个版本教科书在了解水平上与《课程标准》的要求最为接近，除北师版略低于《课程标准》之外，华师版和人教版均略高于《课程标准》的要求，可以认为是基本一致的；在理解水平上三个版本教科书的要求均高出《课程标准》要求很多，而在掌握水平上《课程标准》的要求比三个版本教科书的要求高，也就是说，《课程标准》中要求达到掌握水平的知识点要比三个版本教科书多。从这个角度看，三个版本教科书在理解水平和掌握水平课程深度的要求上与《课程标准》的吻合程度不佳。

在课程难度上，三个版本教科书的要求与《课程标准》相应内容的要求差异较大。其中，不等式、一元一次方程、二元一次方程组、有理数、实数、整式、分式、反比例函数这八项课程内容，三个版本教科书的要求接近或者高于《课程标准》的要求；而一元二次方程、分式方程和函数与一次函数三项内容中，三个版本教科书的课程难度差异很大，与《课程标准》的要求也有很大不同，有的低于《课程标准》的要求，有的高于《课程标准》的要求。通过对这三部分进行具体比较和分析，我们可以看出，北师版在一元二次方程、分式方程、函数及一次函数方面的课程难度与《课程标准》的要求最为接近。

六、改进意见和建议

针对上述研究，笔者提出以下建议和意见：

（一）教科书编写者宜准确把握《课程标准》的有关要求

《课程标准》是教科书编写、教学、评估和考试命题的依据。三个版本教科书在数与代数领域呈现出来的课程难度是不同的，而且在诸多方面（如一元二次方程、分式方程和函数与一次函数）与《课程标准》的要求差异很大。这反映出教科书编者对《课程标准》的理解水平存在较大差异。提高教科书编者对《课程标准》的理解水平，仍不是多余的话题。

（二）不断完善《课程标准》，使其语义明确具体，操作性更强

《课程标准》对教科书编写、课堂教学和评价具有举足轻重的指导作用。有学者提出："《课程标准》有必要开宗明义地说清楚它自己是什么，不是什么，以避免可能产生的副作用（即误解）。"① 本文的结果显示：三个版本教科书编写者对《课程标准》的理解存在一定差异，而且这一现实问题的出现

① 姜伯驹．关于初中数学课程标准的"基本理念"[J]．数学通报，2005，44（8）：1.

从一个侧面反映出《课程标准》本身存在的问题。《课程标准》赋予教科书编写过程中的适度的创造空间是值得肯定和提倡的，但是，《课程标准》对于重要内容的界定和要求以及重要概念的表述应该明确，具体，至少不能引起太多的解释（甚至歧义）。

（三）合理处理教科书的难度

《课程标准》是教科书编写者应该首先遵循的纲领性文件。与以往《教学大纲》下的要求相比，《课程标准》对数与代数领域的内容要求的确减少了。但是，减少、删去“繁”、“难”、“偏”、“旧”的课程内容并不是为了片面提高某些内容的难度，归根结底是为了确保最基本的、最有价值的主干内容，让全体学生学得好，学得扎实，确保学生拥有自主学习的时间和空间，促使学生获得全面、健康、和谐和可持续的发展，即“有所为，有所不为”。

第三节　教科书文本分析典型案例分析（二）

——小学语文不同版本教科书的对比分析

在基础教育新一轮课程改革中，“一个课程标准多套教科书”的政策造就了不同特色、不同风格的教科书。小学语文教科书领域也是如此。人民教育出版社（以下简称“人教版”）编写的课程标准实验教科书小学语文、长春出版社编写的课程标准实验教科书小学语文（以下简称“长春版”）就是其中的两个典型代表。两个版本的教科书虽然在编写上都努力体现《课程标准》对教科书的要求，但是由于经验上的差异和编写者个人对《课程标准》诠释的差异，两套教科书在选文、编排体例、呈现方式等文本层面存在着较大的差异。我们[①]选定人教版、长春版教科书第一学段（即一二年级）的各册教科书作为比较研究的对象，从课文的编选、拼音和识字写字、编写体例、呈现方式和练习设计等五个方面对两版教科书进行了文本层面的比较，试图展示不同版本教科书对比研究的一般方法。

一、人教版与长春版教科书内容与结构的对比

人民教育出版社的这套教科书是 2001 年 9 月投入实验的，系人民教育

① 本节根据张宏艳于 2006 年 4 月至 2007 年 6 月期间在孔凡哲指导下完成的 BHA030025 课题的子课题“小学语文教科书不同版本的静态对比研究——以人教版、长春版第一学段教科书为例”的成果修改而成。目前，张宏艳硕士在上海工作。

出版社的第十套小学语文教材。长春出版社的这套教科书是该社的首套小学语文教材，目前仅在吉林省内投入使用，编写人员主要是教研人员和一线的优秀教师。两套教科书无论在编写队伍还是编写理念、编写的具体操作上都有不少差异。

（一）课文的选编

目前，我国的语文教科书都是文选型的。因而，范文的选择成为教科书编写的关键环节，教科书的选文也就直接体现着教科书编写者的审美品位和价值取向。

1. 人教版小学语文实验教科书选文的特点

总体来说，人教版教科书的选文标准具有如下特点：

(1) 传统与现代的统一。人教版教科书所选课文在继承人教版教科书一贯的典范性标准的前提下，力求体现时代气息和现代意识。选文从儿童生活出发，从当代儿童的思想实际出发，充分反映儿童的经验世界和想象世界。在课文的选编上，人教版教科书十分注重继承与弘扬中华民族的优秀传统文化。教科书选编了一定数量的课文介绍中华文化，如《吃水不忘挖井人》、《雷锋叔叔，你在哪里》和十几首古诗词，此外，在“语文园地”栏目中系统地编进了古诗词、谚语、三字经、成语、对子歌、春联、歇后语及节气歌等等。

(2) 课文题材广泛，风格多样。题材广泛，不单一，有童话故事、寓言、散文、诗歌、神话等等，并且难易适度，语言生动，规范，可读性极强。学生通过课文内容的学习，既认识了大千世界，又能增进对多元文化的了解。例如，二年级下册，有描写春光无限美好的《找春天》，有讲述发生在春天里的故事《小鹿的玫瑰花》，有表现奉献爱心、关爱他人的《泉水》、《雷锋叔叔，你在哪里》、《我不是最弱小的》、《卡罗尔和她的小猫》，有反映首都新貌的《北京亮起来了》，有倡导勤于思考、动脑动手的《邮票齿孔的故事》、《画风》、《充气雨衣》，有引导学生探究大自然奥秘的《最大的书》，有引导学生树立良好品质、感悟做人道理的《画家和牧童》、《我为你骄傲》、《玩具柜台前的孩子》，还有介绍科学知识作品的《恐龙的灭绝》等等。

2. 长春版小学语文实验教科书的选文特点

(1) 选文可接受性强。长春版小学语文实验教科书的选文多为儿童喜爱的诗歌、童话或故事，注意儿童化，富有童趣，贴近儿童生活，能够考虑与儿童经验世界和想象世界相联系，如《冬冬写字》、《小蝌蚪找妈妈》、《手捧空花瓶的孩子》等联系了儿童的经验世界，《青蛙写诗》、《打开小窗》等则联系了儿童的想象世界。教科书体现了人文性的关怀，注重儿童正确价值观和情感态度的养成教育，如“春夏秋冬”板块的古诗教学，让学生感悟民族文化的博大精深。“动物天地”意在使学生形成“人与自然和谐发展”这样一种新的理念。值得一提的是“幽默”这个板块，或是幽默故事，或是漫画，让学生在欢声笑语中懂得一定的道理。

(2) 选文注重尊重多元文化。长春版教科书中外国题材的课文相对较多，仅二年级上册就有诗歌《被子大地》（英国，斯蒂文森），“名人小时候的故事”板块的《画鸡蛋》、《三个小板凳》，“童年的问号”板块的《孵蛋》、《童年的问号》，伊索寓言《狼和小羊》，安徒生童话《丑小鸭》。

3. 比　较

在选文上，两个版本教科书都注意适应新时期的需要，关心当代社会的变革和发展，反映社会进步与科技发展，渗透现代意识。其共同特点可以归纳为以下三点：

(1) 选文注重童趣，注意从儿童生活出发，以儿童的视角认识周围社会和大自然，激发学生的学习兴趣。例如，人教版的“小兔小兔轻轻跳，小狗小狗轻轻跑，要是踩疼了小草，我就不跟你们好”，这就是孩子的眼光、孩子的语言、孩子的想法。而长春版的“爸爸，我把我寄给你了！我想看看南极的冰雪，更想看看你啊”，这体现了孩子的聪明、孩子的愿望、孩子的可爱，教科书对儿童世界的最大关注。

(2) 教科书都选入了多首浅显的古诗，可以作为儿童的一种语言的和文化的积累。

(3) 课文大都选自现当代儿童文学作家的作品，语言典范生动。这样的教科书选文把语文看成一种精神的、人文的积淀，试图以语文点燃精神，以精神立人。

在选文的数量和来源上，两个版本的教科书还是存在着较大差异的：从数量角度来比较，人教版一年级上册有主体课文 20 篇，一年级下册有主体课文 36 篇，二年级上册有主体课文 36 篇，二年级下册有主体课文 35 篇。长春版教科书一年级上册有主体课文 17 篇，一年级下册有主体课文 25 篇，二年级上册有主体课文 26 篇，二年级下册有主体课文 30 篇。此外，人教版教科书一二年级四册教科书共编有选读课文 17 篇，对这些课文并不作统一要求，教师可根据实际情况对其灵活处理，充分体现了教科书编制的弹性原则，给教师留有选择的空间。从选文标准来比较，人教版与长春版课文来源大多数都不相同，相同的只有常学常新的传统篇目，如《小小的船》、《雪地里的小画家》、《雪孩子》《小蝌蚪找妈妈》、《手捧空花盆的孩子》、《乌鸦喝水》、《司马光》（长春版题目为“司马光砸缸”）、《称象》（长春版题目为“曹冲称象”），还有适合儿童的优秀古代诗歌《赠汪伦》、《山行》、《春晓》等等。

笔者认为，两套教科书之所以在选文方面存在的差异，是由于编者对学习主体语文学习方式和过程的认识存在差异。长春版认为，“教科书无非一个例子”，希望通过讲深讲透课文，让学生习得语言规则，能够繁衍语言。而人教版坚持“举三反一”，同时，在不丢弃适当的分析、例子的前提下，更重视吟悟、数量积累，在不丢弃局部的“举一反三”的前提下，更重视总体的“举三反一”。

（二）拼音与识字、写字

国内各套课程标准实验教科书在拼音、识字写字、口语交际、阅读写作、综合性学习各分项内容的编制中，“颠覆性最大的是拼音与识字写字部分”①。

1. 关于拼音方面的对比

《语文课程标准》（实验稿）并没有对汉语拼音进行独立表述，而是将其寓于“识字与写字”中，给汉语拼音的功能进行了重新定位。汉语拼音的功能是帮助识字、学习普通话，不再是帮助阅读。同时，《语文课程标准》（实验稿）不再要求学生直呼音节。虽然定位发生了变化，但汉语拼音仍是语文教育中不可缺少的有机组成部分，作为学习母语的工具，是不容舍弃的。

表 3-3-1　　两套教科书拼音部分的对比

版　别	拼音与识字的学习顺序	拼音课文结构	识字要求	识字量
人教版	先拼音后识字（第三课开始拼音识字同步）	1. 情境图 2. 表音表形图 3. 拼读练习 4. 拼音书写笔顺 5. 汉字（第三课始）	会认	70
长春版	先识字后拼音（从第三单元开始学习拼音，且拼音识字同步）	1. 情境图 2. 表音表形图 3. 拼读练习 4. 拼音书写示例 5. 汉字	会认	56

① 董蓓菲. 教科书编制的多维思考［J］. 小学语文教学，2005（6）：24.

两套教科书在“汉语拼音”的编排上博采众长，各具特色：

(1) 人教版汉语拼音部分安排在一年级上册最前面，各课内容依次是情境图、表音表形图、书写示例和拼读练习四部分。

(2) 长春版小学语文实验教科书拼音学习内容出现在一年级上册“汉字家园（一）”和“汉字家园（二）”之间，以嵌入式的方式安排于识字内容中。长春版教科书的编排非常注重画面的整合，认识到拼音教学要挖掘学生的生活经验，启动学生的情感，和学生的说话相结合，在说话中带动字母的学习、音节的拼读。

(3) 比较。人教版教科书基于“汉语拼音是帮助识字的有效工具”的认识，将拼音教学安排在汉字教学之前。而长春版教科书为了先让学生学习部分象形字和常用字，从第三单元才开始安排拼音教学。这样安排的理由之一是为了解决儿童一开始学习拼音枯燥、困难的问题；之二是为了突出汉语文字的特点，让学生首先感知汉字文化。两者的安排各有可取之处。但是，从总体上来说，两套教科书基本上都是通过情境图、儿歌或语境歌把拼音字母或寓于故事之中，或辅以琅琅上口的儿歌、语境歌，使拼音、识字“双线并进”。

2. 关于识字写字方面的比较

写字是小学语文教学的重要任务。在低年级，识字写字处于更为重要的地位。识字是读写的基础。识字数量的多少直接影响学生的读书、写话、扩大视野。这两套教科书的编写人员都非常清楚地认识到，如何利用汉字特点，遵循识字规律，采用儿童喜闻乐见的形式加快和提高小学生识字、写字的速度和质量，使小学生能够尽早地进入利用汉字读写的阶段是非常重要的。

(1) 人教版小学语文实验教科书“识字写字”部分的编排特点突出表现在三个方面：首先，博采众长，利用多种途径识字，如运用比较有特色的事物归类法看图识字；其次，提倡“两条腿走路”，课内识字、课外识字双线并行；最后，依照写字规律编排要写的字。

(2) 长春版小学语文实验教科书“识字写字”部分的编排特点突出表现在两个方面：一方面，遵循儿童识字规律，集多种识字形式、识字方法于一体；另一方面，十分重视写字教学，对写字提出很高要求，如要求学生一年级上册会写 157 个字，即一般每课学会 6 至 7 个字，把要求学生会写的字都列在课后的虚空格里，同时为方便教学，低年级教科书中还不吝篇幅地展示了生字的书写笔顺，以使学生明确要按照笔顺规则来书写汉字。

(3) 比　较

① 从识字数量上看，“人教版”教科书安排一年级学生认识 950 个常用字，会写 350 个；二年级学生认识 850 个常用字，会写 650 个；一二年级一共认识 1 800 个常用字，会写 1 000 个。据统计，人教版教科书要求一年级上册所认的 400 个字可以覆盖儿童读物常用字的 50%以上，整个低年级要求认的 1 800 个字可以覆盖儿童读物常用字的 90%以上。“长春版”教科书要求一年级识字 783 个，会写其中的 264 个；二年级识字 765 个，会写其中的 443 个。对于识字，两套教科书都提到了“上不封顶，下保底”的要求，《语文课程标准》(实验稿) 规定学生第一学段认识常用汉字 1 600 至 1 800 个，会写其中的 800 至 1 000 个，人教版规定的识字、写字总量上限与《语文课程标准》(实验稿) 规定的上限一致，长春版规定的识字、写字总量处于《语文课程标准》(实验稿) 规定的汉字、写字总量上下限之间。两套教科书都贯彻多识少写、认写分开的原则，一年级结束时人教版教科书的认字量比写字量多 600 个，而长春版则多 345 个，目的是让学生在相同的时间内多掌握汉字，扫除读写的障碍，尽快进入阅读和写作学习阶段。

表 3-3-2　　两套教科书识字量统计 (会认/会写) (单位：个)

年　级	人教版	长春版
一　上	400/100	349/157
一　下	550/250	434/281
一年级合计	950/350	783/438
二　上	450/350	452/269
二　下	400/300	416/286
二年级合计	850/650	868/555
一、二年级总计	1 800/1 000	1 651/993

② 写字方面，两套教科书在刚开始都安排“一”、“二”、“三”、“人”、“口”、“木”这样简单的字，让学生练习横、竖、撇、捺等基本笔画。这样既能够激发学生写字的兴趣，又能提高写字的质量，还能够养成学生良好的写字姿势和习惯。

（三）编写体例

1. 人教版教科书在编排上简化头绪，加强整合，给人以简洁明快之感

教科书的一年级上册从汉语拼音入手，结合汉语拼音的学习安排识字和读儿歌的内容。汉语拼音之后是形式多样的识字课和内容丰富的课文，“口语交际”和“语文园地”穿插其中。从一年级下册开始，教科书围绕专题组织单元，以整合的方式组织全书内容。每册设八个专题，八个专题将全书分为八组，每组包括导语、以韵语形式编写的一节“识字”课、四五篇课文，接下来是一个“语文园地”，内有四个板块，即“我的发现”（鼓励学生探究发现，掌握学习方法）、“日积月累”（引导学生积累妙词佳句、优秀段篇）、“口语交际”（与专题联系，在双向交流中培养学生的口语交际能力）、“展示台”（给学生提供展示学习所得，特别是课外所得的舞台）。每组教科书结构如图 3 - 3 - 1 所示。这样安排便于教师引导学生开展语文实践活动，提高学生的综合语文能力。以专题组织单元的编排形式既贴近儿童生活，又蕴涵教育价值，而且较好地体现了知识、能力、方法、情感之间的联系。同时，教科书着眼于对低年级学生进行全面的语文启蒙教育。

导语⇒ 识字课⇒课文⇒语文园地 { 我的发现；日积月累；口语交际；展示台 }　　书后安排：选读课文

图 3 - 3 - 1

2. 长春版教科书在结构上力求脉络分明，便教，利学

已出版的长春版教科书低年级各册均采用主题板块的结构模式，将全书分为“汉字家园（一）”、“汉字家园（二）”、“主题单元”（一般包括 2 至 4 篇课文）、“练习”、“表达”和“综合学习活动”等部分，并在一年级上册设有汉语拼音部分。

(1) 重视语言实践活动，“综合学习活动”成为亮点。长春版教科书设置的“综合学习活动”打破了以“结果”为取向的封闭的、静态的学习观，向以“过程”为取向的开放的、动态的学习观转变，有利于全面培养学生的听说读写能力和搜索信息与利用信息的能力、分析问题与策划活动的能力、组织能力、表现能力、研究能力等综合能力。

(2) 注重整合。首先，注重语文内部读、写、听、说的结合，与平行学科沟通，与社会生活相联系，每单元都围绕一个主题安排读写听说综合活

动，并通过设置“综合学习活动”和“表达”这两部分内容，让学生在语文的综合学习中提高语文素质，提高创新能力和实践能力，借此建立开放性的语文教科书和教学新体系。其次，教科书对汉语拼音部分进行了诸多方面的整合，强调拼音的拼读助读作用，把拼音的重点定在音节上，及早呈现完整的音节，强化拼读和说话情感的紧密结合，试图实现语文的综合教育功能，安排意境优美的情境图。

3. 比　较

人教版和长春版小学语文实验教科书在编排体系上所具有的明显的共同之处为精心构建导学系统，按照主题单元的形式编排课文。

（1）在课后练习中用课后的题目导学，导练。长春版教科书设计了大量的“比一比，填一填”、“连一连，说一说”、“读一读，找一找”等图标，人教版教科书则利用“我会读”、“我会写”等图标激发学生的兴趣，引导其进行实践。另外，长春版教科书在通常情况下都会安排例子，引导学生发现识字方法，发现字、词、句中一些带规律性的东西，使学生慢慢能够做到“举一反三”。

（2）在文中、文后用“吐泡泡”的形式提出带有启发性的问题，这种问题灵活实用，能够促进学生独立思考，投身实践。例如，长春版教科书在课文《小猴脸红了》之后设置了这样的情境图：两个学生讨论：“小猴告小熊的状有没有道理，为什么？”“小猴为什么脸红了？”人教版教科书《泉水》一课的课文中提到了“天然水塔”，随后就在旁边提出了问题：“‘天然水塔’指的是什么？”

长期以来，语文教科书“基本上都是由课文、语文知识、练习三部分组成的。其共同特点是以课文作为教科书的主体，知识作为一个体系，按知识组织课文，少量的练习是用来帮助学生理解课文、理解知识的”①。而人教版小学语文教科书采取专题单元的形式组织教科书，围绕一个专题把各项内容组合成一个整体，长春版小学语文教科书也以主题单元的形式编排课文，并设计了具有相对独立性的口语交际练习（表达）和综合学习活动内容，突破了单一的“文选型”教科书传统体系。

（四）呈现方式

教科书的呈现方式是教科书的编写者与读者进行对话的重要途径，也是教科书与学生之间亲近的纽带。可以这样说，教科书的呈现方式就是教科书

① 柳斌．中小学教材建设汇编［C］．北京：人民教育出版社，1990：79．

的形象，形象的背后隐藏着编者的教材观。

人教版教科书采用大 32 开本，具有现代气息，又符合低年级孩子的阅读视野要求：字体的选择、字号的大小、行距的设定比较科学，使人阅读时感觉宽松而不局促、舒服而不压抑；色彩鲜艳明快，让人感觉宁静平和；插图均为手绘儿童画，贴近儿童，符合儿童的审美心理，易于为孩子接受。在内容呈现上，人教版教科书的创新和突破主要体现在以下三个方面：1. 以学习伙伴的口吻提出学习和练习的内容，增强了教科书的亲和力，使教科书真正成为学生的“学材”。2. 从一年级下册开始就在每个“语文园地”中都设有“我的发现”栏目，不断鼓励学生自己思考、自己发现，引导学生自主发现学习方法，使学生从中提高自信，获得持续学习的动力。3. 通过多种方式体现“让学生主动学，在游戏中学”的意图，不断给学生提供展示的舞台，大量采用“我会读”、“我会写”、“我会认”、“我会画”等图标激励学生自主学习，主动学习，使其增强学习语文的自信心。

长春版教科书采用大 16 开本，图文并茂，装帧美观，色彩鲜艳，富于儿童情趣。教科书呈现如同一本连环画，从封面到插图都非常精美，鲜艳，雅致，洋溢着童真童趣，贴近学生的心灵，有助于激发学生的学习兴趣，具体说来表现为两方面。1. 教科书编写角度由服务于教师的“教”转向既方便教师的“教”又易于学生的“学”，教科书由“教材”转变为“学材”。无论是课后的练习，还是表达与综合学习活动，都尽量避免以“问题”或“要求”的方式呈现，而是以自读自悟的形式或者学习伙伴的口吻提出学习与练习的内容，使学生感到亲切、自然。例如，在《孩子，你长大了》这篇课文之后，学习伙伴引导学生发现问题“父亲为什么说自己的儿子长大了”。这样的教科书呈现方式，充分体现了师生之间的平等关系、读者与文本之间的对话关系。2. 这套教科书，不论是题目的安排，还是插图的设计，都努力体现倡导学生合作学习的思想。如《三个小板凳》一课在课后安排了“三个小板凳之间会说些什么呢”这个问题，让学生编一编，演一演。图中的三个小伙伴分工明确，合作意识很强。

由以上的分析我们可以看出，两套教科书的装帧和版式都显示了“以人为本，以儿童为中心”的指导思想。但两套教科书在呈现方式又存在以下三点差异。

1. 开本大小不同。人教版是大 32 开，长春版是大 16 开。

2. 两个版本的教科书均图文并茂，所选用的图片包括卡通画、源自于儿童真实生活又经过加工处理过的照片和从其他材料中借用来的图片。其中，长春版教科书所选图片卡通画占的比例较高，尤其是一些卡通动物和动画片中的卡通形象。此外，长春版教科书还设计了贯穿全书的“聪明小龙”的卡通形象，而人教版教科书中卡通人物的形象比较多。

3. 长春版教科书一年级上册于开篇处设计了一段前言，是写给学习这本教科书的小学生的。这段话对其预设读者的称呼并不是“小学生”，而是“小朋友”，编写者也不再为“面无表情”的编者，而是“编这本语文书的大朋友”，同时，文中所用的人称代词都是“你—我”这样的用于对话语境的称呼语，较为亲切，平易近人，有利于拉近儿童与教科书的心理距离，创造一种轻松愉快的学习氛围。

（五）练习设计

练习设计是语文教科书的有机组成部分。练习设计渗透着语文课程、语文教科书和语文教学三个层面的某些特定理念，而这些理念对语文教育产生着强有力的影响。

1. 人教版小学语文实验教科书的练习设计

人教版教科书比较关注练习设计的生活化，鼓励学生在生活中识字，鼓励学生学习观察，体验生活，有意识地引导学生不但要在课堂上学语文，还要在生活中用语文，调动学生主动学习语文、创造性地运用语文的积极性。

人教版教科书转变编写角度，以学习伙伴的口吻提出问题，每篇课文后一般都包括 2 至 3 个练习题，练习题问题的提出简洁明了，改变了以往以布置、要求的语气提出练习内容的情况，采用了以学习伙伴的口吻提出问题的第一人称叙述角度，这不仅仅是形式的改变，还体现了编写指导思想的变化。其中，有的是以“我能”、“我要”的方式引领学生展示学习成果，例如，在《小壁虎借尾巴》一课之后以学习伙伴的口吻提出“我还知道别的动物的尾巴的用处呢”，取代了过去“了解其他动物尾巴的用处”的提法，显得更加亲切，易于被小学生接受。

2. 长春版小学语文实验教科书的练习设计

注重练习设计的实践性。长春版教科书的练习设计较多地让学生去说，去看，去动手实践。练习的形式既有结合课文的，也有利用“表达”和“语文学习活动”两个板块强调听说双方互动的。练习形式丰富多彩，有注重体现学科间沟通的，有注重体现与生活的联系的，还有注重培养学生的动手能力、观察能力和语言表达能力的，也有体现情境性和趣味性，增加文化含量的。同时，课后练习设计多采取活动方式，包括涂色、填画、圈点、连线、游戏、谜语、走迷宫等。

3. 比 较

人教版教科书和长春版教科书作为新课程标准实验教科书，在练习设计上都很好地体现了新课程的理念，有着许多共同点。从练习的要求上看，两套教科书都强调感悟、积累、实践。两套教科书中最主要的课后练习都是朗读课文、背诵课文。人教版教科书“语文园地”中有一个栏目是“读读背背”，其中要求朗读、背诵的篇目主要是一些优美的儿歌和古诗。长春版教科书中也有许多故事、谚语、韵语歌要求学生背诵。

从练习的内容上看，两套教科书除了为学生设计一些必要的语文训练题目（包括写偏旁、写生字、填词语、练句式）外，还比较关注学生的经验世界和想象世界，比如在人教版课文《雪孩子》中提出了：“想一想，雪孩子还会回来吗”，在长春版课文《大熊猫出国》中提出了“大熊猫去哪些地方旅游了呢？他会遇到哪些情景呢”等问题。不仅如此，两套教科书的综合题设计都较充分地体现了学科间的沟通。例如，人教版教科书设计让学生唱春天的歌，画自己喜欢的季节，画自己家乡等等这样的练习活动。长春版教科书设计让学生唱韵母歌，唱和月亮有关的歌，画小蝌蚪的变化等等这样的练习活动。这些活动不仅能拓展学生的知识面，而且能加深学生对语文学习的理解，丰富学生的生活。

从练习的形式上看，两套教科书的练习设计都有一点综合化的趋势。例如，关于写字，两套教科书基本上都采用识写同步的方法，按照写字规律编排要求书写的字，同时让学生在书写中发现规律进而学会识字。例如，人教版教科书一年级下册第 130 页的内容，长春版教科书二年级上册第 16 页的内容。

二、人教版与长春版教科书具体内容的典型案例对比分析

我们以《乌鸦喝水》一课为例，比较人教版、长春版小学语文教科书不同的设计风格。

（一）从选文组元看编排体例的适宜性

两版教科书中与《乌鸦喝水》一起组合的课文不尽相同，具体情况是：

人教版：《四个太阳》、《乌鸦喝水》、《司马光》、《称象》（第二册第五单元）

长春版：《乌鸦喝水》、《司马光砸缸》、《曹冲称象》、《比力气》（第二册第七单元“故事里的智慧”）

人教版将几篇体裁不同、内容有相似之处的文章编排在一起，用这一单元的导语——“遇到困难怎么办？动动脑筋，一定会有解决的办法”点出了本单元的主旨；而长春版以“故事里的智慧”为话题，将几篇体裁相同、内容相似的文章编排在一起，可以说既考虑了文体特点又兼顾了选文的人文内涵。两版教科书都努力围绕一个主题将几篇课文编排在一起，而在细节的处理上有一些不同之处。长春版的四篇课文题材、体裁相近，这种编排有值得肯定之处。而人教版的《四个太阳》一文的主旨似乎与本单元的主旨不太相符，这种编排有值得商榷之处。

（二）从练习设计看教学内容的适宜性

教科书的练习设计是教科书编写者编写意图的集中体现，编写者通过设计练习对教学内容作出规定。

人教版教科书的练习设计主要包括四个方面：一是关于识字写字，以“我会读”、“我会认”的图标引出本课要求会认和会写的字；二是关于朗读的要求，问题提出的图标是“读读背背”，对本篇课文提出的要求是能够朗读、背诵；三是关于词语训练，问题提出的图标是“读读写写”，如通过举例让学生明确“渐渐”的含义，并要求其会用“渐渐”写话；四是拓展性训练，意在培养学生的求异性思维，以学习伙伴“吐泡泡”的方式提出问题：“瓶子旁边要是没有小石子，乌鸦该怎么办呢”，从而启发学生进行深入思考。可见，人教版教科书的课后练习数量不多，但都直指关键，注重基础。

长春版教科书的练习设计主要包括三个方面：一是对朗读提出要求，要求学生能够“有感情地朗读课文”；二是关于词语训练，要求学生“拼一拼，读一读，连一连”，进行巩固拼音的练习，同时，以“比一比，组词”的图标提出问题，让学生区分形近字；三是拓展性训练，以两个学习伙伴的口吻提出问题，一个说“我们也做个小实验，看看乌鸦是怎么喝着水的”，另一个接受建议并说“把我们做的小实验和同学说一说”。可见，长春版的练习设计较为注重对学生的单项语言技能进行训练，但有些失之烦琐，如“拼一拼，读一读，连一连”这道题目，对于拼音的要求过高。《语文课程标准》对汉语拼音的功能进行了重新定位，即帮助识字，学习普通话。而这道题目显然没有很好地体现这一新理念，反而容易加重学生的学习负担。《语文课程标准》对朗读的要求提出得更加明确，要求学生“有感情地朗读课文”。比较而言，在朗读方面，人教版教科书较长春版要求高，对课文不但要求能够朗读，还要求能够背诵，说明编者非常注重学生的语言积累。在语言训练方面，人教版较长春版少而精，注重基础。而长春版的呈现方式较人教版更加关注儿童性，将拟人化的图片引入课后练习，有利于激发学生的学习兴趣。此外，两版教科书都编排了与课文相关的拓展性训练，即都注重培养学生的思考能力和动手实践能力。

三、人教版与长春版小学语文教科书的特点分析

综观两版教科书，它们在汲取现代相关科学研究成果的同时，都注意传承我国语文教学精华，既兼顾国内外母语教科书编制发展趋势，又努力实践新的教育理念，追求对知识技能、过程方法、情感态度价值观三维目标的整合。其内容的选择都富有时代气息，呈现形式适应小学生的身心发展特点，可谓博采众长，各具特色。

（一）两个版本的共性分析

在宏观层面上，两版教科书都很好地参考了《语文课程标准》提出的编写建议。在微观层面上，两版教科书都力求一一落实《语文课程标准》提出的阶段目标，前文所作的课文编选、拼音与识字写字等各方面的分析可以印证这一点。

（二）两个版本的个性分析

人教版与长春版两版教科书都是根据《语文课程标准》编写的，但是，不同的教科书编写者因个人的知识、背景、生活环境及看待事物的角度不同，对如何在教科书中呈现具体的内容存在着不同的想法和做法。因此，两版教科书在呈现方式上具有各自的特色和亮点。

例如，《语文课程标准》中提出了“口语交际”的阶段目标，为了实现这目标，人教版专门设置“口语交际”板块，长春版则以“表达”这一板块综合培养学生的口语交际能力和写话能力。两种呈现方式虽然不同，但都体现了《语文课程标准》的精神，贴近学生生活，贴近实际，注重双向互动，能让学生在活动中实现自主发展。

再如，两版教科书中的语文综合学习活动所占比重和安排方式有所不同。人教版教科书中的语文综合性学习活动出现在课后练习、语文园地、识字练习等相关内容中，具有随时、随处的特点，出现的频率很高。长春版教科书的课后练习中也有很多类似于综合性学习的练习内容，出现的频率也较高。值得一提的是，长春版专门设置了“综合学习活动”板块，意在通过这个板块使学生提出学习和生活中的问题，从而有目的地收集资料，与他人共同讨论。同时，通过这一板块的活动，学生还能结合语文的学习观察大自然，热爱大自然，乐于参加校园、社区活动，并用口头或图文等方式表达自己的所得和感受。

四、人教版与长春版小学语文教科书存在问题分析

编写者个人对《语文课程标准》的正确理解和准确诠释为创造性地编写

教科书提供了重要保障。但是，教科书的编者们对《课程标准》的理解难免与《课程标准》的宗旨产生一定的偏差，我们将这种偏差称之为对《课程标准》理解的"异变"。

例如，《语文课程标准》学段目标第一学段的"识字与写字"第三条："掌握汉字的基本笔画和常用的偏旁部首，能按笔顺规则用硬笔写字，注意间架结构。初步感受汉字形体美"。一般来说，这一条的第一句话比较好理解，在教科书中也比较容易得以呈现，不会出现什么偏差，而第二句"初步感受汉字的形体美"就是仁者见仁，智者见智了。语文课程标准研制小组对这句话的解读是："使学生具有较强的独立识字能力，能把字写对，写美观。"① "第一学段提出的'初步感受汉字的形体美'，仅仅限于朦胧的感受。"② 可是，人教版和长春版教科书的编写者对这句话的理解并未与语文课程标准研制小组的理解取得一致，因而其对这部分内容在教科书中的呈现采取了不同的做法，将图与汉字同时加以呈现，通过观察象形字的产生过程，让学生感受汉字的形体美（一年级上册第 46 页）。这显然与《语文课程标准》的宗旨产生了一定的偏差，未能很好地体现《语文课程标准》的理念。

要想在激烈的教科书竞争中胜出，教科书的特色就是教科书的生命。教科书编者们希望通过对教科书的呈现方式和编排方式进行精心设计，从而达到创新的目的。由于课程标准为教科书的编写提供了广泛的空间，这就使一些教科书为了刻意追求独特而与课程标准的要求产生一定偏差。如长春版小学语文教科书一年级上册一开始就学习汉字，打破以往教科书先安排汉语拼音的做法，本意是为了引起学生的学习兴趣，改变学生一入学就学习汉语拼音的枯燥感。而在实际教学过程中，这种编排导致学生在实际的学习过程中对于一些笔画多的汉字很难掌握，有畏难情绪。这就无法使《语文课程标准》中"喜欢学习汉字，有主动识字的愿望"这一条得以充分体现，容易导致教科书与《语文课程标准》之间产生"异变"。

五、改善人教版与长春版小学语文教科书的几点建议

通过对两版小学语文教科书作比较研究，我们发现，人教版、长春版教科书的编写都很好地体现了《语文课程标准》的基本理念，各具特色，同时，存在着有待完善之处。为此，我们提出一些修改建议。

---

① 语文课程标准研制组．语文课程标准解读［M］．武汉：湖北教育出版社，2002：49.
② 语文课程标准研制组．语文课程标准解读［M］．武汉：湖北教育出版社，2002：50.

（一）对人教版小学语文教科书的几点改进建议

1. 口语交际话题宜更贴近学生实际。人教版实验教科书中的口语交际话题大多较为贴近学生实际，能够让学生有话可说，爱说。尤其口语交际的话题，都与该组课文专题有关，这样一来有了阅读课的基础，学生就相关话题的发言就更加充分了，但也有一部分话题脱离学生实际，让学生感到无话可说或有“纸上谈兵”的感觉，建议教科书在选择口语交际的话题时全方面考虑学生的生活实际，使其贴近学生生活，这样学生才能有话可说，有话想说。

2.“语文园地”的编排形式宜更加多样化。人教版教科书中“语文园地”的编排整体上是成功的，然而，也有模式化之嫌，园地与园地之间在形式上的差别不大，每个园地都包括“我的发现”、“日积月累”、“口语交际”、“展示台”等板块，对于低年级的学生来说，不免有些乏味，如果能采取多样的形式编排“语文园地”，也许更能吸引学生的注意力，调节其学习情趣。

（二）对长春版小学语文教科书改进的几点建议

1. 课后练习应少而精。长春版教科书为了突出呈现方式的趣味性和新意，往往将简单的练习复杂化，如一年级下册第 3 页、第 41 页等的读词语练习，表面上看起来很“热闹”，但显得过于复杂，并且占据了较大的篇幅。这样的练习不但会弱化学生的学习兴趣，而且不符合省时高效的练习设计原则。我们建议长春版教科书课后练习的设计追求“少而精”的编排理念，不要为了追求表面的热闹而放弃练习的根本。

2. 教科书应发挥“主题单元”整体作用。这套教科书采用“主题单元”的编排方式，总体来说，课文与主题单元的联系比较紧密。但是，“表达”与“综合学习活动”两个板块没有很好地与“主题单元”联系起来，出现了结构上的“断层”。同时，“表达”要求学生学写留言条，容易造成学生写作范文的缺失，给学生的写作带来了一定的困难。我们建议教科书发挥“主题单元”的整体作用，加强内在整合力。

（三）改进当前我国小学语文教科书的几点建议

1. 应加快推进教科书多样化的建设步伐。我们通过对人教版、长春版实验教科书的比较可以发现，虽然两个版本的教科书各有创新之处，但总体格局基本雷同，各自的风格和特色并不十分鲜明，因而，距离多样化的要求仍有不少差距。究其原因，因袭旧有的编写体制恐怕是关键。

2. 应加大学习策略和方法途径的指引力度。语文教科书作为学生学习语文学科内容的主要载体，具有两种基本特质，一是“典型性”，二是“具体性”。落实到技术层面，就是不仅要着眼于学习策略的整体设计，也要着眼于不同学习层次、不同学习内容的方法途径的指引，如认知策略、情感策略、元认知策略的运用，阅读、写作、口语交际等学习方法的指引等。

3. 单元类型应多样化。长期以来，我国语文教科书以“阅读课文”为核心的编排体例形成了教科书“主题、文体类聚式”的单元构成方式，从而使教科书面貌的创新大多只能局限于选文更新的层面。其实，我们可以开阔思路，尝试编排具有多种单元类型的教科书，而不拘泥于长期以来只具有单纯的主题或文体单元构成类型的语文教科书。

4. 进一步加强《语文课程标准》的可操作性。正如我们在上文中提到的，不同的教科书编写者对“初步感受汉字形体美”的不同理解造成了教科书与《语文课程标准》之间产生“异变”，这不利于教科书的发展。《语文课程标准》的研制应该细化具体目标，少用体验、描述性的语言，为教科书编订者更好地把握《语文课程标准》提供帮助。

第四节　教科书文本分析典型案例分析（三）

——高中数学教科书的综合性①

为了讨论教科书的综合性，我们选择人民教育出版社出版发行的高中数学课程标准实验教科书A版作为分析对象进行重点解剖，期望能从中寻找进行教科书综合性分析的一般方法。

一、总体分析

与《教学大纲》下的人教版老教科书相比，人教版A版高中数学教科书编写的指导思想发生了较大的变化，这种变化有助于学生提高数学学习兴趣，增强对数学知识的理解，改善数学应用意识与能力。

一般地，从总体结构和课程内容方面上看，数学教科书的综合性主要表现在思考问题，探究问题，探究活动，数学建模，阅读内容，与物理、化学学科的综合运用，与信息技术的结合等诸多方面。

① 本部分由王继伟于2006年4月至2007年6月期间在孔凡哲指导下完成，系BHA030025课题的子课题“课程综合性在人教版A版高中数学教科书中的体现研究”的主要成果。以该成果为主体内容之一的硕士论文被评为东北师范大学2006届优秀硕士论文。目前，王继伟硕士在浙江省温州中学工作。

通过归纳、总结以及对一定数量的高中数学教师进行访谈，笔者认为，课程综合性在人教版A版高中数学教科书中具体表现为如下几方面：

更加人性化。翻开教科书，令人耳目一新，主编寄语、本册导引、漂亮的彩色插图、随处可见的观察、思考、探究、阅读与思考、信息技术应用等等，给人以亲切感，这很好地体现出了数学的美学价值、数学家的创新精神，能够帮助学生了解数学在人类文明发展中的作用，向学生渗透数学的文化价值。

强调数学知识的背景（现实的背景和数学内部的背景）、数学的应用，使学生感到数学是自然的，鲜活的，进而使教科书具有“亲和力”。例如，在“对称与群”中，教科书不但通过自然界、日常生活、建筑、绘画、工艺美术以及生物、化学等相关学科中大量的对称事物，而且通过学生熟悉的平面图形、多项式等数学知识的内部发展来展现对称与群的背景和应用，使学生感受到抽象程度很高的“群”的概念实际上与他们熟悉的事物和概念有着直接的关系，离他们并不遥远。

加强过程与联系，具体说来，是指：以数学概念的发展过程、逻辑关系组织教科书的内容，使教科书具有“科学性”；以核心概念和基本思想（数及其运算、函数、空间观念、数形结合、向量、导数、统计、随机观念、算法等）作为贯穿整套教科书的“灵魂”，提高教科书的“思想性”，重视各部分知识点的联系，强调学科内知识的综合。例如：每一章的篇章语都力求在一个大背景中引出本章要学的内容，使学生看到本章知识的地位和作用；每一章的小结除了归纳本章知识结构外，还特别重视从数学思想方法的高度概括本章知识与相关内容的联系，并尽量用体现类比、推广、特殊化等过程的“逻辑图”将其表示出来；“旁批”用适当的语言向学生展示相应的数学思想，等等。

以有利于课程实施、有利于教师教和学生学为原则，在继承传统教科书优点的基础上“削枝强干”，努力体现教科书的基础性、关联性和可接受性。被访教师认为：“教科书中章节之间、相近知识点之间的渗透和联系是培养学生启发性思维的重要手段，人教版A版高中数学教科书的编者在这方面显然花了一定的心思。这在教科书的习题编写中表现得更加突出。数学思想、方法和数学价值在教科书中得到了充分体现。”

体现“问题性”。这一点具体表现为千方百计提问题，提好问题，给学生示范提问的方法，引导学生更加主动、有兴趣地学，富有探索性地学，使学生学习方式的改进得到落实。例如：每一节的开篇尽量都以问题开始，在“观察”、“思考”、“探究”等栏目中明确提出问题，通过提出问题引导学生的数学活动，使他们认真观察具体实例中反映的数量关系或几何特征，积极主动地开展实验与猜想、归纳与推理的活动，思考问题的本质，探究解决问题的方法，通过自己的探索思维来概括数学概念，获得数学结论，多方寻求答案，解决疑问，领悟数学思想，理解数学本质；在教科书边空中，用“问号型”图标提出数学知识形成过程中的具体问题；在小结中，从知识的联系、数学思想方法的高度提出问题，引导学生从数学整体结构中把握相应的知识；在练习、习题和复习题中，引导学生自己提出拓展性的问题。

注重数学与信息技术的整合。一是通过专门设置的“信息技术应用”这个栏目对信息技术的使用进行介绍，例如，“借助信息技术求方程的近似解”，“收集数据并建立函数模型”，“利用正切线画正切函数图像”等。二是在一些适宜使用信息技术的地方用“也可以用计算器或计算机……”提示使用信息技术，例如，在讨论函数的图像与性质、比较不同函数模型的增长差异、求值、计算回归系数等内容的叙述中都作出了提示。诸如数学（必修）1 第 43 页的“信息技术应用”讲述用计算机绘制函数图像，介绍了“Excel”和“几何画板”两种方式，让学生充分感受到高科技带来的快捷和方便等等。

努力体现数学的科学价值，反映数学在推动其他科学和整个文化进步中的巨大作用。该套教科书紧密结合教学内容，介绍了大量古今数学的发展史实，深入浅出地反映了数学的应用，引导学生认识数学的科学价值、应用价值和文化价值，提高他们的科学文化素养和数学应用意识，具体采取了两种方式，一是在拓展性栏目中结合相关内容介绍数学史、数学文化和数学的应用，例如，“中外历史上的方程求解”，“画法几何与蒙日”，“割圆术”，“生产过程中的质量控制图”，“天气变化的认识过程”，“概率与密码”，“三角学与天文学”，“振幅、周期、频率、相位”等等。二是在正文的边空中介绍，例如对数学家的简介，对一些数学名词由来的介绍等等。

关注学生数学发展的不同需求，力求发挥学生的自主性和探究性，这是本套教科书的一大特点。其具体表现为在结构上设置了“观察与猜想”、“探究与发现”、“信息技术应用”等栏目的内容，为学生提供了一些具有探索性、拓展性（如“集合中元素的个数”，“互为反函数的两个函数图像之间的关系”，“相关关系的强与弱”，“函数 $y=A\sin(\omega x+\varphi)$ 及函数 $y=A\cos(\omega x+\varphi)$的周期”，“错在哪里”等），以及思想性（如“对数的发明”，“欧几里得《原本》与公理化方法”，“笛卡儿与解析几何”，“用单位圆中的三角函数线研究正弦函数、余弦函数的性质”，“向量的运算（运算律）与图形性质”等）的内容；通过“观察”、“思考”、“探究”、边空设问、留白填空等方式，引导学生的探索活动，为他们提供自主学习的空间。

二、课程综合性在具体章节正文中的体现分析

我们选取具体章节的正文，具体分析课程综合性在人教版新教科书A版中的具体体现。

（一）人教版新教科书A版数学（必修）5第三章“不等式”

不等式是刻画现实世界中的不等关系的数学模型，反映了事物在量上的区别，是研究函数的工具，在历次教科书改革中都作为中学数学中的重点内容一直被保留下来。在这次课程改革中，与《教学大纲》下的人教版老教科书相比，《课程标准》下的人教版新教科书A版对“不等式”内容进行了较大调整。人教版新教科书A版与人教版老教科书相比，删减的内容有三项：（1）不等式的性质（注：人教版新教科书A版中不等式的一部分性质是作为让学生思考并且证明的内容，而没有像人教版老教科书中那样作为定理或定理的推论来出现）；（2）不等式的证明（这部分内容只在人教版新教科书A版中不等式性质的证明中出现，显然与人教版老教科书相比已经弱化）；（3）含有绝对值的不等式（这部分内容在整章中都没有体现）。而增加的内容包括二元一次不等式表示的平面区域，二元一次不等式组表示的平面区域以及简单的线性规划问题。

对比人教版老教科书与人教版新教科书A版对“不等式”的不同教学要求①，我们可以发现，在不等式一章的课程内容设置上，人教版新教科书A版在以下几个方面加强或提高了要求：（1）对知识发生的过程提出了较高的要求。多处使用了“经历”、“感受”、“探索”等情感、态度与价值观要求的行为动词；（2）对一元二次不等式要求学生尝试设计求解的程序框图；（3）对简单二元线性规划提出了较高的要求，要求学生不但能“从实际情境中抽象出简单二元线性规划问题”，而且能对其“加以解决”。

由此，我们可以看出，人教版新教科书A版更强调不等式的综合性，强调其综合作用，强调不等式是刻画和描述现实世界中事物在数量关系上的区别的一种工具，是描述优化问题的一种重要数学模型，淡化了解不等式的技巧性要求，突出了不等式的实际背景及其应用。例如，将线性规划问题作为不等式的应用来处理，突出了不等式的几何意义及在解决优化问题中的作用，为学生理解不等式的本质，体会优化思想奠定了基础。人教版新教科书

① 编辑说明：篇幅所限，这里省略了详细的教学要求。

A 版在内容的处理上有助于学生认识数学与现实世界和实际生活的联系，培养和发展学生的数学应用意识；注重与学科内其他知识内容的横向交叉和联系，将不等式与函数和方程联系，从连续与离散的角度认识函数，从函数与方程、不等式的联系中理解函数，有助于提升学生对函数思想的理解；强调用不等式刻画区域，解决一些简单的线性规划问题，用基本不等式解决一些简单的最值问题，有助于学生体会优化思想和数学在解决优化问题中的广泛应用。另外，人教版新教科书 A 版不等式一章中增加了探究性的阅读材料“错在哪儿?”，探究问题的设置可以促进学生开动脑筋，主动探讨，深入了解不等式内容的内涵和须要注意的地方。本章还设置了不等式与信息技术综合的内容，即“用 Excel 和几何画板解线性规划问题举例”。这样的内容设置能够使学生体会到真正的“寓教于乐”、“寓学于乐”。

（二）人教版新教科书 A 版数学（必修）4 第一章“三角函数”

三角函数是描述周期运动的数学模型，具有良好的性质，被广泛应用于众多领域，因而，在世界各国高中数学教科书内容中三角函数都是重要部分。按照《课程标准》的要求，人教版新教科书 A 版对三角函数部分进行了较大调整：

与人教版老教科书相比，人教版新教科书 A 版删减的内容有：1. 两角和与差的三角函数，包括两角和与差的正弦、余弦、正切，二倍角的正弦、余弦、正切，这部分内容则移到第三章“三角恒等变换”中讲述；2. 已知三角函数值求角，即反三角函数，增加的内容为三角函数模型的简单应用。

进一步分析人教版 A 版的教学要求与教科书内容，我们可以看到人教版新教科书 A 版在内容处理上有这样的变化：

降低了对双基的要求。许多内容包括例题、习题只要求学生掌握表示方法和基本的计算技能，不再强调学生会用数学的许多特定方法解决一些纯公式性的问题，而是更加注重学生的情感、经历和探索。

重视将数学史知识、探究活动、信息技术融入三角函数知识结构。这些知识的设置可以让学生了解三角函数的历史，培养其热爱数学、主动探究的精神，并能使之熟练地运用现代科技进行学习，提高学习兴趣和运用高科技的能力。

重视三角函数的实际背景和具体模型，注重与其他学科及现实生活的联系，注重培养学生实际应用知识的能力。

更加注重学生的自主性。例如，在正文前和正文中穿插了许多让学生探究的问题，促使学生开动脑筋，主动思考。

通过对“不等式”、“三角函数”两章内容的综合性进行分析，我们发现，与人教版以往的老教科书相比，A 版教科书在课程的综合性上有很大的创新，不仅比较成功地改善了以往教科书只注重知识传授，仅仅关注单一的线性的课程目标这一状况，还更好地体现出教科书对于促进学生全面、健康、和谐和可持续发展的作用；不仅强化了数学的不同知识、领域、思想方法之间的关联，体现数学的整体性，而且在一定程度上体现数学与生活、科技和经济发展的关联，体现数学与外部的综合性，不仅关注数学结论的获得，而且注意为学生提供机会去感受、经历、探索和体验数学，诱发其数学学习兴趣，激励其主动学习。

三、习题综合难度分析

书后习题是教科书的重要组成部分，习题的综合程度也在一定程度上体现了教科书的课程综合程度。

为了便于比较，我们选择人教版新教科书 A 版中的三角函数和平面向量两部分内容的书后所有习题（包括复习参考题），以人教版老教科书、《课程标准》下的江苏版教科书为参照，根据鲍建生提出的综合难度模型①，从探究、背景、运算、推理、知识含量等五个因素入手分析习题的综合难度，计算习题综合难度的公式为 $d_t=\frac{\sum^{j} n_{ij}d_{ij}}{n}$（$\sum^{j} n_{ij}=n$，$i=1$，2，3，4，5，$j=1$，2，……），其中，$d_i$（$i=1$，2，3，4，5）依次表示“探究”、“背景”、“运算”、“推理”和“知识含量”五个难度因素上的取值，d_{ij} 为第 i 个难度因素的第 j 个水平的权重（依水平分别取 1，2，3，……），n_{ij} 则表示这组题目中属于 i 个难度因素的第 j 个水平的个数，其总和等于该组题目的总数 n。表 3-4-1 显示了反映习题难度五个因素的几个水平。

表 3-4-1　　综合难度因素的水平划分表

难度因素	水平			
探　究	识　记	理　解	探　究	
背　景	无实际背景	个人生活	公共常识	科学情境
运　算	无运算	数值计算	简单符号运算	复杂符号运算
推　理	无推理	简单推理	复杂推理	
知识含量	单个知识点	两个知识点	三个知识点	四个以上知识点

① 鲍建生．中英两国初中数学课程综合难度的比较研究［D］：［博士学位论文］．上海：华东师范大学，2002．中国优秀博士学位论文全文数据库（CDMD）．

为方便比较和分析，我们对三版教科书的三角函数和平面向量章节内容和书后习题题量进行了统计，结果见表 3-4-2，其中习题包括每节后练习、习题和复习题、复习参考题。

表 3-4-2　三版教科书章节内容及习题题量表

人教版新教科书 A 版		人教版老教科书		江苏版	
内　容	题　量	内　容	题　量	内　容	题　量
第一章　三角函数	370	第四章　三角函数	557	第八章　三角函数	274
第二章　平面向量	227	第五章　平面向量	211	第九章　平面向量	181
第三章　三角恒等变换	153			第十章　三角恒等变换	188

从表 3-4-2 中可以看出，在“三角函数”一章的题量上，人教版老教科书为 557，人教版新教科书 A 版为“370＋153＝523”，江苏版教科书为“274＋188＝462”。另外，三版教科书在这三章具体内容的设置上基本一样，从习题数量上看，人教版老教科书的课题相对比较集中，深度与广度要超过另两版教科书，在训练的强度上也要大一些。江苏版教科书的深度和广度相对较低。

习题总量可以反映教科书的习题系统在数量上的水平高低。为此，我们根据表 3-4-1 的水平划分，对三版教科书的上述习题逐一进行鉴定，计算每个难度因素的加权平均。其结果如下表 3-4-3 所示。

据此，我们对五个难度因素进行比较，并利用综合难度模型对其作了整体分析。

1. 探究水平。经过统计，人教版新教科书 A 版、人教版老教科书、江苏版教科书的三角函数和平面向量内容中属于“识记”水平的习题分别占习题总数的 41.72％、16.67％和 32.87％，属于“理解”水平的习题分别占习题总数的 45.64％、75.52％和 59.66％，属于“探究”水平的习题分别占习题总数的 12.64％、7.81％和 7.47％。可见，人教版新教科书 A 版属于“识记”水平的题目最多，江苏版次之，人教版老教科书最少，也就是说人教版（新）教科书的习题难度最小。在“理解”水平上，人教版老教科书所含习题数量比另两版教科书大许多，这说明在这个水平上这版教科书的习题难度是最大的。在“探究”水平上，江苏版教科书和人教版老教科书相差不多，最突出的是人教版新教科书 A 版，比这两版教科书多了近 5 个百分点。

可见，人教版新教科书A版习题的“探究”水平比另两版更加显著。从具体题目上看，人教版新教科书A版与另两版教科书相比，属于“探究”水平的习题较为丰富，几乎涉及所有课题，形式除了数学本身的探究活动外，也涵盖了许多以现实生活为背景的开放性问题。

表 3-4-3　三版教科书书后习题各难度因素的量化指标

难度因素	等级水平	题量			百分比			加权平均		
		人教版新教科书A版	人教版老教科书	江苏版	人教版新教科书A版	人教版老教科书	江苏版	人教版新教科书A版	人教版老教科书	江苏版
探究	识记	287	128	211	41.72	16.67	32.87	1.91	1.71	1.85
	理解	314	580	383	45.64	75.52	59.66			
	探究	87	60	48	12.64	7.81	7.47			
背景	无	703	742	554	93.86	96.61	86.16	1.42	1.07	1.30
	个人生活	16	1	9	2.14	0.13	1.40			
	公共常识	17	19	53	2.27	2.47	8.24			
	科学情境	13	6	27	1.73	0.79	4.20			
运算	无运算	181	82	121	24.13	18.59	18.85	2.24	2.45	2.37
	数值计算	280	362	238	37.33	47.38	37.07			
	简单符号运算	216	211	206	28.80	27.62	32.09			
	复杂符号运算	73	109	77	9.74	14.27	11.99			
推理	无推理	244	364	140	37.54	47.40	21.77	1.72	1.95	1.75
	简单推理	343	307	397	52.77	39.97	61.74			
	复杂推理	63	97	106	9.69	12.63	16.49			
知识含量	1个知识点	336	371	203	44.80	45.19	34.76	1.76	1.91	1.83
	2个知识点	299	253	221	39.87	30.82	37.84			
	3个知识点	73	94	101	9.73	11.45	17.29			
	4个以上	42	103	59	5.60	12.55	10.10			

注：百分比及加权平均的计算均按四舍五入精确到小数点后两位。

2. 背景水平。从表3-4-3中可以看出，人教版新教科书A版、人教版老教科书、江苏版三版教科书无背景的习题分别占习题总数的93.86%、96.61%和86.16%，属于“个人生活”类的习题分别占习题总数的2.14%、0.13%、1.40%，与“公共常识”有关的题目分别占习题总数的2.27%、2.47%、8.24%，属于“科学情境”的习题分别占习题总数的1.73%、0.79%、4.20%。由此可见，人教版新教科书A版在“个人生活”方面做得较好，在“科学情境”方面好于人教版老教科书，但与江苏版教科书相比还有待提高，在与“公共常识”联系方面也要向江苏版学习。同时，从具体题目可以看出，人教版老教科书在背景的设置上比较欠缺，所设问题大部分属于“纯粹”的数学题，只有一些含有“实际背景”，另外很大一部分属于传统的“生产实践”问题，与学生“个人生活”紧密相关的很少。相比之下，人教版新教科书A版已经有了较大的改观，特别是与“个人生活”紧密相关的习题，所占份额已经由人教版老教科书的0.13%上升到2.14%。

3. 运算水平。经过统计可以看出，人教版新教科书A版、人教版老教科书、江苏版三版教科书不含运算的习题分别占习题总数的24.13%、18.59%、18.85%，属于“数值运算”范畴的分别占习题总数的37.33%、47.38%、37.07%，包含“简单符号运算”的题目分别占习题总数的28.80%、27.62%、32.09%，属于“复杂符号运算”的题目分别占习题总数的9.74%、14.27%、11.99%。可以看出，人教版新教科书A版中“无运算”的习题含量较高，人教版老教科书与江苏版教科书则相差不多，这些题目一般只出现在平面向量中。在“数值运算”方面，人教版新教科书A版和江苏版教科书几乎相同，人教版老教科书则含量比较高，这说明人教版新教科书A版和江苏版教科书都降低了对数值运算的要求。人教版新教科书A版在“符号运算”方面的习题所占百分比较少，尤其属于“复杂运算符号”水平的题目，由原来的14.27%降到了9.74%。综上所述，人教版新教科书A版对学生运算水平的要求有所降低，对学生的基本运算能力要求放宽，更注重培养学生的逻辑思维能力和自主探究能力。

通过分析，笔者认为，引起上述变化的原因大体有以下三个：一是《课程标准》对运算的复杂程度进行了硬性规定，删除了一些计算过程复杂、与实际偏离较远的题目；二是人教版新教科书A版和江苏版教科书的课题相对分散，减小了每个课题的复杂程度以及前后课题之间的连续性，而人教版老教科书的课题相对集中，前后课题有很强的连续性，知识的积累与综合运用成为复杂符号运算的前提条件；三是人教版新教科书A版中与学生实际生活联系的习题较多，应用题的比例增大，并且较多地涉及数值运算，从而减小了符号运算的比重。

4. 推理水平。统计表明，人教版新教科书A版、人教版老教科书和江苏版三版教科书习题中无推理成分的分别占习题总数的37.54%、47.40%、21.77%，含有“简单推理”成分的分别占52.77%、39.97%、61.74%；属于“复杂推理”的分别占9.69%、12.63%、16.49%。可以看出，三版教科书中不含数学推理成分题目的百分比人教版老教科书最高，江苏版最低，人教版新教科书A版居中；在“推理”方面，人教版新教科书A版比人教版老教科书的百分比高，比江苏版低，也是居中；而在“复杂推理”方面，人教版新教科书A版的题目明显少于另两版教科书，从人教版老教科书的12.63%下降到现在的9.69%。产生这样结果的主要原因为：一是减小了前后章节的连续性，加大了探究性题目、思考类题目和应用题目的分量；二是增强了几何的动感和直观性，在呈现几何推理多样性的同时，降低了对演绎推理的要求。

5. 知识的含量（知识的综合程度）。由表3-4-3可以看出，人教版新教科书A版、人教版老教科书、江苏版三版教科书中，只含有“一个知识点”的习题分别占习题总数的44.80%、45.19%、34.76%，含有“两个知识点”的习题分别占习题总数的39.87%、30.82%、37.84%，含有“三个知识点”的习题分别占习题总数的9.73%、11.45%、17.29%，含有“四个以上知识点”的习题分别占习题总数的5.60%、12.55%、10.10%。可以看出，在“一个知识点”方面，A版和人教版老教科书相差不多，江苏版较少；在“两个知识点”层面，人教版老教科书比例较低；而在“三个以上知识点”方面，A版相对另两版教科书显著减少，尤其在“四个知识点以上”层面，比人教版老教科书低一半还多。综合起来我们就会发现，A版习题在综合程度上明显低于人教版老教科书习题，略低于江苏版教科书习题，这正体现了《课程标准》对课程难度的要求。

6. 综合难度。为了进一步分析三套教科书书后习题的综合难度，我们对三版教科书中属于各个难度因素的不同水平的题目个数进行了统计，并计算了各难度因素的加权平均，其结果如图表3-4-3右三列。由此可以发现，A版在“探究”和“背景”两个因素上占有明显的优势，在“运算”、“推理”和“知识含量”三个反映传统“双基”的因素上与人教版老教科书和江苏版教科书相比处于劣势。这说明A版在课程内容和结构安排上能够较充分地体现《课程标准》的指导思想，增加了“探究”和“背景”的内容，较好地实现了“提高课程综合性”这一目的，从而可以积极促进学生的探究能力和自主学习能力的形成，使学生充分将数学学习与个人生活、实际体验结合到一起，对学生的兴趣、情感的形成起到一定的推进作用。

综上所述，结合三版教科书的具体内容，可以看出，人教版教科书A

版在“探究”与“背景”水平上有较大的改进，不仅增加了许多开放性、操作性的数学探究题目和活动，而且更多地考虑了数学问题的实际背景，其中特别加强了数学与高中学生日常生活有关的背景，强调“学生主体”、“自主探究和建模”，注意引导学生的开放思维，注重与信息技术和其他学科的综合运用，加强了课程的综合性。而在传统的数学“运算”、“推理”、“知识含量”等“双基”水平上，有所下降，减小了数学的符号运算和推理的复杂程度，特别是在几何内容的处理上，增加了几何变换和向量知识在几何中应用的内容，降低了理论深度，逐渐把数学课程从“在定理的层面上展开的课程”转变为“在定义的层面上展开的课程”，更加注重向学生解释知识的来龙去脉，而不是只强调运算，注重与信息技术的结合。所有这些变化都预示着数学教科书正在走向“综合性”，正在向“促进学生综合素质提高”的方向发展。此外，通过访谈我们也得知，许多被访者认为，与以往旧教科书相比，人教版新教科书 A 版内容结构的编排促使教师的教学方法有了较大的改进，教师在教学中能够不断反思，更新观念，努力完善自己。这也是人教版新教科书 A 版的成功之处。

四、《课程标准》下人教版 A 版高中数学教科书在课程综合性上的不足

教科书中的探究性课题普遍在联系实际方面做得很好，但是，在调动学生的情趣方面还有待提高，尚停留在“教师规定内容、方法，学生照做”的探究模式阶段，很难让学生体会到独立完整地完成一件事情后的成功和喜悦。

教科书中的探究性课题大多还是古板的纯科研式题目，不免使学生感到枯燥和乏味，无法对题目充满过多的好奇心和探究的冲动。因此，教科书中应该尽量多地引入情境类、游戏类的题目，在游戏过程中尽量让学生经历“问题情境——建立模型——求解——解释与应用”的基本过程，体验数学与生活的内在联系，获得方法与经验，发展思维能力和对事物规律尤其数学规律的洞察力，增强应用数学的自信心，通过活动的趣味性、启发性和探索性，感受科学探究的乐趣，学习兴趣往往能被激发出来。

在对不等式一章进行了深入研究之后我们发现，教科书中没有出现以导数为背景的不等式内容和命题。这不能不算是一个疏漏。其实，将导数内容和传统的不等式知识有机地结合起来，可以设计出新颖、综合性强的数学题，体现导数作为工具在分析和解决一些问题上的优越性。

虽然人教版 A 版高中数学教科书在学科内容之间的交叉方面下了较大的工夫，但是似乎仅仅局限在初等函数、向量等领域和物理学科的综合上，而与化学、生物等学科的综合极少。这是有待改进的一个方面。

第四章

教科书的实施及其研究方法

众所周知，课程的实效性要依靠课程实施加以检验。教科书设计得如何最终要依靠教科书的实施加以检验、完善和不断发展。因而，教科书的实施研究变得尤其重要。教科书实施隶属课程实施研究领域，与教科书的文本研究相比，其研究方法大多属于实证性质。在学校的课程实施中，校本化处理对教科书的实施效果往往产生重大影响。而教师使用教科书的水平直接制约着课堂实施的实际效果。同时，教科书实施的信息在一定程度上能反映出《课程标准》的合理性及可能存在的问题。

在本章，我们将探讨教科书实施的一些规律及其研究方法，分析国家课程校本化处理的一些基本方法，讨论教师使用教科书水平的测定模型。

第一节　教科书不同呈现方式对比的课堂实证研究①

众所周知，教科书在课程实施过程中发挥着重要（甚至不可替代）的作用。其中，教科书不同的呈现方式对课堂教学有着极为深刻的影响。教科书的呈现方式究竟在多大程度上影响课堂教学效果？要理清这个问题，实证研究最有说服力。

有理数乘法法则是义务教育阶段数学课程内容的重要部分，是有理数运算教学的重点和难点，也是七年级学生数学学习的转折点，更是教科书编写公认的难点之一。

---

①　本部分由孔凡哲、孟祥静、周赫、李春花、郭怡津等老师合作完成，实验学校系吉林大学附中。参加实验的三位任课教师以及东北师大硕士生王辉、李寒月、赵迪参与研究。

为此，我们选择义务教育数学课程中的有理数乘法法则课程内容，在现行义务教育数学课程标准实验教科书（七至九年级）各个版本关于有理数乘法法则的教科书呈现方式之中精心选择三种最具有典型代表性的方式进行课堂教学对比实验。

一、实验设计

（一）实验目的：了解不同的教科书呈现形式对课堂教学的影响

（二）实验内容：有理数乘法法则的教科书呈现方式

国内现行的同类教科书呈现乘法法则内容的典型模式通常有“合情推理模式”、“运动模式”以及“变号法则模式”三种。对三种模式的呈现效果被课堂教学实际接受的程度进行对比实验，国内外同类研究中十分鲜见。

（三）实验方法：课堂教学中的对比实验

（四）实验变量设计

自变量：课程内容的教科书呈现方式。

因变量：课堂教学效果（课程实施效果）。

可控变量：学生的能力水平、教师的教学水平、教学条件等等。

实验教师的选择：实验得到吉林省数学教研员 M 老师、长春市数学教研员 L 老师的大力支持、积极配合和直接参与，并会同笔者在长春市区内的重点中学精心挑选的长春市 JDFZ（初中）作为实验学校。

为了控制可控变量，我们反复对比实验学校的 18 位初一任课教师的教学能力、教龄和数学课程实施的综合能力，挑选出水平相当、教龄相当、年龄相当的三位教师担任执教教师。

实验前，任课教师与实验设计者反复备课，讨论，严格按照三种呈现模式进行教学设计，杜绝不同呈现方式的“交叉感染”。实际的课堂教学①显示，三位教师的确也是这样做的。

二、实验过程分析

（一）选定乘法法则三种典型的教科书呈现方式

1.《数学课程标准》关于乘法法则的课程目标分析：《数学课程标准》关于有理数乘法法则的课程目标仅仅有一句，即“掌握有理数的加、减、乘、除、乘方及简单的混合运算（以三步为主）”，而且这个目标是学段目标。

① 在实验中，我们详细记录了三节课的课堂教学实况、每节课后立即进行的学生访谈，编辑加工时将其省略。

2. 乘法法则内容教科书呈现的基本模式分析：在国内现行的各版本义务教育数学课程标准实验教科书（七至九年级）中，呈现乘法法则内容的典型模式通常可以归纳为“合情推理模式”、“运动模式”以及“变号法则模式”三种，其他的模式或者不具有代表性，或者是这三种模式的变形。

第一种模式：合情推理模式

该模式与北师版教科书[①]中有理数乘法法则的呈现模式更相近。北师版教科书关于有理数乘法法则的呈现方式是这样设计的：

教学目标：经历探索有理数乘法法则的过程，发展观察、归纳、猜测、验证等能力，会进行有理数乘法的运算。

教科书的内容结构：

① 情境引入，提出问题：首先通过一个生活中的情境自然地引出有关的问题：甲水库的水位每天升高3厘米，乙水库的水位每天下降3厘米，4天后，甲、乙水库的总变化量各是多少？

其解法是用小学曾学过的，把乘法看作连加进行计算的方法，即：甲水库：3＋3＋3＋3＝3×4＝12（厘米）；乙水库：（－3）＋（－3）＋(－3)＋(－3)＝（－3）×4＝－12（厘米）。

② 逐步深化，启发思考：紧接上个情境，采用“议一议”和“猜一猜”的方式启发学生思考问题：一个因数减少1时，其乘积怎样变化。即通过观察一组算式（－3）×4＝－12，(－3)×3＝－9……找到第二个因数与积之间的变化规律，引导学生自己发现规律：当第二个因数减少1时，积增大3，依此类推。

议一议：（－3）×4＝－12　（－3）×3＝?　（－3）×2＝?　(－3)×1＝?　（－3）×0＝?

猜一猜：（－3）×（－1）＝?　（－3）×（－2）＝?　（－3）×(－3)＝?　（－3）×（－4）＝?

③ 总结归纳，得出规律：通过对特例的归纳，鼓励学生自己总结有理数的乘法法则，并尝试用自己的语言对其加以描述。

通过黑体字等方式强化有理数乘法法则：两数相乘，同号得正，异号得负，并把绝对值相乘。任何数与0相乘，积仍为0。

④ 巩固练习，强化规律：在总结出有理数乘法法则之后，设置两个例

---

① 编写组．义务教育课程标准实验教科书·数学（七年级上册）教师教学用书［M］．北京：北京师范大学出版社，2005．

题，即例1和例2。

例1 计算：$(-4)\times5$；$(-5)\times7$；$(-\frac{3}{8})\times(-\frac{8}{3})$；$(-3)\times(-\frac{1}{3})$。

要求计算各题并写出计算的详细步骤。通过后两个小题，总结出一个规律：乘积为1的两个有理数互为倒数。在这里，我们只要求学生按照小学学过的倒数的含义理解有理数的倒数即可。至于怎样求倒数，将在下一节讨论。

例2分为两个小题，都是三个有理数连乘的计算题：$(-4)\times5\times(-0.25)$；$(-\frac{3}{5})\times(-\frac{5}{6})\times(-2)$。随后学生完成课堂练习以及小结。

不难发现，这种呈现模式的重点放在发现有理数乘法法则并会进行初步的计算上，但重点并不是计算。

第二种模式：变号模式

华师版教科书①的处理方式基本上属于这种模式。华师版教科书对此的编排设计是：

教学目的：使学生经历对有理数乘法法则的探索过程，理解有理数的乘法法则及其运算律，并能正确地运用。

教学环节：

(1) 导入：利用学生熟悉的正数乘正数的乘法运算提出一个实际问题(小虫爬行问题)，并用小学的乘法运算加以解决，由此进一步提出涉及相反意义量的同类问题，引入有理数乘法运算。

(2) 展开：① 分析由实际问题得出的两个算式“$3\times2=6$”与“$(-3)\times2=-6$”，可以得出如下结论：两数相乘，若把其中一个因数变成它的相反数，则所得的积是原来积的相反数。

② 利用上述结论，进一步分析“$3\times(-2)=-6$”，“$(-3)\times(-2)=6$”，“$(-3)\times0=0$”，“$0\times2=0$”，再结合上面的“$3\times2=6$”，“$(-3)\times2=-6$”，综合几个算式，得出有理数乘法法则。

③ 初步运算：列举一些简单的例子，对照乘法运算法则逐步计算，旨在加深对乘法法则的理解和运用。

---

① 编写组．义务教育课程标准实验教科书·数学（七年级上册）教师教学用书（第3版）[M]．上海：华东师范大学出版社，2005.

（3）巩固、强化：即通过相应的例题，示范乘法法则的运用，同时通过适量的练习题加以巩固，强化。

不难发现，这种模式不仅强调乘法法则的探索过程，还要求利用有理数乘法法则进行一定熟练程度的运算。

第三种：运动模式

这种模式的原型是人教版七年级上册的模式。人教版对此的设计说明[①]是：

教科书首先借助数轴研究有理数的乘法，引入有理数乘法法则，并通过例子说明如何运用法则进行计算，然后从具体运算的例子出发，指出乘法的运算法则对有理数同样适用。

教科书[②]在具体的编写中，通过蜗牛在直线上运动的例子、借助四个问题的解决引出有理数乘法法则。教师用书在相应的编写说明中进一步指出，“有理数乘法法则实际上是一种规定。但教学中最好让学生在某种程度上对这种规定的合理性有所认识和了解”，“对于有理数法则，不论哪种讲法，在实际教学中最后还是要落实到按照法则进行乘法运算上，对法则的合理性的理解，不要提过高的要求”。

在此设计中，编者的主要意图在于在一定的现实背景下让学生认同乘法法则，正如人教版教科书的教师用书[①]指出的，“这种设计的教学重点实际上放在乘法法则的熟练运算上”。

综上可见，三种模式的主要差别在于设计的重点放在何处，是放在对有理数乘法法则的探索上，还是放在对有理数乘法法则的熟练运算上。同时，对待“乘法法则”知识也有截然不同的两种态度：一种是将其看作一种规定，没有什么可探索的价值，只要熟记、熟练运用即可；另一种则是将探索过程看作重要目标、首要的重点。

（二）研究教科书呈现方式“物化”为课堂教学的具体策略

1. 合情推理模式

选定长春市 JDFZ（初中）的 WHJ 老师，运用合情推理模式进行有理数乘法法则的实验教学。在遵循北师版教科书相应设计的基础上，W 老师

① 课程教材研究所中学数学课程教材研究开发中心．义务教育课程标准实验教科书·数学（七年级上册）教师教学用书（第 2 版）［M］．北京：人民教育出版社，2005：36－45.

② 编写组．义务教育课程标准实验教科书·数学（七年级上册）教师教学用书（第 3 版）［M］．上海：华东师范大学出版社，2005.

根据实际情况对教科书进行了一些细小的加工和改进：

首先，将本节课的教学目标拟定为经历有理数乘法法则的推导过程，会运用有理数乘法法则进行运算，掌握有理数乘法的交换律。任课教师认为，有理数乘法法则的推导过程是教学的重点，而其中“负有理数乘负有理数”是教学的难点。值得注意的是，教科书并没有把有理数乘法的交换律与有理数乘法法则一起放在本节课中，而是在有理数乘法法则之后再用一课时的时间进行有理数乘法运算律的探讨。对此，任课教师认为，一并出现有理数乘法的交换律会更自然一些。这是任课教师的处理方式与北师版教科书的第一个不同点。

其次，教师对教科书进行了改造和调整：在导入新课的环节中，教师没有采用教科书中的情境，而是通过让学生回忆小学学过的四种类型的乘法，即“正有理数乘正有理数”，“正有理数乘 0”，“0 乘 0”，“0 乘正有理数”，引导学生讨论引进有理数之后还应该学习哪些类型的乘法，即“负有理数乘负有理数”，“负有理数乘 0”，“0 乘负有理数”，“正有理数乘负有理数”，“负有理数乘正有理数”。当学生通过归纳发现还有以上四种类型的乘法须要研究时，教师很巧妙地引出学习有理数乘法法则的重要意义。如课堂实况片段“……一共有这么多种乘法运算，要想把这些类型的有理数乘法都研究到，我们必须学习有理数乘法的法则，好的，现在就让我们共同来探讨一下有理数的乘法法则应该是什么样子的……”（课堂实录略）。在这里，教师虽然没有采用教科书中的情境，但是也顺理成章地引入了有理数乘法法则的学习话题，自然流畅。

在“合情推理的过程”教学环节，任课教师认为，这个环节主要是学生在教师的引导下寻求有理数乘法的规律，主要解决“正有理数乘负有理数”，“0 乘负有理数”，“负有理数乘负有理数”，“负有理数乘正有理数”等问题。教师通过逐步分析四种新类型的有理数乘法，再加上小学学过的四种类型，也就是把有理数乘法的所有类型都进行了梳理，为下一步归纳、总结有理数乘法法则的规律作好铺垫。这与教科书中的呈现方式有所不同——在这里，任课教师遵循了教科书的设计，而进一步丰富了教科书的内容。这符合“合情推理模式”呈现方式的基本宗旨。

教师在“总结规律”的环节中，结束八种类型的乘法推理之后，顺理成章地得出须要寻找一种更加简便的法则，以便指导今后的运算，进而引导学生自己总结出有理数乘法的法则，“确定积的符号与积的绝对值”的要点。

“例题讲解，巩固练习”阶段与教科书所不同的是，教师没有给学生讲解“乘积为1的两个有理数互为倒数”这一小规律，而是把乘法交换律加入有理数的乘法法则这节课中。对此，实验设计组的成员都同意。实际的课堂教学效果也证实，这种做法的确使课堂更丰满，更流畅。

就任课教师的实际教学效果来看，本节课已经达到了教科书中规定的教学目标，甚至还在教科书目标的基础之上有所增值，课堂效果也不错。这在很大程度上是任课教师根据实际情况、学校特点对教科书进行合理的校本化加工的结果。

2. 变号模式

选定长春市JDFZ的LJ老师，采用“变号模式”实施乘法法则的课堂教学。

首先，将本节课的教学目标拟定为培养学生观察、归纳、猜想、验证的能力和质疑的意识，理解并初步掌握有理数乘法法则及其运算律，会正确运算。

其次，将教学环节拟定为如下三个：

(1) 导入：根据乘法的意义，由“正数乘法 $2+2+2+2=2\times4=8$”引入被乘数是负数的乘法，进而提出问题：“$(-2)\times(-4)$”、“$2\times(-4)$”意义何在？得数是多少？

(2) 新授内容：

① 探究：先给出一组式子：

$4\times2=8$；$3\times2=6$；$2\times2=4$；$1\times2=2$。即“正×正＝正”。

然后，让学生按照规律继续往下写，得出：

$(-4)\times2=-8$；$(-3)\times2=-6$；

$(-2)\times2=-4$；$(-1)\times2=-2$。

即“负×正＝负”。对比两个方阵，得出规律：两数相乘，若其中一个数变成它的相反数，则它的积也变成原来积的相反数。

② 建立模型：在默认有理数乘法满足乘法交换律的前提下，利用上述规律，推出“负×负”、“正×负”、“正×0”、“负×0”、“0×正”、“0×负”等几种类型的算式，并结合上面的两个方阵，让学生观察，对比，归纳，得出有理数乘法法则。

(3) 巩固、强化：出示练习，在此基础上得出乘法运算律在有理数范围内同样适用。

在实验组有关成员的集体讨论下，任课教师遵循华师版教科书呈现的“变号模式”进行了教学设计以及课堂实施，也作了一些微小的调整和完善。

二者的主要差异在于：

在导入环节，没有采用华师版教科书中“虫子爬行”的问题情境引入有理数乘法，而是利用乘法的意义直接引入（注：这样做数学的生活背景就没有了）。

在内容展开环节：

① 探究第一个规律时，任课教师将课本里仅有的 2 组式子中的 4 个算式发展为 2 个方阵 8 个算式，更具有说服力。

② 在实际探究过程中，为使学生更容易理解，教师将算式中的数字赋予实际意义，即“进行抢答赛，答对题加分，答错题扣分”，而不是仅仅停留在“虫子爬行的速度和时间”上（注：这比爬行的实际意义更丰富，符合学生的实际）。

③ 在实际的课堂活动中，对于 2 个方阵 8 个算式，教师先自己写出两个算式，然后引导学生照此规律（即第一个因数依次减少 1，积依次减少 2）写出其他算式。与教科书相比，这种做法更有利于培养学生的观察、猜想和探究的能力。

④ 在讲课过程中，教师对第一个规律提出质疑，“由给出的两个方阵能否推出这一规律，到底是第一个因数变成它的相反数，还是其中一个因数变成它的相反数呢”，最后在假设乘法交换律在有理数范围内成立的前提下，得出乘法法则。

华师版教科书里并没有这个过程，而是默认乘法法则在有理数范围内适用，进而导出乘法法则。教师这样做有得有失：一方面，培养了学生质疑的意识，使其不轻易相信权威，同时，显示出教师思维的严谨性；另一方面，为使学生弄明白这个问题，耽误了不少时间，从而使这一环节显得十分“累”。

⑤ 在总结有理数乘法法则时，教师并没有停留在课本中的文字层面，而是启发学生用字母及符号语言来表示这一法则，这加大了问题的难度，提高了问题的抽象程度，有利于培养学生的抽象概括能力。对学生而言，这样做是否太难，值得商榷。

在巩固环节，教师提供了三组例题，每组例题都有两个算式：一方面，通过例题，加深学生对法则的理解和运用；另一方面，教师“笔锋一转”——每组例题中的两组算式又隐含了乘法的三个运算律。通过解题，教师引导学生发现两个算式的结果是一样的，从而得出乘法运算律在有理数范围内同样适用的结论。

3. 运动模式

这个模式与人教版教科书①的呈现模式基本相同。

首先，选定长春市 JDFZ 的 SHB 老师，采用运动模式进行课堂教学对比实验。其次，在实验设计组成员集体备课、反复讨论的基础上，最终将本节课的教学目标拟定为：培养学生观察、归纳、猜想、验证的能力和质疑的意识；理解并初步掌握有理数乘法法则及其运算律，会正确运算。再次，将教学环节拟定为如下三个环节：

(1) 导入：首先利用一个有关运动的现实情景，通过数轴研究有理数的乘法"(+2)×(+3)=?"，"(−2)×(+3)=?"，"(+2)×(−3)=?"，"(−2)×(−3)=?"四个问题，借助现实意义得出有关的结果（而不是利用有理数乘法的意义得出结果）。

(2) 新授内容：

① 观察、分析、归纳四个算式"(+2)×(+3)=+6"，"(−2)×(+3)=−6"，"(+2)×(−3)=−6"，"(−2)×(−3)=+6"，进而引出有理数乘法的一般法则：两数相乘，同号得正，异号得负，并把绝对值相乘。任何数与0相乘，都得0。

② 通过如下例子说明如何运用有理数乘法法则进行计算：

(−5)×(−3)；(−5)×(+4)；(−3)×9；(−1)×(−2)。

③ 借助一个登山的实际情景（即"登山"简单应用题），体现有理数乘法法则的现实性。其中的算式为"(−6)×3"。

(3) 巩固、强化：出示练习，强化训练，内容为：

计算：6×(−9)；(−4)×6；(−6)×(−1)；

$(-6)\times 0$；$\frac{2}{3}\times(-\frac{9}{4})$；$(-\frac{1}{3})\times\frac{1}{4}$。

简单应用题（与例题2类似）：写出1、−1、等数的倒数。

最后，在教学实施中，任课教师根据教学实际对人教版教科书进行了一些变通，同时，课堂上随机生成了一些新的内容：①加入"学生量化管理"等实际情景，复习相反意义量规定的合理性；②将教科书运动模型中的"小乌龟"改为"小木偶"，增加运动的多种情况；③改变了教科书上仅仅出现"(+2)×(+3)=+6"、"(−2)×(+3)=−6"、"(+2)×(−3)=−6"、

① 课程教材研究所中学数学课程教材研究开发中心. 义务教育课程标准实验教科书·数学（七年级上册）教师教学用书（第2版）[M]. 北京：人民教育出版社，2005：36−45.

“（+2）×（−3）=+6”四种类型的情况，即将“正乘正，负乘正，正乘负，负乘负”扩充为“正乘正，负乘正，正乘负，负乘负，正乘0，负乘0，0乘0”，同时，每种情况增加2个不同的例子以便学生归纳；④利用动态课件强化运动模型的实际效果。

（三）进行课堂教学实验和课堂观察

选定同一水平的三个班级及水平相当的三位教师，要求严格按照不同的呈现方式进行对比教学，详细的课堂教学实录（略）。

须要特别指出的是，把这种教学实验看作日常教学的一部分（从而保持教学的真实性、现实性），对其绝对不单独进行“特殊处理”，即严格控制课堂教学内容的呈现方式、教学的侧重点以及教学组织，使其确保日常教学常态。而实验学生使用的教科书系华师版教科书。

（四）对课堂教学的实效进行调查、访谈和对比研讨

1. 每次课后，随机抽取6名学生进行课堂教学实际效果的现场调查、详细的访谈，访谈实录（略）。

2. 在课堂教学调查中，我们将三种模式分别呈现给未参加实验的一个同类班级的74名学生，在其充分了解三种呈现模式的基础上，让其任选“你最认同的呈现方式”。

调查结果如表4-1-1所示。

表4-1-1　三种呈现方式被学生“最认同”的问卷调查数据

类　别	③	②	①	②③	①③	①②	①②③	都不认同
调查人数	5	25	12	5	5	9	11	1
百分比	6.8%	33.8%	16.2%	6.8%	6.8%	12.2%	14.9%	1.4%
说明：①表示“合情推理模式”；②表示“变号模式”；③表示“运动模式”。								

结论：从调查结果及实际的教学对比实验中不难发现：

就单项认同率而言，“运动模式”的认同率最低，为6.8%；认同率最高的是“变号模式”，为33.8%；而“合情推理模式”的认同率为16.2%。

若将多项选择的认同率合计，则“运动模式”的认同率仍是最低，为35.1%；认同率最高的仍是“变号模式”，为67.6%；而“合情推理模式”的认同率为50%。这表明，学生对于“规定性”的呈现方式不太认同，而对于基于一定背景的引导发现、探究的模式比较认同，但对于无任何实际背

景的“合情推理模式”并不青睐[①]。

由此可见，即使规定性的法则也可以在一定的背景下使学生“发现”一些规律性的东西，进而认同法则规定的合理性。

三、实验结论

（一）基本结论

1.“运动模式”的利弊

优点：①从已有的算式出发导出乘法法则，可以减少“硬性规定”的痕迹，增加学生的认同感。②重视学生实际运用有理数乘法法则的熟练程度。

缺点：从访谈中可以看出，几位被访谈者没有完整地给出有理数的乘法法则，仅仅正确指出积的符号，但并未给出积的绝对值。

这与本节课的教学重视积的符号而忽视积的绝对值直接相关。

遗留问题：几乎所有的被访谈者都不能用恰当的语言表达“(−2)×(−2)”的含义。这至少可以表明，被访学生并不理解“运动模型”中“负乘负”的“实际意义”。

2.“合情推理模式”的利弊

优点：①从若干算式中寻找规律，归纳出乘法法则，可以很好地训练和培养学生的归纳、类比能力，体现数学学习过程与方法的教学特点。这种方式更容易被程度较好的学生所认同。②重视学生运用有理数乘法法则的熟练程度。

缺点：①教科书上的情景有些牵强。②这种模型对学生的接受能力要求较高，即使在办学水平较高的城市重点中学的班级，仍有半数以上的学生对所学内容理解起来有困难。

这个实验结论显示，虽然合情推理是当前课程改革所倡导的，也是学生思维发展中的薄弱环节，并在以往的课程、教学中严重缺失，但是，进行合情推理教学，必须与学生的现实相结合，而不宜片面地从数学内部规律入手，脱离学生的实际。对于程度一般或较低的学生来说，尤其如此。

3.“变号法则模式”的利弊

优点：①师生一起从若干算式中探求规律，归纳出乘法法则，师生互动效果好，发展学生的归纳、概括能力效果明显。②各类学生的认同率最

---

① 这个结论似乎与新课程所倡导的“合情推理、探究发现常常被学生喜欢、认同”的普遍观点不太吻合，但符合“即使规定的数学内容，适当借助现实情境也可以深化学生的理解”的认识。

高，比如“我个人认为（这个法则的规定）是合理的，因为我试了很多数，最后的结果都符合这个结论，所以，我认为（这个规定）应该是合理的”。③教师将结合律问题放在此节讨论，对于数系的扩张来说更显得严谨、规范。

缺点：有理数乘法法则的现实性欠缺。

（二）由此想到的意义

1. 研究性教师：如何创造性地用教科书教学？有理数乘法法则不同呈现方式的对比实验给我们一些启示：作为现代教师，必须拥有研究的意识，并且要客观、务实地分析教科书，利用教科书，研究教科书以及评判教科书。

2. 研究教学：我们在三位实验教师对教科书所作的课堂教学处理中可以发现，从教科书设计到课堂教学实施，都须要进行深入研究、灵活的课堂创生，尤其是结合教学实际进行再创造。对于这个对比实验涉及的三节课来说，每节课未必都十分成功，但是，每一节中反映的问题都有重要参考价值——这是以往的教学未积累的重要原始素材，也是很多情况下几乎无法实现的对比实验。

3. 研究教科书：研究教科书，不仅要研究教科书的编写意图，还要研究教科书的优点和不足，进而探讨扬长避短的具体措施。良好的教科书评判意识已经演变为当代中小学教师的必备基本功之一。

4. 对学生发展的价值及其中考命题启示：这个小实验反映出的学生理解状况的信息对于中考命题的思路和导向都具有直接的借鉴意义。

第二节　教科书使用实效的调查研究

开展教科书使用实效的调查研究，既可以通过大规模的调查分析，也可以通过小范围的问卷调查、访谈等等。在本节，我们将展示两种研究的详细过程和结果，借以诠释教科书使用实效的研究方法。

一、师生对教科书认同情况的小范围调查研究①

正如前文分析，教师、学生对教科书喜欢和认同的程度是衡量教科书质

① 本部分由孔凡哲、王郢合作完成。

量的一个重要指标。针对教科书的实施进行教科书外在质量的研究，可以通过大范围的调查分析和实证研究，如 1997 年笔者针对义务教育教学大纲下的初中数学教学情况的调查①，在很大程度上就是对《全日制义务教育初中数学教学大纲》（试用稿）下的初中数学教科书使用情况进行的大范围、大样本调查，可以在小范围内进行师生对教科书认同的质化研究。

事实上，当前基础教育的课程实施常常忽视师生对教科书的不同需求。一般地，对于教科书质量的元需求包括两个方面：一是与教科书质量有关的人群对教科书质量的期待，二是指教科书质量本身必须达到的物理质量指标与潜在的质量指标。对于后者，制定翔实的教科书评价质量标准并加以认真研究是其主要方法。高凌飚教授（2002 年）系列研究②③的目的就是这个。对于前者，一般研究者（特别是教学一线人员）比较适合。笔者正是要进行这种研究。

（一）学生对教科书的期待、认同调查分析

为了了解学生对教科书的不同期待，我们以小学数学教科书为例，采取日常听课、课堂观察和课间访谈以及“写出你心目中的好教科书”、“你来设计我们的教科书”等活动，在长春市四所小学的一至四年级学生中进行了调查（被访学生 201 名）。结果显示：

1. 好的教科书应该有更多的图片，其编排应该生动，有趣，例如，被访小学生的典型观点（下同）是：“我心目中的数学书全都是图片…”，“每道题都应该有图画，让你一看就想做这道题”。

2. 学生用的好的教科书应该是“学材”而不是“教材”，例如，“我希望有一本可以不用老师教就可以教我们学习数学的书”，“我希望有一本数学书，里面应该有每一道题的答案”。

3. 好的教科书应该配备相应的电子版和电子资源包，或者配备与学习内容紧密结合的一些动画片，以游戏的形式让学生答题，例如，“最好有一段讲题的录音，可以反复听。这非常适合我这样不太聪明的学生”，“数学书不应该都是计算或应用题，有时候可以在其中加一些小游戏”。

4. 好的教科书不应该太厚，例如，“我最喜欢我一年级的数学书，因为

① 孔凡哲. 初中数学教学情况问卷调查与分析［J］. 学科教育，1997（10）；人大报刊复印资料 G35，1998（2）.

② 高凌飚. 基础教育教材评价体系的构建问题［J］. 华南师范大学学报：社会科学版，2002（6）：90—96.

③ 高凌飚. 基础教育教材评价：理论与工具［M］. 北京：人民教育出版社，2002.

一年级的书很薄，内容却很多，一本就一百多克（重）…”。

5. 好的教科书应该让学生对数学产生兴趣，同时，应该补充一些必要的课外知识，例如，“我对数学书感到（最）不满意的地方就是它的趣味性太差，非常枯燥，没意思”。

6. 好的教科书其内容应该与任课教师在课堂上传授的知识相吻合，例如，“我的第一个意见就是我们在课堂上学的知识和课本上不一样，有些知识书里没有，而书里有的知识课堂上却没出现…”。

7. 好的教科书应该把练习题分类，并配上相应的例题。例如，“我对于现在的课本不满意的地方是，它不像原来的课本每一个题型前都有例题能帮助你做题”。

8. 好的教科书应该适应班级每一名同学的水平，例如，“我对我们现在的数学书不是特别满意…我希望能将数学书改一改…可以将书中的习题分为三类，在原有基础上再加上难易不同的习题，使我们都能根据自己的实际程度自由选择地做题”。

可见，小学生对于数学教科书的理想和愿望非常美好，从他们的想法中我们可以看到我们的教育在学生身上的一种真实反映。

这些调查结果也从学生认同的视角印证了丁朝蓬研究员及其合作者关于学生评价教科书的研究结果①，也就是说，学生对教科书的认同也是从其物理属性（即直观形式）、知识内容、结构特征以及实用性等方面展开的。

同时，学生期望“学材”特征明显的教科书的出现、“面向个体的教科书设计”的研究②也印证了笔者上面的调查结论。

当然，学生对于教科书的期待也有合理与不合理之分，成就动机较差的学生与成就动机较强的学生对教科书的期待常常有一定差异，正如已有研究①的结论所述：“成就动机强的学生倾向于喜欢具有挑战性的教科书。”

这些调查结果愈加要求我们必须提升教师自身的教科书评价意识，使其不仅创造性地用教材教，还有责任和义务及时将学生的呼声与建议通过种种方式及时地反馈到教科书研发部门。

（二）教师对教科书的认同调查研究

为了了解教师群体对于教科书的价值期待和认同程度，我们采用问卷调

---

① 高凌飚．基础教育教材评价：理论与工具［M］．北京：人民教育出版社，2002：310－321（学生如何评价教科书．丁朝蓬执笔）．

② 杨治平．面向个体的教科书设计［D］：［博士学位论文］．上海：华东师范大学，2006．中国优秀博士学位论文全文数据库（CDMD）．

查与访谈相结合的方式，对长春市城区内的 2 所重点小学、10 所普通小学的数学教师进行了小学数学教科书教师需要的专项调查（发放问卷 200 份，收回有效问卷 173 份，回收率 86.5%）。调查结果显示：

1. 教师的角色换位——尚未从以往“单纯的课程执行者”观念下转变过来

被访教师认为好的数学教科书应该具备的指标中名列前三位的是“知识阐述明确”、“注重学生基本数学思维方式方法的训练和提高”、“重点难点处理恰当”，其单选率依次为 87.8%、78.0%、77.5%；“不太重要”的后三项却是“数学教科书与其他学科的整合”、“为教师的专业发展提供保障”和“培养学生的法治意识和环保意识等社会公德、公民意识等等”，其单选率依次为 38.2%、27.7%、16.8%。

这似乎与我国基础教育课程改革的目标与理念相出入。当然，原因是多方面的。从以往被动“教教材”到今天的“用教材教”，教师的这种转变是基础教育课程发展的新亮点。同时，提高教师的课程意识是一个漫长而渐进的过程，需要付诸长期、艰苦的努力，正所谓“变革是一个过程（process），而不是一次事件（event）”。其中，非常重要的核心环节就是“增强中小学教师的教科书评价意识”①，“提高教师的教科书素养”②，赋予教师参与选用教科书的权力，让教师切身感受到自己也是教科书选用与评价的重要成员，也是课程开发与创生的主体。

2. 对“用教材教”感到迷茫，不知道究竟应该如何创造性地用教材教，缺乏基本的教科书质量意识、评判意识

调查结果显示，小学数学教师对教科书的期待更多地体现在“知识阐述是否明确”、“难点和重点处理是否恰当”、“是否突出基础知识和基本规律”等项目上，其中每一项的单选率均在 46.2%以上。我们从对教师进一步的访谈和其对开放问题的回答中可以发现，不少教师认为，评价“好”的教科书的隐性标准是“是否有利于照本宣科地教”（如：“教科书给我提供一个方案，我拿过来，直接用就可以了；平时哪有那么多的时间思考教科书呀!”）。而更多教师期望教科书能提供丰富的可用资源，但目前做不到，问题就出在

---

① 孔凡哲，王郢．提升教师的教科书评价意识［J］．素质教育大参考·文摘版，2006（12）：42，35.

② 毕华林．教材功能的转变与教师的教科书素养［J］．山东师范大学学报：人文社会科学版，2006，51（1）：87—90.

诸如“平时我自己很少仔细想教科书提供的材料好不好”、“说实在的，我真的不知道该到哪里寻找能替代教科书上有关内容的资源”、“怎样才能更好地用教科书教呢？我很迷茫……”等等实际的状况上。

正如现代教育理念所倡导的，我们主张教师在课程实施中“用教材教”。也就是说，课程实施归根结底必须由教师自主编制教学材料或对现成的教科书进行再加工，实现“国家课程的校本化处理”。这是一线教师必须拥有的权利。而教师具有良好的教科书质量评价意识和评判方法是“用教材教”的基本前提。这就要求我们不仅尊重教科书规定的内容（不是盲从，但也不是随意更改），还要以《课程标准》的教育理念为依据，采取切实可行的策略，主动、合理、创造性地丰富和调整教学内容，尤其更加关注对学生终身可持续发展起着“基础”和“核心”作用的课程内容。

3. 对中小学课堂教学素材的解读出现诸多误区

对“在使用现行的教科书时，您认为您遇到的最大问题是什么”这一问题的调查结果显示：参与问卷调查（以及被访谈）的173位小学数学教师中有121位（单项选以及多项选，下同）选择了“E. 供选择的素材、方案太单一，教学资源不足”，占69.9%；52位选择了“A. 基础知识、基本技能落实不够好”，占30.1%；48位选择了“D. 教科书给的建议太少，特别是缺乏对教师专业发展的指导”，占27.7%；35位选择了“C. 知识点比较混乱，不知道要考的内容是什么”，占20.2%；23位选择了“B. 与以前教材的差别太大，以至于（几乎）难以驾驭”，占13.3%。我们注意到，有69位教师在“F. 其他________”中填写了“说实在的，我对教学资源这一概念感到有些迷茫”等类似的信息，占被访（被调查）人数的39.9%。

这表明，就被调查的173位教师而言，一方面，他们期望教科书能最大限度地为他们提供实际教学所需要的各种资源，表现出典型的实用主义倾向；另一方面，他们的确缺乏如何充分利用现有资源（特别是教学资源）的实际本领，或者渴望能得到这方面专家的支持，以切实增强这种本领。至于无法适应新教科书、不理解新教科书的教师，的确真实存在，但并未占太大的比例。

进一步的实证研究表明，当前，对中小学课堂教学素材的解读出现了诸如表面化、成人化、无学科本意的情景化等误区。教师对教科书具体内容的理解和诠释，对具体课程目标的把握、整合和处理，对教科书素材运用的有效性以及对教科书的评判意识和能力都直接影响着教科书的使用效果。其实，对课堂教学素材的合理解读是有效利用现有的课程资源，提高课程实施效率的重要渠道。从课程目标的视角“直读”教学素材，挖掘素材背后的学科含义和作用是解读课堂教学素材的两种基本方法。依靠校本机制，立足自己的个性风格重组教学素材，注重课堂中的生成性素材等等对策是解读课堂教学素材、保障课堂教学质量的有效策略。

二、教科书使用效果的调查分析：人教版小学数学课程标准实验教科书使用效果研究①

为了全面了解吉林市范围内小学数学课程标准实验教科书（人民教育出版社编写）实施的实际状况，按照课题实施计划，我们对辖区内 4 所实验小学的 12 个班进行了人教版小学数学课程标准实验教科书使用效果的调查研究，并对 100 位小学教师进行了问卷调查。

（一）关于教科书内容的选择和编排

通过调查可以看出，实验教师一致认为，教科书内容基本上是按照《课程标准》的理念来选择的，即向学生提供了现实的、有意义的、富有挑战性的数学学习内容。这些内容大都是从学生熟悉的生活情境出发的，具有一定的数学价值，生动有趣，有利于激发学生学习兴趣与动机，培养学生思维能力，使其形成解决问题的策略，感受到数学与生活的密切联系，体会数学意义，形成数学思维。

教科书在内容的选取上还注意与其他学科的联系，拓宽学生的知识面，并注意对学生进行思想品德教育。如二年级上册中的“2、3、4 的乘法口诀”，教科书提供了向日葵生长的过程，从发芽到长高，使学生不仅仅学习了乘法口诀，还了解了植物生长规律，通过与其他学科知识的融合，拓宽了知识领域，促进了多方面素质的协调发展。又如，二年级上册中的“两位数减两位数”，教科书提供了庆祝北京申奥成功的场景，引出了所学的数学问题。一位教师对这段内容给予这样的评价：“数学也应具有人文性，在介绍数学知识的同时，更应承载多方面的教育功能，使学生在解决问题的活动中潜移默化地得到更多的数学以外的东西。”

关于教科书内容的难易程度，61%的实验教师认为“比较难”或“有一定难度”。以往教科书内容比较单一，课程标准实验教科书内容涉及的领域更加广泛，需要学生动口、动脑、动手的内容增加了，而且密切了数学与生活的联系，需要学生把学到的知识应用于实践中去，实际上对学生的要求大

---

① 本部分系王铁红承担的 BHA030025 课题的子课题“小学数学教科书实施的研究”主要成果，由宫长海、王铁红、徐艳珍完成。

大提高了。而且，每一册教科书都涉及四个领域，即数与代数、空间与图形、统计与概率、实践与综合应用的内容，这就给学生学习带来了一定困难。如“认识人民币和认识时间”（一年级下册）一课，很多教师在教学前都认为学生在生活中已经积累了关于人民币和时间的知识，这节课应该好讲，可在教学实践中他们普遍感到，一年级小学生学习这两部分内容很困难。任课教师经过调研发现，一年级小学生很少有花钱的经历，买食品和文具基本是由家长包办的；在认识时间上，小学生对电子表的时间显示结果接受得好，但对针式表的时间显示结果认识起来较为困难。而对教科书例题给出的数分钟的方法“1 分 1 分地数到 4 时 19 分”，教师们普遍认为这是很困难的，也缺乏现实意义。以上两个内容对于一年级小学生来说缺少生活经验的支撑，高于其认知水平，恰恰又安排在同一册教科书中，学习起来较为困难。

对于教科书内容的呈现形式和编写顺序，实验教师基本上是满意的。实验教师普遍反映课程标准实验教科书做到了既继承传统教科书的知识结构体系，又突破了以往以知识为主线的教科书设计方式，即从学生的生活经验与已有知识出发，提供丰富的与儿童生活背景有关的主题图，在主题图中蕴含了相关的数学内容和数学思维方法，有利于培养学生的应用意识和实践能力。这种编写形式把教材定位为一个“对话者”，而不是以往的“权威者”，体现了“动态生成式”教材设计理念。如三年级下册的“位置与方向”一节，例 1 把小明作为学习的小主人，使其探求校园各场所的位置与方向，在此基础上完成校园示意图。再如，三年级下册的“口算除法”，教科书提供了蔬菜批发站场景主题图，主题图中的数据和提出的问题蕴含了计算要求。这种设计理念有两点好处：一是在理解四则计算（除法）意义的基础上列出除法算式；二是把计算与应用有机结合起来。学生为了解决问题而列式计算，体现了数学的应用价值。

（二）课程标准实验教科书带来的新变化

1. 教师的数学观发生了变化

《课程标准》提出，要向学生提供现实的、有意义的和富有挑战性的内容，把数学定性为面向大众的数学。广大实验教师已经认识到：数学是一种普适性的技术，有助于人们收集、整理、描述信息，建立模型，进而解决问题；数学是一种语言，有助于人们有效地表达与交流；数学是一种思维方式和方法；数学是一种文化，在数学发展史上有很多动人故事表现出了数学家勤奋、探索、实事求是的科学精神，能够激励和教育学生在情感态度、价值观上全面发展。

由于教科书的内容大都以“问题情境——建立模型——解释、应用与拓展”的基本模式展开，这有助于学生主动地进行观察、实验、猜测、验证、推理与交流，有利于培养学生用数学的眼光、数学思维的方式和方法来观察世界，解决问题，使其最终形成数学素养。一位实验教师在进行三年级下册“两位数乘两位数”教学前利用周末组织学生到社区参加义务劳动，并要求学生借助义务劳动发现有关乘法计算的数学问题。社区义务劳动之后，在课堂上学生提出了如下数学问题：(1) 社区通道用彩色方砖铺成，一行42块，铺了95行，这条通道一共铺了多少块彩色方砖？(2) 每个门洞大约有20个野广告，8个门洞大约有多少个野广告？

2. 教师的教材观发生了变化

在一次问卷调查中，多数教师的回答是：“教科书是知识的载体；教科书是教师和学生教学和学习的主要内容；教科书是为了完成《课程标准》的任务来组织编写的，供教师教学参考之用；教科书是教师进行教学的主要依据，是学生学习的主要材料，新课程中的教师用教科书教，而不是教教科书。”一位实验教师这样写出了自己对教科书的认识（没有借助任何材料）：“①教科书是教学内容和体系的统领，我们的教学必须依据教科书，不能脱离它，我们只能在此基础上进行教学研究和改革，不能自己想教什么就教什么。②教科书是教学的底线。我们的教学首先应使学生完全掌握教科书中的内容，只有在此基础上，才有资格进行扩展。③教科书是教学的平台，一般的教师只能在平台上走来走去，留下的只是或多或少的脚印；而有能力的教师却在上面搭建了许多美丽的建筑物，不但使平台发挥了作用，还充分展现了自己的创造能力，带出的学生自然就高人一筹。④教科书是教学的参考，普通教师只是遵循教科书，把其内容教好，研究型教师则依据教科书，根据学生状况和学生须要改变教科书，甚至可以自编校本教科书。⑤教材是一切可以学的东西。只要学生需要，对学生有用的东西，都可以教给学生，不限于书本中的内容。所以，教材可以是书，可以是某件事，可以是某个人的经历，随处可见，信手拈来。”

在课程标准实验教科书的实施中，广大实验教师大都做到了尊重教科书，创造性地使用教科书，与以往相比，对教科书的认识已发生了根本性的变化，这一变化基本符合《课程标准》的理念。

3. 教与学的方式发生了变化

以往教科书的内容通常是通过例题的形式展现的，是对知识的高度概括，对学生而言，是一个已经成型的成品，自己多是被动接受。而课程标准实验教科书改变了以往教科书的呈现形式，以“问题情境——建立模式——解释、应用与拓展反思”的基本模式展开。教科书内容呈现方式的改变相应地带来了教师教学方式、学生学习方式的转变，使数学教学成为一种动态生成式的数学活动；转变了教、学方式，培养了学生的创新意识和实践能力。

一位实验教师在教学第二册“认识人民币”时创设了一个“逛小超市”的情境，将讲台模拟成一个小柜台，摆上“商品”然后提出实际问题。例如：“一枝钢笔 4 元钱，说说你该怎样付钱”，有的同学说“拿两个 2 元”，有的同学说“拿 4 个 1 元”，有的同学说“拿 1 个 2 元和 2 个 1 元”，还有的同学说“拿 1 个 5 元，请老师找回 1 元”，等等。教师在超市旁边还设有“小银行”，学生可以随时去取钱或换钱，然后“购物”。在“购物”中学生认识了人民币以及元、角、分之间的进率关系。

（三）教师在使用教科书中存在的问题

1. 课程标准实验教科书大都提供了主题图，并提出了一些数学问题。由于教师对课程标准实验教科书理解不深，往往只看到主题图的表面现象，仅仅围绕主题图提出的问题来开展教学活动，而对到底要实现什么目标不甚清楚，导致课堂虽热热闹闹，但形式多于实质。在使用课程标准实验教科书的过程中，我们深深体会到，对教师进行教科书辅导很重要，而且辅导应看得见，摸得着，具有可操作性。

2. 部分教师随意改动教科书。由于教师教材观发生了改变，一些教师在没有吃透教科书精神的情况下，在使用课程标准实验教科书时不论教科书是否符合自己学生的实际，也不论教科书呈现形式如何新颖，有意义，往往习惯于自己选题材，有时就会脱离原来教科书编排的目的性，破坏原教科书的系统性，致使教学达不到《课程标准》的目标要求。

实践证明，针对课程标准实验教科书进行的辅导应使实验教师在理解《课程标准》所提倡的理念基础上首先把握《课程标准》中的课程目标与教科书内容的对应关系，站在一定的高度来审视、使用小学数学教科书；其次，从学生身心发展的角度来组织教科书，将教科书结构物化为教学结构，进而实施教学。

四、对教科书修改的几点建议

1. 人文性交流内容再具体些，以便更好地充分体现人文性。如：摆一摆——动手摆一摆，谁多谁少；摆一摆——把红花分成两堆。

2. 有些主题图给出的问题或思考方法过多，不利于学生自主探索，如一年级上册“1至5认识与加减”中“5的加法”。而有些主题图占用课时多，不利于学生积极参与和激发学生探索欲望，如“两位数加两位数”主题图所提出的数学问题用时多。

3. “统计”教学中给出的数据有些不现实，如二年级下册“统计”中的例2，建议改成统计五角星个数等等。

4. 建议在“10以内数的认识与加减法”中不仅仅给出“每一个数都是前一个添1”得到的，也可以“添2”、“添3”……从而培养学生“按群计数”的能力，使其建立数的组成与加减法的联系。

5. 应站在数学角度编写一年级教科书中的“分类”内容，因为分类是计数和统计的需要，不仅仅是整理房间，如“数一数，有多少个小木块、三角形……”，以这样的形式编写能说明分类的意义。

6. 调整部分内容的先后顺序。如只有有了前面的相关知识作铺垫，才能理解教科书中后面的知识，但这些知识在此之前并没有涉及。

7. 尽可能分散相对“新”的内容或联系生活实际的内容。如一年级上册的“认识时间”和“认识人民币”。

8. 教科书练习部分有些地方呈现方式不够生动。如一些口算性的计算题，如果用“练功房”、“竞技场”等来命名，学生会更喜欢一些。

综上所述，我们认为，人教版小学数学课程标准实验教科书的内容选择符合《课程标准》要求，编排体系体现了新的教育理念，有助于改变教师的教学观、教材观和教学方法，但在编排的顺序等方面尚需调整、修缮。

第三节 教科书典型内容的教学实施研究

——高中合情推理课程内容的实证调查①

2004年9月开始在全国部分省市逐步实施的《普通高中数学课程标准(实验)》(以下简称为“课程标准”)首次明确将学生数学合情推理能力的培养作为高中数学教学的重要目标之一。在数学科学中，合情推理是论证推理的前提与基础，并与数学直觉思维和形象思维相辅相成。归纳与类比是数学中最常用的两种合情推理方法。随着时代的发展，合情推理进入高中数学课程已经是世界各国课程改革的普遍趋势。而国内对此的实证研究非常稀少，

① 本节是于明华硕士于2006年4月至2007年6月期间在孔凡哲指导下完成的。这里有删改。

国外的相关研究也鲜为人知。

在本节，我们将主要研究《课程标准》及其实验教科书中合情推理的教学实施。

一、《课程标准》中的合情推理

“推理与证明”是数学的基本思维过程，也是人们学习和生活中经常使用的思维方式。推理一般包括合情推理和演绎推理两种。合情推理是根据已有的事实和正确的结论（包括定义、公理、定理等)、实验和实践的结果以及个人的经验和直觉等推测某些结果的推理过程。归纳、类比是合情推理常用的思维方法，是发现真理的主要方法之一。同时，在解决问题的过程中，合情推理具有猜测和发现结论、探索和提供思路的作用，有利于创新意识的培养。因此，将“合情推理”内容纳入《课程标准》中符合历史发展的需要，也是素质教育所必需的，同时，中外对比研究表明，《课程标准》中关于合情推理的内容与要求、说明与建议以及参考案例都比较恰当，符合高中生的接受水平以及学习需要。与此同时，在高中数学的传统课程内容中加入“合情推理”内容，有助于学生更好地体会许多内容的来龙去脉，尤其对于合情推理与演绎推理方法的学习与掌握，有助于学生了解数学知识的建构方法。合情推理不仅在解决问题中发挥作用，在发现与提出问题以及学科建构之中等多个方面也都发挥作用。《课程标准》中明确了“合情推理”应达到的程度，即“教学的重点在于通过具体实例理解合情推理与演绎推理，而不追求对概念的抽象表述”。但是，《课程标准》对“合情推理”的要求有些模糊，如没有明确其训练的要求，缺少对统计推理等常用的合情推理方法的介绍。

二、数学教科书中的合情推理内容分析

众所周知，教科书体现了编订者对课程标准的理解程度，并直接影响学生的学习效果。人民教育出版社编写的普通高中课程标准实验教科书数学 B 版（以下简称为“人教 B 版”）在现行教科书中具有一定代表性。下面我们将以人教 B 版 2—2 节作为典型案例，探讨高中教科书分析的一般方法。

人教 B 版教科书内容选取合理，例题与习题的配备都非常准确地反映了《课程标准》的要求。例如，教科书“结合已经学过的数学实例和生活中的实例”，引出推理、合情推理、归纳、类比等概念。题目内容都能够较好地检验学生的学习效果、学生对合情推理方法的掌握程度以及是否会运用等问题。

人教 B 版教科书在合情推理的概念、应用以及与演绎推理的关系三个方面体现得非常好，内容完整，结构分明，准确反映了《课程标准》要求。例如，教科书在合理的引出各个概念以后准确地配备了例题和习题，在后面的“数学归纳法”中又适时地结合了对合情推理的运用，使学生能够学以致用。

人教B版教科书的编写内容新颖，语言简练，适合学生阅读。例如，教科书中的数学概念、内容注释、练习题等都采用了不同的字体、颜色以及版式，体现了编者的独具匠心，体现了教科书编写者为学生的学习提供帮助的编写理念。

三、合情推理课程内容实施情况的实证研究

为了解合情推理课程内容在实施过程中被师生认可的程度，同时为了对合情推理课程内容的设置作一些探讨，我们对高中课程改革实验区的师生作了一定范围的问卷调查及访谈。

(一) 研究方法及研究工具

本研究主要采用问卷调查和访谈调查的方法，主要考察了以下几个方面的问题：教师对合情推理的认识和态度怎么样？学生学习合情推理方法以后，合情推理能力有无提高？合情推理内容在实施过程中是否存在困难？困难主要来自哪些方面？

(二) 调查的对象

本研究调查的对象是深圳市福田中学、山东省济宁市实验中学、济南市第一中学三所中学的教师和济宁市实验中学的300名学生，其中包括100名高中一年级实验班的学生，100名高中二年级实验班的学生，100名高中三年级实验班的学生。

表 4-3-1　　被试教师分布情况表

学校 \ 职称	高级教师	一级教师	二级教师
深圳福田中学	4	2	3
济宁市实验中学	15	12	24
济南市第一中学	2	1	3

(三) 调查内容与过程

1. 问卷内容与编制

我们首先根据《课程标准》对合情推理的要求以及研究的目的编制问卷，考虑统计的方便以及人们的习惯，将教师问卷的大多数问题设计为选择题，将学生问卷的问题主要设计为运用合情推理方法更容易解决的主观题。

教师问卷旨在了解教师合情推理教学的态度、看法，共包括五方面合计16道题：

(1) 教师对培训问题——由于此次数学课程改革从理念到实施都是一次深刻的变革，因而，针对新课程的教师培训就显得尤为重要，因此，设计了第1、第2题；

(2) 教师对合情推理内容的理解程度——教师只有对合情推理作了深刻理解，才能真正把合情推理方法教授给学生，这是学生学好合情推理的前提，因此，设计了第4至6题；

(3) 教师对合情推理内容的认识和态度——教师只有认同合情推理教学，才能在实施中主动对其加以适应，这样有利于合情推理的教学；反之，教师持抵制的态度，就会对课程实施起到阻碍的作用，因此，设计了第3、第7至9题；

(4) 教师教授合情推理内容的困难——合情推理首次加入高中数学课程，教师没有别人的经验可以借鉴，以往的教学经验也难以应付，难免在教学实践中遇到困难，如果知道困难在哪里，就可以有针对性地改进合情推理内容的设置，有利于深化课程改革，因此，设计了第12至13题；

(5) 学生学习合情推理的情况以及学习合情推理以后有无明显的变化与提高，据此设计了第11、第14至15题。

学生问卷由7道题组成，均是合情推理的应用问题，要求学生在解答这些题目的时候把自己的想法和思考过程也写出来，以此来考察学生的合情推理能力，并通过比较学过合情推理和没学过合情推理学生的答卷情况考察学生学习合情推理以后合情推理能力是否有所提高。我们考虑高一、高二的学生没学过合情推理内容，但小学以及初中的数学教学对合情推理的方法也有所渗透，在问卷的前面给出了一道运用合情推理解决的例题，以此来引导学生运用合情推理解决问题。

2. 问卷的修改与调整

在问卷正式发放前，我们向数学专家、教育专家以及实验区的教师广泛征求意见，根据以上人员的意见对问卷加以修改并作出调整。

3. 问卷的发放与回收

2006年10月初通过邮寄的方式向济宁市实验中学发放教师以及学生问卷，并于2006年11月至12月通过电话访谈和网上访谈的方式对福田中学和济南市第一中学的15位教师进行了电话访谈。

4. 问卷的统计

借助Mat lab程序，我们统计了学生问卷结果。而教师问卷以及访谈等文字资料是经过分类、整理统计出结果的。

（四）调查的结果与分析

通过对教师和学生的调查问卷、访谈材料进行统计整理和客观分析，我们得出了以下结论：

1. 成功之处

《课程标准》中有关合情推理的理念得到了广大师生的赞同，同时，在高中数学课程中加入合情推理内容的教育意义得到充分肯定。

（1）大部分教师对合情推理引入高中数学课程持肯定态度。90.2%的被调查教师认为合情推理的引入非常必要，认为没有必要的仅占9.8%。甚至有教师提到“合情推理的引入能提高学生对数学的兴趣”、“生活中能运用合情推理的思想去分析问题，解决问题”等等。

（2）对于合情推理课程内容的教育意义，教师普遍持肯定的态度。所有被调查教师都认为“合情推理”的学习能促进学生对数学的理解，其中39.2%的教师认为“其主要作用体现在学生能运用合情推理进行数学思考”。

（3）对于《课程标准》要求下高中数学课程标准实验教科书中“合情推理”课程内容编排的合理性，多数教师持肯定态度。62.7%的教师认为，合情推理课程内容编排非常合理或者合理。教师普遍认为，教科书的编写符合《课程标准》的要求，书中内容的编排比较适合高中生的接受水平，例题的选取也比较恰当。

2. 存在问题

（1）学生对合情推理理解得不够全面，在具体应用时出现困难。学生调查问卷中共设计了7道试题，其中5道是书中的原题，被调查的学生均为实验班的学生，其中的高三学生已经学过这部分内容，高一、高二学生均未学过这部分内容。由于学生给出的结果五花八门，最后笔者选取的记分标准是每道题目只要有合情推理的成分，无论结果对错，都记1分（第六题三个问，记3分），完全没有合情推理的成分则记0分。300份问卷的总体成绩不理想，总分9分，而高一的平均分为4.82分，高二的平均分为5.93分，高三的平均分为5.93分。为了进一步说明差异，笔者最后用Mat lab程序对分数进行了统计，多重比较后的结果显示，高一与高二、高三都有显著差异，但是高二与高三差异不显著。高一与高二、高三年级都有显著差异是因为高一学生学习的知识比较少，高二、高三学生学习的知识比较多，特别是高三学生，学习的知识最多，而且学了合情推理内容，出现这种情况就说明高三学生合情推理知识理解与掌握得并不好，甚至书后题都不会做，更不会应用合情推理解决别的问题了。

（2）教师可利用的课程资源短缺，教学的课时也不够。对于“合情推理”课程教学的主要困难，有58.8%的教师选择“缺乏必要的课程资源（教学参考等等）”，在备选答案里没有“课时不够”的选项，但是有将近10位教师在问卷上写出“课时不够”也是教学困难的一个原因。由于可借鉴的资料和经验少之又少，教师只能自己摸索着教，因此费时费力。缺乏必要的课程资源与课时不够都使教师在讲授完这部分内容以后没有时间强化学生在这方面的练习。

（3）对于合情推理所得结论的评价缺乏理论性的指导。由于合情推理得出的结论常常会因学生的知识背景、情感态度、智力等因素的不同而不同，《课程标准》没有就如何对其结论加以评价作特别的说明。访谈中很多教师提到这个问题，甚至还有教师提到“中学数学教学紧紧围绕着高考而进行，高考涉及的数学思想和方法在课堂上就会重点讲授，合情推理作为一种数学思想方法，主要体现在运用方面，所以是否需要对其进行重点讲授，主要取决于高考是否考查其运用”。因此，高考如何评价合情推理的学习情况成为师生翘首以待的“指挥棒”。

尽管由于条件所限，本研究的样本仅限于300名学生和66位教师，但是，其中的一些信息在一定程度上还是真实地反映出了高中新课程实施中的一些问题。

第四节　国家课程校本化处理的基本方法：以数学课程为例①

当前，基础教育课程改革实行国家课程、地方课程、学校课程的三级课程管理模式。所谓校本课程，就是某一类学校或某一级学校的个别教师、部分教师或全体教师根据国家指定的教育目标，在分析校外环境和校内条件的基础上针对本校、本年级或本班特定的学生群体编制、实施和评价的课程。校本课程作为对国家课程的重要补充，逐渐得到人们的关注。但是，由于种种原因，人们对校本课程产生诸多误解，以为校本课程就是本校开发的课

① 本部分系刘晓玫承担的BHA030025课题的子课题“国家课程的校本化处理的基本方法”的主要成果，在此前曾公开发表：刘晓玫．国家数学课程的校本化实施［J］．数学教育学报，2006，15（1）：19－22．此处有修改。

程。事实上，对国家课程（如数学、语文等课程）进行校本化处理是校本课程的重要内容，而且占有较大比例。

一、校本课程的模式

校本课程是与国家课程（或地方课程）相对的一种课程形式。一方面，我国目前的《课程标准》已经为学校课程的设置提供了学时上的保证。因此，相应于这一部分时间的课程应由学校的全体教师、部分教师或个别教师来编制、实施和评价。另一方面，对于国家统一制定目标、内容和要求的国家课程，不同的学校和教师会根据本地的情况、本校学生的情况，在实施的过程中体现出“课程扩张”的情形。因此，概括起来，校本课程的模式主要有两种：显性的校本课程和隐性的校本课程（国家课程的校本化实施）。

显性的校本课程是指那些确实由学校全体教师、部分教师或个别教师编制、实施和评价的课程。这些课程主要表现为几种类型：学科特色课程、地域特色课程、应用特色课程、文化特色课程等。例如，上海市中国中学林浩然老师一直坚持在其任教的学校和班级开设“模糊数学”的选修课程，多年来，他为学生介绍模糊数学的基本思想和应用。他带领的课题组获得上海创新大赛的多项锦标，他认为自己在为学生“拓宽知识面的同时，使学生学会了如何自学新知识，如何质疑和探索”。最近，他又带领学生进行“利用模糊数学原理设计智能机器人”的课题研究，他的选修课和课题将继续下去。江苏宜兴中学除开设了数学方法的选修课外，还根据地方特色开设了陶瓷、汽车原理与维修等必选课程以及人文素质、科学、职业技术、身心健康等方面的任选课，其中的学习方法指导等课程深受学生喜爱。

隐性的校本课程是指在国家课程或地方课程的实施过程中，在理解和把握国家课程或地方课程的基本精神、内容和要求的基础上，学校根据自身的情况有效地、富有地方特色地、创造性地实施国家或地方课程的计划及标准，也就是说，因地制宜地实施国家或地方的课程计划及标准。与显性的校本课程相比，这种形式的校本课程就更容易实施。一般地，隐性的校本课程是对国家或地方课程的扩张，它主要有三种表现形式①：1. 拓宽课程范围：在实施国家或地方的课程过程中，教师会有意无意地使学生的学习范围超越国家课程规定的界限，如编入“乡土内容”，增加学科发展最新动态，综合学科知识形成新的课程内容，补充学生感兴趣的内容等。2. 适应个别需要：在使所

① 王斌华．校本课程论［M］．上海：上海教育出版社，2000.

有学生达到国家课程基本要求的基础上，对有特殊需要的学生给予特别的指导。如有些学生的接受能力很强，能比其他学生更快地完成正常的学习任务，有些学生在某些方面表现出特殊的才能和兴趣，喜欢在某些领域进行进一步的探索等。3. 体现教师教学的创造性：教师的个性差异和特点决定了他们在实施国家课程的过程中会依据自己的学术水平、教学能力、教学风格等从不同的角度对国家课程提出独特的见解，使之适合自己的教学情景。教师对国家课程的认识和理解可能超越国家课程的基本要求，表现出课程实施者的创新意识。

综上所述，隐性的校本课程也就是国家课程的校本化实施，是在以国家课程为主要课程管理形式的国家里体现地方特点、教师特点，促进学生个性发展的有效的校本课程形式。

二、数学课程的校本化实施

义务教育数学课程标准的根本目标是促进学生全面、持续、和谐发展。数学课程提倡“让每一位学生都有机会接触、了解、钻研自己感兴趣的数学问题，最大限度地满足每一位学生的数学需要，最大限度地开启每一位学生的智慧潜能”[①]。在这样的理念和目标指导下，数学课程的实施就有了弹性的空间，也须要有弹性的空间。这里的弹性指的是课程的实施者在国家课程的实施过程中的自主行为，数学教师不仅是国家课程的实施者，还是国家课程的开发者、编制者和评价者。

（一）国家课程实施的“本土化”

我国地域辽阔，城乡之间、东西部之间、沿海与内地之间的经济、文化、生活背景等都有较大差距，根据地域特点、体现地域特征的数学教学是必要的，这就决定了教师在实施国家课程中的“本土化”过程。在使用同样教材学习同样的内容时，甲地和乙地的教师可能分别创设或开发了为本地学生所熟悉的问题情景，而它们都不是教材提供的，这在目前课程标准实验教材的使用中是常见的现象。

问题情景的设计，实际问题的提出和解决，其中的“本土化”不仅可以使学生的学习更加“生活化”，而且更容易激发学生的学习兴趣，使其感受数学与现实的联系。

在数学课程中，实践与综合运用是有别于其他知识内容领域的一部分内

① 研制组. 全日制义务教育数学课程标准解读［M］. 北京：北京师范大学出版社，2002.

容，它要求学生进行实践活动，或综合应用知识解决问题，或就具有一定综合性的课题进行探索、分析、研究，并加以解决。活动的内容、要解决的问题或探究的课题可以取自教材中，但更鼓励教师去开发适合本地区特点、适合学生学习水平或选用学生喜闻乐见的素材、情景进行教学。

体现地域特点还表现在教学的手段和途径方面。因地制宜创造条件是课程校本化的一个方面。比如，在研究用一个平面去截一个正方体所得到的截面可能是什么形状时，深圳的一位教师在学生们经过一定思考和交流之后，利用几何画板等软件生动地展示了截面可能是三角形、四边形、五边形以及六边形的各种情形，丰富了学生的想象，达到了培养学生空间观念的目的。对于同样的一部分内容，宁夏的一位农村教师则利用另一个办法实现了同样的教学目标，她发动学生各自从家里带来土豆或萝卜，先将其削成正方体，然后再利用实物正方体进行切割，学生们同样在生动活泼的操作活动中探索出了相同的结论。

（二）国家课程实施的“个别化”

不同的学生对数学的兴趣和爱好是不同的，数学能力也是有一定的差异，从而表现出学生在数学学习方面的不同需求。在实施国家数学课程的过程中，除按要求使全体学生都达到国家《课程标准》的基本要求外，教师和学校应为有特殊需求的学生的个性发展提供空间和时间。在教学中设置开放性问题，布置开放式作业，提倡解决问题的多样化方法和策略，引导学生对某些内容进行引申、拓展等方式都是使不同的学生得到不同发展的有效方法。在正常的教学之外为“吃不饱”的学生布置一些额外的任务，给他们提出一些具有一定难度和挑战性的问题，对他们进行个别的辅导等也可以满足这些学生的学习需求。

（三）国家课程“隐性”目标的实现

国家数学课程标准的总体目标中涉及知识与技能、能力与方法、情感与态度等方面的要求，这些目标有些是显性的，有些是隐性的。数学课程标准的总体目标提出，学生能够“体会数学与自然及人类社会的密切联系，了解数学的价值，增进对数学的理解和学好数学的信心”。相对知识与技能目标来说，这样的目标可以说是隐性的。隐性目标的实现更多地体现在教师的教学行为之中，而教师对国家课程的认识和理解、自身的业务水平和教学理念等可能影响这些目标的实现。为了实现这样的目标，教师在教学的过程中应通过自己对这些目标的理解，为学生提供必要的学习资源。为了使一些隐性的目标得以实现，教师须要在课程的实施过程中为学生开发相应的学习资源，补充、丰富学习素材。

（四）国家课程实施中的教育技术开发

现代教育技术的应用是国家课程校本化实施的又一重要空间。作为课程改革的基本理念之一，现代教育技术的应用已受到人们的普遍关注。但是，中国这样一个经济和教育发展很不平衡的国家，还不能对教育技术的要求提出一些硬性的规定，而只能仅在理念部分提出如上的观点，在具体内容目标和要求中提出最基本的要求。在课程理念、教学建议与具体目标之间，我们不难发现，其中存在着较大的校本化处理的空间，学校和教师可以根据自身的客观条件，在实施国家课程的过程中结合课程内容的特点和学生的兴趣、爱好进行资源的二次开发。对此，很多实验学校的教师已经作了有意义的探索。此外，国际上的很多经验也值得我们借鉴。

三、实施校本课程的基本要求和原则

国家课程的校本化实施要遵循一定的原则，符合校本课程的价值取向。国家课程校本化实施的核心点是基于个性化和体现个性化，它具体表现在三个层面：一是地域和学校层面；二是教师层面，教师的专业自主意识、能力和专业自主权利决定了校本课程的实施，而这也正是教师专业个性化的反映；三是学生层面，国家课程的校本化实施旨在满足不同资质学生的不同需要，更好地促进学生个性的充分发展。教师与学生的个性化的形成也将导致或体现学校或区域的个性化的形成。在以上三个层面中，尊重学生的个性是最根本的，在国家统一课程中体现学生的自主性、主体性和创造性，这是以人为本思想的具体体现，是指导校本课程的核心思想，应贯穿于校本课程的各个环节。其中的基本原则包含两个方面：

（一）目标一致性原则

即国家课程的校本化实施必须以国家制定的教育目标为依据，从而保证教育目标更好地实现。国家课程校本化的目标和实施过程虽然突出了地域性、特殊性和差异性，但这种“个性”应服从于或满足于“整体”的教育目标和数学课程标准的一般要求，也就是说校本化的目标应以教育目标和国家课程目标为基准，将“特殊”目标与国家课程所应达到的一般目标结合起来。实现国家课程的课程目标将是国家课程校本化的最高原则和终极目的。

（二）适宜性原则

即国家课程的校本化带有较强的个性特色：一方面，要与地域、文化背景相适宜，《课程标准》提倡数学学习的内容应是现实的、贴近学生生活实际的，而无论教材怎样从学生的角度出发去选择素材，都很难使之与所有学生生活实际相贴近，也很难顾及各地的不同文化背景；另一方面，要与学生个性需求相适宜，不能为了应试，让学生去做他们不感兴趣的事情，或让所有的学生去完成只适合部分学生的任务。

国家课程的校本化是保障国家课程顺利、有效实施的重要一环，在这个过程中，对教师的专业化素质提出了更高的要求。因此，国家课程的校本化将不仅促进学生的全面和个性化的发展，还将对教师的专业发展起到积极的推动作用。

第五节　课堂教学素材解读的误区及其校正对策①

在中小学教育教学中，我们清楚地看到，从以往的“教教材”发展到今天的“用教材教”，中小学教师的课程教材观正在发生深刻变化，课堂教学也呈现出新气象。在深化课程改革、全面推进素质教育的今天，我们也应该清醒地看到，制约中小学课堂教学质量的一个突出障碍就是错误地解读课堂教学素材。这里的课堂教学素材既包括教科书中的各种资源，也包括教学环境中的各种素材，乃至师生人力资源中的素材等等。尤其在低年级教学中，直观素材占有突出位置，这里的直观素材特指教科书中的直观材料（如插图、文字、情景设计等等），在课堂教学中师生随机生成的直观材料等等。

一、课堂教学素材解读的重要意义

本质上讲，有效利用课程实施中的各种资源是实施新课程的关键之一。其中，合理而正确地解读课堂教学素材，最大限度地利用包括教科书中已有资源在内的各种教学素材，是提高教学效率和教学效益的最有效途径之一。

（一）合理解读课堂教学素材是学生身心发展特点决定的

有效利用各种资源是保障课程质量的重要举措，其原因在于，那些可以利用的资源符合学生的实际，能够有效促进学生的自主建构，激发教师提升专业能力。作为重要的课程资源，课堂教学素材是课堂教学得以进行的必要前提，尤其教科书中的素材、课堂环境中的素材。这些素材往往以共性和自然状态而存在，未必符合本班实际、本节课的教学实际，因而，教师必须密

① 本部分曾公开发表在《课程研究》2007年第1期以及《澳门数学教育》（2007年）总第4期上。

切结合本班学生的身心特征进行有针对性的再加工，使其符合学生的认知规律与情意特征。这是教学处理的要点之一。

（二）合理解读课堂教学素材是国家课程校本化处理的具体举措，是课程实施的必要环节

在当前“国家课程”、“地方课程”、“校本课程”三级管理的课程体制下，数学、语文、外语等学科课程都须要进行国家课程的校本化处理，进行课程改编、课程整合、课程补充、课程拓展、课程新编等具体工作，其重点在于密切结合学校实际，设计、落实课程标准，实施课堂教学的具体方案，包括调整课程内容的进度、前后内容的编排顺序等等。而我们对于具体的学科教科书也要进行校本化处理，进行诸如扩张、拓展、加深、重组等适切性处理及教学法加工，使之更适合学生的学习需要。无论课程标准的校本化处理，还是教科书的教学法再加工，其中的重要内容都包含教学素材的校本化解读和再开发，这里的教学素材既包括课程标准及其相关资料中的素材、教科书中的素材以及相关教学参考资料上的素材，也包括教师、学生所潜在的人力资源（如经验、经历等材料）。

（三）合理解读教科书中的素材是创造性用教材教的具体体现

这是课程实施的关键。一方面，对于课程来说，合理解读（进而最大限度地有效利用）教科书中的素材是提高课程实施实效性的重要渠道。在倡导现代课程教材观的今天，解读教科书既不是将教科书作为唯一的“孤本”，视教科书为静态的、必须遵循的根本，也不是完全撇开教科书另行其事——教科书毕竟是专业人员经过潜心研究精心编制的专门材料，业已通过全国中小学教材审定委员会审定。因而，如何适度调整、优化教科书中的素材就成为创造性用教材教的关键。另一方面，追求个人的专业发展是每位教师的重要任务，结合课堂教学主动寻找适合自己的教学风格是其核心要领，其主要工作包括如何充分利用教科书内容激活学生的自主意识，如何以教科书为起点向外自然延伸、拓展（这种延伸、拓展既可以是内容上的，也可以是形式上的），如何立足教科书而不拘泥于教科书。其宗旨在于完成教学任务，促进学生全面、健康、和谐和可持续发展，同时，有助于教师形成自己的教学风格。

图 4-5-1

二、课堂教学素材解读的常见误区

误区 1：仅在直观素材的表面做文章，只知其一不知其二

图 4-5-1 是小学二年级数学课程标准实验教科书“周长”一节正文的一个插图①。我们在长春市 D 小学进行的课堂教学现场观察和聚焦式访谈显示，相当数量的一线教师认为图 4-5-1 仅仅提供了一种活动暗示。其实，图4-5-1不仅暗示“引入周长的概念”这个环节需要学生动手实践，而且暗示周长的概念不能硬塞给学生，需要学生亲身的实践、感受和体验，其中的测量活动至少可以是“用绳子围”，用尺子量，这种活动是多样化的，对于不规则图形来说用“绳子围”比较好，而对于规则图形来说用尺子量等方法更方便（这就给三角形、长方形周长公式的导入埋下伏笔）。

误区 2：将符合儿童认识规律的“隐喻”式呈现方式显性化、成人化

正如许多版本的实验教科书在其编写特色和意图中说的，“教科书始终贯彻以人为本、以学生为主体的思想，如将过去成人化的‘编写说明’变成与学生亲切对话的‘写给同学们’，将每课专业化、成人化的内容线索提要变成编者与学生真实情感交流的导语”，这些良苦用心的目的都在于将以往的“教材”真正变成“学材”。然而，在现实的课堂教学中，我们常常见到将教科书中所谓复杂情景“简单”化处理的现象，如将通过“游戏如何做更公平”导入圆的概念大约需要 10 分钟才能完成的事情简单处理为“直接导入圆的概念”1 至 2 分钟就可以完成的事情。其实，这种处理的确可能达到使学生表面上接受“圆”的概念的目的，但是，概念的形成过程、学生的自我建构过程压缩了甚至丧失了，最终导致的结果是学生死记硬背而不知其意。

误区 3：误解生活情景背后的学科含义（如数学用意）

这是当前中小学教学中出现的普遍倾向，对数学课堂教学来说就是数学生活化、情景化轰轰烈烈，却恰恰丧失了数学味。例如，三位顾客同时来到一个油条摊点购买刚出锅的热油条，顾客甲是“单身贵族”，买一个人吃的油条，全程需要 2 分钟；顾客乙是“二人世界”，买两个人吃的油条，全程需要 4 分钟；顾客丙是“三口之家”，买三个人吃的油条，全程需要 6 分钟。三位谁先买、谁后买，大家等的时间总和最少？如果仅仅将其理解为一次加

① 课程教材研究所小学数学课程教材研究开发中心. 义务教育课程标准实验教科书数学·三年级上册［M］. 北京：人民教育出版社，2003：41.

法运算，计算一下，比较一下，就此结束，其数学含义就有可能被埋没，而其真正含义在于“统筹优化思想”。当然，对于小学生来说，他们只须要了解“任何事情经过精心安排、统筹考虑，常常能找到最优方案”就可以了。再如，某版本的数学课程标准实验教科书上有一幅彩图：一块绿茵茵的草地中间有一条小河，河上有一座小桥，草地上零星地分散着几棵小树，还有一些小白兔正在吃草，小白兔是一对一对（两只两只）在一起的，一共有6对。这段情景设计的目的在于导入“6对小白兔蕴含了乘法‘2×6’”这一数学内容，但是，如果教学处理仅仅停留在情境的衬托物（绿茵茵的草地、小桥、小树、小河等吸引了学生的注意力，使学生的注意力迟迟不能转移到小白兔上）上，不能尽快步入“2×6”的正题上来，对这段教科书内容的解读则是低效的，甚至是无效的。

三、课堂教学素材解读的途径

（一）基本方法

1. 依据课程教学目标“直读”教科书中直观素材的编写意图。这是最基本的问题，每部分内容都需要教师自问自己“教材编写者为什么要设计这个内容？其目的何在？对于这节课的整体目标有什么作用？这个题材对我的课堂、我的学生能用吗？如果不能用，改用哪些替代材料更合适？……”。

2. 挖掘教科书中直观素材的隐意。例如，教师对小学数学教科书中的图4-5-1的解读，不仅可以引导学生从各种不同的角度、采用多种方法进行独立思考、亲身实践和同伴交流，还可以引导学生自觉总结哪种方法何时最优，为下节课作铺垫。

3. 根据具体教学目标重新组合、再生现有的直观素材。在小学“矩形周长”的概念教学中，任课教师将教科书中的普通矩形图替换成“为一张照片镶一个装饰边框，需要多长的装饰线”，这样更符合小学三年级学生的思维习惯，也增强了教学的趣味性和生活气息，可行而有效。事实上，在新的课程教材观下，教科书常常蕴含着特定的意识形态和编写特色，教科书中的知识也需要师生主动地作以诠释和转化。同时，教科书文本又是开放的，需要师生在交往互动之中自由地融入自身的生活经验进而创造出新的意义，尤其是让学生中受压抑的弱势群体也能参与、修补和重整适合他们自己的教科书文本和课堂教学内容。这是教育公平的微观体现，也是提高课堂教学效率的具体工作和有效措施。

4. 利用教学机智随机生成新的直观素材。例如，在前文提到的小学“圆的周长”概念第一节的教学中，几名学生提出用红领巾当作工具，围住圆纸片，测量圆纸片的长度。任课教师给予充分肯定，并帮助他们演示其过程，并引导学生自然地提出“如果改用一根绳子，测量效果可能会更好”的推测，随即，大家采用新的方法再测量一次。如此，师生共同经历了一次有益的生成过程。

（二）合理解读课堂教学素材，保障课堂教学质量的几条基本策略

1. 站在《课程标准》的视角优化教科书中的素材。事实上，教科书是课程实施中的范例和中介，任课教师有权利和义务对其进行选择、补充和适当调整，其基本前提在于充分领会教科书的编写意图。这就需要教师在日常的备课中时常思考“课本的这一节编得好吗？符合《课程标准》的有关要求吗？如果不符合本地本校、本班学生实际，我该怎么办？能否改用其他的素材加以优化和更新呢”等等系列问题。

2. 立足学生在本学科上的全面发展，把握机遇，在课堂上随机生成新的素材。例如，在数学教学中，教师心中时时刻刻存有“一切有利于学生获得数学上的全面、健康、和谐、可持续发展”的宗旨，充分利用自己的教学经验和教学机智，将学生的自主、探究和合作活动引导到经历现实问题数学化、数学内部规律化、数学内容现实化的过程上来，将学生的合作探究、自主思考与教师的点拨、引导巧妙地结合在一起。这是落实数学教学目标的切实举措。

3. 重组教学素材，有意识地积累自己的教学特色和风格。教学风格有多种类型，如“沉稳型”、“激情型”、“智慧型”。而教学风格的形成常常须要依附特定的素材和组织形式。围绕着自己特定的教学风格有意识地选择、组织教学素材是不可缺少的。其实，教师的教学生涯实际上是自我成长的历程，有意识地提炼自己的教学风格，终究会“涓涓滴水汇成一股潺潺细流”而形成自己独特的教学魅力。

4. 建立科学实用的教科书解读机制，充分利用包括教科书配套用书在内的教学资源库。例如，采用“个人备课→集体研究→个人调整”的校本教研机制，在充分研读教科书的基础上，进行同伴之间的信息沟通与资源共享，相互促进，共同提高，而后经过自己的反思、调整，最终形成融集体智慧和个性风格于一体的教学设计。其中，在个人准备阶段，教师要努力掌握教材的编写意图、编排体系、知识结构和重点章节，明确教材的重点、难

点，把握教材的关键，理清教材各章节的科学性和思想性，理顺各部分内容之间的逻辑关系和先后顺序；借鉴教学辅导资料，弥补教科书内容的不足，努力做到消化吸收、储存于心。在集体备课的交流、讨论阶段，教师要集中讨论教学内容的重点部分、教师个体备课的困惑等等。在集体备课的个人调整阶段，教师须要依据自身的教学特点，根据本班学生实际，进行教育教学内容的个性化设计，进而形成用于课堂教学的书面教案。

第六节　教师使用教科书的过程分析与水平测定[①]

课程实施是课程与教学论研究的重要而活跃领域，教师与教科书是课程实施中的两个主要因素。教师使用教科书的过程分析与水平测定隶属课程实施测量领域。课程实施的测量是20世纪70年代以来国际教育研究的重要范畴[②]。我们已有的研究[③]表明，教师使用教科书的方式方法与技能技巧，教师对教学材料、资源解读的方式和效果，都直接影响着教师课程实施水平的正常发挥。对提高教师的课程实施水平和能力的研究，可以从教师科学、合理地使用教科书的视角进行。

在本研究中，"教师使用教科书"意指，在课程实施过程中，教师为了完成课程实施任务，实现课程实施的预定目标，针对教科书所做的一系列研究工作，主要包括理解和研究教科书，整合教科书内外的课程资源，使用教科书完成教学任务，评判教科书的优劣等等具体过程。关注教师使用教科书水平的提升，并不是主张教师"教教材"，照本宣科。恰恰相反，教师使用教科书的高水平正好表现在有效利用包括教科书资源在内的各种课程资源，最大限度地实现高效率、高效益和低投入的课堂教学上。其实，教师关于教科书的评判意识和能力[④]、教师合理而有效地使用教科书的能力，本身就是

---

① 本文系孔凡哲、史宁中、李博合作完成。长春市东四小学的五位实验教师，以及东北师范大学课程与教学论专业部分硕士研究生给予大力帮助，在此表示感谢。

② 张善培．课程实施程度的测量［J］．（香港）教育学报，1998，26（1）：149—170．

③ 孔凡哲．课堂教学素材解读的常见误区及其对策［J］．课程研究，2007（2）．

④ 孔凡哲，王郢．提升教师教科书评价意识 保障教科书质量［J］．教育理论与实践，2006（10）：58—62．

教师专业能力的一个重要内涵。

一、教师使用教科书的过程分析及水平模型构建

众所周知，教科书是课程的物化形态。教科书是根据课程标准（教学大纲）编制的系统地反映学科内容的教学用书①，是使学生达到课程标准所规定的目标要求的内容载体。教科书为学生的学习活动提供了基本线索，是实现课程目标、实施教学的重要资源，有利于调动教师的能动性，创造性地进行教学②。教科书是教材的重要组成部分，教材并非仅限于教科书。

在本文中，“教师使用教科书”是一系列活动的统称，而不是一个具体的动作。它已经超出狭义的含义，而是以教科书资源为主体、综合利用各种课程资源进行有效教学、高效教学。

自 20 世纪 70 年代以来，国内外学者为了构建课程实施的测量模型，进行了不懈的努力。其中，最有影响的模型当属霍尔、霍德共同创建的关注为本采纳模型，即 CBAM 模型。CBAM 模型由三个诊断维度组成，即测定采纳者关注阶段的分析模型，测定变革采纳水平的分析模型以及允许变革变异的创新配置表（简称 IC 检核表）③。正如张善培先生 2007 年春季针对 CBAM 模型指出的：“……关注为本采纳模式是最多学者用作测量课程实施的基础。……虽然 CBAM 可算具有较完整理念的模式，……还需进一步发展和改善。”④ 本文试图深化和发展 CBAM 中的 IC 检核表中的第一项内容。

（一）教师使用教科书的过程分析

教科书是教材系列中最规范、最具代表性的印刷材料，也是教师教和学生学最重要的媒介。教科书的使用过程涉及感悟和理解教科书的设计开发意图，评价与选择教科书，研究和运用教科书等多个方面。

首先，教师理解、研究、分析教科书及其上位材料《课程标准》，是借助教科书实现课程目标的首要前提。不同版本的教科书往往具有不同的编写意图和潜在的意向性。教师分析、理解、研究教科书以及教科书编写的基本

---

① 中国大百科全书编辑委员会．中国大百科全书（教育）［M］．北京：中国大百科全书出版社，1976：145．

② 中华人民共和国教育部制定．全日制义务教育数学课程标准（实验稿）［S］．北京：北京师范大学出版社，2001：59，74，92．

③ 吉纳 E．霍尔，雪莱 M．霍德．实施变革：模式、原则与困境［M］．杭州：浙江教育出版社，2004：101．

④ 张善培．再论课程实施程度的测量［J］．新课程，2007（2）．

依据《课程标准》，可以更好地运用教科书资源，使课程实施更适合学生已有的知识经验和兴趣需要，提高教科书的适应性，增进学生对教科书的理解，促进学生的和谐发展。

其次，教科书的选择直接影响学校教学活动的质量，影响着学生未来的发展。如何选择教科书，可以说教师的责任重大。选择教科书则要依据评价的结果做出决策。评价教科书不只是评判纸张、印刷、插图、文字等等物理属性和外在内容，更重要的是评价其内容的选择、组织和结构的编排是否符合《课程标准》的目标和要求，是否符合学生的学习需要，不仅做到教师“好教”，学生“好学”，而且能保证学生“学好”，有效地促进学生主动而全面、和谐、可持续地发展。

再次，教师要有能力深入研究教科书，并创造性地使用教科书。教科书作为教材系列中最具代表性的印刷材料，不再是预先规定好的、等待学生去学习的教学内容，而是实现课程目标的重要资源。同时，这种资源的价值只有在具体的教学活动中才能动态地呈现出来，鲜活地“生成”，离开了学生富有个性的参与和体验，教科书内容就成为毫无意义的符号①。同时，有效利用一切可以利用的课程资源也是有效完成课程实施必不可少的重要举措。因此，教师要深入研究进而准确把握教科书所体现的教育理念和课程目标，依此作为出发点来创造性地开发教科书，使用教科书，使教学过程成为教材内容持续生成与意义建构的过程，成为学生学会学习和形成正确价值观的过程。

最后，教师能够结合教科书的使用效果主动对教科书进行评判，积累进一步使用教科书的有关资源。

综上所述，科学地研究、评价、选择和使用教科书，深入分析、整合和开发教科书，就成为教师教科书素养的基本内涵（而不仅限于教科书的评判意识）。

（二）教师使用教科书水平模型的构建

1. 模型分析

基于前文的分析，我们认为，可把衡量教师使用教科书的具体工作及其各个环节水平的指标细化到如下几个方面：

第一部分：理解、研究教科书

这是使用教科书的前提和基础。其内涵主要包含两个方面：一方面涉及对《课程标准》等上位材料关于教科书涉及的课程内容与课程要求的熟悉程度及评

① 毕华林，刘冰. 试论化学教材内容的生成 [J]. 课程·教材·教法，2004 (11).

判水平；另一方面则包含对该套教科书的内容、结构、特色等的熟悉程度。

第二部分：诠释、整合教科书

这项指标主要用来衡量教师利用教科书资源进行教学设计（备课）、教学加工的适切程度与有效程度。也就是说，在课程实施之前以及实施之初，教师对教科书诠释的合理性、准确性，对教科书资源进行整合的有效性等等。

第三部分：运用①教科书

主要包含三方面的指标：

（1）教师对教科书优点、缺点的教学处理、把握的适切程度（包括对教科书中有关内容进行微调、增加、替换、重组等处理的有效性、适切性，课程、教学目标达成的实效性等等）。

（2）教师将教科书的潜在功能予以发挥的实际程度。例如，教师能有效发挥教科书的“范例”作用，既给自己的教学提供范例和参考，也给学生的学习提供指导（如参考教科书检验教学设计的合适性，检验课堂教学对有关内容的深度、广度实际把握的恰当程度）。以“学材”特征的教科书为例，教科书的“学材化”是相对教科书的“教材化”而言的，它立足于学生的实际，致力于学生的发展，有助于有效改善学生的学习方式②。但是，如果在教学过程中教师并没有有效利用“学材化”的特性，而是仍采用“满堂灌”的方式，那么，教师就将“学材”的潜在功能搁置了，埋没了。

（3）教师对教科书的配套课程资源有效利用的合适程度。教科书是教材的重要组成部分（虽然它并不代表教材的全部）。教师不能将教材系列之中，而教科书之外的其他资源搁置，孤立地使用教科书。其实，将教科书的配套资源加以合理利用，是有效发挥教科书功能、提升课程实施质量的重要保障。

第四部分：评判教科书

也就是说，结合教科书的使用效果，对教科书进行评判的自觉意识和水平。同时，利用教科书的使用信息收集、整理教科书的有关评判信息，为进一步使用教科书积累重要资源，尤其能针对教科书的缺陷和问题提出修正意见与建议。

---

① 《新华字典》（1998年修订本，商务印书馆，2000年出版）第608页对“运用”一词的解释是：灵活使用。本文认同这种理解。

② 谢小芸．从认知耗散结构的形成看教科书“学材化”的功能［J］．浙江师范大学学报：社科版，2006（1）：89—91．

2. 关于模型的说明

表 5-6-1　　　　教师使用教科书的水平模型

评判的维度			相应的等级（自低到高分别赋值－2，－1，0，1，2）				
			误用	机械使用	常规使用无新意	常规但有新意	创造性使用
理解、研究教科书	维度 1	对《课程标准》等上位材料关于教科书所涉及的课程内容、目标要求的熟悉程度、评判水平					
	维度 2	对本套教科书的内容、结构、编排特色等的熟悉程度					
整合教科书	维度 3	利用教科书资源进行教学设计（备课）的适切程度、有效程度					
运用教科书	维度 4	对教科书优点、缺点的课堂教学处理、把握的适切程度（包括对教科书中的具体内容进行的增加、替换、重组等具体处理的情况以及课程教学目标的达成实效）					
	维度 5	对教科书潜在功能的发挥程度					
	维度 6	对教科书的配套课程资源利用的适切程度					
评判教科书	维度 7	结合教科书的使用效果对教科书进行评判和修正、完善的实际效果以及评判意识					

（1）对于新构建的模型（如表 5-6-1 所示）中的维度 1，如果已经达到“对《课程标准》关于本册（本章、本单元）教科书的目标要求十分明确，对教科书关于本部分内容处理的优点、缺点清楚，并有克服这些缺点的合理对策”，那么，可以赋值 2；如果“对《课程标准》根本不熟悉，对教科书相应课程目标要求不熟悉，对教科书相应课程目标的把握仅仅凭经验和

自我感觉，而缺乏计划性和科学性”，可以赋值−2；介于两者之间的分别赋值1、0、−1。

（2）对于维度2来说，如果“对教科书的结构特点、编排风格、内容处理的特色等等十分清楚，能够准确地把握教科书的这些特点与自己的教学状况、教学风格的一致与差异，制定恰当的对策并加以落实，效果明显”，那么，可以赋值2；而如果“根本不清楚教科书的结构特点、编排风格、内容处理的特色等等，对于教科书的具体特点与自己的教学状况、教学风格的适应情况无力关注，无暇顾及或无能为力，对教科书使用仅仅凭经验和自我感觉，缺乏计划性和科学性”，可以赋值−2；介于两者之间的分别赋值1、0、−1。

（3）对于模型中的其他维度，其赋值方法与维度1、2类同。

表5-6-2　　教师使用教科书的水平等级

级别	5级	有创意地正确使用	◇教师能从知识体系、教科书的编写实际以及学生的学习现状出发，正确判断教科书中的优点以及存在的缺陷和不足，能针对教科书中的具体内容具体分析，或增加，或替换，或重组，达到或者超过《课程标准》中规定的目标，效果非常理想。 ◇对教科书的理解正确无误。 ◇主动与同伴合作，获取有关教科书使用的各种信息，善于收集教科书使用的各种可用资源，并加以恰当利用。
	4级	有些新意	◇较好地达到课程教学目标，并有意识地修补教科书中存在的一些不足，对教科书作出一些修改并有一定新意（但尚未娴熟）。 ◇对教科书的理解无错误。 ◇具备与同伴合作互助、主动提升自己、解决有关教科书相关问题的初步意识和基本能力。
	3级	常规	◇基本正确使用教科书，理解错误率低于20%。 ◇已经形成了使用新教科书的相对稳定的模式和方法，不太愿意听取同伴的意见来改善自己。
	2级	机械使用	◇几乎不花时间去研究教科书。 ◇照搬教科书上的内容编排，仅了解编者的字面要求而对深层的要求和意图知之甚少。 ◇机械使用教科书上提供的素材，导致课堂教学陷入形式主义。 ◇错误理解率介于20%至50%之间，但错误的性质不严重。
	1级	误用	◇不知道究竟如何利用新教科书。 ◇对新教科书的理解不知道对与错、正与误，只能照搬原有的教育思想观念指导新教科书的使用，理解错误率超过50%，导致明显错误。

(4) 就整体而言，教师使用教科书的水平可以分为五个级别（见表5-6-2），表5-6-2中各项的总分依次在－2，－1，0，1，2时，其分别对应误用、机械使用、常规使用、有些新意、创造性使用等各个水平等级。

(5) 教师使用教科书的水平模型实际上是对CBAM的成分检核表中的成分一“教材的使用”① 的细化和发展。这也是专著①的进一步发展。

二、教师使用教科书水平的测定及其跟踪研究

（一）被试选择

为了了解中小学教师在新课程实施状况下使用教科书的真实水平，我们在长春市某区众多小学中随机选择了一所普通小学D小学，并选定备受关注的数学学科。我们首先对全校所有数学教师的课堂教学进行随机听课，课后立即与任课教师针对课堂教学的实际进行专题座谈和聚焦式访谈。在此基础上，我们采用分层随机抽样的方式，综合考虑第一学段、第二学段各年级的实际，在D小学数学教师中随机抽取五位教师②作为被试。

（二）测试和改进流程

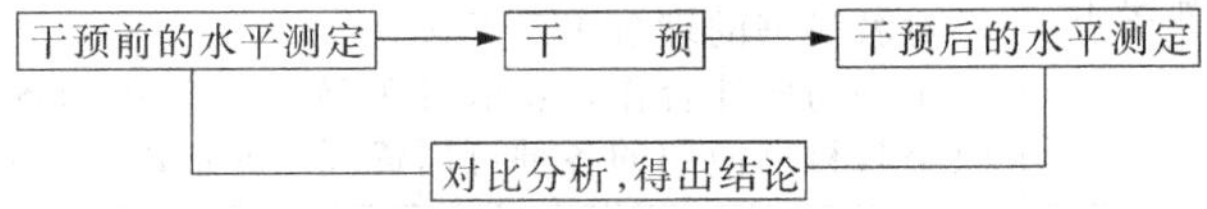

图5-6-1　研究思路简图

1. 研究的流程包括前测、干预及后测三个阶段（如图5-6-1所示）：在前测阶段，每次听课期间，我们都对每位被试的课堂教学进行现场观察和过程分析，并在课后立即对每位被试进行聚焦式访谈，以此为基础，对每位被试使用教科书的实际水平作出测定和评估，此阶段历时一周；第二阶段是干预（即实施专项指导）阶段，也就是针对每位被试的实际情况，密切结合备课、课堂教学、课后反思等具体环节对其进行专项指导和专业引领，此段工作历时两个月；第三阶段是后测阶段，历时一周，对五位被试使用教科书的实际水平再次作出测定和评估，随后进行对比、评估。

2. 测试的内容及其分析

根据CBAM模式的基本思路，本测试主要借助对课堂教学的实地观察与对五位被试的聚焦式访谈两种方式，同时，有针对性地对每位被试开展个

① 吉纳 E. 霍尔，雪莱 M. 霍德. 实施变革：模式、原则与困境［M］. 杭州：浙江教育出版社，2004：101.

② 最初选定六位教师作为被试。但是，其中的一位被试在干预阶段自然流失。

案分析。具体内容主要包括三个方面：

(1) 先要求五位教师回答“你是怎样理解这节课的目标？你是如何利用教科书资源实施教学的？你如何看待教科书对本节内容处理的利弊？在每节课的设计、实施和课后，您关心的与教科书有关的问题主要有哪些”等一系列问题，再对其进行聚焦式访谈，而后逐字逐句分析其陈述的结果，并参照其在课堂上的实际表现研究二者之间的关联。在此基础上，确定每位被试使用教科书的实际水平，找出其中的问题，提出改进建议，指出其下一步的改进或努力方向。

(2) 结合每位被试的实际，研究人员与被试一起制定改进方案，并分别对每位教师进行专业引领和持续两个月的个别指导与系列帮助。

(3) 测定每位被试教师在两个阶段使用教科书的各自水平，分析其前后的变化，从中归纳出改进和提高教科书使用水平的有效措施。

(三) 个案分析①

1. 被试1

(1) 前测：对被试1的前测在随堂听课及其相应的评课中完成，课例内容是“表内乘法（一）”，事前未作任何特意安排。从课堂观察中可以发现，被试1从教科书中所提供的游乐场的主体图入手，将教科书中的例1后移，使学生在解决问题中接触乘法，学习乘法，教学环节的调整比较适宜。然而，课堂教学中暴露出的最大问题在于教师关注了知识的呈现方式，但忽视了学生对知识的理解和掌握。如在本节课中，学生对于乘法的意义尚未充分理解。同时，在例题1的教学中，面对学生摆小棒出现的问题，任课教师仅仅轻描淡写，只是让学生改正过来，没有对其作进一步的明晰和阐述。这可能是教师的教学经验欠缺所致，也可能由于教师并没有真正领会例题1主体图中出现的不能用乘法计算的图形的编写意图。但是，课后立即进行的聚焦式访谈能反映出这位教师对此理解上的较高水平。

由此，我们可以作出这样的判断，被试1能够基本正确领会教科书的编写意图，在课堂教学中出现的问题不仅仅是其理解、认识的问题，更主要的原因在于被试1从教时间较短，经验不足，驾驭课堂教学的本领不佳。

同时，被试1对教科书进行了加工重组：从主题情境图入手，在解决问题中学习新的内容，将例1的呈现形式改为做一做。在课后的聚焦式访谈

① 受篇幅所限，被试3、被试4的实证材料略去。这里仅给出被试1、2、5的主要原始材料。

中，被试 1 对此也作出合理的解释。种种迹象表明，被试 1 具有整合教科书的主动意识，而且对一些内容的整合符合《课程标准》和教科书的意图，也符合学生的实际状况。但是，对一些内容的处理具有明显的灌输式痕迹。

针对教科书规定的内容，被试 1 在具体的课堂教学把握和教学处理方面，暴露出经验不足等缺陷，尤其对学生学习乘法过程中出现的错误和偏差不知如何应对，而显得束手无策。课后的访谈进一步印证，被试 1 对于《课程标准》不熟悉，而且“对编者的意图有一点理解和体会，却不太深刻”。在被试看来，教科书的作用在于“起到一个中介作用，教师通过理解教材，然后再把知识传授给学生”。对于与同事合作研究教材的作用的认识，被试认为：“更能促进教师理解教材、教学内容的重点、难点，帮助教师进一步把握教材…但实际上，我平时（与同事商讨）做得很少。”

由此，我们可以作出这样的判断：被试 1 对于水平模型（表 5 - 6 - 2）中各项的得分如表 5 - 6 - 3 第一行所示，加权总分为 0.143 分。我们认为，被试 1 使用教科书的整体水平处在“常规使用”水平，但在一些方面（如教学的课堂把握）已经达到“常规使用但有些新意”水平，而在另外一些方面（如对《课程标准》、教科书编写意图等的理解和认识、对同类教材的把握），却处在“机械使用”水平。

综上所述，被试 1 使用教科书的水平等级，厘定为 3 级为宜。

（2）采取的主要改进建议及对策：综合考虑被试 1 的实际之后，以笔者为首的实验指导组建议被试 1 主要采取如下改进对策：深入研究《课程标准》及第一学段课程目标的具体特点；揣摩编者意图；对比不同版本的教科书，权衡各种呈现方式的利弊，进而进行多次备课；课前充分备课，对每个环节都多准备几个预设方案；注意积累课堂教学的典型案例与经验，特别是教学机智方面的经验与感悟。

（3）后测：依然采取随机听课的方式，选择的课例是“数学广角”（人教版 2006 年版二年级上册第 99 页第 8 节）。通过课堂教学分析及课后的聚焦式访谈，我们可以发现：被试 1 已经开始关注《课程标准》对本章本节内容的整体要求，开始揣摩教科书编者的意图，对于“数学广角”这个题材的“综合与实践”领域的内容，从理解到整合再到实际的课堂教学处理，已经做到“常规使用并有一些特色”，尤其对于学生活动经验、自我反思的教学处理，有新意，但是，尚未达到“创造性使用”水平（被试 1 关于表 5 - 6 - 2 中各项得分如下表 5 - 6 - 4 第一行所示）。此时，被试 1 使用数学教科书的水平等级略高于 4 级，厘定为 4 级为宜。

2. 被试 2

(1) 前测：对被试 2 的前测在随机随堂听课及其相应的评课中完成，课例内容是“周长”（第一课时）（人教版 2006 年版三年级上册），事前未作任何特意安排。通过课堂观察和课后立即进行的聚焦式访谈，我们发现，被试 2 是一位带有浓厚传统色彩的教师，比较认同接受式教学方式。例如，在教学时，她先出示和分析周长的定义，再让学生理解和接受。而教科书一开始就呈现了一些规则和不规则的实物和图形——树叶、国旗、数学课本、钟面等实物图和五角星、三角形、长方形、正方形等图形，能帮助学生直观地归纳和理解周长的一般含义，即封闭图形一周的长度。教科书紧接着提出“有什么办法知道上面这些图形的周长吗”等问题，通过让学生实际动手操作，感悟周长的实际含义。不难看出，被试 2 的这种设计不仅与教科书的设计思路正好相反，也不太适合小学三年级学生的认知特点。种种迹象表明，被试 2 虽然理解教科书的编写意图，但其理解程度尚处在较低水平，仅停留在表面理解而不能物化为课堂教学行为阶段。其该项的分值为－1 分甚至更低为宜。

在整合教科书方面，被试 2 颠倒了学习活动与周长定义的顺序，其教学设计出现了一些不协调，并且对学生体会、理解周长定义产生直接的负面影响（例如，我们在课后对一些学生进行的非正规访谈中可以发现，不少学生认为“周长是老师规定的，不须要考虑它的实际意义”等等)。其整合教科书的水平厘定为－1 分为宜。

但是，被试 2 在运用教科书中表现出丰富的阅历，能比较灵活地处理教学中的具体情况，特别是能充分利用课堂教学中随机生成的课程资源，并将其恰当地与原定的教学任务相衔接。例如，当学生突然提出“用红领巾测量树叶的周长”时，教师表现出良好的教学机智，并没有作简单的判断，而是引导学生通过全班讨论最终得出结论，反映了教师具备良好的驾驭课堂的能力和善于利用生成性资源的意识。这在课后的访谈中也能够体现，如“在课堂上，当学生提出用红领巾来测量的时候，我觉得这种想法非常好，我当机立断想办法将教学牵引到如何用简单方法的讨论上来，也就是针对用绳子来测量的可行性的讨论。当时，我直接问了学生‘还有没有更加简便的方法’，学生就很自然地想到了绳子，这样的点拨可以使学生的生活经验得以更好地提升”。

通过课堂观察、课堂教学过程分析以及课后的聚焦式访谈，我们可以发现：

被试2“在常规教学中基本上完全遵照教材，因为既没有时间去思考，又不具备思考的能力，除非在公开教学中，很少思考编者为什么要这样安排”。

对于“在使用教材的过程中你作出什么样的变化和调整吗”，被试2认为，“变化不是很大。…对教材的调整不大，主要是对教学方法的调整和改变”；“原来的《大纲》下的教材没有叶子这样的不规则图形，直接导入长方形、正方形的周长公式。但现在的新教材一开始并没有提及这个公式，而是让学生选择自己喜欢的方法，通过动手测量、计算，然后在慢慢的练习中逐步感受这个公式的简明性。我觉得改动稍微大了一点点，如果保留老教材上的一些基础知识，在此基础上再让学生发散到生活中会好一点，这样更可能符合学生的认识水平。我认为，可以保留教科书中的很多内容，八张图片、定义、小组讨论这个过程我觉得挺好的，应该把这个周长的公式拿出来放到周长定义之前。在实际教学中，如果不把公式拿出来的话，很多学生虽然最后用自己喜欢的方法计算出了图形的周长，但是，他就是认为自己的方法最简便…”。显然，被试2误解了教科书的设计意图，其理解有诸多问题，有“穿新鞋走老路”之嫌。

对于“是否与其他同事一起分析教材，与他人合作使用教材”，被试2认为“偶尔会进行，但是平时确实没有时间进行集体备课，只是会针对某一道具体的数学题进行小范围的研讨…”。对于“如果对教材进行调整会产生什么样的效果”，被试的态度是“效果不错，但必须有充足的时间或者有力的指导”。

综上所述，被试2使用教科书的水平尚处在机械照搬阶段（被试既有一些误解，也有明显的，正在走向常规使用的趋势），即已经有明显的行动意识，却无具体而有效的实际行动，效果不明显。被试2使用数学教科书的水平等级厘定为2级为宜（各项得分如表5-6-3第二行所示）。

（2）采取的主要改进建议及对策：针对被试2想行动而不会行动，尚未行动的实际，我们一方面与区教研员一起对其进行具体方法的专门指导，另一方面，引导被试2重点研究解读教科书内容的具体方法，使其在短时间内尽快掌握由教科书的文本形式转换为课堂教学形式的常见方式方法，以便尽快提升教科书理解水平和实际运用水平。

（3）后测：典型课例是“有余数的除法”（人教版2006年版三年级上册第120至第121页）。综合课堂教学观察、课后聚焦式访谈等信息，我们发现：

被试 2 对于“你在课前备课以及课堂教学过程之中注意认真阅读教材、解读教材编写者的意图和想法吗”的态度和具体认识是“我觉得自己进步挺快，现在能够看懂教材，分层次去看教材，以前看教材就只看标题，只知道要讲什么数学内容即可。现在能够看懂第一层要把握什么，第二层重点要讲什么，哪些方面需要再加工等等”。

对于“你觉得和同事一起研究教材有什么作用”，被试认为“挺有效果的，这样能够吸收不同人的不同风格，尤其期中、期末复习时在一起讨论过相关事宜，效果挺好，我从中获得了很多有用信息”。

通过“有余数的除法”这节课，我们发现，教师能在教科书内容上进行适当的拓展，而且拓展得比较自然、合理，同时，对每类问题的共性规律都作了必要而及时的梳理。进一步的访谈表明，被试 2 已经能够独立运用教科书处理小学数学领域常见的典型内容。其不足集中表现在：在一些环节的处理上忽视对教科书资源的有效利用而另辟途径，但效果并不比利用教科书更好，这种做法至少是不经济的。

综上所述，被试 2 后测中各项得分如表 5-6-4 第二行所示。被试 2 使用数学教科书的水平等级厘定为比 4 级强，但弱于 5 级。

3. 被试 5

(1) 前测：对被试 5 进行前测的课例是“单式统计表与条形统计图”，属于随教学进度自然进行，没有任何特意的安排，在课后立即进行了聚焦式访谈，汇同课堂上观察到的信息，分析如下：

被试 5 认为，“我是严格遵照教科书进行教学的……教学中的大部分内容都按照教科书讲授，有时根据学生情况进行个别扩展，如创设一些更符合学生实际的情境或与其他教师研讨”。

对于调整教科书的认识，被试 5 认为，“……有时对教科书内容作很大调整。但是，在常规教学下，我还是尊重教科书的……对教科书进行调整，可能有不错的效果，但是也可能不适合学生”。

对于“你是否有与其他同事一起分析教科书，与他人合作使用教科书的经历和体验”，被试 5 认为，“曾经有过，主要是让别人帮助自己反思。对教科书的研究不仅少一些，而且更多的是研究教科书中呈现的知识。挖掘教科书的意图就是研究教给孩子们哪些知识，如何交代。对于学生学不懂的内容，我们有时也会反思教科书编排得是否合理，在批判的过程中，我们基本上还是遵照教科书的”。

对于“你准备对教科书进行较大调整或用其他方案代替教科书吗”，被试 5 的回答是“有这种想法，但是没成功。下学期可能会做”。

综合各种信息，我们可以作出这样的判断，对被试 5 而言，表 5-6-1 中的各项得分如表 5-6-4 第五行所示。

总之，被试 5 使用数学教科书的水平等级厘定为 3 级为宜，即高于“机械地用教科书教”水平，但尚未达到“创造性用教科书教”的程度。也就是说，在 CBAM 模型下，被试 5 尚处在关注阶段。

表 5-6-3　利用教科书使用水平模型对五位被试进行前测的结果

	理解、研究教科书		整合教科书	运用教科书			评判教科书	平均得分	水平等级
	维度 1	维度 2	维度 3	维度 4	维度 5	维度 6	维度 7		
被试 1	−1	0	1	−1	1	1	0	0.143	3 级
被试 2	0	−1	−1	2	−1	−1	−2	−0.571	2 级
被试 3	1	−1	0	1	1	−1	0	0.143	3 级
被试 4	1	1	1	0	−1	0	1	0.428	3 级
被试 5	−1	1	0	0	0	0	1	0.143	3 级

（2）采取的主要改进建议及对策：考虑被试 5 的实际，我们认为，要提高被试 5 的教科书使用水平，关键要在激活其积极性和主动性的前提下系统地对其进行使用教科书的方法、技巧的指导。要特别指出的是，在自愿的前提下，包括被试 5 在内的五位被试在区教研员和笔者的直接指导下开展了长达 8 周的使用教科书水平的改进与提高的行动研究。但是，与其他四位被试相比，被试 5 比较消极，缺乏自我成长的渴望。

（3）后测：典型课例是“小数大小比较的复习”，依然随教学进度自然进行，没有特意安排。从课堂教学实际可以看出，虽然被试 5 也是按照《课程标准》中的基本要求去做的，但是，从课堂观察中可以看出，她对待课程改革不太关注，“我没怎么想为什么要改革，校长让教什么教材，我就教什么教材。教材是这样安排的，我就是这样教的”。也就是说，被测 5 几乎不思考为什么这样做，仅仅按照教科书或者教学参考书的要求去做，因而常常导致“形式上是而实质上非”的结局。

在使用教科书时，被试 5 似乎“严格”遵照教科书进行教学，对于课堂教学中由于学生互动而生成的新问题、新资源，通常采取主动回避的态度。例如，在根据表格中的数据出示相应动物的体重时，对于学生既不认识又不熟悉的动物"鹈鹕"等，教师"直挺挺"地面对学生，一脸的迷茫，既不作相应的知识补充，也不尝试着将其替换成学生熟悉的题材。

表 5-6-4　　利用教科书使用水平模型对五位被试进行后测的结果

	理解、研究教科书		整合教科书	运用教科书			评判教科书	平均得分	水平等级
维度 1	维度 2	维度 3	维度 4	维度 5	维度 6	维度 7			
被试 1	1	1	2	1	1	1	1	1.143	略高于 4 级
被试 2	2	2	2	1	1	1	1	1.43	4 至 5 级
被试 3	2	2	2	1	2	2	2	1.867	5 级
被试 4	1	1	−1	−1	2	2	2	0.846	接近 4 级
被试 5	−1	1	0	1	0	0	1	0.287	略高于 3 级

课后的聚焦式访谈进一步证实了被试 5 的这种情况。与被试 1、2、3、4 相比，被试 5 的个性非常强，在其他四位被试积极参与变革、寻找对策提高自己的教科书使用水平之际，被试 5 依然"涛声依旧"，与前测期间的行为几乎没有多少变化。除了在教科书的课堂教学处理上有一些改进（凡是笔者与区教研员"手把手"指导的内容都有改进），而在其他方面变化不大。

总之，在后测中，被试 5 使用教科书的水平等级厘定为 3 级（略高于 3 级）为宜（各项得分如表 5-6-4 第五行所示），即比"机械地用教科书教"要好一些，但尚未达到"有一些特色"的程度，仍属于典型的"机械使用"水平。

4. 利用 CBAM 印证教师使用教科书水平模型的有效性

为了说明教师使用教科书水平模型的有效性，我们在利用教师使用教科书水平模型进行前测和后测的同时，进一步借助已经获得的信息，利用 CBAM 又对五位被试进行了测试，结果如表 5-6-5、表 5-6-6 所示。

表 5-6-5　　利用 CBAM 前测的结果汇总

	被试 1	被试 2	被试 3	被试 4	被试 5
变革的关心阶段	第三阶段：操作	第二阶段：个人化	第三阶段：操作	第四阶段：结果	第三阶段：操作
变革的实施水平	4A 机械实施	准备用至机械实施	4A 机械实施	机械实施至常规化	4A 机械实施

分析表5-6-5，对照利用教科书使用水平模型对五位被试进行前测的结果（参见表5-6-3），我们可以发现，利用两种模型进行前测的结果基本吻合。

表5-6-6　　利用CBAM后测的结果汇总

	被试1	被试2	被试3	被试4	被试5
变革的关心阶段	第四阶段：结果	第六阶段：新意	第六阶段：新意	第五阶段：合作	第四阶段：结果
变革的实施水平	4B 求精	4B 求精	5 改革、整合	4B 求精	4A 机械实施

分析表5-6-6，对照利用教科书使用水平模型对五位被试进行后测的结果（参见表5-6-4），我们可以发现，利用两种模型进行后测的结果吻合程度非常高。

鉴于CBAM是目前国际同领域信度十分高的测定模型，以上结果间接地印证了教师使用教科书水平模型测定的准确性、有效性。

5. 关于五位被试使用教科书水平改进效果的分析

在历经两个月的干预和专业引领，特别是有针对性地指导、引领的基础上，经过被试的个人努力，被试2、3的改进效果明显，水平提高显著，而被试1、4有提高但效果并不显著，被试5使用教科书的水平几乎无实质性的变化。

进一步的分析可以发现，被试1、4是实验学校的业务骨干，正处在教师专业发展阶段“新手走向称职期、教学风格形成期、知识更新期”[①] 第二阶段的中期，尤其被试4，其教学风格基本形成，欲使其在短时间内加以明显改进十分困难，但是二者都十分投入，个人积极主动，虽然受教学惯性的束缚，但是，二者的进步依然相对明显。

相比之下，被试2、3是刚参加工作不久的教师，正处在新手走向称职期，而且二者都不是数学专业出身，对数学课程的理解出现不少问题。但是，二者都有强烈的成长渴望，都积极主动地配合这项实验，针对两位教师的指导措施也比较得力。特别是两位教师能将外在的建议和新的教学策略（如教科书使用的一些专门方式方法）通过自己的感悟和内化转变为自己的

① 孔凡哲. 中小学教师素质结构与进修课程的反思［J］. 中小学教师培训，2004（10）：25—27.

教学行为，也就是说，改进的对策对二者是显著有效的。

被试5的自然情况虽然与被试1基本相同，但是，其从师任教的基本素养明显不如被试1、4，更主要地，被试5对待这次实验的态度是“无所谓”，明显地缺乏教师专业发展的自我愿望，实验中的一些必要工作对她而言是“不得已而为之”（学校领导支持和参与，区教研员担任实验指导的主力，在众目睽睽之下，被试5不得不做），但对于那些自觉的变革行为，被试5几乎没有，其提高的效果不明显也在情理之中。

以上实验也表明，中小学一线教师的专业发展的确需要因人制宜，因时制宜，具体情况具体分析。一般地，首先要激发教师成长的自我渴望和迫切要求，使其产生加速自己成长的愿望，达到愤悱状态；而后有针对性地给予其专业引领，并创设同行之间切磋、交流的良好机制，尤其是建立校本教研的自然机制。如此，教师专业能力的提高才能收到实效。

无论如何，这项实验都能印证一个基本结论：从提高教师使用教科书水平的角度促进教师的专业成长，是切实可行，成效显著的。

第五章

教科书的古今比较研究：以数学为例①

中国是世界上数学教育开始最早的国家之一，几千年的数学教育积淀了其丰富的数学教育传统。在一切都高速发展的今天，总结和反思中国数学教育传统，展望未来，有助于进行中外数学教育交流，深化当前的中小学数学教育教学改革。

众所周知，数学教科书作为数学课程的主要载体，是数学教育得以落实的主要渠道，不同时期的数学教科书往往在很大程度上真实地反映了当时数学教育的理论水平和实践状况：数学教科书不仅是数学教育思想观念的真实写照，其质量和水平还真实地反映了社会的发展状况和人的精神面貌；数学教科书的质量和水平不仅能够真实地反映数学教育研究的实际水平，而且能够较为全面地折射出数学课堂教学的实际。特别地，数学教科书改革是数学课程改革的核心工作，也是数学教育历次改革发展的焦点之一。

本文遵循中国中小学数学教科书发展的基本脉络，采用历史学研究的常用方法（如文献法等）探寻中国中小学数学教育发展的基本脉络和轨迹。

第一节　中国古代数学教科书的特征分析

一、中国古代数学教育发展的基本脉络

古代中国是世界上进行数学教育最早的国家之一。我国从原始公社制末

① 本文系 BHA030025 课题的子课题“教科书的古今比较研究”的主要成果，同时，是 2008 年在墨西哥召开的 ICME11 国际大会的交流材料，已于 2007 年 10 月在北京师范大学国内预备会上用作大会报告。

期到奴隶制社会初期，已经逐步建立起专门的教育机构——学校。据古籍记载和殷墟甲骨文考证，商朝已有较完备的学校教育。而西周已注重数学教育，数学已成为“国子”的必修课程之一。相传周公制礼（相当于现在的宪法）《周官、保氏（负责教育的官员）》上说：“救国子以六艺，一曰礼，二曰乐，三曰射，四曰御，五曰书，六曰数。”到了隋唐王朝，数学教育又有了新的进步。唐初国子监内没有设立“算学”，656 年（显庆元年）始添设算学馆，李淳风作为唐高宗朝官太史令，受诏与国子监算学博士梁述、太学助教王真儒等校注和编定《周髀》、《九章》等十部算经，作为全国通用的数学教科书。当然，算学博士的官阶是从九品下（官阶中最低的一级）。虽然算学学生学习“十部算经”长达数年，但是教学效率不高。

宋元时代的朱世杰堪称中世纪世界最伟大的数学家。他曾周游五湖四海 20 多年，长期靠教授数学为业。他的《算学启蒙》（1299 年）和《四元玉鉴》（1303 年）是我国古代数学发展史上的重要里程碑。1487 年开始，明清推行八股文科举考试制度，这对数学教育发展起了较坏的抑制作用，也是使中国本土数学走向低潮的重要原因之一。

二、中国古代数学教科书的突出特征

古代中国数学教育开始很早，而且独具特色：

第一个特色是数学教育始终置于政府的控制之下。远在周代，数学就作为“六艺”之一，被列入贵族子弟教育的内容。唐代中期以后，“十部算经”由国家颁布用于国子监，并作为科举考试依据的经典。数学典籍的编纂、增修和注释一般是在政府官员的主持下进行的。这种实施数学教育的做法在世界史上是少见的，无疑对社会进步和科学技术发展都产生了积极的影响。

第二个特色是带有技术教育的性质。官办数学教育的目的是为政府培养专业计算人员。

基于以上分析，我们认为，在中国古代的数学教育中，作为数学教科书出现的材料，具体体现出如下特点：

（一）实用——经世致用

中国古代的数学著作大多数为了指导实践，必然考虑如何便于教给人们掌握，较为注重由浅入深，举一反三，都可以作为数学教材。例如，刘徽注的《九章算术》流传开后，两晋南北朝数学有了明显的进步。当然，在封建专制之下，数学教育的效率并不高，甚至到后来被废除了。尽管中国古代数学著作很多，如明代的商业数学，吴敬的《九章算法比类大全》（1450）等等。但是，在《九章算术》、《海岛算经》、《孙子算经》、《五曹算经》、《张丘建算经》、《周髀算经》、《五经算术》、《缀术》、《缉古算经》和《夏侯阳算经》十部算经之中，《九章算术》最具代表性，古代中国的数学教科书总体上具有《九章算术》的特征。从《九章算术》的内容可以看出，它是以应用问题解法集成的体例编纂而成的书，几乎包括了当时社会生产和生活的各个领域。其目的是解决当时社会生产和生活提出的各种计算问题，为当时社会各个领域中的应用服务。

（二）应用问题集——强调相对系统的实用数学问题的解决

以《九章算术》为例，《九章算术》是中国古代数学专著，是算经十书中最重要的一种，唐宋两代国家都明令规定其为数学教科书。《九章算术》上承先秦数学发展之源流，入汉之后又经许多学者的整理、删补和修订，大约于东汉初年（公元1世纪）成书，是几代人共同劳动的结晶，它的出现标志着中国古代数学体系的形成，1084年由当时的北宋朝廷进行刊刻，是世界上最早的印刷本数学书。

《九章算术》的全部理论是以寻求各种应用问题的普遍解法为中心的，是一个具有浓厚的“应用数学”色彩的开放性的归纳体系，这与《几何原本》追求逻辑的完美形成了鲜明的对照。

（三）开放的归纳体系——缺乏系统的逻辑体系和符号体系

《九章算术》的成书标志着中国传统数学体系的形成。其问题及思想方法对后世的影响巨大而深远。正如吴文俊先生指出的：“《九章算术》和《几何原本》东西辉映，是现代数学思想的两大源泉”。①

《九章算术》的表述体系是按照由个别到一般的推导方式建立起来的。书中通常先举出某一社会生活领域中的一个或几个个别问题，从中归纳出某一类问题的一般解法，即算法（术）；再把各类算法综合起来，得到解决该领域中各种问题的方法，从而构成一章；最后，把解决社会生产、生活各领域中问题的数学方法全部综合起来，就得到整个《九章算术》。

这种归纳的特点还有另一层含义，即按照解决问题的不同数学方法进行归纳。许多不同领域的实际问题可能需用相同的计算方法，从这些方法中提炼出数学模型，最后再以数学模型立章写入《九章算术》。盈不足、方程、勾股三章就是如此。因此，综观全书，《九章算术》是一个开放的归纳体系。

《九章算术》以归纳为主的叙述方式与古希腊数学代表著作欧几里得的

---

① 吴文俊.《九章算术注释》序，载：白尚恕.九章算术注释［M］.北京：科学出版社，1988：1.

《几何原本》以演绎为主的叙述方式有明显不同。中国古代以后的数学著作大都采用这种叙述方式。这也是中国古代数学的一大特色，同时反映出了古代中国人的思维方式。正如史学界的一些评论，吴义俊教授在几何定理的机器证明领域所取得的成就正是以《九章算术》为代表的中国传统数学特色在现代条件下的发扬光大。

值得一提的是，中国古代也强调逻辑。但是，这里的"逻辑"与古希腊的演绎逻辑有所不同。刘徽著作的"九章算术注"主要是给"九章算术"的术文作解释和逻辑证明，更正其中的个别错误公式，使后人在知其然的同时知其所以然。有了刘徽的注释，"九章算术"才得以成为一部完美的古代数学教科书。古希腊的演绎逻辑具有典型的"三段论"特征，而古代中国数学教育教学中的逻辑是一种自然的逻辑，其体系并不是相对完整的。

总之，中国传统数学的特点和数学教育的目的决定了数学教育的内容是为传授应用技能而设计的，在思想和方法上采取了注重应用，以问题为中心，以算法为基础，主要依靠归纳思维建立数学模型，强调基本法则及其推广的一整套模式。

中国传统数学最本质的方法是归纳，认识过程是由特殊到一般的，在数学教育的方法上强调启发式，强调对一些典型问题进行反复思考，举一反三，从中体会一般法则。

第二节 "西学东渐"对中国数学教科书的影响

"西学东渐"是指近代西方学术思想向中国传播的历史过程，其虽然亦可以泛指自上古以来一直到当代的各种西方事物传入中国，但通常而言是指在明末清初以及晚清民初两个时期之中，欧洲及美国等地学术思想的传入。

一、西学东渐

明朝万历年间，耶稣教会传教士的到来对中国的学术思想有所触动。当时中国一些士大夫及皇帝接受了科学技术方面的知识，但是在思想上基本没有受到影响。1605 年利玛窦辑著《乾坤体义》，被《四库全书》编纂者称为"西学传入中国之始"。

19 世纪中叶前后开始，西方人再度开始进入中国，并以各种媒介带来西方的新知识。清朝政府在 1860 年开始推行了洋务运动，当时的洋务人士主要采取“中学为体，西学为用”的态度来面对西学。甲午战争以后，大量西方知识传入中国，影响非常广泛。许多人以转译日本人著的西学书籍来接受西学。进入民国时期，对政治的不满又进一步导致知识分子们提出全盘西化的主张，在五四时期这种思想产生了很大的影响。

二、西学东渐对中国中小学数学教科书的影响

1850 年以后，西方资本主义国家的近代数学教科书被介绍进来了，中国的数学教育逐渐走上了世界化的道路。19 世纪初，法国数学家勒让德把欧几里德的原作《原本》用现代语言写为几何课本，成为现今通用的几何学教本。最早专门的西方数学译作是利玛窦和徐光启合译的欧几里得《几何原本》前六卷，几何、测量方面的书籍尚有《测量全义》、《测量法义》等。康熙时期官方编订的《数理精蕴》（公元 1723 年）是集明末清初西方数学传入的大成，其中收有《几何原本》一书，但是，该书是根据法国几何学教科书翻译而来，与欧几里得的《原本》差别很大。

西学东渐对中国中小学数学教育影响最大的莫过于《几何原本》。利玛窦和徐光启合译的欧几里得的《几何原本》第一次把欧几里德几何学及其严密的逻辑体系和推理方法引入中国，同时确定了许多我们现在耳熟能详的几何学名词，如点、直线、平面、相似、外似等。他们只翻译了前 6 卷，后 9 卷由数学家李善兰与英国人伟烈亚力（Alexander Wylie）等人在 1857 年译出，同时，李善兰和伟烈亚力翻译了《代数术》、《代微积拾级》等著作，将符号代数及微积分首次传入中国。此外，数学家华衡芳在 19 世纪 60 年代以后与傅兰雅合作译了不少著作，介绍了对数表、概率等新的数学概念。清末新式学堂中的数学教材多为两人的著作。到 20 世纪初，随着留外学生的增加，西方数学大量传入中国，至 1913 年北京大学成立了数学门，这是第一个专门的数学学术教育单位。

第三节 20 世纪上半叶中国中小学数学教科书的发展特点

我国近代学校教育始于 1862 年（同治元年）于北京设同文馆。清末兴办学堂时期，我国没有系统的学制，数学教科书多为外国传教士编译的教本，如《代数备旨》、《形学备旨》、《八线备旨》、《代形合参》等。

1902 年始，清政府颁布钦定学堂章程，我国开始有统一学制。1902 至

1910年这一时期，中学数学教科书以翻译本居多，也出现了我国自编的一些教本，但质量较差。

1911年中华民国成立，不久便颁布新学制，中学为四年制，配有统一的课程标准。我国自编的数学教科书开始有计划、有系统地出版，主要有《共和国教科书》、《民国新教科书》等。主要编纂人有秦沅、秦汾、寿孝天、骆师曾、黄元、吴在渊等人。

1922年11月我国进行学制改革，实行六三三学制。新学制课程标准起草委员会拟定了初中算学，高中代数、几何、三角及解析几何大意课程纲要。该纲要中有一显著改进，即主张初中数学课程采用混合法讲授，以代数几何为主，算术、三角为辅，合一炉而冶。为此，我国出版了《新学制混合算学教科书》（段育华编，六册，1926）以及傅种孙先生编写的《初级混合数学》。但不少学校对混合讲授持有异议，坚持分科讲授。为此，商务印书馆又出版一套现代初中教科书，包括算术、代数学、几何和三角术。其中代数学（两册）是由吴在渊编写的。

在这一时期，1932年中华书局先后组织编写了“新中学教科书”，其中有《新中学教科书·算术》、《新中学教科书·初级几何学》、《新中学教科书·高级几何学》等。这些教科书在编写中仍吸取欧美的经验，但已不是单纯仿效。正如吴在渊在《新中学教科书·高级几何学》编辑大意中所说：“我国旧有之几何学教科书先属英派，后为美派。本书参酌英美加以法派之教材。讲比例则避去插合论之沉闷；导计算则先明量数间之关系。时加应用，而以不背严格之理论为归。”

吴在渊编的《近世初等代数学》、《近世初等几何学》以及虞明礼编的《代数》在我国20世纪早期自编的中学数学教科书中影响较大。其中，《近世初等代数学》和《近世初等几何学》自1922年和1925年分别初版后曾20多次再版。

《近世初等代数学》主要内容为代数式，一、二次方程，无理数及虚数，幂及幂根，比及比例，级数，错列及配合，二项式定理，对数等。这些内容现已成为我国中学代数传统教学的主要内容。该书在编排体系上仍借鉴霍尔（Hall）和奈特（Knight）编写的《初等代数学》，但“与以前编辑的各教科书不同，既融会代数学全体，又认定初等代数学范围。下接算术之阶梯，上奠解析之基础，最足引起初学自动之研究，而非仅为机械的演习者也”。该书在许多内容的处理上颇具匠心。例如，方程部分的编排，“略数学之系统而一依初学者之易学为归，且力矫流于机械之弊”。

《近世初等几何学》（上、下册）主要内容为绪论，直线图，圆，面积，比例，正多角形及圆。该书以理论为经，实用为纬，力避艰深之理论，使初学者易于了解。由于欧氏几何早已构成一个完整的有机体系，历来几何教科书内容和编排方式变化不大，吴在渊并没因此而简单地仿效他书，而是处处细加斟酌。例如，几何元素定义问题的处理便很有特色。

1928年我国开始制定中学课程标准，先公布了暂行标准，经征求意见修订后，1933年前后公布中小学正式课程标准。从此，我国中学教育逐步走上较正规的发展道路。在中学数学课程标准制定过程中，吴在渊是初中算学暂行课程标准起草、整理及审查人员之一，又是正式课程标准编订委员会委员，曾起过重要作用。根据课程标准，吴在渊又编写了《高级中学几何学教科书》（上、下册）。当时关于初中和高中几何学如何分段，议论较多。"或主初中仅实用而以理论全部归入高中；或主理论在初中不妨教授，惟教材太多，应以平面中直线及圆归初中，而以面积、比例及立体全部归高中；或主初中应教平面全部，但宜具体而微，至高中再事补充完备。"吴在渊实际赞成后一种观点，这套高级中学几何教科书便是按这种观点编写的。随着课程标准的修正，这部教材在吴在渊去世后经人修改，继续出版。如署名吴在渊、张鹏飞的《修正课程标准适用·高中平面几何学》（上、下），署名吴在渊、陶鸿翔的《修正课程标准适用·高中立体几何学》，在40年代末仍然流行。1932年起吴在渊根据新课程标准还编写了一套"中国初中教科书"，包括《初中算术》（一册）、《初中代数》（上、下）、《初中几何学》（上、中、下）、《初中三角》（一册），由上海中国科学图书仪器公司出版。这套教材一直出版到40年代，至1947年12月止，共出11版。

值得注意的是，其中《初中几何学》一改过去模式，全书分为实验几何学和理论几何学两大部分，先讲实验几何之目的在于"为理论作前驱，尤在使学生自动觉察，若有种种图形性质，隐跃于心目间，呼之欲出"。这种教材改革是我国中学几何教材改革在三四十年代的一个突出特点。

值得一提的是，民国初年我国的数学教学大多采用注入式，"教员讲，学生听；教员写，学生抄；教员做，学生看"。教学方法上的注入式的弊端尚不为广大教育工作者所重视。其原因是多方面的：中国现代教育起步较晚，初期主要仿效欧美日本，没有形成自己的完整教学体系；中学教员虽大多系大学毕业生担任，但很少学习过教育学理论，往往以为教学法乃枝叶问题，与本学科无大关系，倘其教法纯熟，可能由于天才或经验之故；再加上教师负担过重，无暇过问教学法，致使我国在教学方法的改进长期裹足不前。

第四节 20世纪下半叶中国中小学数学教科书的发展特点

20世纪下半叶，中国政治经济的发展直接影响着其他各行业的发展，特别是1949年新中国成立，大陆的各个地区逐步得以解放，教育进入一个崭新时期。回顾20世纪下半叶中国中小学数学教科书的发展，大致可以划分为三个时期，即五六十年代由模仿到中国中小学数学教科书新体系初步形成时期，七八十年代中国中小学数学教科书体系摸索时期，九十年代中国中小学数学教科书体系酝酿改革时期。

一、20世纪五六十年代的中国中小学数学教科书的发展

众所周知，1949年，以中国共产党为核心的中国新政府开始运行。至今已经开展了八次大规模的中小学数学教育改革。

20世纪五六十年代是中国自20世纪50年代以来数学教科书发展的第一阶段，其突出特征是“关注双基，突出‘教’材特征”，其间，先后进行过三次大的改革发展。

（一）1949至1952年的第一次课程教材改革

新中国成立后，收回了教育主权，对旧中国遗留下来的各类教育问题进行了彻底的改造。1949年12月，教育部召开第一次全国教育工作会议，会议提出了教育改革的基本方针“以老解放区新教育经验为基础，吸收旧教育有用经验，借鉴苏联经验，建设新民主主义教育”。这一方针具体规定了教育改革的步骤和方向，对这一时期的课程改革起到了直接指导作用，从此我国开始了第一次课程改革。这次改革是教育部门自上而下进行的，对旧课程实行改造，初步确立了我国中小学新课程体系，形成了全国统一教学计划、统一教学大纲与统一教科书的“大一统”课程模式。

1950年8月，教育部颁发《中学暂行教学计划（草案）》，这是新中国成立后的第一个教学计划；同年9月，在全国出版会议上提出中小学教材必须由全国统一供应的方针，并成立人民教育出版社，承担编写国家统一教材的任务，于1951年出版了第一套中小学全国通用教材。

1951年3月，教育部召开第一次全国中等教育会议，通过了《普通中

学（各科）课程标准（草案）》和中学规程，提出目前普通中学的教学计划必须全国统一，课程科目和每科教学内容必须遵循统一的标准。同年10月，政务院颁发了《关于改革学制的决定》，重新规定了中小学的学制，规定小学实行五年一贯制，取消初高两级分段制，中学修业年限为六年，分初高两级，各三年。根据学制的要求，1952年3月教育部颁发了小学和中学暂行规程，这是新中国成立后颁发的第一个全面规范中小学课程的政府文件。这一时期的中小学课程教材的突出特点是：强调中央集权，全国统一，致使课程结构单一，只设必修课，不设选修课；注意根据中小学培养目标来考虑学科设置；课程内容方面，注意科学性和思想性的有机结合；模仿苏联的痕迹明显，某些课程在一定程度上脱离了中国实际。

（二）1953至1957年的第二次课程教材改革

1953年，国家开始执行国民经济“一五”计划，教育势必紧跟经济的发展作出相应的变动。1953年1月召开的大区文教委员会主任会议和6月召开的第二次全国教育工作会议吹响了新一轮改革的号角。两次会议确立了今后教育工作的重点是整顿、巩固和发展中小学。1953年12月，政务院颁布《关于整顿和改进小学教育的指示》，提出：“今后几年内小学教育应在整顿、巩固的基础上有计划、有重点地发展，小学工作和学习应由教育部门统一领导布置。”1954年4月，政务院颁布了《关于改进和发展中学教育的指示》，明确指出：“……有计划地修订中学教学计划，修订教学大纲和教科书，并为教师编辑一套教学指导用书，这是目前提高学校教育质量的一项最基本的工作。”这两个文件为课程改革提供了指导和依据。根据教学计划，教育部于1956年颁发了建国以来全国第一套比较齐全的教学大纲——中小学各科教学大纲（修订草案）。这一轮改革随着“一五”计划提前完成于1957年初结束。这一时期的改革发展的特点集中表现为：初步形成了比较全面的中小学课程体系，但模仿苏联的痕迹仍很深；课程变动过于频繁，教材又跟不上需要，致使教学工作不能完全按照教学计划执行；部分学科间的相互联系和配合不够紧密，课程设置不尽合理。

（三）1957至1965年的第三次、第四次课程教材改革

这一时期，社会主义制度基本确立，国民经济健康发展，国泰民安。1957年2月，毛泽东作了《关于正确处理人民内部矛盾的问题》的报告，提出：“我们的教育方针应该使受教育者在德育、智育、体育几方面都得到发展，成为有社会主义觉悟的有文化的劳动者。”为了更好地贯彻这一教育

方针，在教育部的周密部署下，全国又掀起了课程改革的新浪潮，历经三个阶段。

第一阶段是1957年至1958年的调整阶段。在新方针指导下，教育部于1957年6月调整了1957至1959学年度中学教学计划，并于1958年3月颁发了1958至1959学年度中学教学计划，对中学课程作了调整和变动，强调知识教学与劳动教学相结合及完成中学肩负的“双基”任务。

第二阶段是课程改革大跃进阶段。上一阶段的调整随着1958年9月《关于教育工作的指示》的发布而毁于一旦。“指示”指出：必须积极进行技术革命和文化革命。在这种形势下，教育大革命很快进入高潮。从1958年到1960年，中小学校贯彻党的教育与生产劳动相结合的方针，实行勤工俭学，兴起课程和教学改革的群众运动，其中课程改革的主题是缩短学制、精简课程。其具体表现在1960年：人教社按照国家适当缩短中小学学制年限的要求赶编了第三套全国通用教材，把原来12年学完的内容压缩到用10年完成，供实验10年制的学校选用；教育管理权限下放，各地开始自编教材；劳动时间大量增加，正常教学秩序受到冲击；设置甲乙类中学，甲类教学计划要求较高，设置最高限度的科目，乙类教学计划要求稍低，设置最低限度的科目。

第三阶段是1961年至1963年的调整和反思阶段。面对1958年“教育大革命”给教育事业带来的危害，从1961年开始，国家以“调整，巩固，充实，提高”方针为指导，对中小学课程进行改革：颁发了《全日制中学暂行工作条例（草案）》、《全日制小学暂行工作条例（草案）》，对中小学课程的一些重大问题作了原则上的规定；制定了新的教学计划和教学大纲，对中小学课程作了必要的调整；编写了第四套全国通用教材，供12年制学校选用，但因种种原因，修改后的教材没有在学校正式使用过。这一时期的课程改革出现了新的动向：重视学科与育人的作用；首次提出设置选修课；实行了国定制与审定制相结合的教科书制度；重视地方教材、乡土教材的编写。

1961年至1963年的调整和反思属于新中国成立以来的第四次课程教材改革，虽然基本扭转了课程编写和实施中的混乱局面，但仍存在一些问题，如某些地区反映教材内容深、分量重等问题。1964年初，毛泽东发表了关于中小学教育的“春节讲话”，提出学制、课程、教学方法都要改，3月，又针对当时学生学习压力过重，批示“课程可以砍掉三分之一”。根据这个指示，1964年7月教育部发出了《关于调整和精简中小学课程的通知》。不久，文化大革命爆发，1961年调整以来取得的一些成果付之东流。

总之，20世纪60年代左右，中国中小学数学教科书关注双基的获得，其标志是1963年的大纲和教材（1965年出齐），表明我国的数学教育逐步走向成熟。其突出特点在于强调知识的巩固、技能的熟练掌握。虽然1963年《全日制中学数学教学大纲（草案）》明确提出计算能力、逻辑推理能力和空间想象能力，但是，具体体现在数学教材上还是不太注重，对数学过程也是忽略的。

归根结底，20世纪五六十年代中国中小学数学教科书的突出特征仍是“教”材，但是，更强调如何更好地有利于学生接受。

二、20世纪七八十年代的中国中小学数学教科书的发展

20世纪七八十年代的课程教材改革是新中国成立以来的第五次课程教材改革。其突出特征是在关注双基的同时关注能力培养，“教”材特征明显。

1976年粉碎四人帮之后，1977年教育战线开始拨乱反正，召开了科学教育工作会议，对课程改革进行了充分的酝酿，以1978年1月教育部颁发《全日制十年制中小学教学计划试行（草案）》为起点，课程领域内开始了拨乱反正：1978年颁布新修订的《全日制中学暂行工作条例（试行草案）》和《全日制小学暂行工作条例（试行草案）》，对课程设置进行了原则性说明；为配合教学计划草案，教育部颁布了全国统一的教学大纲；重建人教社，组织召开“中小学教材编写工作会议”，集中编写第五套全国通用的十年制中小学教材，于1978年秋开始在全国使用。新教材吸取了国际中小学课程改革的经验和教训，进行了教学内容的现代化改革，特别是这套教材清除了十年动乱时期出版的教材中的许多谬误内容，改正了在政治与业务、理论与实践等问题上的一些不适当的处理方法，注意到基础知识的选择，智力的启迪和能力的培养，主要缺点是“深，难，重”。

20世纪七八十年代，中国中小学数学教科书在关注双基获得的同时，关注能力的培养，其标志是九年义务数学教学大纲的颁布和相应的数学教材实验的实施。

1985年颁布了《中共中央关于教育体制改革的决定》以后，我国中小学教材建设在制度上发生了重大的变化。教材从编审合一到编审分离，从“一纲一本”到“一纲多本、多纲多本”，并于1986年成立了全国中小学教材审定委员会，下设19个学科，负责审查、审定教学大纲和全国中小学教材。1988年，国家教委在全国规划并部署建设“八套半”九年义务教育教材（八套九年义务教育教材，一套小学复式教学教材），并且从1989年逐步开始实验，为1992年全国实施《九年义务教育全日制小学、初级中学课程计划（试行）》和24个学科教学大纲（试用）奠定了基础。1990年教育部颁布《全日制中学数学教学大纲（修订本）》，这是在1950年至1990年期间颁布的最后一部中学数学教学大纲。这一时期的数学教科书提出打破所谓"一纲一本"的旧模式，实行"编审分开"，成立全国（以及各省、自治区、直辖市）中小学教材审查机构，分别负责对通用教材和地方教材进行审查，通过后方可在相应范围内试（使）用。国家教委负责制定审查的指导思想、基本原则和教材合格的条件，并亲自关注人教社，以及北京师大、上海、浙江、广东、四川（当时主要是它所含的重庆市）的八所师范院校所属出版社编写的八套义务教育教材。此外，尚有河北省编写的小学复式教材，因与初中无关，只称"半套"。以上加在一起，统称"八套半教材"。

当然，在"八套半教材"中，人教版初中教材有三年制、四年制两套，试用面较广。正如蔡上鹤先生分析的："人教版初中教材的主要特色是：突出基本数学思想和数学方法；在重视双基的同时，注意培养能力；将数学学科特点与学生认知特点相结合；以统一性为主，兼具灵活性；结合内容加强思想品德教育；重视实习作业；按教学内容介绍科学计算器的使用方法。"①

中国中小学数学教科书在这一时期的突出特征是：突出三大能力（正确迅速的运算能力、逻辑思维能力和空间想象能力），重视分析问题和解决问题能力的培养（虽然实际做得不太理想），提出辩证唯物主义观点培养的问题。这一时期教科书的特征仍是"教"材，但是，更强调激发学生的兴趣和学习的外在动力。

三、20世纪90年代中国中小学数学教科书的发展

这是20世纪50年来以来中国中小学数学教材改革发展的第三阶段，其突出特征是既关注知识的获得，又关注知识的获取过程，努力构建有利于学生接受和能力培养的"教"材体系。

20世纪90年代以来，我国提出并开始实施素质教育。为了全面实施素质教育，为了更好地解决前7次课程改革遗留下来的课程问题，为了顺应世界课程改革的潮流，中国政府又开始了一场广泛、全面、深入、持久的课程系统改革。

---

① 蔡上鹤．新中国中学数学教材建设51年［J］．数学通报，2002（10）：12－15．

1993 年，中共中央、国务院印发的《中国教育改革和发展纲要》明确提出，“中小学教材要在统一基本要求的前提下实行多样化”，“提倡各地编写适应当地农村中小学需要的教材”。我国中小学教材的编写和使用开始呈现“一纲多本”、“多纲多本”的局面。高中两省一市（天津、山西、江西）1997 年秋进入高一的 20 多万名学生于 2000 年夏完成学业并进行了高考。教师们普遍反映新教材比原教材好，但感到课时较紧。他们对于新增内容没有教学经验，也找不到较理想且充分的参考资料。

小学、初中实施的九年义务教育方案于 1992 年、1993 年开始在小学、初中实施。1996 年夏季，初中第一轮实验结束。1996 年 12 月，教育部组织有关专家进行九年义务教育课程实施方案的调查。1997 年 12 月，教育部公布《九年义务教育课程实施方案的调查报告》。这个调查报告实际上构成了第八次课程改革的主要数据来源。

值得一提的是，20 世纪 90 年代初期，陈重穆先生、宋乃庆先生提出的“淡化形式，注重实质”① 在数学教育界产生了广泛影响。

这一时期数学教科书的突出特征是，既关注知识的获得，又关注知识的获取过程，努力构建有利于学生接受和能力培养的“教”材体系。

第五节　21 世纪初期以来中国中小学数学教科书的发展

2001 年 2 月，国务院批准《基础教育课程改革纲要（试行）》，标志着我国基础教育课程改革全面启动。遵循“先实践，后推广”的原则，新课程于 2001 年 9 月在全国 38 个国家级实验区进行了实验。2002 年秋季，实验进一步扩大到 530 个市、县。2004 年秋季，在对实验区工作进行全面评估和广泛交流的基础上，课程改革进入全面推广阶段。到 2005 年秋季，义务教育阶段各起始年级原则上都进入了新课程实验。

这次改革不是对课程内容的简单调整，不是新旧教材的替换，而是一次以课程为核心、波及整个教育领域乃至全社会的系统改革，是一场课程文化的革新，是教育观念与价值的转变，涉及课程的理念、目标、方法、管理、

① 陈重穆，宋乃庆. 淡化形式，注重实质：兼论《九年义务教育全日制初级中学数学教学大纲》[J]. 数学教育学报，1993，2（2）：4－9.

评价等方面。这场改革仍在继续，成败与否有待实践的进一步检验。

对于数学学科来说，2000 年 3 月颁布的《数学课程标准》（征求意见稿）与 2001 年 7 月颁布的《数学课程标准》（实验稿）提出了“三位一体”的教育目标——“关注结果，关注过程，关注情感态度价值观”。随后，2001 年 9 月，数学课程标准实验教科书开始正式进入实验阶段。新型的教科书正在形成，并逐步体现出“人的全面发展观”下的新风貌。作为过渡，《九年义务教育全日制初级中学数学教学大纲》（试用修订版）和《全日制普通高级中学数学教学大纲》（试验修订版）于 2000 年 3 月以教育部名义颁布。同时，修改相应的教科书供尚未进入新课程实验的学生使用。

我们认为，这一时期数学教科书的突出特征是：关注结果，关注过程，关注情感态度价值观，“学”材特征特别明显：(1) 围绕知识技能、过程方法、情感态度价值观而展开，关注人的全面、健康、可持续发展，体现数学与学科内外的必然联系，体现社会进步、科技经济发展，关注学生数学思维水平的切实提升。(2) 教科书的“学”材特征特别明显。这是“人的全面发展观”在教科书中的自然体现，也是素质教育在数学教科书中的自然体现。

第六节 中国中小学数学教科书的未来发展趋势展望

一、对我国中小学数学教科书新问题的反思

基于当前我国中小学数学教育的发展，特别是基础教育数学课程改革发展的实际，我们认为，从数学教科书的视角看，我国中小学数学教育的发展已取得了显著的成就，但也有一些明显的不足，克服这些不足就成为今后发展的基本趋势。

（一）学生用书与教师用书的不同责任，即学生用书的学材特征与教师用书的资源库功能和专业引领作用

新中国成立以来，我国中小学数学教科书深受“以教为中心”的教育思想影响，教科书的“教”材风格特别突出，这也是我国数学教育“双基扎实”的一个重要原因，也是继承性人才培养所必需的。但是，随着时代的发展，特别是对创新性人才的需求，要求中小学数学教学必须关注学生创新意识的培养。教科书也在发生变化，有利于创新意识培养的教科书环境正在形成，“问题情境、建立模型、解释应用、拓展反思”的新型教科书结构正在

形成，并逐步完善，教科书的“学材”特征愈加明显。

对于如何通过教科书正确处理教师教与学生学的关系，一个比较成功的思路就是：教师用书要体现资源库的功能和专业引领作用，是“教”的助手而非唯一依据；学生用书必须突出“学材”特征。

这个趋势实际上是师生关系、数学教育目标在教科书上的具体体现而已。

（二）立体化教科书亟待出现

这是拓展教科书的时空，将数学学习自然延伸的必然，也是信息技术、现代社会信息化发展的必然。

（三）教师的专业能力亟待加强，特别是教科书意识和能力亟待提高

教师专业能力的缺憾是制约中小学数学课程实施的重要因素。这种缺失不仅体现在对数学学科内容的理解、把握不到位的问题上，更体现在缺乏充分利用包括教科书资源在内的各种课程资源进行创造性教学的意识和能力上，其中也包含对教科书的理解、分析、使用和评判的意识和能力。

二、结　语

2007年以来，随着《全日制义务教育数学课程标准》（修改稿）的逐步完成，中小学数学教科书在关注数学基础知识、基本技能的同时，在很大程度上关注基本的数学活动经验以及数学的核心思维方式方法（演绎、抽象、归纳、类比等等）。也就是说，既关注基础知识、基本技能、数学活动经验、数学思想（数学能力、数学思维方式方法），又关注归纳思维的养成，演绎思维的培养和发展，发现问题、提出问题能力的培养，分析问题、解决问题能力的培养。

回顾中国几千年以来中小学数学教育（特别是数学教科书）的发展，我们看到，数学教科书的发展大致经历了如下几个典型的发展阶段（参见图5-5-1及表5-5-1）所示。

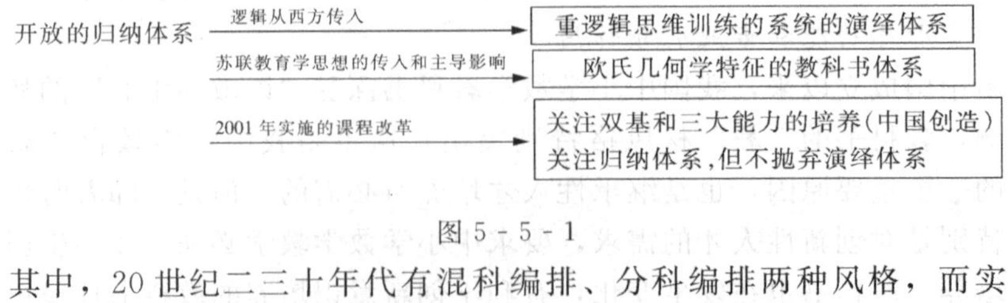

图5-5-1

其中，20世纪二三十年代有混科编排、分科编排两种风格，而实验几何、综合数学即使在今天也有参考价值（虽然当时未成为主导趋势）。这个

发展脉络可以给我们一些启示，即从教科书视角看，重归纳、重实用是古代中国的数学教育传统，特别是形成了“问（问题—模型）、答、术（原理、规则、算法）”的教科书呈现模式。

表 5-5-1

线索＼年代	古代中国	“西学东渐”时期	20 世纪上半叶	20 世纪下半叶	21 世纪
归纳线索	主体	教育主体	退缩，仍有存在	有些痕迹，但不受重视	开始关注
演绎线索	零散	少数人关注，未走向大众	主体内容之一	主体内容	有所降低，仍是主角之一；有部分现代数学内容
中国的数学科学发展	实用数学为主	近代数学产生和发展	近现代数学奠基和发展	现代数学倍增，分支学科纷纷派生	数学发展带来新挑战

20 世纪 50 年代后的一段时期我们一度忽略（甚至丢掉）了这个传统，而转向重视演绎，重视基础知识、基本技能的近代新习惯，形成“概念→公理、定理、法则、公式→应用、强化”的教科书呈现模式。虽然这种模式是必需的，但过于单一，不能反映数学的全貌，也影响了数学其他功能的全面发挥。

近十年来，中国中小学数学教育正在走向兼顾归纳与演绎两种思维方式的趋势，教科书的呈现出现多种风格并存的局面，探究发现式与有意义接受式互补并存，即“问题情景→建立模型→解释应用→拓展反思”的探究式呈现模式与“能激发有意义学习的问题情景→概念→公理、定理、法则、公式→应用、强化→形成数学内容体系”的接受式呈现模式并存。

我们也可以这样理解：如同人类文化的发展史，教育的发展史往往“也像钟摆一样在两极之间摇摆”，中国数学教育的发展似乎也遵循着这样一条规律。中国数学教育的传统也在发展变化中，其中，既有中国古代形成的数学教育的历史传统，也有中国近现代以来形成的数学教育的新习惯（或称之为近现代传统）。

第六章

教科书的中外对比研究

他山之石可以攻玉，教科书研究也是如此。

开展教科书的中外对比研究，核心问题在于方法的选取与研究对象的确定，研究方法自然以对比研究法为主体，当然，也会普遍运用内容分析法、历史学（文献分析法）等方法。与中外对比研究的其他领域相比，教科书中外对比研究的突出难题就在于教科书文本的选取及其解读，核心在于文本的代表性，解读（包括翻译）的准确性、忠实性等等，当然，研究的可行性也是最实际的要素。从 BHA030025 课题组的现有力量出发，综合考虑研究的代表性、可行性和国内对比研究的现状，我们选取了俄罗斯、韩国、日本作为中外对比的对象，着重进行小学数学教科书的对比研究。这样做的原因一方面在于国内对于这三个国家的对比研究十分少见（特别是中俄对比、中韩对比），另一方面在于课题组有精通俄语、朝鲜语、日语的专业人员与数学人员。考虑教科书研究不仅需要微观研究，也需要作宏观研究，为此，我们对国外主流教科书的设计思想进行了分析、归纳，以便反思我国中小学教科书的发展，展望未来可能的发展趋势。

第一节　国外主流教科书设计思想述评①

教科书设计是“根据教学目标，运用系统科学方法设计、开发、编写（编制）、编辑、评价教科书的理论、原则和方法体系。它的目的是产生具有最优化体系结构和最佳教学功能的新教科书，并在使用中不断修订提高，使

① 本部分是 BHA030025 项目中期的成果之一，在此前曾公开发表：张恰. 国外主流的教材设计思想述评 [J]. 外国教育研究，2006（2）：52—56.

之不断成熟起来[①]”。教科书设计思想是指教科书研究者对教科书设计问题作出的某种具有一定深度的理解和思考。

我们认为，一个完整的教科书设计思想必须具备三个条件：一是有明确的教科书设计思想或者理论体系；二是有产生的社会根源以及发展、演变的过程；三是有教科书设计的实践和一定的思想影响。

国外主流教科书设计思想的产生都有其深刻的历史背景和特殊的教育环境。这些教科书设计思想经历了先由“教授材料”发展成为“教学材料”，从重“教科书”建设到重“学材”建设，再到“教科书”与“学材”有机结合的发展过程，这一发展过程一直沿着如何处理好知识本位和学生本位矛盾关系的主线展开。

由此，我们可以将国外主流教科书的设计思想归结为知识中心式教科书设计思想、经验中心式教科书设计思想、人本中心式教科书设计思想、建构式教科书设计思想、范例式教科书设计思想、学材式教科书设计思想等六种基本类型。

一、知识中心式教科书设计思想

所谓知识中心式教科书就是以逻辑式组织方式而编制的教科书，是最原始的教科书编制类型。它的特点就是以知识为中心内容，强调知识的系统性和逻辑体系的严密性。这种教科书设计思想实际上是以赫尔巴特为代表的传统教育派的观点。这一学派的学者认为，教科书的价值不在于教科书的训练价值，而是教科书的具体内容和实用价值，目的是使学生获取丰富的知识，课程教科书的编制程序是呈现知识的逻辑顺序，是直接影响学生心理的组织和程序。

在历史演变中，按照这种思想设计的教科书先后表现为三种具体形式[②]：

1. 学科浓缩型教科书。它基本上是针对各门学科的基本内容加工而成的“压缩饼干”，越到高年级，教科书的浓缩性就越明显。这种教科书设计思想主要受传统的学术至上和理性主义思想的影响，是知识中心式教科书设计思想的早期表现形式。

2. 学科结构型教科书。布鲁纳（J. S. Bruner）是这种教科书设计思

① 范印哲. 教科书设计导论［M］. 北京：高等教育出版社，2003：21.

② 廖哲勋，田慧生. 课程新论［M］. 北京：教育科学出版社，2003：321.

想的倡导者。他认为，只要学生掌握了各学科的基本结构，即每门学科内在的、相互联系的概念、定义、原理、法则，就能从事物的内在联系上去掌握和运用这些学科知识。因此，他主张按照反映知识领域基本结构的方式来设计教科书，力图教给学生一些最基本、最概括化、最容易迁移的知识。布鲁纳强调学习学科基本结构的重要性，其用意是使学生掌握规律性的知识，树立探究式的学习态度，学会发现的学习方法。学科结构型教科书相比学科浓缩型教科书有明显的进步，其教科书设计注重科学的分类、理论的先导以及知识的结构化和逻辑化，有利于提高学生的理论思维水平，发展学生的基本认知技能。但这种教科书设计思想同样未摆脱科学体系的束缚，更多地适用于自然科学教科书，而不适用于社会科学或人文科学教科书。另外，根据这种设计思想编制的教科书往往难度较大，学生不容易适应。

3. 多学科综合型教科书。这种教科书设计思想得益于“设计教学法”与 20 世纪 60 年代后课程综合化的启示，是对相关学科的知识经验进行严格的筛选和精心组合而形成的新的教科书形式。它是对传统分科教科书的较大改革，有助于学生对科学知识进行系统而又全面的理解和掌握。其主要问题是如何使多学科知识的构成有机化以及如何保证与其相应的师资条件。

二、经验中心式教科书设计思想

以美国实用主义教育哲学家杜威为代表的进步教育派主张以生活为教科书，扩大了教科书的范围，学科教科书退居为教学参考书。杜威认为，学科教科书是教育科学研究的产物，而不是儿童活动的产物。它是为未来设计的，超越了儿童的生活和经验。因此，教科书对学生缺乏吸引力。进而，杜威认为，教科书的基本源泉是儿童的直接经验且又能构成知识的东西，教科书应该先是具体活动的作业。课程教科书教法的问题归根到底是教科书的组织和选择问题。

这种侧重于按照学生心理顺序展开教科书内容的教科书，后来被称之为经验中心式教科书（也叫生活中心教科书）。其主要特点就是以儿童的个体经验为教科书的主线，以人类的衣食住行等为教科书的基本材料，直接培养学生的社会生活能力。这种教科书设计虽然有明显的局限性，但从它反对教科书分科过细以及教学内容脱离实际这一点来讲，其对后来教科书设计理论的发展具有很大的借鉴意义。

经验课程源于杜威的进步主义教育思想，它是以儿童主体性活动的经验为中心组织的课程，也叫作“生活课程”、“活动课程”、“儿童中心课程”。经验课程的基本着眼点是儿童的兴趣和动机，以动机教学作为教学组织的中心。经验中心式教科书在 20 世纪二三十年代的美国曾经有过很大的影响。这种教科书呈现出乡土性、综合性、主体性和经验性的特点，即它以儿童所在社区的课题为题材，打破了传统的学科框架，以生活题材为学习单元；尊重学生的主动精神，以自律性的学习指导为重点；通过学习者面临的各种问题的解决来重建经验。不过，这种适应经验课程需要的教科书离开了人的发展所必需的文化遗产、知识体系和科学本身所具有的逻辑性，而片面强调了主体的自发性。从表面上看，它似乎注重发挥主体性，而实质上限制了主体的发展，存在明显的局限性。

三、人本中心式教科书设计思想

20 世纪 60 年代末期，美国的教育在经历了几次钟摆式的改革运动之后，出现了明显的不良后果：过重的学业负担、陈旧的教学模式极大地阻碍了学生智力、情感与个性的充分发展。因此，盛极一时的结构主义课程理论与实践受到了人们严厉的批评。在这种社会背景下，主张课程“人本化”的人本主义课程理论迅速兴起，由此产生了人本中心式的教科书设计思想。

这种教科书设计思想以发展学生的天赋才能及适应学生的个别差异为原则，是西方学者马斯洛、罗杰斯、弗洛姆、奥尔波特在 20 世纪六七十年代提出的。他们根据需要层次理论和全人发展说，提倡教科书的“统合化”，即采用自然式综合的方法将分散的学科加以统整，并努力挖掘教科书中认知与情感两方面的因素，使其适应学生的心理基础——生活、需要、兴趣，使学生在更接近于真实生活的条件下获得对世界更加完整的认识和更加丰富的经验。

这种教科书设计思想反对狭义的正规知识性教科书，以发展学生的天赋才能和适应学生的个性特点为基本原则，把视野扩大到学生全部的生活经验上。教科书设计体现尊重整体人的特征，重视思想因素与情感因素内在的相互联系，把教科书与学生的生活经验相互联系起来，帮助学生去发现学习经验中的个人意义，使其符合学生的发展要求，使教科书内容与学习者生长过程有机联系，鼓励学生参与教科书设计，从而使杜威的“教科书心理化”思想有了进一步的发展。

这种教科书设计思想的缺陷在于过分强调个人的价值，无法兼顾社会需求，并且容易忽视科学知识的系统性与完整性。按照这种思想编制的教科书往往给学生杂乱无序的感觉，难以形成明晰的知识体系。

四、建构式的教科书设计思想

建构主义作为一种新的认识论，在教育领域中产生了深远的影响。建构主义认为，认识不是人脑对事物直接的、简单的反映，而是以原有知识为基础，在主客体的相互作用中建构而成的。建构性是认识能动性的具体体现，建构主义关于知识建构的研究对于我们认识和发展现代教科书设计理论很有启发。有学者认为："课本知识只是一种关于各种现象的较为可靠的假设，而不是解释现实的'模板'。科学知识包含真理性，但不是绝对正确的最终答案，它只是对现实的一种更可能正确的解释。"[①] 在建构主义课程观的指导下，建构式的教科书设计思想已经形成了，并且付之于卓有成效的教科书实践。

这种教科书设计要求教科书编写者设计合适的主题和活动，让学生开展探究活动，注意充分调动学生学习的主动性，让学生通过自己的经验来学习，并使学生从自己的经验中学会认识并建构自己的认识。例如，德国科内尔森出版社 1995 年出版的政治教科书就是按照建构式的教科书设计思想来编排的[①]。它并不从抽象的政治问题出发进行编写，而是完全从学生日常生活中经验的问题出发编排教学课题。这套政治教科书的第一册（五至六年级）总共 11 章，分别是：在学校中；在德国的外国儿童；我们的环境；你与别人；闲暇；钱与支出；家长的职业工作；欧洲的儿童；消息与真理；在我们的学校，在我们的地方；第三世界的儿童。教科书的每一课都有学生活动的要求，让学生通过参加设计、角色扮演、文件收集与分析、询问、观察、报刊编辑、绘画、参与等活动来认识各种问题，也就是要求学生通过这些活动对各种问题建立起自己正确的观念和学会解决各种问题。[②]

五、范例式的教科书设计思想

这种教科书设计思想以基础的、本质的、有代表性的内容为范例，目的是使学生面对问题情境而展开学习活动，着重培养学生的独立思考和判断能力，起到触类旁通、举一反三的作用。

---

① 陈琦，张建伟. 建构主义学习观要义评析［J］. 华东师范大学学报：教育科学版，1998（1）.

② 钟启泉，张华. 世界课程改革趋势研究［M］. 北京：北京师范大学出版社，2001：272.

这种教科书设计思想诞生于20世纪50年代，由德国学者瓦·根舍因、克拉夫基、海姆佩尔等人倡导，主要特点是突破了百科全书式的知识体系，通过有价值的个别范例反映学科整体，有助于解决教科书内容庞杂和单纯追求知识传授的问题。这种教科书非常适合天赋较高的那些学生。

当然，这种教科书设计思想也存在一些缺点，主要是对使用这种教科书的教师的要求较高，很多教师难以驾驭这种教科书。例如，德国中学的数学、物理、化学教科书在编写上多数采用了范例式的教科书设计思想。其中，数学教科书由“百分比计算”、“三角形、四角形和多角形”、“有理数”、“方程”、“棱柱”和“随机”6个课题组成，物理教科书由“光”、“电”、“机械”、“能”、“声和电子”和“设计”等课题组成，化学教科书则由“赞成和反对”、“材料”、“化合和分解”、“反应”、“燃烧”、“金属”、“水”、“原子”、“化学与环境”、“化学与技术”、“能与环境”和“化学与食品”等20个课题组成。

六、学材式的教科书设计思想

1976年，日本全国70家民间教科书出版公司联手成立了一个民间研究机构——日本（财团法人）教科书研究中心。该机构从20世纪80年代后期开始针对“学校是以学生为主体进行学习的场所”这一学校观和教育观的转变以及20世纪90年代后多媒体在学校教育中的普遍使用开展了一系列的研究工作。在《关于教科书的内容和版式的改革》研究报告中，日本教科书研究中心提出了将教科书变为学生的“学材”的建议。这一建议在1987年被日本“临时教育审议会”接受，“学材”这一概念被写入了教育改革第三次咨询报告中。“在信息化和教科书多样化的过程中，从尊重个性、推进多样化的教育和学习的立场出发，我们必须重新审视教科书的性质和用途。特别要强调教科书作为学生使用的学材的性质，胜于强调作为教师为教学而使用的教科书的性质。”

所谓“学材”，日本学者对此众说纷纭，但是，大部分人认为“学材”应该是“经过教师的辅导后能理解的东西”，而不是“学生不用教师的辅导也能理解的东西”。

日本教科书研究中心提出了促使教科书作为学材而发挥其功能的四个基本观点①：首先，在教师与学生之间交互作用的过程中发挥学材的功能；其

① 沈晓敏. 关于新媒体时代教科书的性质与功能之研究［J］. 全球教育展望，2001（3）：277.

次，在与其他教科书的关联性中发挥学材的功能；再次，当教科书有助于预习和复习时其才成为学材；最后，教科书只有适应个别差异才能成为学材。1994年，日本教科书研究中心接受文部省的委托进行了“关于作为‘学材’的教科书的功能之基础研究”。在1995年完成的报告中，日本学者高仓翔教授提出了教科书作为“学材”的五大功能，由此形成了学材式教科书设计的基本思想。1. 唤起学习欲望的功能。教科书不仅要具备学术性、科学的逻辑性，还必须适应学生的认知过程及情意方面的特点。也就是说，教科书应该具有“使学生产生对未知世界的期待与崇敬，并产生学习热情的魅力”。这一功能在预习中尤其显得重要。2. 提示学习课题的功能。教科书不仅提示学生必须共同达到的目标，而且提示学生拓展和深化学习的多种选择方向，以适应每名学生的不同兴趣。也就是说，教科书应该具有“使学生明确意识到自己的学习目标和课题的功能”。3. 提示学习方法的功能。教科书内容的编写要考虑如何促进学生改进学习方法，制定计划的方法，调查、观察、实验的方法，讨论和发表的方法等，而且要有助于学生的复习。也就是说，教科书应该具有“培养学习方法、思考方法等元认知能力的功能”。4. 促进学习个性化和个别化的功能。教科书不仅要提示多样化的拓展学习的方向，而且要表明学习不只是为了求得正确的结果，也允许各种思维方式的存在，允许开放的学习结果，还要阐述这种学习所需要的信息源。5. 巩固学习的功能。教科书应具有有利于学生通过自我评价、回顾学习过程确认和巩固自身学习成果以及发展进一步的学习课题和学习方法的功能。

通过对上述各种异彩纷呈教科书设计思想的分析，可以发现，国外主流的教科书设计思想都是在知识本位和学生本位这两种理论研究维度之间摇摆或者实现具体化的，但是归根到底都在处理设计教科书时所遇到的对立统一的两个方面——学科知识的逻辑顺序和学生的心理顺序。我们由此可以把国外主流的教科书设计思想归结为侧重于学科知识逻辑顺序的教科书设计思想和侧重于学生心理顺序的教科书设计思想两大类：前者的要点是注重学科知识的逻辑结构，一切由易而难，由浅入深，由古至今，按照逻辑顺序，有条不紊、纲目井然地展开教科书内容；后者的要点是以学生为本位，注重学生的兴趣与需要。

总之，基于对国外六种主流的教科书设计思想的述评，我们认为，教科书设计思想的发展始终应体现为：正确处理好教科书设计时对立统一的两个方面——学科知识的逻辑顺序和学生的心理顺序。

第二节 中韩教科书的对比研究：以小学数学为例①

韩国是我国的邻邦，深厚的历史渊源使中韩两国彼此的课程、教学在很多方面可以相互借鉴。本文基于教科书研究的比较法，参考“国外主流教科书的设计趋势”，深入研究韩国小学数学教科书的特点，以期能更好地改进我国小学数学的课程设计与教科书开发，同时，举例阐释教科书中外比较研究的具体方法。

一、韩国小学数学教科书的内容特点分析

韩国已进行了七次现代意义上的基础数学课程改革。其第七次教育课程改革于 2000 年正式实施。相应的数学教科书的教师培训于 1998 年至 2000 年开始进行，相应的小学数学教科书于 2000 年 3 月开始使用，至今没有改变。

韩国的教科书分为两类，一类是国定教科书，一类是检定教科书。小学数学教科书属于国定教科书，版权归“教育人的资源部”（相当于我国的教育部），具体工作由“韩国教科书协会”落实。该协会是教科书版权所有者，是教科书管理机构，也是教科书的审定机构。在韩国小学数学教科书中，典型的版本当属汉城教育大学校国定图书编纂委员会主编，大韩教科书株式会社 2000 年至 2002 年首次出版、发行、不断再版小修的小学数学教科书。②本文的比较就是针对这套教科书进行的。

韩国第七次数学教育课程改革目标明确规定，数学课程是理解数学的基本概念、原理与法则，科学地观察、分析事物及其现象，获取思维所需的能力与态度，用合理的方式解决现实生活中的问题的学科。基本教育阶段数学课程的内容分为数与计算、图形、测量、概率与统计、字母与式、规律性与函数等六个领域。在小学阶段（一至六阶段），这六个领域分别包含如下内容：

---

① 本部分是 BHA030025 课题的子课题“中韩小学数学教科书比较研究”主体成果之一，由崔英梅、孔凡哲完成。

② 汉城教育大学校国定图书编纂委员会. 小学数学教科书. 首尔：大韩教科书株式会社，2000.

（一）数与计算

这一领域的重点在于使学生正确理解数的概念，以基本的计算能力解决问题并灵活将其运用于其他领域。数概念的教学内容包括自然数、分数、小数。在教学内容中，韩国教科书尤其重视有关数、数的顺序、数位、数的大小比较、数与数之间的关系的认识和理解。例如，对自然数的认识分别被安排在一年级上册（以下简称为一上，下同）、一下、二上、三上、四上，与之对应，介绍了 50 以内、100 以内、1 000 以内、10 000 以内、五位数以上的数。在五位数以上的数中，韩国教科书不仅介绍了十万、百万、千万，还介绍了亿、兆，而且在介绍时强调数的顺序、数位、数的大小的比较。例如，二上在介绍 1 000 以内的数时，按照“百的认识、几百的认识、三位数的认识、几百几十几的数法、两个数的大小比较”的顺序依次对其加以介绍。此外，韩国教科书还着重介绍了约数、倍数、公约数、公倍数等。

在数的计算方面，韩国教科书十分重视四则运算的意义、性质、运算间的关系及其应用，内容包括整数、分数、小数的四则运算，根据不同的年级设置了不同难度的运算内容。如加减法运算的课程内容从一上至五上分别为简单数的加减法（一上）、一位数的加减法、两位数的加减法（不涉及进、退位）（一下）、两位数的加减法（二上）、三位数范围内的加减法（二下）、三位数的加减法（三上）、四位数的加减法（三下）、同分母的分数加减法（四上）、小数加减法（四下）、异分母的分数加减法（五上）等。乘法的运算从二上开始涉及，除法的运算从三上开始涉及。

（二）图　形

这一领域的重点在于通过直观观察和各种具体操作了解图形的基本性质，感受图形的美，完成从简单素材到复杂素材的演绎推理。图形的内容包括立体图形与平面图形两部分。图形内容的编排遵循学生的生活经验和认知特点、认识顺序。

在图形的认识上，先认识立体图形（一上），再认识平面图形（一下）。但在图形的构成、关系的认识上是先认识部分再认识整体。例如，先认识基本平面图形（二上），再认识立体图形的构成（二下）；先认识角与平面图形（三上），再认识三角形与四边形内角大小（四上），简单多边形与正多边形（四下），长方体与正方体的性质（五上）；先认识圆（三下），再认识棱柱与圆锥（六上）；先认识三角形与四边形的分类（四上、下），再认识立体图形的分类。

教科书中还有大量诸如通过方格纸、物体移动、镜子、制作图案、密铺图形、火柴棒、积木等培养空间观念的内容。

（三）测 量

这一领域的重点在于通过进行任意单位的测量活动认识标准单位的必要性和熟悉国际标准单位及其在现实生活中的应用。

测量的内容包括测量分类、时间单位、长度单位、容积单位、面积单位、重量单位、体积单位的认识以及相同测量单位之间的换算关系，以及角的度数、圆周率、测量值以及不同图形的周长、面积、容积、体积、表面积的计算方法，时间单位的加减法和日常常用的测量单位，如长度单位中的“一拃”等。

（四）概率与统计

这一领域的重点在于通过有效调查、整理、分析现实问题，即实际生活中的资料，了解统计方法是获得有用信息的最有效工具，对于创造性地解决问题具有实际指导意义。概率与统计的内容包括按一个标准分类，图表与各类统计图、枝叶图，求平均、不确定数与概率等，主要涉及引导学生收集与整理资料，并根据需要采用不同的统计图表将其表示出来。

（五）字母与式

这一领域的重点在于使学生认识到在获得数学能力与解决问题中引入字母或运用式是最有效的方法的事实，向学生强调字母与式的有用性。内容的安排由易到难，以填方格开始，随着年级升高，逐步寻求解决问题的方法。一到三年级只是解决问题，而从四年级开始，不仅要求学生解决问题，还要求其以最优的方法解决问题，即从小学开始培养学生的优化思想。这一领域的内容常常与其他领域的内容一同出现，可以认为文字与式是解决其他领域问题的方法与手段。

（六）规律性与函数

这一领域的重点在于培养学生从事物的关联性中寻找关系与规律的意识，并要求学生用字母与代数式将这种关联性表达出来，使学生认识在此过程中字母与式的作用。这一领域的内容也是在其他领域中出现的，常常和第五个领域的内容相伴，主要有从排列、100 以内数排列表、在乘法表中寻求规律、按照已有规律操作、规律与对应、比与比率等内容。

总的来说，韩国小学数学教科书的内容较好地体现了韩国第七次数学教育课程改革的总体安排，六个领域齐头并进，各个领域又相互融合，而且每一个领域都根据课程内容的难度螺旋上升。

二、韩国小学数学教科书的编排风格

国内常见的编写方式与韩国小学数学教科书的编写方式有较大差异：国内小学数学课程标准实验教科书通常采用“生活情境——例题——习题——练习”的编写方式，而韩国小学数学教科书的编写采用的是将“在实际生活中认识”、“活动”、“解题的方法”、“约定”、“熟记”、“趣味游戏”、“问题解决”、“生活应用”等模块多次反复拼排而成的方式。自三年级开始，每册都加了一个“课题学习”模块。

（一）在实际生活中认识

这一模块主要想让学生思考生活中可能发生的各种事与要学习的内容之间的关系（除了教科书中出现的内容外，也可以涉及其他情况）。教科书中提供的这一模块的内容考虑了学生的实际生活情境，力求从他们最熟悉的生活情境着手。例如，在数的顺序（一上）这一模块就选用了学生就餐排队的情境。这不仅让学生学到了数的顺序，还向学生渗透自觉排队的公德教育。在用平面切旋转体这一模块就选用了切胡萝卜的生活情境。

（二）活　动

这一模块主要为了激发学生的数学学习兴趣，使其更好地学习有关的数学概念、原理、法则等内容而设计的具体活动，对儿童来说，通过观察、操作、画等方法进行学习比死记硬背更能让他们喜欢数学，为此，教科书中设计了大量与数学有关的活动，而且活动中都通过设置“你为什么这样想呢”等问题试图引导学生尽可能多地表达和交流。这些活动大致可以分为游戏活动、操作活动、探索活动、认识活动、练习活动等。

游戏活动一般出现在低年级阶段。例如，在认识物体（一上）的活动模块中设计了一个在暗箱中用手摸物体的游戏。这个游戏为只要准备一个暗箱和几个物体，就可以让学生在快乐中体验到不同物体给人的不同感觉，也可以让学生说出物体的特点，让伙伴猜，通过这些学生可对不同物体的特点有最真切的认识。

操作活动主要以动手操作为主，即剪、摆、拼、铺、写、画、转、制作等等。如在密铺图案（五上）中，教科书设计者首先要求学生剪下教科书最后提供给他们的各种形状的图形，然后让学生按要求直接在教科书上密铺这些图形。密铺的第一个图案必须由四种或三种或两种颜色的图形组成，而密铺的第二个图案要求由五至六种颜色的图形组成。这种活动不仅丰富了学生动手操作的经验，而且使学生体验了分类的标准，进一步发展了学生的空间观念。

探索活动主要用于寻找规律，另外，探索规律往往同时出现在其他几个领域之中，因而，探索活动成为这套教科书频繁出现的活动之一。如在 2 至 9 的乘法表中寻找各种规律（二下），先让学生寻找从上向下数第三行有什么规律，再让学生寻找从左向右数第五行有什么规律，最后让学生像图中所示的那样以对角线对折，寻找相遇的两个数有什么规律。这样的设计不仅可以引导学生养成寻找规律要认真观察、细致分析的思维习惯，而且能使学生感受到规律就在身边的事实。当然，这套书也设计了可以培养空间观念的一些图形，其中也存在一些规律性的活动。

认识活动是这套教科书中最常用的一种形式。由于小学阶段需要认识和掌握一些基本的数学概念和运算法则，而这些内容的载体都是活动，因而，这种活动后面常常出现“约定”模块。其实，在上述活动中也存在认识，同样，在认识活动中也存有上面的一种或多种活动的性质。在认识四位数（三上）时，教科书的编排是让学生先数一数有多少钱，然后再回答用什么方法数的。其实这个活动就是一种针对四位数开展的活动，而活动中也有探索的过程。在认识多角形（四下）时，教科书的设计是先给出一些图形，再让学生回答哪些是由线段围起来的图形，随后的学生依次回答用什么名称为由三条、四条、五条线段围起来的图形命名比较适宜，并说出其中的原因。然后，教科书在下面“约定”模块中约定由线段围起来的图形为多角形（多边形），根据多角形边的个数分别为其命名为三角形、四角（边）形、五角（边）形、六角（边）形等等。

练习活动主要用在比较数、计算题和解决问题的设计中。这种活动的设计方法和第四种方法很相似，提出具体的要求，即解决问题的方法，并把过程说出来，或者以“重新用已经学过的知识思考”的提示再给出两道练习。“活动”模块是韩国小学数学教科书处理教科书内容的主要模块，针对性比较强，而且留有充分的空白，其中除少部分游戏活动和操作活动外，大部分活动可以直接在教科书内完成。同时，活动的操作性很强，在活动结束后根据需要，教科书内也有“重新用学过的知识想”、“通过活动想到的”、“通过活动认识到的”等提示，这种设计方式给教师提供了充分的发挥空间，能够调动学生自主学习、合作学习、探究学习的积极性。

（三）约　定

这一模块主要对通过活动学习到的内容、数学用语、符号等进行约定，由于这个约定的内容在今后数学学习中可以经常使用到，这就要求学生对具体的物体和图形等的认识必须正确。一般地，“约定”模块有“用约定的方法重新想”的提示或用约定的方法完成如下活动的要求。

（四）解题的方法

这一模块试图在各种解决问题的方法中寻求最易、最优的方法。但教科书并没有给出最优的方法，只让学生发挥创造力去探究，这也是给教师和学生留下的空间。如在用多种方法计算“85－23”（一下）时，教科书只给了两个思考的过程。这与国内小学数学教科书强调算法多样化有所不同。

（五）熟　记

这一模块主要是为了对数学概念或解决问题的方法进行再一次学习而设置的，因此，“熟记”的内容需要学生自己独立完成。由此可见，活动是根据“约定”、“熟记”、“解题的方法”而设计的，因而，活动穿插在“约定”、“熟记”、“解题的方法”之中。

（六）趣味游戏、问题解决、生活应用

这三个模块是根据这一单元内容设计的。“趣味游戏”是和伙伴一起一边开心地玩游戏，一边复习已学过的内容，在学习完两位数的加减法（涉及进位）后，这一模块设计了一个“数字卡片”游戏（二上）。“问题解决”是指用已学过的知识学习和练习解决问题，其实相当于这一单元的综合练习。“生活应用”是指认识我们所学的数学知识和技能是怎么被运用到生活当中去的，再寻找还可以运用这些知识的情景和事例。

（七）课题学习

为了让学生在真实生活中用学过的知识解决问题，从三年级开始，这套教科书的每一册都设计了一个课题，也就是让学生在每个学期都做一个与数学相关的课题。在学习完折线统计图（四下）单元后（在此之前学生已学过条形统计图），教科书设计了这样一个课题：

课题学习：在报纸、杂志、互联网上选择各种统计图，粘贴在剪粘簿上；在报纸、杂志、互联网上选择各种资料，看一看用哪种统计图比较好。

三、具体内容的对比分析

为了进行中韩数学教科书的对比分析，我们在整体对比分析的基础上，也针对平移、旋转、分类、加法、估算等等内容进行了局部内容的对比分析，由于篇幅限制，这里仅举练习题的设计。

韩国小学数学教科书以图文并茂的方式呈现活动过程。趣味游戏和问题解决是这套小学数学教科书单元设计的一个特色。在“加法与减法”这个单元中，其内容的典型设计方式可以通过“趣味游戏”等内容加以反映。趣味游戏模块用骰子和数字卡片作游戏的设计，可以让学生在游戏中不知不觉中完成加减法练习。

在韩国小学数学教科书中，问题解决模块是一个练习模块，除了提供一道练习题以外，还设计一道“看算式编故事”习题，这有利于发展学生用文字进行语言表达和交流的能力。此外，与我国小学数学教科书相比，韩国小学数学教科书的练习题大多侧重于在活动中完成，习题量少。而我国小学数学教科书的习题量相对较大，并且主要侧重于以单纯的计算题与看图解题的方式加以呈现。

通过对比分析，我们发现，尽管中韩两国小学数学教科书在“加法与减法”内容的课程设计上各有利弊，但是，韩国以趣味游戏和问题解决呈现习题等做法值得我国小学数学教科书借鉴。

四、韩国小学数学教科书的启示

根据韩国小学数学教科书的内容特点和编排特点，结合韩国数学课程改革发展的一般趋势，可以看出，韩国小学数学教科书具有一些鲜明的特点，这些特点值得我们学习和借鉴：

（一）以活动的形式呈现小学数学课程内容

正因为如此，课程内容显得相对容易，也易于操作，给教师创设了充分的发挥空间，有利于师生在课堂中互动、生成课程。同时，几何图形的内容能够紧密联系生活中的图形呈现有关学习内容，即借助直观图形，从一年级起就极注意培养学生的空间感觉、空间观念，繁难严格的推理论证不多，难度不大，难点分散，螺旋上升，很有特色。

（二）把抽象的数学内容生动化、生活化、现实化，让学生在有趣的活动中不知不觉地学到了数学

韩国教科书根据内容设计了不同的活动模块，在主要学习内容的处理上采用了适合于小学生年龄特征的活动方式。这种设计技术值得借鉴。

（三）“和教科书一起做，数学变得有趣”

这是在教科书模块介绍中写的一句口号式的话，但不只是口号——这套教科书中包含的所有活动方式基本上都是学生平时常做的活动，可操作性非常强。对学生来说，活动方式虽然平凡，但能给其以全新的活动体验。如此，数学变得饶有趣味。

（四）“学材”的特征十分明显

在韩国的这套小学数学教科书中，“活动”是基本单位，图文占有非常大的比例，并且书中留有非常大的空白（也可以叫作“开天窗”）——教科

书只是详细介绍各项活动的步骤，但没有给出答案，其过程都要求学生来完成，因而，教科书的活动既是预设的，又是生成的。由于教科书对“活动”的介绍不仅采用文字描述，还大量采用图表——每个活动基本上都配有相关的一个或多个图表或框图，因而，图文并茂更符合小学生的学习心理。

（五）教科书结构紧密，而呈现方式具有鲜明的学生主体性

在知识的体现上，韩国教科书严谨，但在内容呈现方式上，由于采用了可操作性强的真实活动，不仅体现了丰富的儿童活动和小学生生活，而且学生可以和教科书一起学习数学，学生成为学习的真正主人，教科书不只是知识的载体，更是学习活动的指导书。

（六）教科书强调学生主动的探索和体验，也强调与他人的合作

教科书中的很多活动并不是学生一个人就可以完成的，往往需要两人或多人合作才能完成。这种编排方式潜移默化地影响着学生主动合作的习惯，有助于改变小学生的学习方式。这一点值得我国数学教科书学习和借鉴。

（七）课程内容突出了数学的应用性

这套教科书从一年级开始不断渗透测量、概率与统计的知识，体现学习“有用的数学”的编写意图。课程内容很注意体现能力培养，处处反映教科书内容与模型构建、建模训练的紧密联系。例如，不断体现符合表达、语言表达、图形表达、解题策略表达等多种表达方式。

值得关注的是，韩国小学数学课程的六个领域齐头并进，各个领域又相互融合，并且每个领域的学习难度都根据课程内容的难度螺旋上升。这种课程编排方式与我国当前的中小学数学课程标准实验教科书的编排方式有异曲同工之妙。[①②③]

当然，韩国小学数学课程各个领域的内容分割得过细，尽管数学课程从宏观上试图“注重知识之间联系[④]”，但在实际的教科书编写中很难做到前后贯通，体现数学课程内容之间的本质联系。

---

① 任景业，孔凡哲．课程标准实验教科书几何内容的特点和问题．数学教学，2005（6）．

② 孔凡哲．数学课程标准实验教科书发展中的问题及其对策．教育科学研究，2005（3）．

③ 孔凡哲．义务教育课程标准实验教科书数学的主要特点．人大复印报刊资料 G35，2004（7）：38—43；中学数学教育，2004（3）：16—19．

④ 孔企平．近年来韩国的数学课程改革．小学数学教师，2001（1）（2）．

第三节　中俄教科书的对比研究：以小学数学为例[①]

众所周知，数学教科书的发展体现了数学的进步与发展的要求，同时，要适应学生的身心发展和时代的需要。俄罗斯数学教育一直在世界上占有重要地位，这既与俄罗斯数学的发展、社会的变迁密切相关，也与其教科书的发展有很大的关联。本文以俄罗斯联邦教育部推荐的彼捷尔松主编的小学数学教科书（Л. Г. Петерсон. Матеиатика，С－ИФО. Баласс Москва）为例对俄罗斯现行数学教科书进行分析研究，以期介绍其编写特点，为我国数学教科书研究提供借鉴。

一、俄罗斯小学数学教科书编排的主要特点

彼捷尔松主编的小学数学教科书是俄罗斯小学数学比较通用的教科书，不仅特点鲜明，而且在俄罗斯影响深远。这套教科书不仅反映着独特的小学教科书风格，而且在很大程度上能够折射出俄罗斯小学数学的价值取向。

（一）教科书编写注重知识的衔接性

俄罗斯教科书非常重视知识间的内在结构体系。图表 3 - 1 - 1（俄罗斯小学数学三年级教科书的课程容量和内容分布表）是彼捷尔松主编的小学数学教科书三年级第二、三册的课程容量和编排体例。从中我们不难看出，其内在逻辑体系十分严密，尤其注重知识呈现的系统性和前后的连贯性。比如，呈现角的有关知识用了 10 课（即第 1 至 10 课），呈现坐标的有关知识用了 10 课（即第 12 至 21 课）。同时，上、下册之间的衔接也比较紧密。例如，三年级第二册最后一课是除法和余数公式，而三年级第三册第一课就紧接着安排了除法和分数的相关知识。此外，新知识呈现之后都要编排巩固旧知识的相关习题，几乎每一册书的每一课都毫无例外地采用了这种编排方式。

（二）教科书的编写充分考虑学生的心理发展需要

众所周知，教科书编写的一个难点就是学科知识和学生个性发展的平衡。从这套教科书看，俄罗斯小学数学教科书具有十分严密的数学逻辑性，

① 本部分是 BHA030025 课题的子课题“俄罗斯小学数学教科书比较研究”主体成果之一，由徐秀娟、孔凡哲完成。

包含激发学生的兴趣爱好的成分，即教科书将涉及的所有知识内容都融进了游戏的成分，以儿童喜闻乐见的形式安排知识结构和教科书呈现方式。所选取的素材大都贴近学生生活和学习实际，并选择学生感兴趣的话题导入有关的课程内容。比如，在介绍坐标之前，教科书先用一课的内容呈现莫斯科战役的游戏，而游戏中介绍了方格纸的应用。这既让学生对坐标知识有了初步认识，而且这种形式能很好地引发学生的学习热情。

此外，在一些课后习题中，教科书也穿插了很多儿童喜欢的游戏。例如，第三册第八课中有这样的习题：在方格纸中呈现俄文字母，算出每个俄文字母所占的小方格数量，再看小方格是整个方格纸的多少，然后把字母按照从大到小的顺序排列，构成一个俄语单词。这样既激发了学生动脑思考的习惯，又让学生在学习中体会到了学习的乐趣，还能把数学学习与俄罗斯文化有机结合起来，可谓一举多得。

（三）教科书编写注重学生探索数学知识的过程

俄罗斯教科书很重视知识结构的安排，但同时很关注给学生创造机会，以便使学生体验数学的魅力，经历数学学习的过程，并在其中感悟数学的意义。

与此同时，俄罗斯教科书也很重视学生的动手操作能力，并以此来发展学生的数学思维。例如，在呈现代数式之前，教科书安排了体验代数式过程的内容。教师在同一节课让不同的学生做同一件事情，进而让学生感受到“事情本身没有变化，只是做事情的人发生了变化”，并用脸谱来代替不同的人（或者脸谱），那么就可以用一个字母 x 来表示这个人（或者脸谱），紧接着再用类似的游戏强化学生的认知体验。

（四）教科书编写注重培养学生的爱国情感和文化传承意识

以这套教科书中三年级两册教科书的编排为例，数学知识与其他学科知识整合的情形比较明显。俄罗斯是一个多民族聚集的国家，文化传统（尤其节日）比较多。这套教科书的编写中很多地方都涉及这些节日。比如，在方格纸中给出不同字母，然后在一个表格中给出一些坐标，把相应坐标的字母填在表格中就可以组成俄罗斯某个节日或者某一著名人物的名字。再如，在表格中给出不同分数，不同分数代表相应的字母，把分数按照一定的顺序排列起来即为俄罗斯某个节日或者某一著名人物的名字。还有不少题目的编排用复活节、圣诞节、胜利日等节日引出。比如，三年级第二册第 19 课“时间度量和日历”就以俄罗斯常见的节日复活节作为引题，让学生了解星期、年、月、日的表示法，接着再引导学生说出俄罗斯圣诞节（每年 1 月 6 日或

7日)、胜利日（每年5月9日）的时间，使学生加强对时间表示法的认识和理解。这套教科书中还出现了俄罗斯历史上很多有影响的战役，比如说莫斯科战役（例如，三年级第四册第12课用莫斯科战役游戏来呈现方格纸在学生生活中的重要意义，从而引出坐标内容的编排），这些内容的编排显然渗透着编者试图通过教科书培养学生爱国意识的情怀。

值得一提的是，在俄罗斯小学数学教科书中，几何和代数内容融合得比较好，几乎看不出破绽。比如，在呈现分数运算的内容时，教科书专门拿出一节，用线段来呈现分数加减法。在坐标的复习课中，教科书设计把角放在方格纸中，使坐标与角的知识自然地联系在一起。类似的例子十分丰富，在此不一一列举。这些做法都使代数和几何之间的衔接自然，丝毫没有牵强附会之嫌。

二、方格纸在俄罗斯小学数学教科书中的应用及其启示

俄罗斯联邦教育部指定的这套小学数学教科书[①]突出的一个亮点就是方格纸在其中的应用。

俄罗斯数学教科书将“图形与坐标”这一知识点放到了小学三年级，这就要求教科书既符合知识的逻辑体系又关注学生的认知发展。小学生容易接受以直观形象的方式呈现出来的事物，而方格纸的应用恰恰满足了小学生的这一需要。把坐标知识用方格纸的形式呈现出来，既保证了知识呈现的准确性，又使其具有形象性，从而能够激发学生学习动机。把复杂的知识加以简单化处理，收到了“深入浅出”的效果。

在俄罗斯，小学一至三年级每一套数学教科书都分为四个部分（四册），方格纸出现在小学三年级第四部分（第四册）中。这册书共有21节，其中，关于方格纸应用的知识占了10节（第12至21节）。

从俄罗斯联邦现行的《中小学数学教育标准》来看，在小学三年级应用方格纸正是为了发展学生的智力和数学思维能力，使其树立数学观念。而教科书内容的呈现方式和编写特点试图体现数学与实际生活的联系。

（一）方格纸的教科书呈现

从课程内容安排的顺序上来看，俄罗斯小学三年级教科书方格纸应用部分具有如下呈现特点：

1. 以游戏的形式让学生初步认识方格纸。教科书主要通过游戏的方式

---

① Л. Г. Петерсон. Матеиатика（3－егоклассачасть4）［M］. С－ИФО：БаласcМосква，1997－г.（比捷尔松. 数学（三年级第四册）［M］. 莫斯科：俄罗斯联邦教育部出版社，1997.）

向学生介绍方格纸及其应用。在第 12 节中，教科书介绍了一个名叫“莫斯科战役”的游戏，这个游戏就是用两张方格纸，一张纸上画自己的船队，另一张为空白，用来打敌人的船队。在游戏中，学生们能充分体会到方格纸的作用，这比教师或者教科书的编者用描述性的语言讲解、介绍要形象得多。游戏结束时，学生就直接在习题中呈现方格纸，横轴用俄文字母表示，纵轴用阿拉伯数字表示，然后在方格中画各种图案。虽然这节课始终在应用方格纸，但是并没有提到“坐标”这一概念，只是让孩子在游戏中、在动手操作中体会其应用。

2. 在方格纸上初步建立平面直角坐标系，描述物体的位置。在接下来的课文（第 13 节等）中，教科书首先总结了上一课的“游戏”，进而强调方格纸的重要性；接着再举日常生活中的例子来说明方格纸的意义，如告诉学生方格纸能帮他准确找到自己所处的地理位置；最后给出一些坐标和图形，让学生把二者对应起来练习。我们不难发现，这时的横轴不再用俄文字母表示了，而是换为阿拉伯数字，接着以同样的方式给出图形和坐标，让学生将二者对应起来。

3. 在同一个直角坐标系中研究图形变换后点的坐标的变化。通过前两节对方格纸的认识和学习以及初步的应用之后，教科书在第 14 节直接给出了“直角坐标系”的概念（这一课的标题就是“坐标”），初步介绍了 x 轴、y 轴以及点 A（2，5）、B（5，2）的不同，并将此作为重点。然后教科书设计让学生通过不同形式的习题加以巩固练习，比如，在方格纸中标出不同的俄文字母，再把坐标呈现出来，让学生找出与坐标对应的字母，然后把字母连起来组成某一位数学家的名言。类似的习题还有很多。

4. 用不同方式确定物体的位置。在第 15 节中，教科书首先给出了点 M（6，2），然后用不同方式确定其在平面直角坐标系上的位置。如同前几节一样，后面的是用不同类型的习题对本课的知识点加以巩固，所不同的是这里面的习题结合了有关的几何知识。在后继的几节课中，教科书均不同程度地设计让学生对前面所学的坐标知识进行巩固提高。除此之外，每一课的后面还穿插着其他非“图形与坐标”的数学知识。

（二）方格纸的教科书编排的特点

作为俄罗斯极具代表性的教科书，从方格纸的应用来看，这套教科书①

---

① Л. Г. Петерсон. Матeнатика（3－егоклассачасть4） [М]. С－ИФО：БалассМосква，1997－г.（比捷尔松. 数学（3 年级第 4 册）[M]. 莫斯科：俄罗斯联邦教育部出版社，1997.）

的编排在一定程度上反映了俄罗斯小学数学教科书的一般特点：

1. 数学内容的编排立足小学生的认知特点，循序渐进，具有科学性。在“方格纸的应用”这一板块中，俄罗斯教科书首先创设游戏的情景，帮助学生认识方格纸，通过游戏和动手操作使学生体验方格纸在现实生活中的应用；其次，在方格纸上建立直角坐标系，描述物体的位置；再次，初步探究同一坐标系中图形变换后点的坐标的变化情况；最后，用不同方式确定物体的位置。

对照我国义务教育数学课程，这种教科书的知识呈现顺序与我国教科书的知识呈现顺序基本相同，但是，我国教科书将“图形与坐标”这一知识点安排在初中，而俄罗斯教科书将这一知识点安排在小学三年级。

2. 内容编排具有很强的趣味性。把“图形与坐标”编入小学数学教科书无疑是一个挑战，如果知识的呈现方式不当，就会使学生在学习的过程中体验到挫折，从而抹杀其数学学习的兴趣。而这套教科书充分考虑学生认知发展特点，把抽象的知识具体化、形象化——教科书并没有最初就直接告诉学生坐标的概念、特点、意义等抽象的词汇，而是用了两节课的时间，让学生通过游戏、动手绘画等方式感受方格纸的应用，然后再介绍相应的概念、原理。同时，这些概念、原理也都是最初级的，学生能够理解和掌握的，这也说明该教科书的编写与课程改革所提倡的注重学生学习过程的理念相吻合。比如在方格纸上找点，把各个点连起来是一个图画。这样既让学生学到了知识，又激发了其学习兴趣。

3. 注重学生文化素养的积淀和数学思维能力的发展。教科书对方格纸应用的介绍不是简单的知识罗列，而是在充分考虑了学生获取知识的同时，试图使其提高自身的文化素养，其中包括对本民族文化的传承和世界文化的通晓。如部分习题是先给出坐标，然后让学生找与坐标对应的俄文字母，再把这些字母连起来组成古希腊诸神的名字或某位数学家的名言等。如此，在解决这样的问题时，学生掌握的就不仅仅是坐标的有关知识了。同时，问题的设置形式不是简单的问答式，而是给学生一定的思考空间，这对学生思维能力的发展和创造力的培养都是必不可少的。另外，该教科书还把坐标与其他几何知识（求角的度数）结合起来，这有利于培养学生综合解决问题的能力。

（三）启　示

俄罗斯教科书在方格纸的应用上有很多好的做法值得我们借鉴，至少可以说明，方格纸上的坐标系可以在小学三年级教科书中正式出现。

三、俄罗斯小学数学教科书对我国的启示

分析俄罗斯小学数学教科书编排的主要特点，对比我国现行小学数学教科书，笔者以为，中俄小学数学教科书在编排上既有相似之处可循，也有不同之处可比。

（一）特点对比

两国教科书素材选取都比较广泛，都从学生的生活和学习实际出发，对问题的呈现都以学生的接受能力为基础，教科书中都设计了很多学生喜爱和感兴趣的插图，以引发学生学习数学的兴趣。

两国教科书都很重视学生数学意识的培养，也很重视对学生在学习数学时的动手能力和创造力进行培养，教科书的编写给学生的“学”和教师的“教”都留有很大余地，能让学生在探究和体验中感受数学的意义。

两国的教科书也都很重视数学知识与其他学科知识之间的整合。我国教科书重视数学知识与天文、地理等知识的整合，而俄罗斯教科书重视数学知识与历史、文化、宗教等知识的整合。

两国教科书都很重视学生对数学学习过程的体验，设计比较恰当的问题域、“问题串”，让学生根据具体问题提出自己的问题并对其加以解决，同时在这一过程中积累数学活动的经验和体验。

但是，由于两国的设计理念以及基本的国情（尤其文化历史传统）不同，两国教科书在呈现上有很大差异。例如，我国教科书很重视学生的合作，将很多问题的要求都设计成“你是怎么做的？请在小组中讨论一下”等等，而俄罗斯教科书中很少出现类似的问题。

虽然是数学教科书，但俄罗斯教科书很重视与本国历史、民族文化结合，尤其是借助知识的呈现形式对学生进行爱国主义教育，而这些又是我国教科书所缺少的，急需的。同时，俄罗斯教科书中各学科之间的整合也比较紧密，值得借鉴。

（二）启　示

当前，我国新课程教科书的开发重视对原有教科书的批判与继承，并借鉴国外发达国家教科书编写的一些成功做法。但是，受很多因素的制约，我国对国外教科书的研究仅限于英美等国家，而对俄罗斯教科书的研究尤其小学数学教科书的研究还十分鲜见。

通过对俄罗斯数学教科书进行比较系统的分析，笔者认为，俄罗斯小学

数学教科书的如下经验值得我们借鉴：

首先，俄罗斯教科书非常注重知识之间内在的衔接性、系统性和完整性。事实上，我国原有的数学教科书选取的知识偏深，偏窄，过分重视数学知识的系统、逻辑思维能力和计算能力与计算技巧的培养，忽视对学生创新精神、实践能力以及情感态度的培养，因而，新教科书的编写非常注重这些方面的改善，我们为此也付出了很大的努力，并且取得了一定的成果。但是，新的问题也接踵而至，新教科书的编写在注重学生学习过程的同时似乎忽视了数学作为一门学科其内在的逻辑体系，从学科发展角度讲，这是一个弊端。相比之下，俄罗斯教科书在兼顾学科结构和学生学习兴趣培养等方面，内容编排比较充实，系统，而且知识结构的安排和呈现方式比较符合学生的学习心理。

其次，俄罗斯教科书在编写上很注重本土文化与数学文化的融合，在知识的呈现上尽量结合本民族的民风民俗和文化特点，使学生在学习数学知识的同时，感受本民族的文化精髓。另外，教科书的编写者很注重对学生进行爱国情感及和平意识的培养（尤其对俄罗斯有深刻影响的几次战争，反复出现在教科书中）。在笔者看来，数学知识与其他学科知识之间的整合，以及学科内部不同领域知识之间的融合并不是简单、枯燥的叠加。我们要以学生喜闻乐见的方式自然地将其融入教科书当中，这样既能提高学生学习兴趣，又符合当代课程整合的普遍趋势和要求。

当然，俄罗斯教科书编写中也有一些明显的不足，例如，教科书与信息技术的整合体现不明显。虽然俄罗斯教科书将学科知识和学生兴趣需要结合得相对较好，但教科书知识容量仍然过大，对学生而言学习起来仍然有一定的难度。这些都是俄罗斯小学数学教科书值得改进的地方。

第四节　中日教科书的对比研究：以小学数学为例①

1998 年 12 月，日本文部省颁布了新的《小学算数学习指导要领》（相

① 本部分是 BHA030025 课题的子课题“中外数学教科书对比研究”的成果之一，在此前曾公开发表：李淑文．日本新编小学数学教科书的特点［J］．外国教育研究，2004（3）：26－28．

当于中国的《小学数学教学大纲》），据此编写的教科书已于2002年4月开始使用。

日本小学数学教科书经历了“一纲一本”到“一纲多本”的过程，分界点是1950年。现在，日本的教科书由国家审定，民间教科书出版公司出版发行，供各学校选用。我们这里主要介绍和分析一下由日本数学教育学会会长、东京理科大学教授泽田利夫主编，教育出版株式会社2001年出版的小学《算数》①（简称“算数”）教科书在内容处理和编写上的特点。

一、日本小学数学课程教学内容分析

日本文部省教育课程审议会在《关于幼儿园、中小学、聋哑学校以及养护学校各科教育课程的改革》中指出：新的算数学科要精选教学内容，让孩子们有充分的时间体会学习的乐趣，通过关于数量和图形的操作、实验等算数活动，理解数量和图形的意义，提高思维能力，进一步达到能活用的程度。特别是小学教育，必须反复地学习基础的、基本的知识和技能，以保证切实掌握，要培养学生对日常的事物、现象进行推测、合理思考的能力，使学生体会到用数学观察事物、处理数据的优越性，并学会将其应用到自己的生活中去。日本把小学数学的教学内容归纳为四个领域，即数和计算、量和测量、图形以及数量关系。

（一）数和计算

这一领域包括两个方面，一是数概念，二是计算。新的学习指导要领要求学生理解数和计算的意义，正确地运用各种计算方法，丰富自身的数感。重点是通过数和计算的学习提高学生的数学意识，使其体会到数学活动的乐趣和观察事物、处理数据的优越性。在数概念方面，教学内容有整数、分数、小数和概数几部分。在计算方面，新的学习指导要领十分重视对学生进行四则运算的意义、性质、运算间的关系及其应用的教学，对于各种计算注意根据其实际需要提出适度的要求。对于多位数的四则运算，新的学习指导要领要求学生能由已学过的知识推想出来，能简单地计算，至于复杂的计算，要求学生们用算盘或计算器处理。小数和分数从四年级开始导入，降低了带分数和复杂分数的计算要求。

（二）量和测量

日本小学数学教科书十分重视量的认识，把它看作小学数学的一个重要

---

① 泽田利夫．算数［M］．东京：教育出版株式会社，2001．

组成部分。这个领域的目标是使学生理解实际生活中遇到的各种量的意义和它们的测量，丰富学生对量的大小的感性认识。教学的重点是使学生能根据具体目的恰当地选择单位和计量仪器进行测量。

（三）图 形

日本十分重视图形知识的教学，要求学生认识的概念比较多。新的指导要领重视使学生通过操作、体验等活动理解基本的平面和立体图形，丰富对图形的感性认识；重视使学生认识几乎所有现实中可以接触到的基本图形以及这些图形的要素；重视通过观察、构成、分解、操作等具体活动分析图形的位置关系，以利于发展学生的空间观念，为初中进一步学习几何知识打下良好的基础。

（四）数量关系

新指导要领在数量关系方面重视对资料的分类整理和用图像、表格表达基本的数量关系，指导的重点是使学生掌握对数量和图形进行调查和表达的方法。其内容有三个方面，既包含一部分算术知识，又包含一些代数初步知识，还包含一些统计初步知识：一是式子的表达和读解，如加、减、乘、除法式子的表达及读解，公式的表达、读解及运用等；二是函数，如用简单的式子表示两个数量之间的关系等；三是统计，如用简单的表和图像表示事件并能解释等。

值得注意的是，解应用题不作为独立的一部分知识出现，而是结合上述四个领域的知识分散出现。同时，日本小学数学还是比较重视课题（问题）解决的教学的，着重培养学生解题时的思考方法。

由此可见，日本小学数学课程教学内容有三个突出特点：一是知识面较宽，适当控制深度；二是以算术内容为主，适当渗透现代、近代数学思想；三是加强知识意义的理解，适当提出计算要求。而对计算能力的培养，根据现代社会和计算工具的发展提出适当的要求，如降低笔算要求，加强估算，在适当年级引入计算器的使用等等，符合国际趋势。

二、日本小学数学教学内容的编排

日本小学数学教学内容的编排不完全由学习指导要领规定。学习指导要领只对各年级要教的内容作了规定，至于每个学年之内的内容如何安排，则由教科书的编者灵活处理。《算数》在教学内容的编排上体现为以下特点：

（一）四个领域的内容齐头并进，相互配合

《算数》从一年级起，数、量、形和数量关系齐头并进。例如，教科书在一年级数和计算领域的编排内容为：认识100以内的数，学一位数的加减法；在量和测定领域的编排内容为通过物体长度的比较，初步了解长度的概念；在图形领域的编排内容为初步认识身边的一些立体图形。对数量关系领域，虽然教学大纲从三年级才作安排，但是实际上在一二年级也含有数量关系的因素。各个不同领域的知识是相互配合的。这种四个领域齐头并进的办法有利于儿童的全面发展。

（二）各部分知识由易到难，分散安排

如在计算领域把整数、分数、小数适当划分为几个阶段安排在各个年级，逐步加深。

三、日本小学数学教科书的编写

在日本，文部省颁布《小学算数学习指导要领》，由专家、学者编写的各套教科书经文部省审定后出版发行，供各学校选用。各套小学数学教科书虽然都是根据统一的学习指导要领编写的，但是在教科书的处理上、编写的风格上不完全相同。下面以《算数》为例，探讨日本小学数学教科书编写上的一些特点。

（一）重视通过学生观察、操作、实验等具体的活动抽象概括出数学知识

日本新的算数学习指导要领在关于教学内容的处理上特别强调要丰富学生的数学活动，强调学生学习的主体性，让学生通过观察、操作、实验等具体的活动抽象概括出数学知识，发现新的结论，体验到数学活动的快乐。例如，四年级教学三角形时，教科书的设计为先让学生用长度不同的彩色小棒或折纸的方法做成各种各样的三角形，在此基础上学习边、角、等腰三角形、等边三角形等概念。

（二）重视启发学生思考

日本新的算数学习指导要领关于内容处理的最后第一点就是适当设计一些思考问题，培养学生的思考能力，这一点与加强观察、操作、实验等活动是紧密联系的。教科书中也注意体现了这一点。如教科书中的应用题，不但给出学生算式，还向学生说明思考方法或计算方法，即此教科书注意让学生自己动脑思考，并说明是怎样思考的，能使学生学会提出问题，思考问题。

（三）内容编写尽量符合学生的认知特点

日本的教科书在内容编写方面，尽量符合学生的认知特点，便于教师教学和学生学习。如五年级下册教科书在处理“三角形和四边形的角”这一内容时，先指出学习本内容的目标：三角形三个内角和的度数，然后画一个三角形，给出了两种求和法：1. 用量角器分别量出三个角的度数，相加求和；

2. 把三个角剪下来拼成平角。接着给出三角形三个内角的和是 1 800 的结论，根据这个结论又提出下面问题：1. 已知一个三角形两个角的度数，求另一个角的度数；2. 正三角形的三个角相等，每个角是多少度？从这个例子中可以看出，教科书根据学生的认知特点，明确地给出了知识发生、发展的过程，特别是思考问题的顺序和重点，教师按照上面的步骤进行教学就可以顺利地完成教学任务，这对于指导教师教学起着重要的作用，同时，有利于学生自学。

（四）重视问题解决

《算数》这套教科书的习题数量较少，但题目灵活多样，十分重视问题解决及解决问题的思考方法。问题的范围大致有以下几个方面：

反映日常生活的问题。在日本的教科书中大多数应用题是和学生的实际生活相联系的。由于这些问题来源于生活，学生感到很亲切，感觉不到它们的难度，可以在十分轻松、愉快的气氛中解决问题。

拓宽知识范围的问题。如在六年级的总复习中有这样的问题："有 1 克、2 克、4 克、8 克的砝码各一个，请问只用这些砝码能称出多重的东西？如果再加一个 16 克的砝码，能称出多重的东西？"这道题显然包含了现代数学的组合思想。

安排一些具有挑战性的开放题。日本中小学数学教育界十分重视通过这类题目培养学生对日常事物进行有条理思考的能力，使学生明白用数学处理问题的好处，并培养学生自觉地把数学用于日常生活的态度，以此达到日本数学课程的目标。

综合运用知识、技能和方法能够解决的问题。由上题不难看出，这是一个综合性很强的问题，包含着许多方面的知识，如长度、时间、货币等，为了求解该问题必须综合运用以前学过的知识。

从上面这些例子我们不难体会到，日本教科书对问题解决及其思考方法的重视。通过这些问题，学生不但巩固了所学的数学基础知识，还能认识到学习数学的意义，不断体会到用数学处理问题的好处。这对于培养学生对日常事物进行有条理思考的能力，增强学生应用数学的意识等是十分重要的。同时，与生活实际相联系的问题、开放型应用题能活跃学生的思路，使学生自己在问题中去寻找条件，解决问题，编写出许许多多应用题，在解题过程中不断提高分析问题的能力。

日本小学数学教科书也有些不足之处。例如，教科书中的基本练习比较少，教学内容删减得太多等。根据新的学习指导要领修订的小学数学教科书于 2002 年开始实施，情况怎样，还需要经过一段时间的实践和检验。但教育出版株式会社出版的《算数》这套教科书的上述特点是值得我们参考和借鉴的。

总之，与以往的教科书相比，日本新编小学数学教科书《算数》精简了教学内容。在内容编排上，各领域内容齐头并进，相互融合，各部分内容由易到难，分散安排。在教科书编写上，编写者重视让学生通过操作、实验等活动抽象概括出数学知识，重视启发学生思考，重视使问题解决内容的编写尽量符合学生的认知特点。这些特点值得我国小学数学教科书借鉴。

第二编

教科书的质量保障研究方法

在本编，我们将系统探讨教科书质量保障的有关问题：首先针对我国中小学教科书质量保障的现状进行反思，同时进行中外对比研究；系统阐述教科书研制开发的一般过程并结合典型个案进行例说；结合基础教育课程改革实际，系统阐述推广过程中的教科书质量保障的具体方法与常用对策；进行教科书评价的专题研究；最后，简捷地阐述新课程教科书研制开发与质量监控的一般规律与有效策略。

本编是国内课程质量领域针对教科书质量保障的系统论述，以往的著述很少涉及。

第七章

教科书质量保障的现状反思与中外对比研究

如前文所述，教科书研究既包括对教科书文本的研究，也包括对教科书实施的研究。同时，教科书研究既包括对教科书研制开发阶段的研究，以确保教科书设计的质量和效果，也包括对实施过程中的教科书保障进行的系列研究。

从本章开始，我们将系统分析教科书质量保障的现状、问题、国际对比和发展对策。本章将侧重教科书质量保障的现状反思，同时，进行中外对比研究。

第一节 基础教育教科书质量保障机制的国内现状反思①

课程教科书的研制开发和实验推广是基础教育课程改革进程中的两个关键环节。一方面，课程教科书研制开发的质量和水平决定了课程改革的基本方向和进度；另一方面，实验推广决不仅仅是简单地验证方案的可行性，更是一个充满探索、创造的教育改革实践过程。实验阶段的工作开展得如何，课程教科书质量能否在每个环节中都得到保障，直接关系到课程改革的大面积推广乃至整个基础教育课程改革的成败。正如教育部在 2004 年 2 月 10 日

① 本部分作为 BHA030025 前期成果之一，曾作为中国教育学会课程专业委员会 2004 年学术年会（昆明）大会论文进行会议发表，随后以“一件亟待开展的工作——基础教育新课程新教材质量保障系统的现状反思和发展对策”为题公开发表在《现代教育报·教材周刊》2004 年 8 月 13 日第 2 版（第 35 期）上。

颁布的《2003—2007年教育振兴行动计划》中指出的，今后几年的重要工作之一在于“提高质量，质量是教育的生命线，在加快发展的同时，我们要把提高教育质量作为头等大事来抓”，“深化教材管理体制改革，完善中小学教材审查制度和教材选用监管制度；建立国家和省两级新课程的跟踪、监测、评估、反馈机制，加强对基础教育质量的监测”。

一、课程教科书质量保障系统存在的必要性

稳定、持续的教育质量是基础教育发展的核心问题，而稳定、严密的课程教科书质量保障系统是基础教育新课程得以推广和发展的生命线。

本文认为，教科书是课程的载体和主要组成部分，但不是课程的全部，教科书质量保障属于课程质量保障的一个重要组成部分。

在基础教育中，课程教科书质量保障是以课程、教科书评价为手段，促进课程、教科书质量不断提升的活动，是以对完美的教育质量不断追求为核心的质量文化为基础，进行校内外合作与课程、教科书研制系统内外合作，全面保障课程、教科书质量的组织与程序系统，是现代教育质量保障体系的重要组成部分。

（一）课程、教科书质量保障系统是实施新课程的必要保证

以高质量的基础教育迎接时代的挑战是世界各国面对的共同问题。课程是基础教育的核心，中外教育改革无不把课程改革作为提高人才培养质量的核心。如果说确保课程改革的质量是实现课程改革既定质量目标“培养学生具有良好的思想品德，具有创新精神和实践能力，具有健康的身体和心理素质”的基本保障，那么，建立基础教育课程教科书质量保障体系则是确保基础教育高质量的必备途径和重要载体之一。

（二）课程、教科书质量保障系统是课程系统的基本环节和必要前提

质量保障作为课程、教科书研制开发和课程实施推广的基本环节和重要步骤，在课程的内部系统和外部系统中都占有十分重要的位置。对教科书研制开发来说，质量保障是“质量就是生命”的质量文化精髓的具体体现，是一套教科书得以生存的根本保障。对课程实验推广来说，高质量的教科书和课程内容是课程改革实验的前提条件，是实验推广的命脉。尤其对学校来说，课程质量保障的最大价值在于帮助学校做得更好，促进学校课程的不断完善，从注重质量承诺发展到注重质量提升，这就是现代课程质量保障活动

的最重要特征。①

总之，完善的课程质量保障机制本身就是现代课程设计与实施的一个必不可缺的重要组成部分。

（三）课程、教科书质量保障系统是落实发展性课程目标的重要载体

发展性课程目标是基础教育第八次课程改革确定的基本目标，新课程不仅要实现学生、教师伴随着新课程而共同成长，而且要实现课程研制开发水平、课程质量的同步增长，即实现促进学生全面发展、教师素质和专业水平的提高、改进教学实践，增强课程的适应性的发展性目标，同时，实现学校办学质量的同步提升。

在课程质量保障过程中，课程质量保障体系把课程质量的完善看作学校和教师自我控制的一个过程，看作学校和教师在自我激励的基础上对课程进行的自我评价、自我诊断，并在这些基础上的自我调节活动。正是这种活动，不断促进了教师的专业化进程，促进学校课程质量的不断提升。

（四）课程、教科书质量保障系统是实施新课程的重要措施之一

事实上，在推行新课程的同时，国家已经开始着手研制和实施课程、教科书质量保障的一些必要的措施，例如：

1. 国家颁发了一系列文件，如国务院转发《体改办等部门〈关于降低中小学教材价格深化教材管理体制改革意见〉的通知》，教育部部长令《中小学教材编写审定管理暂行办法》，国家计委、教育部、新闻出版总署印发《中小学教材价格管理办法》，教育部、新闻出版总署印发《关于推广中小学经济适用型教材意见》，新闻出版总署、教育部印发《中小学教辅材料管理办法》，新闻出版总署、教育部、国家质量监督检验检疫总局颁布《中小学教科书幅面尺寸通用标准》和《中小学教科书用纸、印制质量标准和检验办法》，国家计委、财政部、新闻出版总署印发的《关于中小学教材印张中准价等有关事项的通知》、《关于降低中小学教材价格深化教材管理体制改革的意见》、《中小学教材出版招标投标试点实施办法》、《中小学教科书幅面尺寸及版面通用标准》、《中小学教科书用纸、印制质量标准和检验方法》等等。

2. 组织大规模的新课程培训。据不完全统计，全国仅在 2003 年就有 16 000 余人参加了教育部组织的国家级培训，有 200 多万人参加了地方各级教育行政部门组织的新课程培训，国家专门为 372 个“国家级贫困县”组织了有数十万教师参加的新课程培训。

---

① 程玉琨等. 课程改革与课程评价［M］. 北京：教育科学出版社，2001.

3. 组织新课程实验过程中一定层面上的评估：2001 年 12 月、2003 年 3 月，教育部两次组织由各方人员（包括《光明日报》、《中国青年报》、《中国教育报》、《人民教育》等媒体的记者）组成的评估组赴 21 个省的 23 个国家级实验区，与校长、教师共同对实验工作进行全面评估，形成了近百万字的评估报告，评估的重点放在实验区课程改革工作的启动情况上，包括实验的组织与领导、新课程的培训、课程推进的专业指导、家长和社区的参与以及有关政策保证措施等。

4. 在全国建立义务教育监测系统，在一定范围内开展针对初中学生辍学问题、学校教育公用经费问题的专项监测。教育部 2002 年 5 月启动义务教育监测系统项目，在全国建立义务教育监测系统。根据义务教育重点难点问题以及监测项目工作的安排，第一次监测属于即时性的专项监测，主要针对 60 个项目县初中学生辍学问题而展开。目前，监测项目办公室已经成功地完成了第一次监测报告，并已提交给教育部。第二次监测将针对学校教育公用经费问题作专项监测，同样将采取问卷调查法、访谈与监测软件同时进行的方式，全面了解 60 个项目县的实际情况。

所有这些措施都为课程改革向纵深发展提供了重要支撑。

二、现状反思

发现问题，及时完善和补救，是事物发展的重要保障措施。课程改革也不例外。就目前的情况看，我国高等教育质量保障系统已经初具规模，有几十家单位已经获得 ISO 国际质量认证，而且，高等教育质量保障系统的研究已经深入课程、教科书质量保障领域。

相比之下，我国基础教育课程质量保障系统的发展尚处在起步前的研究阶段：

（一）课程、教科书质量保障系统的雏形正在逐步形成，但普遍缺乏长久观念和发展意识，工作“重心”急需下移

1. 国家课程改革实验区评估机制的初步运行。自第八次课程改革 2001 年 9 月实施以来，教育部已经先后三次组织有关专家赴全国各地的课程改革国家级实验区调查、评估，对课程的质量的确起到良好的保障作用，但有关人员（尤其是评估专家）属临时性的，能否形成专门的组织机构（或委托某些机构专门负责）和一定程度的专职人员或部分专兼职人员相结合，能否形成一套相对完整的课程、教科书质量保障系统，还是一个未知数。同时，质量保障系统包括国家、省市县区、学校等各个层面，每一层面都需要形成课程、教科书质量保障的意识和制度，而目前我国这方面尚属薄弱环节，尤其

学校、课堂是新课程实施的最终阵地，如何从国家、省市两级课程监控拓展和落实到县、乡镇、学校，落实到课堂，是当前迫切需要解决的问题。

2. 教科书新的审定制度正在实施，逐步步入定期、定性的评估审定的规范机制。2001 年 6 月 7 日，教育部第十一号令《中小学教材编写审定管理暂行办法》发布，其中的第五条规定："教材的编写、审定，实行国务院教育行政部门和省级教育行政部门两级管理：国务院教育行政部门负责国家课程教科书的编写和审定管理；省级教育行政部门负责地方课程教科书的编写和审定管理。"第二十二条规定："委员在教材审定过程中按照《全国中小学教材审定委员会工作章程》关于教材审定的程序、方式、标准的规定公正客观地进行审查，并遵守有关的工作纪律。"第八条规定："教育行政部门和国家公务员不得以任何形式参与教材的编写工作。全国和省级教材审定机构的审定委员和审查委员被聘期间不得担任教材编写人员。"为保证教科书的修订质量，全国中小学教材审定委员会连续召开了多次中小学教材审查工作会议，分别对小学语文、数学、中学语文、数学、英语等 16 种教科书及其修订版进行了审查，这项措施的目的在于"按照新课程标准编写新教材，建设新的基础教育课程教科书体系"①。从实际执行的初步情况看，效果是好的，政府的行政约束和导向对课程改革之初的教材多元化以及教科书的高质量的确起到了良好的保障功能。

3. 教科书选用制度的初步实行。教育部《中小学教材编写审定管理暂行办法》第四条规定："编写教材事先需经有关教材管理部门核准，完成编写的教材需经教材审定机构审定后才能在中小学使用。"这些规定在实际执行过程中仍有一些不令人满意的现象，如"一些地方和部门在经济利益驱动下对教材的发行和选用搞地方保护主义，用行政干预，甚至用不正当手段强行推销。虽然国家明文规定各省在教学用书目录上对同一年级同一科目教材至少推荐两种以上供选用，虽然国家也明文规定了中小学教材的选用权限，但是事实上，由上级行政部门包办代替而不从本地、本校实际出发的情况多有存在，单纯从经济利益考虑，而不坚持质量第一的情况更是多有存在。……地方保护主义的结果是造成封闭式的恶性循环，严重阻碍了教材编、印、发质量的提高，甚至保护了劣质教材的欺行霸市"②，这些现象即使在课程改革进入深化阶段的今天仍不同程度地存在着，不良竞争现象（如

① 臧爱珍. 构建基础教育新课程教材体系［N］. 中国教育报，2001－11－30.

② 薄冰，敬一言. 中小学教材改革和发展的两个建议［J］. 课程·教材·教法，1998 (9).

按照发行量的多少给有关人员回扣）在一定层面上普遍存在。从目前全国课程改革实验的实际情况来看，教科书新的选用制度的确带来了新局面，以往“坐等上门”或政府包办的局面变为出版社送货上门、培训等一系列售后服务的逐步推行开来，虽然灰色的不法行为不时混杂其间，但毕竟向着学校、教师自主选用教材跨进了一大步——尽管今后的路尚且遥远。

4. 出版机构的服务意识初步形成，“教材大战”竞争的火热局面业已形成

自2001年9月新课程新教科书进入实验区以来，有关各家出版社都投入了相当的人力、物力，出版机构的服务意识已经初步形成，以质量求生存的竞争局面初步形成。然而，不论是出版机构，还是使用教科书的单位和社会、家长，都希望新课程教科书的编写、出版、发行、选用、推广尽快纳入制度化、正规化的道路，尽快解决目前“短期行为”带来的种种问题。

（二）有关课程、教科书质量保障的机制尚未规范化，亟待规范和约束

1. 编、审分家。编审分开制是大势所趋，但现状不容乐观。我国现行的课程、教科书编审制度是在以往统编教材体系下形成的，随着课程改革的不断深入，其中的许多弊端日趋突出，急需根据课程改革的新情况、新问题研制新的制度，形成新的机制。“2001年以来一系列涉及教材招标的文件是在统编教材的背景下产生的，不适合于正在大面积推广的课程标准实验教材”①；“教材编写权不应被利益集团垄断”②，即教科书评审渠道的封闭性使教科书审定脱离了大众监督，在具体操作过程中，类似模式有两个致命弱点，一是专家选聘的随意性太大，二是过于倚重审定委员会的内部评议。此外，“仍有一些地方、一些教材没有严格执行编、审分开，这不利于教材质量的确保：有的是编、审不分，自编，自审；有的是审而不严；有的甚至干脆不送审，直接进入市场”；还有的课程标准实验教科书的个别学科的审订人员（甚至主管部门的一些官员）也参加编写（有些名义上不参加，不署名，但实际上直接主持和遥控，有的甚至明确署名）。

事实上，教科书建设体制的内容包括教科书的认可、编制、出版、发行、采用及供应制度，其中认可与使用是重点。从国际课程、教科书发展的

---

① 章回．权利分离，谁为教材质量保险：中小学教材出版“分段招标”办法多有不妥［N］．中国教育报，2004－04－17．

② 林海纵．教材编写权不应被利益集团垄断［N］．中国青年报，2004－03－01．

角度看①，世界各国教科书建设体制分成五大模式：国定制、审定制、认定制、选定制、自由制，它表明国家对教科书的控制程度和管理水平，体现国家教育行政管理的特征，也反映各国深层的民族文化心理特色。而我国目前尚处在从以往的国定制步入审定制、选定制阶段，其间的许多法规模糊（更具体地说是存在法规空当），尚干扰正常的行为。

2. 国家审定、民间（学术机构）审定相结合。这是目前世界各国普遍采用的方式，当然，需要我们有相当的技术实力和专业机构作为基础。

3. 垄断与自由竞争的矛盾。当前，教材“大一统”的局面已被打破，然而，“小一统”的势力也不时地滋生和泛滥。教科书编写垄断产生的利益对教科书编写的危害尤其大，因为中国人口众多，仅中小学在校学生就有两亿多人，垄断了教科书编写权就意味着巨大的版权收益，而这种收益又会支撑着相关部门继续寻求对教材的编写实施变相垄断，使问题解决起来更加遥遥无期。建立课程、教科书质量保障机制并利用其自身机制解决垄断与自由竞争的矛盾，是可取之路。如何使教科书所得的巨额利润在中央与地方之间，在教育部门及教材研究、编写、审查、管理部门与出版、印刷、发行部门之间进行更为合理的分割，这是关系中小学教材改革与发展的重大问题，值得进一步探讨、研究。不仅如此，教科书的质量保障还存在学术价值与实用性、现实性的矛盾。如在教材选用过程中，学术性很高的一些教材并不都能得到广大教师的认可，类似于②的“感慨”为数不少。从课程、教科书的反馈机制等方面思考和解决这类问题是当务之急。

（三）缺乏良性机制，尤其是反馈机制、完善机制的及时形成和良性运转

目前，课程、教科书研制开发存在的诸多问题与良性机制的缺失有关，尤其是，反馈机制与课程、教科书质量的自我完善机制尚未形成，产生了一系列衰减。

1. 从《纲要》到《课程标准》的衰减。《课程标准》是否真正贯彻、落实了《纲要》的精神，形成国际上“三年一小改，八年一大改”的课程发展良性机制？从目前的情况看，良好的反馈机制似乎尚未完全建立。

2. 从《课程标准》到教科书（理解课程）的衰减。教科书的编写是否全面落实了《课程标准》所界定的“三维”课程目标？是否真正落实了培养

---

① 曾天山. 我国基础教育教材改革问题探讨［J］. 教育研究与实验，1995（3）.

② 黄厚江. 新教材想说爱你不容易［J］. 语文教学通讯，2002（11）.

学生终生可持续发展的愿望和能力？培养学生创新意识具体体现在哪些方面？教科书的研制开发是否既落实了《课程标准》的基本要求，又在《课程标准》规定的弹性空间内进行了创造性的发挥，体现教科书自身的特色？从目前的情况看，有利于改进教科书质量的畅通的反馈渠道似乎尚未真正形成，谁来评价和如何评价教科书贯彻《课程标准》的程度？当然，《课程标准》本身也有一个继续检验的问题。

事实上，当前不同版本的教科书对同一个内容的要求相差甚大。如对于义务教育阶段数学七至九年级“投影与视图”、“无理数与根式”，现行的几套不同版本的课程标准实验教科书对其的具体要求相差甚大，有的用相当的篇幅要求有关内容，而有的教科书却根本不将其呈现在课本中。虽然《课程标准》赋予了教材编写一定的机动权，但对于《课程标准》所界定的基本内容的要求（如“几何证明”等核心内容）不应该有太大的差异，这既有《课程标准》自身的问题，更是教科书质量保障系统不完善所致。

3．从教科书到课堂和学校课程实施（经验课程、生成课程）的衰减。这实际上就是教科书的实际落实问题。例如，教科书自身制定的课程目标未必真正得以落实，教科书设计的课程实施环节是否可行？是否为课程实施者（尤其教师）所理解，接受和执行？是否给课程实施者进行创造性教学提供了必要的导向、必要的课程资源？类似于“新教材想说爱你不容易”的报道和论述已不是凤毛麟角。不论从学术的角度，还是从教科书质量改进的角度来看，笔者认为都应该有这样一个机制——一个及时反馈、调整的“平台”，而目前这方面尚未引起有关部门足够的重视。

4．尚未形成课程研制开发的更新机制，后劲不足，尤其缺乏持续创新的原动力。近年来，来自实验区、评审专家（甚至是编写组内部）的种种意见一致表明，2001年秋季投放市场的许多套新教科书后几册的质量呈下滑趋势。当然，一线教学人员和社会人士过高的期望以及教材编写组自身创新枯竭，是其中的主要原因。

5．课程、教科书设计、开发的交流渠道不畅通。有关课程、教科书开发集体各自为战，虽然有行业机密的原因，但是，各自封闭和自我保守的研制、开发机制极大地限制了尚属于世界初中级水平的我国中小学新课程教科书的编写工作，导致类似于“教材中存在不少硬伤”等问题，如据《新京报》2月23日报道：“种种证据表明，《悲壮的两小时》（新版中学初中语文教材第五册的课文）确实是一篇不切实际的编造文章……其根本原因是编选者的水平不够。”①

（四）缺少不少重要环节和必要的子系统

进入21世纪以来，世界课程教科书研制开发水平得到迅猛发展，尤其世界范围内的课程改革，极大地促进了国际课程教科书研制开发的发展，呈现出如下普遍趋势：课程开发人员的专业化趋势；研制开发系统与推广系统的局部分离趋势；课程、教科书反馈机制、反馈系统逐步建立和配套发展。

反思课程、教科书研制的现状，我们深深感到，我国目前的课程、教科书研制开发人员除少数在出版社工作外，大多是兼职人员，教科书编写组同时担当教科书培训和推广的繁重任务，研制、推广领域的信息堵塞困扰着教科书编写人员，更使课程改革一线教师产生不少的怨言。解决以上问题，提高我国课程、教科书研制开发人员的专业化水平、开展机制建设，是关系我国基础教育课程、教科书研制开发能否可持续发展的重大问题。

（五）课程开发和教科书编写的实验数据积累不足，尚存在许多人为臆断、缺乏科学根据的现象

一套真正有特色的教科书要有足够的实验材料作为基本的出发点，尤其是一套全新的编写方案。教材实验不允许失败，因为它的实验对象是学生。而目前我国现行一些教科书的某些新处理方案在很大程度上是“经验式”的，其中许多内容为人为臆断，缺乏科学根据，亟待解决第一手实验数据的收集问题。

目前的教科书出版招标制度存在一些问题，主要是2001年以来一系列涉及教科书招标的文件是在统编教科书的背景下产生的，不适合于正在大面积推广的课程标准实验教科书。教科书招标不同于一般的工程、项目招标，教科书建设是一个完整的体系，中途变更招标人和投标人的“分段招标”的做法，既不合理，也不可行。教科书出版招标的合理方式应该是进一步完善和执行正在施行的教科书立项、审查制度以及纸张价格、印刷工价的核定制度，同时，对相应的教学辅助资源的开发、利用也应该纳入规范化的管理。

① 章回．权利分离，谁为教材质量保险：中小学教材出版“分段招标”办法多有不妥［N］．中国教育报，2004－04－17．

第二节 基础教育教科书质量保障机制的国际比较及初步对策[①]

教科书作为课程的重要载体和主要组成部分，是课程与教学内容及活动的重要依据，是课程改革实验推广的前提条件，直接影响课程实施的全过程。国外学者 Falk Pingel 甚至认为："教科书是教育走向国际理解的工具。"[②] 虽然教科书并不代表课程的全部，但教科书质量保障是课程质量保障的核心组成部分，把握教科书质量保障对确保课程质量可以起到提纲挈领的作用。为此，世界各地（尤其发达国家和地区）在课程与教学改革的进程中都在依据本国本地的实际采取一系列严密的保障措施确保教科书质量。相比之下，我国相关的研究尚属起步阶段[③]。发达国家以及我国港台、澳门地区的有关经验、教训可以给我们很多启示。

一、教科书质量保障系统的国际比较

教科书质量保障机制包括教科书的研制开发机制（包括立项、编写、出版）、审定（认定）机制、选用供给机制、教科书评价机制等环节，每一个环节都直接影响教科书的质量和教科书建设的效率，并直接制约课程实施的全过程。

（一）教科书研制开发机制的比较

所谓教科书研制开发机制，是指教科书研制开发得以正常运行的基本原理与动力体系，包括从课程到教科书的设置程序和运行方式，特别是教科书规划主体的认定以及教科书的编制、实施、管理与监督等问题。从世界范围看，基础教育教科书的研制开发机制主要有三种基本类型，即中央集权型、地方分权型和学校自主型。

1. 中央集权型课程、教科书研制开发机制。这是指中央教育行政部门

---

① 本部分是 BHA030025 项目前期的主体成果之一，在此前曾公开发表：孔凡哲. 基础教育教科书质量保障机制的国际比较及启示 [J]. 东北师范大学学报：哲学社会科学版，2004 (6)：36－42.

② 方炳隆. 澳门地区教科书选用制度 [DB//OL]. [2006-08-31] http：//www. trd. org. tw/cpast/895030/890530－4. html.

③ 孔凡哲. 一件亟待开展的工作：基础教育新课程新教科书质量保障系统的现状反思和发展对策 [N]. 现代教育报・教材周刊，2004 (8)：13.

或其代理机构作为课程、教科书研制开发的主体，通过国家权力负责对中小学课程进行统一的研究、编制和推广，使学校的课程计划、课程标准甚至教学材料和考试要求都有统一的规范。从建国到1986年，我国中小学课程教科书研制开发机制属于典型的中央集权型机制。目前，法国课程开发机制的主体仍保持中央集权型。法国中小学课程标准是由法国教育部统一制定、颁布的，其教科书的编写则是在一定原则指导下依据课程标准进行的。但法国没有中央级的教科书编写机构来协调教科书的编写与出版，教科书开发完全凭借开放观念。同时，法国教育部门不主张在经常变化的环境里只使用一种教科书。

2. 地方分权型课程、教科书研制开发机制。美国教科书研制开发机制属于典型的地方分权型机制。美国一般没有全国性的课程标准，如数学学科，即使全美数学教师理事会制定的《美国学校数学课程与评价标准》对各州来说也仅仅是参考性材料而非强制约束性文件，各州（甚至地方学校）都制定自己的课程标准。因此，根据标准编制的课程、教科书彼此之间差异甚大[①]（直到2004年仍是如此）。其教科书一般由民间的出版社与大、中小学教师或督学等合作编写，编写工作遵守有关法令及州课程标准的规定。

3. 学校自主课程、教科书研制开发机制。此为校本课程研制开发机制，以教师为主体对学校课程进行自主开发，强调具体学校乃至具体学生个别差异的适应性。在英国，教科书完全由民间自由编辑，出版，但教科书的编写不是为了满足规定的课程计划和课程标准的要求，而是为了师生的现实需要，由此导致教科书在内容、结构和表述方法等方面存在较大差异。

（二）教科书审定（认定）机制的比较

所谓审定，通常是指由中央政府部门对教科书质量所作的“鉴定”，而由民间的权威性专业机构对教科书质量进行的“鉴定”通常称为“认定”。从世界范围看，不同国家、地区的教科书审定（认定）制度不尽相同。一般地，大部分国家和地区在教科书审定（认定）制度上存在三种模式[②]：（1）完全不审，如英国、法国、香港地区、澳门地区；（2）以省或州为主体进行审定（认定）或制定标准，学区、学校从中进行选择，如美国、日本、加拿大、德国；（3）从统编制逐步过渡到审定制，如我国的台湾地区。在三种模式中，第一种完全开放的选用制度把教科书的选择权完全交给教科书的使用

① 庄梅枝．欧用生教授教科书之旅［M］．台北：中华民国教材研究发展学会，2003.
② 高凌飚．基础教育教材评价：理论与工具［M］．北京：人民教育出版社，2002.

者，这使学校和教师能够自主地根据本学校的学生的特点和教学的实际需要从各有特色、丰富多彩的教科书中选择适当的教科书。这就需要教师具有较高的职业素质和道德标准。同时，假如缺乏客观的教科书评估标准，有时难免也会出现失误和偏差。在第二种模式中，教科书的审定或认定过程相当严格，无论是以学校为选用主体，还是以学区为选用主体，都能促使出版机构为了占领市场、赢得竞争而不断提高教科书的质量。第三种模式体现了教科书的发展与世界课程发展同步以及教科书权力下放的趋势。

（三）教科书选用机制的比较

目前，国际上公认的教科书选用制度是五大类型：国定制（即统编制）、审定制、认定制、选定制和自由制。中国内地、台湾地区是由国定制演变为审定制的典型代表。在世界主要国家和地区中，目前，审定制占了相当大的比例，即使在采取混合制的一些国家或地区中，审定制也占相当的比重。同时，在日本、美国、德国的部分州，以州或省为单位的教科书审定制也是教科书选用制度中的主流方式。值得关注的是，运用审定制的各国各地在实践操作层面上不尽相同，如我国台湾地区通过审定的教科书完全由各个学校自行选用。法国实行认定制，公立学校的教科书目录每年由各县的教科书认定委员发布，且必须取得大学区总长的认可。在法国，依据国家课程标准，教科书是完全自由编写、出版的，但须要认定，国家不规定统一版本。欧洲不少国家采用自由制的教科书选用制度，英国最为典型，我国香港地区也属于此类。英国教科书的选用权从法令上讲属于地方教育当局，但实际上是听凭各校自由选择。我国澳门的教科书选用制度历来都是“自由制”，政府部门不介入教科书事务，教科书选用的权限属于学校，而非教育行政部门。

当前，多数国家和地区采用单一制和混合制并行的教科书选用制度。所谓单一制，即采取以上五种类型中的任何一类。而混合制，即采取以上五种中的两类或多类，如美国、德国和韩国等等。这些国家在教科书选用上呈现出多种制度相伴共生的局面。美国，甚至还出现 10 个州的教科书选定制与自由制并行的局面。韩国实行“放开教科书出版”的政策，教科书分为统编教科书和审定选用的教科书两种，前者由国家教育部所属的出版社统一发行，采用国定制，后者采用审定制。无论哪种模式，都表明国家对教科书的控制程度和管理水平，体现着国家教育行政管理的特征，也反映着各国深层的民族文化情结。而我国目前尚处在从以往的国定制步入审定制①的转轨时

① 臧爱珍．构建基础教育新课程教材体系［N］．中国教育报，2001－11－30．

期，其间的许多法规模糊，更具体地说是空白，亟待完善。

（四）教科书的学校实施和评价的比较

世界各国对于教科书的学校实施采用了不同的政策，对教科书的评价标准也多有差异。在法国，对教科书的选择，教师和家长都有不同程度的发言权，但教师起决定作用，在尊重教师教学自由的前提下，各个教学小组在校长的负责下参照学校获得的拨款数量对教科书作最后的选择。在日本，作为免费义务教育的一个步骤，义务教育阶段的地方公立和国立学校免交学费，被免费供给教科书。我国香港地区教育署每年向各学校发出《学校选用课本及学习材料须知》作为校长和教师选用教科书的参考，通过各学校评选小组的参与、讨论、表决等过程共同决定所采用的教科书版本，这使学校和教师能自主地依据学生学习的实际需求选择适当的教科书。

综观世界范围的教科书质量保障机制，不难发现，近年来，为确保质量，世界课程教科书运行机制改革的动向主要表现为教科书建设模式的多样化、统一化、民主化、科学化、法制化，反映在教科书的管理机构系统上，就是研制开发、审定、评价三者的相对独立与有机结合，教科书编制、研究与教学的一体化，官民合作，校内与校外评价相结合；在教科书审定机制上，审定制与认定制居上风①，尤其是鼓励地方（如学校等）和教师参与，注重使教师在教科书研制和实施过程中发挥更大的自主性。这些举措可以有效地防止教科书管理上的独断专行与放任自流，符合社会规范和教育改革发展需要，符合教科书编制的科学化与民主化，能够确保教科书改革遵循“实验——修正——推广——完善”的科学程序。

应当看到，任何一种课程、教科书管理机制都不可能解决所有的问题。无论采取何种教科书审定、选用、评价制度，在具体操作过程中，谁来审定、选择、评价以及如何审定、选择、评价都是教科书管理的核心。每个较为成功的国家和地区都在选择某种主导运行机制的同时，无论在现实选择上还是在文化传统上都存在一定的补偿机制，使自身的课程、教科书运作系统具有不同程度的开放性和互补性，从而形成一个以主导运行机制起带动作用，其他各种机制起辅助作用的多层次的运行机制系统，并使其发挥出最佳的课程、教科书研制开发功效。

二、我国新课程实验教科书可持续发展的若干对策

针对我国基础教育课程改革的实际，笔者认为，以课程、教科书研制开

---

① 曾天山．我国基础教育教科书改革问题探讨［J］．教育研究与实验，1995（3）：1．

发机制和同步的质量保障建设为核心，是促进课程标准实验教科书稳步、健康和可持续发展的关键所在，因此我们应当关注以下几个方面的问题：

（一）抓好课程、教科书开发与评价的制度建设

1. 课程开发人员的专业化趋势。事实上，随着课程改革的不断深入，教育的个性化和课程的多元化与我国课程研制开发人员的匮乏形成强烈反差。当然，这种局面的出现也是中央集权型课程、教科书研制开发机制向地方分权型和学校自主型转轨的必然。

2. 研制开发系统与推广系统的局部分离。目前，除少数出版社外，我国课程、教科书研制开发人员大多是兼职人员，其对教科书的研制开发属临时行为，教科书编写人员同时担当培训和推广的繁重任务，研制、推广领域的信息堵塞困扰着教科书编写人员，更使课程改革一线教师产生不少的怨言。参考发达国家和地区的成功经验，解决问题的出路在于，以提高我国课程、教科书研制开发人员的专业化水平为中心，将研制开发系统与推广系统相对分离。这将有助于研制开发的可持续发展。

3. 课程、教科书反馈机制、反馈系统建立的迫切性。由于课程标准还须要在相应教科书的使用中得到不断验证和进一步完善，因而，教科书实验必须与课程标准实验同步，互动，共同完善。同时，新课程标准和新教科书实验工作应当自始至终是一项科学研究工作。2001 年 9 月以来实施新课程的实践表明，必须建立课程、教科书质量更新的一个良性机制，这个机制可以依托报纸、杂志、网站、新闻媒体等为外部平台，以国家标准研制组、教科书编写组、课程教科书管理部门、一线人员之间的网状联系为内部平台，将有关课程教科书的研制开发、质量保障的意图、要求和意见、建议进行及时有效的双向反馈、沟通和交流。

（二）开展相关的理论研究

1. 与新课程配套的课程评价、教科书评价的理论研究。全国教育科学"九五"规划教育部重点课题"我国义务教育教科书评价体系研究"① 进行了"几乎是填补空白"式的研究，研究了教科书评价的一些基本理论，并在一些学科中进行了初步的试测，但很"有必要开展进一步的研究，深入探讨评价教科书的制度和标准，合理、简便的评价程序和方法"。应该说，我国开展课程、教科书质量评价和质量保障研究尚属刚刚起步阶段。值得一提的是，目前，我国课程开发和教科书编写实验数据的积累严重不足，许多人为

① 高凌飚. 基础教育教科书评价：理论与工具［M］. 北京：人民教育出版社，2002.

臆断、缺乏科学根据的现象时常出现在课程标准实验教科书中。一套真正有特色的教科书，尤其一套全新的编写方案，须要依附足够的实验材料作为出发点，而现实是新的实验教科书中的为数不少的新的设计方案在很大程度上仍是“经验式”的，亟待第一手的科学实验数据作支撑。对此，结合数学、语文等学科教科书的实验推广，及时地“同步”开展新课程教科书实验数据的收集、整理和相关的心理学、教育学实验的基础性研究是十分必要而又可行的。课程改革毕竟是关系民族振兴的大事，不可能等到所有的研究都十分成熟再推广。

2. 课程评价的新领域——课程教科书保障理论研究。事实上，在全面推行素质教育、倡导教育创新的新时期，建立在原有的教育观、教材观、教学观、评价观之上的教科书研制开发机制、质量保障政策已经不能应对新理念下的新问题。尤其在课程设计、教科书编制、选定、实验、推广等一系列环节，原有的运行模式正逐步被打破，而适应基础教育课程改革的教科书更新机制和质量保障模式尚处于从无到有的雏形时期，诸如“课程标准实验教科书的研制、开发的基本策略”、“促使新教科书不断更新的具体措施”、“借助质量监控渠道促进课程、教科书质量更新的研究”、“实现从国家指定教科书到学校、教师选定教科书的过渡措施”等系列问题及其理论支撑亟待归纳、总结和系统研究。

一般认为，课程开发要经历五个阶段。第一阶段是专家设想的课程，即由学者与研究人员提出课程构想的阶段，如《基础教育课程改革纲要》层面上的相应课程。第二阶段是公众理解的课程，即公众接受课程构想的阶段，也就是公众通过各种媒体手段理解、接受课程的内涵，将其逐步转化为自己对课程的认识。第三阶段是课程标准和教科书编写的阶段，即教科书编写专家根据自己对课程内容、学科教育理念的理解编写出“教科书”，而这些教科书往往体现各自不同的特点，如现行的新世纪版数学实验教科书以情景创设体现数学化过程为其典型特色。第四阶段是学校计划的课程，即从学校角度设计和落实课程教学方案，也就是学校管理者和教师根据自己的理解，在充分的备课、校本教研的基础上，设计具体的课程教学实施方案。第五阶段是学生经验的课程，即学生学习具体课程内容的阶段，学生在特定的教学环境下充分调动自己原有的生活经验、学科活动经验和认知结构，建构自己对课程内容的理解和认识。从学生的角度讲，第五阶段才是真正意义下的课程实施和目标落实，“理想的课程”只有变成“学生经验的课程”，教科书的实验才能说是成功的。英、美等国家的成功经验显示，从第一阶段的课程开发开始到第五阶段的课程实施，都把一线教师的参与作为一个基本方针[①]。这是保障课程质量的一个重要举措，一方面，一线教师的参与可以确保实施的课程在更多的程度上保持“原貌”；另一方面，一线教师在充分理解基本理念的基础上可以创造性地发挥，实现课程的生成和课程的创造。这一点已经在我国新课程中得到充分验证[②]。

因此，一线教师与课程设计者之间的“对话”渠道应该始终保持畅通，课程设计、实施的每个阶段都要保持信息反馈的畅通，并有切实的资源、措施作为保障（如在经费、课程资源、政策等方面进一步加强课程改革实验的保障）。同时，建立制度化（乃至法制化）的课程质量保障机制，一方面，可以确保国家本位（地方本位）的课程内容（即国家课程、地方课程）在具体落实到课堂教学中尽可能少地“衰减”，另一方面，也可以最大限度地保证学校本位的课程（即校本课程）得到更大程度的创造性发挥，实现课程的增值，这正是我国三级课程管理的核心。

3. 课程评价的实用模型研究。正如《简明国际教育百科全书·教育测量与评价》第 39 页指出的，“正确的评价能促进对教育的理解并使教育得到改进，而错误的评价能对教育起破坏作用”，如何根据课程评价领域的基本理论，结合我国推行新课程的实际，进一步研制和形成适合我国课程评价实际的实用和可操作的模型（而非理论模型），是当务之急。

4. 教科书评价信息的及时反馈模式研究。要改善教科书的评选，就要建构良好的教科书评选规则和标准的研究[③]。从理论上讲，全面、科学的教科书评价首先须要建立一个相对完整的教科书评价指标体系上，要系统、全面、真实、准确地收集有关教科书的信息资料，“基础教育教科书评价工具”是可供参考的重要资料。问卷、课堂观察、访谈、专题调查、测验等方式是取得教科书实际使用效果的可行方式。当然，各种有用信息如何通过广大教师、教研员和调查人员及时、有效地反馈到教科书研制开发部门，作为进一步修改教科书的依据和参考，亟待研究，开发和总结。

（三）借鉴国外经验，探索实践的途径

要借鉴国外的成功经验，课程理论研究专门机构应该主动涉足实践层面

---

① 华中师范大学教科院. 英美两国中小学科学课程开发及其启示［DB/OL］.［2002-05-04］. 中外教育教学资源网，［2003-08-12］.

② 王升. 课程实施的核心是主体参与［N］. 中国教育报，2002-05-04（4）.

③ 赖光真. 以学校为本位看教科书评选规准之建构与运用［J］. 康轩教育杂志，2002（46）：1.

的课程评价、教科书评价，跨越理论研究与实践操作之间的鸿沟，而不是做"书斋式的研究"。研制、开发适用于学校层面上的课程保障系统、教科书评价系统势在必行。尤其是建立学校层面的课程质量保障体系，迫在眉睫。学校课程质量保障体系作为学校教育质量保障体系的重要组成部分，是现代教育评估和质量保障的深化研究和体系化建设，其重要基础之一在于质量文化，其核心在于对完美的课程质量的不断追求。

目前，作为学校层面的课程质量保障研究，主要工作在于检验国家《学校课程管理指南》的实效性，研究学校课程实施过程中的课程教科书质量保障的具体措施，着重抓好学校课程质量保障系统的子系统的建设和优化：一是学校课程质量保障指挥系统，中心问题在于建立相对完善的教师培训制度、校本教研制度以及学校课程质量保障的机构、政策、措施，形成校本课程研制开发的良性机制，以真正促进学校课程质量的提高；二是学校课程实施的信息收集系统，主要问题包括教师对课程教科书实际执行效果的跟踪研究，学生对课程目标实际达到效果的研究，学校对课程增值的校本研究；三是学校课程质量评价与诊断系统，包括学校课程质量评估的标准，诊断的具体措施、方法和操作程序等等；四是学校课程质量保障信息反馈系统，包括学校的课程实施信息及时、有效地反馈给课程、教科书编写者，及时整理和归纳切合本学校实际、符合国家关于课程实施具体要求的教科书质量衡定标准，以备今后选用教科书和自己开发校本课程①等活动。

（四）形成质量保障意识

长期以来，计划经济体制下的我国教科书管理体制使省级以下部门只有执行教科书的权利和意识，而缺失研制开发课程的权利和能力。在转型时期，树立积累和总结教科书质量保障经验的自觉意识和忧患意识是极其重要的，尤其教科书研制开发专业人员和机构。

目前，质量保障在高等教育中得到普遍关注和大面积落实，新课程实施前提下的基础教育质量保障问题更应该引起关注。我国课程与教学论研究领域长期存在的理论研究与实践探索"两张皮"的现象可以在课程质量保障研究中得到一定程度的缓解和改善。对于长期从事基础教育课程设计研究和教科书研制开发的专业人员来说，更应该将质量保障意识渗透到从课程设计到课程实施的每个环节。这一点正是构建我国基础教育新课程教材体系②的关

① 谢艺泉．发达国家教科书选用制度及启示［J］．现代中小学教育，2002（12）：1.
② 臧爱珍．构建基础教育新课程教材体系［N］．中国教育报，2001-11-30.

键所在。特别地，提升教师的教科书评判意识与能力是保障教科书质量的一个重要措施①。

第三节 我国中小学教科书选用制度现状分析与改革策略研究②

在教科书的质量保障体系中，教科书管理是重要环节，是指从教科书研制到使用的全过程，包括教科书的编写、实验、审定、出版发行、选用的一系列环节。其中，教科书选用制度构成教科书管理制度的核心和焦点，也是教科书管理工作的落脚点。

一、我国中小学教科书选用制度的现状分析

新中国成立后，我国在相当长的一段时间执行着“一纲一本”的课程政策，在中小学教科书的统编制度下，全国只有一套教科书，实行“一纲多本”后，实际上也只是增加了地方版教科书，而各省市的地方版教科书基本上由指定的出版社出版，因此没有严格意义上的教科书审查和可供选择的余地。

我国中小学选用教科书的主要依据是各地教育行政部门的教学用书目录和新华书店的教材征订单。具体情况是，每年春、秋两季，教育部向各省提供全国中小学教学用书目录，省级教育行政部门以此为参考，以本省审定委员会审定通过的地方教材为基础，制定本省的教学用书目录，供地方教育行政部门选用教科书时参考。新华书店在新闻出版总署的管理下制定自己的用书征订单，供教科书选用部门征订时使用。这种教科书选用制度存在着以下几点不足：1. 教育部制定的教材目录只下发到省级教育行政部门，教材的使用者和直接管理者都不可能看到这个目录，绝大多数教材的使用者只是被动地接受已选择好的教材，没有做到教材选用的多元化、民主化；2. 即使经过审定的教材也只是少数专家选择的结果，还没有建立科学、民主、完善的教材评价机制；3. 教育行政部门和新华书店两个目录并行，容易造成教

---

① 孔凡哲，王郢. 提升教师教科书评价意识保障教科书质量［J］. 教育理论与实践，2006（10）：58－62.

② 本部分是BHA030025项目前期的主体成果之一，在此前曾公开发表：张恰. 我国中小学教科书选用制度现状分析与改革策略研究［J］. 现代中小学教育，2005（8）：21－23.

科书管理上的混乱，并在很大程度上降低了教育行政部门用书目录的权威性。

自2001年新课程实施以来，我国的教科书选用制度发生了可喜的变化。《基础教育课程改革纲要（试行）》明确地指出："加强对教材使用的管理。教育行政部门定期向学校和社会公布经审查通过的中小学教材目录，并逐步建立教材评价机制和在教育行政部门及专家指导下的教材选用制度。改革用行政手段指定使用教材的做法，严禁以不正当竞争手段推销教材。"这次教科书选用制度的改革主要是增强教科书选用过程中的科学性和民主性，逐步下放教科书的选用权，逐步做到由教师、学校自主选用教科书，同时，建立教科书展示场所，方便教师、学校了解各套教材的特点。在实验区成立教科书选用委员会，委员会由专家、优秀教师、校长和学生家长代表参加，其中教育行政和教研部门的代表不超过25%。目前，在课程改革实验区已经进行这方面的试点工作，受到实验区校长、教师和学生家长的普遍欢迎。

下面是一个课程改革实验区的一线教师在教科书选用制度改革过程中履行职责的案例，姜新海（山东省青岛市教材选用委员会委员、青岛市第三十四中学生物教师）谈了他在选用教科书时的实际过程和感受："生物学科一共送了四个版本，有人教版、北师大版、湖南版和河北少儿版。当然这四个版本都通过了国家审查，达到了课标的要求，但是达标的教材水平也不相同，各有特长。问题是哪一套最适合你，最能体现你的要求。比如有的版本稳定性强，体系完整，适合第一次参加课改的教师使用。而有的版本注重培养能力，注重过程方法，重在培养情感、态度、价值观，虽然对初次使用的教师可能难度大一些，但是用完第一轮后再用，就得心应手了。到底选哪一套？整个中午我都在思考这个问题，直到下午表决时我才作了最后决定。"① 从以上的案例可以看出，新课程的实施使我们在教科书选用制度的改革上迈出了可喜的第一步。

二、我国中小学教科书选用制度的改革策略

根据发达国家教科书制度的成功经验，在综合考虑我国现有条件和状况的前提下，我国中小学教科书选用制度选择了从统编制过渡到审定制，最后以审定制和自由选择制规范教科书市场的道路。同时，分析世界各国和地区的教科书选用制度，我们发现，已经呈现出增强教科书选用过程中的科学性

① 于建坤．选教材谁说了算［N］．中国教育报·读书周刊，2003－6－19．

和民主性，逐步下放教科书的选用权，注重教科书使用者在教科书选用中发挥更大自主作用的发展趋势。因此，我们认为，要想使我国教科书选用制度的改革顺利地进行下去，以建设相对科学、合理、完善的教科书选用制度，必须做到以下几点：

（一）使教科书选用制度法制化，保持教科书选用的稳定性

目前，我国在教科书选用过程中也制定了一些管理办法，颁布了相关的管理条例，但是总的来说还没有建立一套真正有效的管理法规，制度还很不健全。为减少以至杜绝在教科书选用方面的行政命令和长官意志，防止出版社的不正当商业竞争和地方保护主义，赋予学校和教师拥有教科书选用的真实权力，必须使教科书选用制度走向法制化的轨道，保证教科书选用的稳定性，使教科书的选用沿着正确的轨道健康发展。

（二）加强配套措施的改革，为完善教科书选用制度创造条件

当前影响我国教科书选用制度建立的一个关键因素就是考试制度，尤其中考和高考升学制度。统一的选拔性考试制度固然可以增强教科书的地位和权威，但是也会影响教科书的选用。特别在高中阶段，由于受高考的制约，学校除了使用人教版教科书外不敢选用其他版本的教科书。因此，我们要改革中考和高考的形式与方法，为健全和完善教科书选用制度创造良好的外部环境。

（三）建立科学、严谨的选用过程，谨慎选用教科书

教科书选用过程是否科学、严谨，对于教科书选用结果的影响至关重要。我国台湾学者黄儒杰对教科书选用过程进行了深入的研究，其研究成果对我们研究这个问题有明显的借鉴作用。他将教科书选用过程分为准备规划、分析比较、决定版本与追踪评价四个阶段：1. 准备规划阶段包括制定工作进度表、需求评估、成立教科书选用委员会以及收集各版本教科书与相关信息等事项；2. 分析比较阶段包括建立评选标准、分析比较各套教科书、进行部分教科书的试教、征求其他学校教师的意见、观察采用该版本教科书的学校的使用情况以及讨论与咨询等事项；3. 决定版本阶段包括讨论与确定版本阶段等事项；4. 追踪评价阶段包括选用结果的公布、档案记录的留存、教科书使用的研究以及教科书使用情况的了解等事项。

（四）加强教师评价和选择教科书的能力，提高教科书的选用效果

长期以来，由于受教科书统编通用制的影响，教科书选用的权力在教育行政部门，教师根本无教科书可选，因此广大教师毫无教科书评价和选择的意识，不论愿不愿意，不论教科书的好与坏，开学后拿到一本教科书，就依

据这本教科书教。随着我国基础教育课程改革的不断深入，教科书管理制度日趋开放，教科书的审定制和自由选择制相结合为大势所趋，选用教科书成为教师的必备权力，教师应该在评价和选择教科书上扮演主要角色。因此，提高教师评价和选择教科书的能力已成为刻不容缓的研究课题。今后，要将评价和选择教科书的能力列为教师专业能力的基本内容之一，使教师能够从众多版本中选择最适合的教科书。为此，在教师的职前课程（如学科课程与教学论、教学设计）中，要加强这方面的教学内容，要根据各个学科的特点提出教科书的评价标准，并进行实际操作。在职后继续教育课程中，我们更要注重提升教师评价教科书的素养，使他们能够提供教科书的改进意见，并将其活用于实际的教学活动中。

总之，教科书选用制度是整个教科书管理制度的重要组成部分。在各国都重视教科书制度的建设和改革的今天，我们应该借鉴各国，尤其发达国家教科书选用制度的成功经验，以改进我国的教科书管理。

目前，我国教科书选用制度存在着诸多不足，改革之路十分漫长。这就需要我们不断克服前进道路上的重重困难，借鉴发达国家的成功经验，结合本国的实际情况，探索出一条适合我国国情的成功之路。无论对教科书选用制度的改革作何种趋势的预测，我们都必须看到，它始终是课程改革的一个范畴，并将随着课程改革的逐步深入而不断向前推进。

第八章

教科书的研制开发过程及其典型个案分析

教科书的研制开发是教科书研究的重要领域，也是极富创造性的技术工作和艺术加工过程，是将宏观的教育理念、课程理念物化为文本材料、教科书材料的过程。这个过程既是教科书编订者遵循课程标准的有关要求，将国家意志、人才质量标准物化为“理解课程”形式、文本材料形态，使其必须绝对达到课程标准的最低要求的过程，也是编订者发挥和创造的过程，其中既可以体现编者对课程标准的有关内容要求在贯彻、遵守之中进一步修缮、弥补的过程，也是对课程标准进一步检验的过程。

在本章，我们将系统探讨教科书编制的一般过程，详细分析教科书编制的典型个案，并比较深入地分析教科书出版质量保障的基本策略。

第一节 教科书研制过程的简要分析

根据我国的具体实践，我们可以把教科书研制过程分为启动、设计、编写、实验、送审五个阶段。① 由于教科书的编制工作主要集中在教科书设计和编写两个阶段完成，而教科书一旦编写完毕，一般不宜再进行较大规模的调整和修改，因此，教科书设计和编写两个阶段显得更为重要。

一、教科书启动阶段

教科书启动是教科书编制过程的始端和教科书设计的准备，主要是对整

① 本节主要参考：任长松．教科书编制过程中的评价：理论与实践［J］．课程·教材·教法，1996（7）．

个教科书编制过程进行规划，确定编制什么体例、风格的教科书，编制队伍的人员组成和运行的基本模式，确定整套教科书总的指导思想和编写原则。更主要的是开展准备性、背景性的调查研究，如对我国21世纪社会需求的调查研究，对我国教育方针政策（尤其是《纲要》、新的课程计划和课程标准）的研究，对国内外教育理论最新研究和进展的研究，对国内外教育实践改革实验和思潮的研究，对我国当前教育教学实际的研究，对我国（包括港台澳）及国外教科书及其编制经验的研究等。教科书启动阶段准备性、背景性研究是否进行得充分细致、系统深入，是影响后续各个阶段工作质量的基础。当然，教科书启动阶段也须要对原有的教科书进行评价，主要明确已有旧教科书优点、长处以便继承，而明确其缺陷与不足旨在改革和创新。同时，我们也可通过同类教科书的横向比较，以借鉴各家之长，为我所用。

二、教科书的设计阶段

在正式开始教科书编写之前，首先要对如何编写新教科书、编写什么样的新教科书进行设计，提出较为明确的设想。具体内容包括：确定教科书编写的原则、指导思想及其所要达到的目标，并围绕原则、指导思想对构建怎样的教科书体系，具体选择哪些教科书内容，教科书中的各部分具体学习内容采用怎样的编写方法或各个具体学习活动如何设计，教科书、练习册、教学参考书等各部分教科书如何配合，以及编写体例、版式设计、图文配合等方面的技术性问题提出种种想法，并从中选择和确定出适宜的教科书编写思路和教科书编写设想。

在教科书的设计阶段，对教科书各个方面所提出的各种设计进行评价是很有必要和益处的。在对教科书的各种设计设想的合理性、有效性进行评价时，由于尚没有编写完的教科书作为实验的对象，因而并不能开展实验来进行评价。国外为了在设计阶段的整个评价过程中能听取各种意见，以便同时阐明教科书的各种设计、设想的优点和缺点，常常在组织评价小组时事先就安排有各种不同观点、甚至相反观点的评价者参加，进行“集体审议”。通过公开进行的相互诘问过程，相互对立的评价者都尽力出示更好的、更有说服力的证据，并揭露对方任何经验材料和逻辑上的假象，从而使定量和定性的材料真实可靠。由于设计阶段的评价强调评价者的个人经验及所掌握的理论成果，因而其同艺术评论或品酒鉴定中的评价过程极为相似，总的说来，这种判断定向的方法强调在评价过程中进行判断和个人智慧的核心作用。特别注意的是，在择定了某种设计、设想进入教科书的编写阶段时，编写人员之间必须统一思想，统一认识，不能各自为政，相互对立。

我国在设计阶段的教科书评价者主要是本套教科书的编制人员本身（内部评价），也邀请编制群体之外的人参与评价（外部评价），主要有参与制定课程计划或教学大纲的人员，其他各套教科书编制的参与者（包括参与过国外或海外教科书编制的有经验的回国人员），大学或研究所中相应的学科教学法专家以及有丰富实践经验的第一线教师或教研员等。

三、教科书编写阶段

在教科书设计阶段，教科书编写的原则、思路等大的方面的问题能基本确定下来，但其中的许多具体问题往往无法被明确规定。因此，在开始编写教科书时，首先往往是根据所确定的编写设想编写样章，再通过小型研讨会对样章进行评价，对编写样章中出现的种种具体问题进行研讨，并最终对教科书编写作出更为明确的规定。然后，教科书编写者们才开始分头编写各自所负责的部分，最后编辑印装成册、成套。

教科书编写阶段分析、调整的主要目的有四点：一是分析、调整所编写的教科书是否符合设计阶段所确定的教科书编写思想和教科书设计方案；二是分析、调整设计阶段所确定的教科书编写思想和教科书设计方案在多大程度上能在具体的教科书编写过程中得到实现，发现教科书设计中不合理、不可取、不现实或不可行的地方，以便对其加以改进；三是对在设计阶段尚有争议或把握不准的某些教科书内容的编写方法（具体学习活动的设计）的合理性进行比较，以便根据最合理的方法编写教科书；四是分析、调整所编辑的教科书在技术方面（如版式设计等）的合理性。

在教科书编写阶段，除了要监控设计阶段所评价的几个方面以外，还要对所编写的教科书的技术方面加以分析、调整，其重点在于：教科书中具体学习内容的编写方法（课文、练习等）、配图的设计、版式设计、纸张品种等是否充分考虑了学生的年龄特点、学习规律和阅读心理；是否全面系统地了解、深刻地理解，并灵活地运用了发展心理学、学习心理学和阅读心理学等方面已有的研究成果和已有的个人经验；编校质量、印装质量是否合格等。例如：

在课文的设计方面，需要思考的问题集中在四个方面。一是课文的结构是否合理，即课文在整体上是否连贯和条理清楚，是否有较好的组织结构，是否通过章节的名称、标题、概要、前言、结论和主题，能使学生明了课文的结构并激发学生利用相关的先前知识。研究表明，组织较好的课文以及对读者来说组织方式很清楚的课文可以增加读者对所学课文知识的理解、记忆和应用的可能性。二是课文的局部相关性是否合理，即课文在局部上是否连贯和条理，代词所指对象是否明确，概念之间的关系是否清楚，各种观点之间的关系是否明朗，一种观点到另一种观点之间是否有一种逻辑上的联系。研究已经证实，在理解和记忆课文方面，课文局部的相关性或内聚力具有明显的重要性：对于用明确的连接词，特别是表示原因的连接词连接起来的句子，儿童更喜欢阅读，而且读得很快，有较好的记忆，但对需要猜测其连接词含义的句子记忆效果差。三是课文的密度是否合理，即课文中重要知识与非重要知识的比例或主要概念与细节的比例是否合适，课文是否以适当的比率引进新的重要概念，在主要概念之间插入的概念是清楚地阐明主要概念之间的关系，还是插入了一些不必要的细节，课文是否有助于学生集中注意力在主要概念上而避免在细节上分散时间。研究表明，阅读原文五分之一长度的概要的学生与那些阅读全文的学生相比，能够较好地掌握要点和学习新的相关材料。四是课文的语言风格是否符合读者的知识水平，是否生动活泼，直观形象。

在练习的设计方面，需要思考的问题集中在四个方面。一是在每章末尾和辅助练习册中学生的练习是否有助于学生选择性地注意学习和加工课本中的重要知识。研究表明，设计得较好的问题对学习行为和学习结果有显著的集中作用。二是每章末尾的问题是否有助于他们阅读和理解下一章或新学年的课本。三是练习是否有助于学生学习能力的培养。四是练习的难度和量是否合适。

课文的配图是否清晰鲜艳，主题突出。例如，有研究生在毕业论文中对我国已出版的几套教科书中的插图进行了分析，发现其中在性别差异问题上存在偏差：插图中男性明显多于女性，而且男性所扮演的角色多为正面人物，而女性所扮演的角色多为反面人物。

在版式设计方面是否合理，这涉及图文的编排，字体字号的选择和组织安排（对不同年龄阶段的学生、不同性质的课文内容等要根据发展心理学、学习心理学和阅读心理学方面已有的研究成果和已有的经验，选择有利于促进学习的字体字号和组织方式），彩色、双色或黑白本，装订方式（活页或合订）等等。

根据分析、评价的内容不同，采用的方法也不同。如对教科书编校质量、印装质量的评价，可根据已有的有关规定加以评价。对教科书中具体内容的编写方法是否合理进行评价时，则要以这种编写方法的实际教学效果为根据。例如，在编写小学数学教科书中20以内加、减法这一部分内容时，对于采用哪种编排方法来编写教科书这一问题，可以采用实验法，通过对不同编写方法的实际教学效果进行评价和比较来确定。

在教科书的编写阶段，对于教科书编写中的具体问题，已经可以在实际运用不同设计方法的实践中通过考察真实的使用结果来对各种不同的教科书设计方法加以比较和评价，从而择定根据哪种教科书设计来编写教科书。特别地，在根据不同编写方法的实际教学效果来对它们进行评价和比较（如对新的教科书编写方法与旧教科书的编写方法进行比较）时，对于不同编写方法的教学效果要有一个全面的考察：既要考察学生在知识方面的学习成绩，也要考察学生在能力、态度等方面的发展；既要考察学生是否达到了教学目标中所规定的要求（目标定向的评价），又要考察目标范围之外的非预期的实际学习结果（目标游离评价）。

如上所述，通过考察使用教科书原型的学习结果是否令人满意，即通过将实际的学习结果与所期望的学习结果相比较，可以确定实际结果与学习目标之间相一致的程度，从而据以评价所设计的教科书原型的有效性、合理性。如果实际的学习结果与所期望的学习结果之间存在差异，实际的结果没有达到期望的目标，这就说明需要作出努力，以改进不足之处。这种以目标为评价标准的评价方法就是“成绩——目标一致法”。

为了获得不同的教科书编写方式的可能效果，最理想的方式是对比实验法。即采用随机受控实验的方法，设立实验组和对照组，控制非实验变量（即“无关变量”），尽量排除无关变量在两组之间的差异，从而使两组在学习结果上的差异可以主要由编排方式方法这一教科书变量来解释。只有这样，才能不仅确定学习结果与教科书之间的相关性，而且能更准确、严格地确定这两个变量之间的因果联系，从而客观地评价出不同教科书编写方式方法（如新的教科书编写方法与旧的编写方法）之间在有效性或合理性上的真实差异，进而查明按不同方式方法（如新的教科书编写方法）编写的教科书在哪些方面是有效的，合理的，在哪些方面是不合理的，有待改进的。当然，由于教育实验大多是在自然情境下进行的，因而往往无法严格做到使实验组和对照组之间在非实验变量方面完全一致。这时，我们可以在结论分析时采用统计学上的一些方法，通过统计处理来排除非实验变量的影响。但是，由于各种困难，我们在实践中往往并没有设立对照组，没有对非实验变量加以控制，只是通过扩大实验规模并在尽可能多样的情境中开展实验，或依据评价者的个人经验来对某教科书编写方法的各种结果（通过学习结果评价等得知）加以归因：认定某一实验中学习结果令人满意（或不满），主要是（或不是）由于使用某种教科书编写方法所致。而这就可能影响实验阶段课程评价的客观性、权威性，从而使实验阶段的课程评价也带有一定的局限性。

当然，对编写阶段的评价，除了采用对比实验法之外，还可以采用其他方法，如通过“现场收集资料——分析资料——提炼并提出新问题——回到现场进一步收集资料”的不断循环，对这种编写方式方法为什么有效以及如何改进等进行分析和研究。这种方法就是自然主义评价。实际上，2001 年 9 月开始投入实验的多数出版社的教科书在编写阶段所采用的评价方法多以自然主义评价为主。其主要的形式就是在实验班依据新的教科书编写方法开展教学，教科书编写人员深入实践，反复听课并与实验教师切磋交流，有时要到全国各地调查研究，听取各方面意见，据此，进一步改进教科书编写方法，并再次实验，观察实验效果，最终将这一部分学习内容的教科书编写方法确定下来。一般地，当评价的目的是为了改进计划的制定、增强管理效果、检查它的实施或对特定地区的适用性时，自然主义评价是一种强有力的方法。

值得一提的是，编写阶段的质量监控者主要是教科书编写者，当然，参加某一教科书编写的一线教师（以及有着丰富的中小学课堂教学经验的专业人士）更有发言权，他们的经验和阅历往往能够识别低质量的教科书内容。

四、教科书实验、调试阶段

教科书编写完毕后，就可以进行一定规模、一定范围的教科书实验工作。实验主要有两种基本方法：一个是在小范围内进行实验，同时，对教科书某一部分具体内容某种编写方法的考察和评价，验证和调整；二是进行较大范围的推广实验，即在较大规模、更自然的情境中对编写印装好的成本或成套教科书的整体考察、分析、调试和完善。

就整体而言，教科书的小范围实验与大范围实验，其主要工作都在于验证教科书的编辑设想，完善教科书的各个环节，寻求教科书的整体效果。与教科书设计、教科书编写阶段重点考察教科书的合理性、有效性相比，这一阶段的工作侧重点在于考察教科书与其他相关学科的协调性，整套教科书的教学效果，教科书在不同地区、不同教育条件下的不同学校的可行性程度，以及教科书设计意图的物化、落实的实效等等。

其中，我们不仅要分析、评价所编制的课程教科书是否合理，还要分析、评价这一课程教科书在各种学校情境中的适用程度如何。对于教科书的可行性，主要分析、评价教师能否胜任，教师要胜任本教科书的教学，需要在哪些方面得到提高，学生学业负担是否过重，能否通过某些方面的改革使学生在合适的学业负担下顺利学完本教科书，需要进行哪些方面的改革。其中，首先要获得三方面的信息：使用某一课程教科书所需满足的必要条件（校舍、设备、师资、社会文化的适应性等）；各学校在这些方面的现状（包括教师和学生对教科书适应性的自我报告）；某一段时期内，学校在这些方面可望改进的最高程度。通过对所获得的以上三个方面的信息进行对比，就可以判断出该教科书的可行性。

如人民教育出版社义务教育教科书在教科书实验阶段设计的一套调查测试量表，包括实验班教师调查表、实验班学生情况统计表，实验班任课教师对教科书的评价表，实验班学生期末成绩统计表，实验班学生对教科书的评价调查和统计表，实验班学生家长意见调查和统计表，实验学校领导对教科书实验评价表等 14 个量表，其中就有对各学校实验班状况，尤其对于其中教师和学生对教科书适应性的自我报告的调查和评价。

在教科书实验阶段，承担教科书质量监控的人员主要是参加教科书实验的一线教师和教科书编制者，也包括与教科书使用有关的专业人员（如教研员等），甚至包括家长。

五、教科书送审阶段

通过较大范围的教科书实验和进一步的完善、修改，教科书在合理性、可行性方面都基本达到了令人满意的水平。这时，编制者就可以满怀信心地准备送审报告，并将所编制的教科书一本本地送审。这时，所送审的每一教科书都要经过国家教育部的审查和教材审定委员会的评审（终结性评价）。评审意见下来后，教科书编制者还要根据评审意见对教科书进一步进行修改和完善，并准备从大规模使用或推广的角度来研究教科书投入使用的问题。通过审定的教科书推向市场，并在其必要条件（如校舍、设备、教师培训等）加以保证的基础上得到推广后，仍须要进行持续的追踪调查，以便为进一步的修改、完善提供可靠信息。

目前，我国大陆地区主要采取国家审定制度。教育部成立全国中小学教材审定委员会，负责国家课程教科书的审定，地方课程教科书由省级中小学教材审定委员会进行审定。全国中小学教材审定委员会下设各学科教材审查委员会。各学科审查委员会由学科专家、教研人员和中小学教师组成，负责本学科教材的审查，向审定委员会提出审定报告。经全国中小学教材审定委员会审定通过的教材，经教育部批准后，被列入中小学用书目录，供学校选用。

特别须要指出的是，进入 21 世纪以来，我国中小学教科书的编写审定采取新的办法（参见 2001 年 6 月 7 日发布的《中小学教材编写审定管理暂行办法》（教育部令第 11 号发布）58），即：教材编写实行项目管理，先立项，取得资格，才能开始组建编写组，开始编写。申请立项的教材应为国家课程或地方课程方案所规定的科目，教材在规定时间完成编写后送国家、省级教材审定机构初审。教材初审通过后，可在 400 个班或 2 万名学生的范围内进行实验。国务院教育行政部门负责对教材实验进行跟踪评价。经全国中小学教材审定委员会审定通过的教材，经国务院教育行政部门批准后被列入全国中小学教学用书目录，供学校选用。经省级中小学教材审定委员会审定通过的教材，经省级教育行政部门批准后被列入本省（自治区、直辖市）中小学教学用书目录，供学校选用。

第二节　教科书编制的典型个案分析

——以苏教版小学数学为例①

教科书编制是一项复杂的系统工程，其中既需要对课程体系中的基本理念、基本原则和基本关系进行宏观思考，又需要对每一项活动、每一句表达进行反复推敲；既需要充分发挥每一位参编者的聪明才智，更需要整个编制工作群体的相互协调和共同努力；既要有科学周详的工作安排，也要有适时适度的灵活变通。在本节，我们以苏教版《义务教育课程标准小学数学实验教科书》编制过程为例，分析教科书编制过程及其保障措施，以大体勾画教科书研制的基本思路，揭示教科书研发阶段质量保障的主要机制、关键措施以及苏教版教科书研制组所作的努力。

苏教版小学数学实验教科书研发工作于 2001 年开始启动。经过 5 年多的努力，编出的全套共 12 册教科书已经由全国中小学教材审定委员会初审通过，并在全国 20 多个省（市、自治区）的部分实验区实验使用。

一、教科书的规划设计阶段

这个阶段主要包括教科书研发工作的事前评估，如研发周期、资金投入以及教科书可能的使用范围和使用频度，教科书研发工作的合作机制、人员

---

① 本部分是 BHA030025 课题的子课题“苏教版义务教育课程标准小学数学实验教科书研制开发的实践”核心成果，由苏教版小学数学教科书主编王林为组长的研究组承担，并在 2006 年 7 月完成。

构成以及相应的工作方法和流程的初步设想，小学数学课程与教科书传统、现状与发展趋势的分析研究，教科书基本内容的选择和内容结构的设计，教科书叙述方式、沟通模型、图文风格以及版式的选择和确定等等。其中，工作重点大体包括组建研发队伍，分析现状行情，进行教科书设计规划等若干方面。

（一）组建研发队伍

苏教版教科书的研发工作由江苏省教育科学研究院基础教育课程教材研究中心负责组织、协调和管理，由南京东方数学教育科学研究所和江苏教育出版社小学教育事业部负责实施。考虑到研发工作涉及面广，要求较高，周期较长，组建研发队伍时，我们依据满足工作需要、确保研发质量的原则，既注意了队伍的权威性、专业性，又注意了队伍的广泛代表性。在苏教版编写队伍中，一线优秀教师和教学研究人员约占40%，专业编写人员约占30%，资深学科教学专家约占20%，著名课程、教科书专家约占10%。其中，一线优秀教师和教学研究人员提供各种创意和基本素材，专业编写人员依据教科书总体构思以及基本素材完成文本初稿，资深学科教学专家进行反复推敲和论证，著名课程、教科书专家审核把关。实践表明，这样的人员结构以及相应的工作分工既能充分发挥不同层次研发人员的工作经验和专业特长，又能整合群体智慧，有利于从不同角度探索解决问题的方法，进而提高教科书的质量，提升教科书的品位。此外，以论文评选、观摩研讨、网络交流、问卷调查等多种形式，还可以尽可能多地吸引广大小学数学教师、教研人员以及其他有关方面专家参与教科书的研制开发工作，并及时吸纳他们在教学实践中创造出的新鲜经验和合理建议，从而逐步形成一种开放的教科书研发新格局。

（二）分析、研究小学数学教科书的传统、现状与发展趋势

与基础教育课程体系中的各类教科书一样，小学数学教科书总是与特定历史时期的社会发展和需要密切相关。认真分析、研究小学数学教科书的传统、现状与发展趋势，并作出相对客观的评价，有利于进一步明确教科书改革的重点，形成新的教科书研发工作的基本思路，并确立相应的突破方向。编写组用课程改革的最新理念重新审视传统小学数学教科书，一方面充分挖掘其在内容选择、结构安排、技能训练、知识拓展等方面的成功经验；另一方面也正视其目标狭窄，内容繁难偏旧，呈现形式单一，以及过于强调学科自身的逻辑严谨而忽视学生获取知识方式的个性化与多样化等不适应时代发展和推进素质教育要求的种种弊端，充分吸纳其精华，大胆改造其不合理的

成分。编写组也十分重视国内外不同版本小学数学教科书的比较，努力研究它们在课程理念、内容确定、素材选择、活动设计以及沟通模型等方面的特色及差异。此外，编写组还十分重视研读相关的数学课程理论、数学教学理论和数学学习理论，从中遴选出适合不同领域、不同阶段教学内容特点的主导性观点，同时通过适当整合，以求在保持其精神内核的同时，使之更加符合我国小学教育实际及文化背景，从而更好地把握小学数学课程以及教科书编制的发展趋势。

（三）明确教科书的基本内容，并设计相应的内容结构

在内容确定方面，编写组充分依据《课程标准》的相关规定和要求，坚持用发展的眼光考察、衡量数学的教育价值，选择能满足学生未来社会生活需要、适应学生个性发展的学习内容。具体来说，着重考虑了以下几个问题：第一，内容的基础性。着眼于让全体学生都能接触到小学数学的核心内容，看选择的这些内容是否涵盖了整个学科知识系统中的基本事实、概念、法则和思想方法，是否具备构成学科知识系统顺序性所不可欠缺的基础，是否有利于学生形成必要的基本技能；看选择的这些内容是否有助于学生把所学的知识向其他领域迁移，并用以阐述新的事实、解决新的问题。第二，内容的适切性。看选择的这些内容是否与小学生智力发展阶段相适应，逻辑上有无过分的跳跃，思维和创造性有无过分的要求；看选择的这些内容是否与小学生已有的知识积累相适应，能否引发众多学生的兴趣，诱发学生的好奇与疑问，并有利于他们体验学习的成功感；看选择的这些内容是否与小学生的生活经验相适应，是否有利于学生充分利用实际生活经验获得理解，是否有利于学生超越已有经验，并产生积极的探究心向。第三，内容的选择性。着眼于使教科书具有适度的弹性，以适应不同学生的学习需要，看所选择的内容是否具有产生不同解释的可能性；是否便于由不同层次的问题产生不同深度的理解；是否便于设计适合不同学生解决的问题层次等等。

内容结构的设计主要涉及两个问题：一是不同领域数学内容怎样交叉安排，合理搭配；二是同一领域数学内容怎样合理划分其教学段落和单元。对于前者，一方面要注意通过各领域教学内容的交叉安排和合理搭配，体现知识之间的相互作用和适当关联，以便组织教学，提高教学效率；另一方面要注意提供合适的机会，沟通各领域数学内容的联系，以引导学生综合运用数学知识和方法解决问题，并在此过程中进一步理解数学的丰富内涵，促进不同数学能力的协同发展。对于第二个问题，首先须要注意小学数学学科自身的组织结构特性，以体现知识内在联系的逻辑方法，正确揭示知识发生、发

展的来龙去脉。其次须要注意学生学习每一个阶段数学知识时的前提条件。因为学生学习某个内容之间，必须以相关的知识技能为前提，在教科书中，倘若A必须是B的前提这一关系存在，那么A→B的排列顺序便是理所当然的。最后，由于学生不只学习一门学科，所以，也要适当考虑学生在其他学科中正在形成的学习经验，从而对相关数学内容的前后顺序作出相应调整。

（四）选择和确定教科书的叙述方式、沟通模型和图文风格

教科书的叙述方式、沟通模型和图文风格等问题，其实就是怎样把教科书的内容出色地呈现给师生的问题。对这个问题的处理，既要充分考虑小学数学的学科特点——教科书要有利于学生把日常生活中获得的零星、分散和无序的经验有序化和系统化；也要充分考虑小学生的年龄特征和学习心理——教科书要有利于吸引学生主动阅读，自主探索，并获得相应的理解。通过反复比较和充分研究，编写组对上述问题取得了如下一些共识。第一，以解决现实情境中的问题为主线，以代表教师形象的卡通人做出应对情境的一系列提问和提示；以代表学生形象的卡通人做出回应这一系列提问和提示的解答，并呈现从学生角度所作的思考以及可能遇到的困惑，从而引导学生在此过程中生动活泼地实现数学知识的主动建构，领会贯穿其中的数学思想方法，并产生进一步应用知识解决问题的积极心向。第二，对一些居于核心地位的基本概念、公式、规律和结论，则通过直接叙述予以揭示，目的是让学生在没有教师指导的情况下也能方便地把握教科书的基本内容。第三，对于旨在帮助学生进一步掌握知识，并形成必要的技能、技巧，以及发展数学思考和提高解决问题能力的训练材料，则依据学习的不同阶段特点，分别以“试一试”、“练一练”、“想想做做”、“练习”、“复习”等形式呈现。第四，教科书的语言力求简单明了，亲切易懂，不加过分雕琢，尽可能避免超越学生发展阶段的陌生词汇和语句。第五，合理配置图画、照片。这里所说的“合理配置”有两层意思：一是充分利用图画、照片等强刺激的视觉材料吸引学生主动投入学习活动；二是适当注意图文结合，以避免一些不必要的理解上的混乱，并启发学生把对外在形式的兴趣逐步转变为对数学内部原理和规律的兴趣。

二、素材收集和整理阶段

所谓素材，主要是指用以呈现基于数学事实的问题情境，用以探索和发现数学规律的原始数据，用以巩固练习和拓展应用的数学习题，用以引导学生综合应用数学知识方法、体验数学应用价值的实践活动和简单实验，用以

体现数学文化价值的背景材料、数学游戏以及社会、自然、科学、日常生活中的数学现象等等。从教科书编制的角度来说，大量占有上述素材十分重要。可以说，素材愈丰富，教科书的可读性和吸引力就愈能得到保障，教科书的个性化特点也就愈鲜明。

对于构成素材的信息，编写组着重采取如下途径。第一，从儿童熟悉和感兴趣的事物中寻找。这主要是考虑来源于儿童身边的、熟悉的和感兴趣的素材，有利于激活学生已有的生活经验，有助于促进学生对相关数学知识和方法的理解，并能使他们逐步形成对数学学习的亲切感和认同感。第二，从义务教育课程体系中的其他学科中寻找。这样做有利于学生从数学角度体会各学科知识间的相互关联，体会数学的广泛应用价值。当然，这里必须十分注意理解相关信息的视角，以尽可能避免不必要的重复。第三，从社会、自然和科学现象中寻找。这类素材不仅有利于激发学生的好奇心，激发蕴含在不同学生个体身上的灵感与潜力，而且有利于拓宽学生的知识视野，增强数学促进学生发展的功能。第四，从报纸、杂志、网络等传媒中寻找。从这一途径获得的素材往往最新鲜，最生动，也最富有时代气息，但对于教科书来说存在着时效性的问题。第五，在案例征集、观摩研讨以及教师日常教学中寻找。教师针对某个具体内容进行的设计、教学、总结和反思是个体经验和智慧的结晶，能真实反映小学数学教与学的实际情况。通过理性分析汲取营养，既能直接丰富编制教科书的素材，又能启发编写组进一步打开收集素材的思路。

教科书的整理主要为了在后续的文本编写中方便地检索、选择和加工。进行素材的整理时，一要注意按不同的内容领域合理进行分类。当然，很多情况下，一种素材并不是单一地对应于某个内容领域，这需要灵活地加以处理。二要适当考虑借助该素材可以展开哪些学习活动，这样的素材是否有助于促进学生主动地、生动活泼地学习。若是这样，则应对该素材予以特别的关注。三要注意核实素材的真实性、可靠性。特别是一些原始的数据、图片以及一些重要的结论，可通过不同途径的重新收集，或通过与权威资料的比对加以验证。

三、文本形成阶段

这个阶段的工作主要涉及素材的进一步加工、内容结构的进一步完善、数学活动的设计、数学练习的安排以及文字图片的组织和推敲。形成文本初稿后，文本初稿还要经历不同层次专家的反复论证和审核，必要时，也要进一步征求部分教师、学生和家长的意见。在这个阶段的工作中，编写组着重关注以下几个方面的问题。

（一）充分考虑学生已有的知识和经验

这个问题是教科书编写过程中首先需要考虑的问题，是制约教科书编写质量的关键因素。学习无非已有知识和经验的变革与扩充，所以，与儿童已有知识经验脱节的材料，从原理上说，是不可能成为学习对象的。在课堂上，学生总是在已有知识和经验的基础上理解并吸纳新的信息，完成对已有知识经验的改造，并形成更具价值的认识和判断。正如建构主义教学论明确指出的："复杂的学习领域应针对学习者先前的经验和学习者的兴趣，只有这样，才能激发学习者的积极性，学习更可能是主动的。"具体的做法，一是认真分析学生在相应阶段"应知"和"需知"的内容，设想他们面临某个新的数学现象或问题时可能产生的想法，并结合知识自身的逻辑顺序确定解决什么问题，传达怎样的数学知识和方法以及选择什么例子，设计怎样的提示。二是认真分析各年龄段学生的认知心理，反复琢磨能使学生保持能动学习心态的方法。其中，低年级学生主要依靠有趣现象、故事情节、操作材料或游戏活动来达到这一目的。学生随着年龄的递增和学习心理的日趋成熟，则主要依靠精心设计的问题情境、制造认知的矛盾和冲突、展示数学自身的惊奇和魅力来达到保持能动学习心态的目的。

（二）突出基本数学原理和方法

所谓基本数学原理和方法，是指在数学学科体系中居于核心和支配地位，具有较强包摄力的那些数学知识及其所体现的数学思想和方法。对这些基本原理和方法的理解和掌握不仅影响学生良好认知结构的形成，而且决定着学生能否自觉地把所学内容向未知领域迁移，并合理地解决新的问题。为此，在教科书的编写过程中，首先需要进一步完善内容结构。要考察构成教科书系统的内容顺序和单元划分是否有必要作些调整；要考察各部分内容在系统总体中所占的比重是否合适；要考察各部分内容的组成要素之间是否还可以采用更巧妙的联结方式，从而进一步突出基本数学原理和方法在内容结构中的位置，并方便学生由此及彼、举一反三地进行探索性学习。其次，选择足够典型的例子，并由此出发引导学生经历观察操作、分析归纳、猜想验证、合作交流等过程，进而领悟相关例子所蕴含的数学内容。这样的例子既可来自对相关素材的进一步加工，也可来自于内容展开过程中的灵感。同时，例子本身要与学生已有的生活经验相适应，并具有一定的吸引力。再次，要为学生提供用不同方式表达基本数学原理和方法的机会，并要以合适的方式提醒学生注意到这些基本原理和方法的变式、适用范围以及有可能出现的例外等等。

（三）提供有利于师生互动的活动线索

师生互动是中小学课堂教学的主要形式和基本要求。事实上，基于师生互动的教与学有助于学习个体更好地对自己的思考进行建构，并适时地调节自己的学习方法和学习心向，主动、高效地将学习活动持续下去。为此，设计活动线索时，首先要着眼于引导学生合理选择学习方式，并为教师组织教学活动提供实实在在的启示。在这里，一方面需要编写组根据不同内容的特点，选择主导性的学习方式。活动线索大体决定了学生采用何种学习方式，而学习方式的选择取决于教学内容的特点。另一方面，编写组也必须认识到，即使同一性质的内容，由于学习的先后顺序或场景不同，主导性的学习方式也应该有所变化。这不仅因为学生在不同阶段的知识经验和心智成熟程度有所差异，还因为学生在不同场景中产生的心理反应以及所能调动的生活经验也不尽相同。此外，活动线索的设计还应强调清晰和富有创意。因为只有清晰，才便于操作；只有富有创意，才能吸引学生的主动思考和探究。

（四）重视数学应用，努力体现数学课程的综合性

加强数学的应用，注重培养学生的数学应用意识是本次课程改革的基本理念之一。学习数学，不能仅仅停留在掌握知识的层面上，还必须学会应用。只有如此，才能使数学学习富有生命力，才能真正实现数学的价值。为进一步突出数学应用，编写组在教科书编写过程中主要采取了如下几条措施：第一，注意联系实际生活背景，引导学生感受数学与现实生活的密切联系，体会小学数学的大量知识均来源于实际生活，学习数学是因为实际生活的客观需要；第二，通过不同方式呈现数学应用的一些典型例子，包括数学在家庭生活、校园生活、社会生活以及一些重要科技工程中的应用，以使学生加深对数学应用的理解和体会；第三，为学生提供运用所学知识解释生活现象、解决实际问题的条件和机会，除了在例题和习题中提供大量具有原始背景的实际问题让学生解答之外，还可经常鼓励学生进行实际调查，参加实践活动，开展小制作、小实验，以启发学生不断增强数学应用意识。

数学课程的综合性是由数学的学科属性决定的。这不仅因为我们可以从数学内部、不同学科乃至现实生活的方方面面找到数学普适性与广泛联系性的身影，还因为数学应用的过程是一个综合的思维活动，需要许多数学知识和能力的协同配合。因此，如果我们重视了数学应用与联系，就可以很好地使数学课程体现出综合性特征。除此之外，有计划、系统地编排“实践与综合应用部分”，让学生围绕某个主题，以自主探索、合作交流的方式理解问

题，解决问题，体会不同领域数学内容以及数学与社会、科技、生活以及其他学科的联系，也可以使数学课程体现出其综合性的特征。

四、组织实验阶段

教科书实验是检验教科书编写质量的关键环节，也直接决定着教学质量和学生的发展。教师对课程改革理念的认同和认识程度，对教科书的理解和把握，对教学活动的组织和调控等都必然影响着教科书实验的质量。因此，提高教科书实验的质量，关键在教师，落脚点在课堂。在实验过程中，编写组主要通过以下六条途径构建教科书实验的支持系统，在保障教科书实验质量的同时，获得丰富的来自教学一线的信息，以促进教科书的完善和更新。

（一）扎实有效的教师培训

教师培训工作是保证教科书实验质量的前提。依据教育部《关于开展基础教育新课程师资培训工作的意见》精神，按照“先培训，后上岗；不培训，不上岗”的原则，编写组从实验区的实际情况出发，以抓好教研员和骨干教师的培训为切入点，以全员培训为目标，分层次、滚动式地开展培训，将教师培训工作贯穿于教科书实验的全过程。培训内容包括四个方面：一是了解课程改革的背景，领会课程改革的指导思想、教育观念、改革目标，增强实施课程改革的自觉性和责任感；二是学习《课程标准》，把握数学学科的课程目标、具体内容和评估要求，掌握实施新课程的有效教学方法和手段；三是研究教科书，把握教科书在编写思路、结构体例、内容和要求方面的特点，逐步提高教师驾驭教科书的能力；四是进行课堂教学实践，改进教学方法，努力提高教师的专业水平。编写组注重将集中培训和分散培训相结合，将短期面授和长期跟踪指导相结合，倡导培训者和教师平等对话与交流，真正解决教师在实际教学中遇到的困惑和困难。每学期举行一次集中的国家级培训，约请数学课程研究、教科书编写和教学研究等方面的专家作为培训者，并在实验区遴选、优选青年教师执教研讨课，进行教科书分析和教学研讨；根据实验区的要求，不定期地组织专家到县级及县以上实验区进行直接面向每一位实验教师的培训。几年来，编写组先后在江苏南京、山东青岛、广东深圳等地举行了11次集中的国家级培训，累计参加培训的教师约有5万人。

（二）求真务实的课题研究

课题研究能够有效地提升教科书实验工作的品位，促使教师对数学教学进行理性思考，激活教师的研究意识和潜能，完善和发展教科书。编写组联合教育部基础教育课程改革南京师范大学研究中心、21世纪课程教科书研究中心和苏教版小学数学教科书编辑部等几家单位，组织了国家课程标准小学数学实验教科书（苏教版）教科研课题研究。课题研究的内容以教科书建设的研究为主，包括现阶段小学数学教育教学现状与教科书的改进和提高，现代数学的进展对教科书建设的影响，教科书设计方法论研究，苏教版教科书与其他版本教科书的比较研究，教科书与其他学科的整合，教科书内容结构与呈现方式的优化等课题，同时涉及教科书教学实验、校本课程开发等方面的研究。为了保证课题研究的实效，编写组采取了以下措施。一是成立以课题研究和学科教学专家组成的课题指导小组，对申报课题的研究价值和可行性进行论证，评选出立项课题和重点课题。到目前为止，编写组已经组织两期课题申报，共批准立项课题 119 项，重点课题 44 项。其中有近 30 项课题已经顺利结题。二是参与课题研究的人员必须有中级以上的职称，这使课题研究的质量能够切实得到保证。事实上，课题主持人多数都是省、市、县（区）教研员，也有学校校长和骨干教师。三是重视过程管理和服务工作。由专人负责对课题研究的进度、质量进行检查，解答课题研究工作中的疑难问题，提供及时有效的服务。组织召开课题中期成果交流会，由各课题主持人交流课题研究的进展情况和研究的体会，商讨课题深入推进的策略。四是对重点课题提供一定的经费支持。由于各课题单位的大力支持，课题研究取得了一定的成果，编写组于 2006 年底对结题的课题成果进行评选和推广，有些成果已经直接或间接地体现在教科书建设中。

（三）资源丰富的教学网站

为了更好地服务于使用苏教版教科书的教师，更好地服务于使用苏教版教科书的学生，编写组创建了小学数学教学网（www. xxsx. cn）。网站分“教科书资源”、“理论研究”、“教学资源”、“实验园地”、“课题研究”、“学生乐园”和“论坛”几个板块。其中“教科书资源”板块提供了电子课本、教科书分析、教科书研究等方面的资料，“理论研究”板块提供了国内外数学教育的最新成果和前沿观点，“教学资源”集中了优秀教师的教学视频、典型教学内容的教学设计、成功的教学案例、翔实的备课资料和精美实用的教学课件，“实验园地”及时发布了教科书实验的最新信息和实验经验，“课题研究”展示了各课题研究的阶段性成果，“学生乐园”是学生课外探究数学的自在天地，“论坛”则是教师发表意见、抒发感想的自由场所。特别是教科书主编和编委还担任有关教科书使用栏目的论坛版主，为广大教师和专家的直接交流提供了可能。小学数学教学网已经成为很多教师教学生活中必不可少的一个帮手和朋友。它为教师提供了丰富的教学资源，为教科书编者和教师搭建了交流的平台，为各实验区的教师编织了沟通的纽带。目前，网站访问点击量已超过190万人次，文章总数5 500多篇，注册网友已经超过48 000人。

（四）鲜活灵动的学科杂志

为了给广大教师提供更权威的展示教科书实验成果的平台，编写组编辑、出版了《小学数学教学》及其增刊。这是主要面向苏教版小学数学教科书实验的教师及相关研究人员的学科教学专业杂志。杂志每月出版一期，力求展示教科书研究的最新成果，紧密贴近一线的教学实际，符合不同层次教师的需求。其中包括几个专栏："名师访谈"集中展示了实验区青年特级教师的成长经历和教学经验；"课改沙龙"围绕热点问题，从不同角度展开论述或讨论；"备课参考"结合教学进度，对重点的教学内容提出了富有指导性的备课建议；"课例交流"展示了值得借鉴的教学设计方案；"案例反思"从典型教学案例入手，进行深入探讨和剖析；"创新火花"展示有创意的想法和做法；"新秀园地"专为教龄在5年以内教师开辟的"处女地"。增刊每季度出版一期，侧重分阶段传递实验工作信息，推动实验专题研究，提供了翔实的培训资料。几年来，《小学数学教学》以鲜活灵动的风格吸引了越来越多的实验区教师的眼球，同时它对教科书实验，特别是教师的专业成长起到了催化的作用。

（五）方便实用的教辅材料

教学辅助材料是教科书实验必不可少的补充和支撑。编写组开发了电子教辅材料和文本教辅材料。电子教辅材料包括配套的教师用的教学光盘、学生用的游戏光盘和投影片，由著名特级教师担纲主编，并由专业的设计公司制作。教师既可以直接在教学中使用教学光盘，也可以根据需要利用其中的素材库自己制作课件。学生用的游戏光盘则可结合学习进度，寓数学学习于游戏中。文本教辅材料包括教师教学用书、和教科书配套的挂图、练习、试卷、学具卡片、口算卡片等。这些材料都充分体现了课程改革的理念和教科书编写的意图，在不加重学生学习负担的前提下，能有效地帮助学生巩固并掌握基本的数学知识与数学技能。

（六）各种评比和竞赛活动

教科书实验的成果最终要通过论文或课堂教学等方式加以展示。编写组先后多次组织了教学论文评选、教学设计评比、案例与反思评比以及优秀录像课评选、课堂教学竞赛活动，参与这些活动的教师人数多，充分体现了教师对新课程和新教科书理念的认识，展现了教师创造性地进行教学实践的丰硕成果。同时，为了使教科书实验的要求更明确，取得预期的效果，编写组还在江苏省内各实验区下发了《苏教版课程标准小学数学教科书实验方案(试行稿)》，供各实验区组织教学实验和教学研究使用，省外实验区可以参考这一方案，并结合本地实际酌情调整。

五、收集信息完善教科书阶段

教科书进入实验阶段后应保持相对的稳定性，这样有利于教师逐渐熟悉和使用教科书，提高驾驭教科书的能力。但教科书总是不可避免地滞后于时代的发展，因此，一套对学生负责任的教科书又必然一直处于动态的、逐步完善的阶段。编写组注意倾听来自不同地区一线教师的心声，通过多种途径广泛收集信息。

（一）问卷调查

2004年，编写组精心选择了全国不同地区不同类型的学校，以问卷调查的形式向其对第一学段的教科书进行了广泛的意见征集。这次的意见征集主要侧重于教科书各领域内容的安排，特别是课程标准新增加的教学内容以及教科书为其作出独特安排或创新处理的内容。比如：在认识10以内的数时，教科书把数的组成知识集中编排在“分与合”这个单元，实际教学效果怎样？有没有必要在认识整数的系列中安排“千以内数的认识”这一环节？……一年级（上册）“认位置”中关于左、右的教学要求，怎样定位比较合适？“观察物体”应该教学哪些内容，分别怎样安排比较合适？……在每册都安排一个有关统计内容的单元，是否有必要？可以怎样调整？有关“平均数”的内容是否有利于学生把握平均数的本质，突出了平均数作为一个统计量的特征？“实践活动”领域，教科书安排的场景型活动选择的场景学生是否喜欢，能不能吸引学生积极参与？教科书给学生提出问题的空间过大还是过小？其他方面，教科书中“你知道吗”选择的内容适合学生阅读吗？还可以选择哪些内容？对教科书中思考题的内容、难度和形式有什么意见和建议？2007年，编写组计划将对整套教科书的使用情况再进行一次全国范围内的意见征集。这次征集将不仅针对教学内容的评价和建议，还包括对教科书编写体例、例题编写、练习安排、版式、素材、插图、语言文字等方面的意见和想法，为整套教科书的修订和完善作好准备（注：截止到本稿出版时此项工作已完成）。

（二）召开座谈会

问卷调查可以大面积地进行，有助于了解整体的情况。但问卷是事先拟订好的，被调查的对象只能被动地回答问题，还可能忽略一些值得改进的问题。召开教师座谈会则可以更全面、深入地了解教师的意见和建议。编写组先后有针对性地选择不同的对象，召开了几次征求教科书实验意见的座谈会。其中有国家级实验区实验教师的座谈会，有江苏各地级市推荐的教师代表座谈会（交流整个地级市使用教科书的意见和建议），有江苏省外实验区部分教研员座谈会，有同时使用其他版本教科书的地区教师座谈会。通过召开座谈会，编写组充分地了解了全国各地使用教科书的情况，教师们在肯定教科书优点的同时，又提出了许多有价值的建议和意见。另外，编写组还具体地了解了其他版本教科书的长处，便于修订教科书时取长补短。

（三）课堂观察

观察教学过程中学生和教师表现出来的行为、学生间的互动，是检验教科书编写质量的有效手段。一方面，编写注意认真分析实验教师自己记录的课堂教学观察与分析情况，了解每课时教科书内容的安排是否合理，怎样改进。另一方面，编写组还注意深入课堂，观察课堂教学的实际情况。特别是对一些估计教师教学时可能有困难的教学内容进行重点跟踪，更全面地把握和分析教学的实际场境，对教科书内容作出合理的调整。

（四）测试分析

检验教科书编写的质量最终要落实到学生的学习效果上。一套好的教科书不仅要能使学生感到好学，还要能使学生学好，使学生学习之后获得全面、和谐的发展。为了比较科学地测试和评价实验情况，根据实验区的实际情况，教科书实验研究组采取分层典型抽样的方法确定了一定数量的样本班，并保持样本班相对稳定。原则上每所参与实验的学校抽取一个样本班，在每个学期结束时对样本班的学生进行统一的期末测试。测试卷由教科书实验研究组统一命题，由各县（区）教研室组织测试，测试结束后经过简单统计的测试结果寄到编辑部，再由教科书实验研究组负责对全国各地的测试情况进行汇总，作进一步的分析。2002 年 1 月下旬，教科书实验研究组对江苏、山东、山西、青海、深圳等 14 个地区 66 所小学的学生和教师进行了抽样调查，农村小学占被调查学校数的 51.5%。参加调查的班级是 67 个，被调查的学生 2 639 人，教师 199 人（填写教师问卷的有非样本班的教师）。从样本班的教师、家长和学生情况看，样本班具有代表性和普遍性。绝大部分教师认为一年级（上册）实验教科书符合国家数学课程标准的要求，有利于教师转变教学思想，改善教学方式，体现了新、实、活的编写思想。在被调查的 2 639 名学生中，有 864 名学生接受了对学习兴趣的调查，结果表明大多数学生对数学学习是感兴趣的，学生期末测试平均正确率达到 90.8%。

教科书符合课程标准的要求，既关注基础知识与基本技能目标的掌握，又关注数学思考、解决问题、情感与态度等方面目标的落实。从测试结果看，城市小学和农村小学没有显著差异，只是东部地区和西部地区有一定差异。但是，学生的平均正确率大都在90%以上。这说明教科书能够保证广大地区特别是农村地区学生的学习质量，教科书具有旺盛的生命力。随着教师对教科书特点逐渐掌握和对教科书内容逐渐熟悉，同样一册教科书的教学效果越来越好，这从一个侧面说明教科书保持稳定的重要性。同时，在每次的测试分析中，编写组还逐题进行了答题情况的分析，这种分析清楚地反映了学生对某一知识点的掌握情况，对合理调整教科书的难易程度提供了重要的数据。

在掌握并整理了充分的反馈意见后，教科书完善的工作便进入论证与实施阶段。编委们逐一分析、讨论这些意见，既分析这些意见是否有价值，又分析促使教师产生这些意见的原因，从而形成完善教科书的思路。本着实事求是的精神和对每一名学生负责的态度，教科书从整体结构到具体细节都得到不断完善。

第一，合理调整教科书的内容安排。教科书内容的调整通常要在考虑全局的基础上进行更为审慎的思考。比如，有关“探索规律”和“解决问题策略”的教学。为了更好地培养学生探索规律的意识和能力，教科书原来在三年级（上册）开始集中安排了探索规律的单元，但教学实践表明，部分学生观察、分析和概括能力的发展与教学要求还有距离，探索规律有一定的难度，调整后的教科书将这一单元内容顺次后移了一个学年。解决问题的策略这一单元是从发展学生解决问题的策略这一角度安排的，原先过多地关注了画图、列表、还原、假设等重要的解题策略，而对解决问题中基本的策略，如分析数量关系的基本方法等重视不够，调整后的教科书从三年级开始补充安排这些策略。

第二，灵活调整教学的活动线索。教科书安排的活动线索直接决定着学生的学习方式和学习效果。合适的活动线索应该建立在对学生已有知识经验和学习规律准确把握的基础上，对相关内容活动线索的调整应切实有助于学生展开学习活动。比如，教学“认识线段”时，原来教科书只安排了把桌上毛线拉直的活动，通过这一活动让学生感知“线段是直的”这一特征。但这一活动不能帮助学生体验线段还有长短。于是，调整后的教科书增加了一个折长方形纸片，先让学生把一张长方形纸对折，知道折痕也可以看作一条线段，然后要求学生折出比这条折痕长（或短）的另一条折痕，帮助学生体会线段的另一个基本特征，即线段是有长短的。

第三，重视对教科书细节的完善。细节彰显品质，细节凸显质量。重视对细节的完善，就是不放过教科书中每一个细小的环节可能存在的疏漏，细致到一幅插图内容左右顺序的调整，一句提示语的表达，一个词语的表述……比如，教科书安排的第一节课“数一数”，先引导学生在情境图中数出 1 至 10 个数量的物体，然后用点子图把物体的个数画下来。原来教科书在 4、5、6 个物体小图的下面画上了点子，调整后的教科书把这三幅图下面的点子去掉了，这就为学生运用画点子的办法表示物体的个数提供了机会。“比一比”一课，原来教科书安排的内容关注了比较的结果，调整后的教科书更突出了比较方法的探讨。“量长度”中的实践活动，原本安排了想办法量出篮球架的高这一问题，但实际上二年级的学生无法操作。调整后的教科书将这一活动改为要求学生量出自己走 10 步的长度，量出从篮球场的一端走到另一端的长度，让学生从比较中体会各种测量方法的特点。类似这样的细节调整还有很多，体现了对教科书精益求精的质量追求。

第三节 教科书出版质量保障的对策研究

——ISO 质量管理：基础教育教科书出版质量保障的出路①

当前，我国基础教育教科书的出版发行正处在一个关键的转型时期。如何构建教科书出版的质量保障机制，以改变教科书出版中的种种无序状态？笔者以为，实行 ISO 质量管理，真正注重教科书出版质量，以质量求生存和发展，才是基础教育教科书出版质量保障的出路。

一、建立基础教育教科书出版质量保障机制的必要性

2001 年 6 月，教育部颁布了《基础教育课程改革指导纲要（试行）》和 18 个学科的义务教育阶段课程标准，同时开始启动新的教科书编写管理体系。同年 9 月，有 20 个学科的 47 种教科书完成编写，并经全国中小学教材审定委员会初审通过，开始进入 38 个实验区进行实验。截至目前，全国有 76 家出版社在从事新课程教科书的出版工作。昔日由一家出版社垄断基础

① 本部分是 BHA030025 课题的子课题“基础教育教科书出版质量保障研究”的核心成果之一，由张恰、孔凡哲承担，该成果在此前曾以“ISO 质量管理：基础教育教科书出版质量保障的出路”为题发表在《大学出版》2005 年第 4 期第 49 页至 52 页上。

教育教科书出版的局面被彻底打破，形成了多家出版社出版教科书的新局面。在新课程不断推进的今天，原有的教科书编写、出版运行模式已经被打破，而适应基础教育课程改革的教科书质量保障机制尚处于从无到有的初创时期。

目前，从课程与教学论的角度对教科书质量保障进行研究已经见诸文献，但是，缺乏从出版的角度对教科书质量保障机制进行的研究。建立基础教育教科书出版的质量保障机制问题应该及早提到出版社的议事日程上来。

二、我国出版业运用 ISO9000 族标准质量管理体系的现状

近年来，我国出版业发展的一大特点就是产品品种快速增加，这给不少出版社带来了质量控制方面的难题。一些出版社尝试着将在其他行业质量管理中取得成效的"ISO9000 族标准质量管理体系"引入，他们的努力取得了一些成果，但也遇到了一些难题。从 2002 年起，现代出版社、电子工业出版社和上海外语音像出版社三家出版社陆续建立了质量管理体系，并且通过了相关认证。经过一年多的运行，三家出版社在 2004 年都表示，质量管理体系对提高出版物编校质量和印装质量有比较明显的促进作用。

电子工业出版社在运行 1994 版的一年时间内，图书的编校质量达标率提高了 5 个百分点；按照 2000 版改进工作后运作近半年，图书的编校质量达标率和加工质量优良率比去年又提高了 3 个百分点。上海外语音像出版社是在 2003 年 3 月通过认证的。该社办公室负责人说，该社从 2002 年 7 月起准备实施质量管理体系，将工作分为编辑、管理、销售、质量四个部分，经过全员培训、各部门准备起草文件、内审和外审几个阶段，感到质量管理体系对工作流程的规范作用明显，尤其是各部门之间的衔接工作，促进了生产效率的提高。

遗憾的是，在基础教育教科书出版的领域里，我们还没有引入 ISO9000 族标准质量管理体系，尤其在直接研制开发当前我国课程标准实验教科书的出版社。这些出版社为了提高教科书质量，也可谓使出浑身的解数，但效果似乎不明显。在当前基础教育课程改革的背景下，为了建立基础教育教科书出版的质量保障机制，在这一领域引入 ISO9000 族标准质量管理体系已经势在必行。

三、基础教育教科书出版领域引入 ISO9000 族标准质量管理体系的意义

将 ISO9000 族标准质量管理体系引入基础教育教科书的出版领域，我

们可以在教科书出版管理理念上有一个突破，即树立教科书服务意识和以质量求生存的理念。在教科书出版质量管理方面，ISO9000 族标准有很多思想值得出版社认真借鉴。

首先，它提供的是一种体制性的保障。相对其他零散的管理方法来说，ISO9000 提供的是一套完整的质量框架，它把整个活动融入了组织的整体结构之中，并贯穿于组织活动的所有方面，因而对组织产生的是根本性的影响，对质量提供的是根本性的保障。

其次，它提供的是一种内生性的质量保障程序。虽然 ISO9000 需要由独立的机构或者第三方进行定期的“质量审计”，但是它通过组织“使命”的明确，以及一致同意的管理方法和完成任务的标准，把质量保障的责任交给了组织内部的成员，依赖组织成员的主动性与积极性，而不是外部的监督。

再次，它要求的是一种全员性的保障。在教科书研制开发过程中，从教科书的设计、编写、出版、发行、售后服务、信息反馈等等环节引用 ISO9000 的管理模式，可以从机制上克服教科书研制中的自身问题，因而具有特别重要的意义。

最后，它提供的是一套可操作的质量管理方法。ISO9000 族标准的核心是通过建立、实施、保持和改进质量管理体系，以证实其有能力稳定地提供适合顾客要求和适合法律法规要求的产品，从而不断增强顾客的满意度，即贯彻“以顾客为关注焦点”的原则。这就要求从事基础教育教科书出版的出版社认识到教科书服务的价值和宗旨，并在此基础上强化服务的观念，将学生和教师的需求、教育主管部门和社会的需求作为出版社谋求发展的重心，从而突出师生的主体性，尊重学生的个性发展，从更便于教师教学，更好地促进学生全面、健康、持续发展的角度，寻求教科书的发展空间，进而持续提高教科书出版的质量。

我们可以根据 ISO9000 质量保障体系的基本思想及引入质量保证体系中最适用于教科书出版的要素条目，摒弃不适合教科书出版的要素条目，并根据教科书出版的特点，来建立符合出版社自身需要和特点的质量管理体系，从而为出版社提高教科书出版管理工作的质量打下扎实而又牢固的基础。

四、基于 ISO9000 族标准质量管理体系的教科书出版质量管理原则

作为质量管理的一种特殊情况，教科书出版的质量管理虽然具有自己的特殊规律，但是首先具有质量管理的一般规律。为此，我们认为，《ISO9000：2000 质量管理体系——基础和术语》的“质量管理原则”同样

适用于教科书出版的质量管理。从事教科书出版的出版社最高管理者在建立质量管理体系的时候，应该注重吸收 ISO9000：2000 的八项质量管理原则：

（一）以顾客为关注焦点

顾客是每个组织存在的基础，组织应该把顾客的要求放在第一位。因此，组织首先要明确谁是自己的顾客，要调查顾客的需求是什么，要研究怎么满足顾客的需求。在教科书出版的各个管理环节，贯彻“以顾客为关注焦点”原则意味着教科书的出版首先要满足“为了每一位学生发展”的新课程的基本理念，方便教师的教学和学校的管理，提供高质量的教科书及其相关资源，在教育理念、教学方式、教科书内容及呈现方式等方面有所突破和创新，只有这样，才能受到大多数学生、教师、家长的喜爱和社会的认可。

（二）领导作用

一个组织的领导者，即最高管理者是“在最高层指挥和控制组织的一个人或一组人”。最高管理者要想指挥好和控制好一个组织，必须做好确定方向、策划未来、激励员工、协调活动和营造一个良好的内部环境等工作。这一“领导作用”原则强调出版社领导在教科书出版管理中要发挥正确的作用，尤其要在坚持正确的出版方针，确立长远的教科书出版计划，培养教科书出版的专业人员队伍，创设满意的工作环境，倡导一种共同的价值观，明确各级岗位职责，提供到位的资源和培训，充分调动出版社员工在教科书出版方面的积极性和责任感上。

当前，教科书出版的可持续发展成为所有参与竞争的出版社领导的思考重心。按照 ISO 的思想，笔者以为，组建可持续发展的研制开发队伍，使教科书的研制、开发、出版、发行一体化、机制化和体系化，将是克服当前中小学教科书质量下滑、创新原动力枯竭的重要措施。

（三）全员参与

全体员工是每个组织的基础。组织的质量管理不仅需要最高管理者的正确领导，还有赖于全员的参与。全面质量管理的“全员性”原则和“参与式管理”理论涉及的正是这一原则。其实，“全员参与”的原则与出版社经常强调的“质量是出版物的生命线”和“出版精品”的观念是一致的。所有员工都是出版社之本，教科书出版的任何事务都应有出版社各部门员工的充分参与。

（四）过程方法

任何利用资源并通过管理将输入转化为输出的活动均可视为过程。系统地识别和管理一个组织所应有的过程，特别是这些过程之间的相互作用，就是“过程方法”。过程方法的目的是获得持续改进的动态循环，并使组织的总体业绩得到显著提高。过程方法鼓励出版社要对其整个的教科书出版过程有一个清晰的理解。

在教科书出版过程中，过程方法通过识别出版社内的关键过程，随后可对其加以实施和管理并不断使其持续改进。也就是说，把教科书的选题策划过程、编辑校对过程、出版印刷过程、发行储运过程加以关注乃至控制，就预示着经过这样管理的教科书将有一个好的效果。由于ISO9000强调过程控制和目标分解，同时注重重要岗位人员的资格与培训，这就强化了员工的质量意识、服务意识，有效地提高了员工的整体素质，非常有利于促进企业练好内功，有利于提高企业的核心竞争力。

（五）管理的系统方法

在质量管理中采用系统方法，就是把质量管理体系作为一个大系统，对组成质量管理体系的各个过程加以识别、理解和管理，以期实现质量方针和质量目标。系统方法和过程方法关系非常密切。它们都以过程为基础，都要求对各个过程之间的相互作用进行识别和管理。但是前者着眼于这个系统和实现总目标，使组织所策划的过程之间相互协调和相容。后者着眼于具体过程，对其输入、输出和相互关联与相互作用的活动进行连续的控制，以实现每个过程的预期效果。出版社应按照国家教科书出版的有关规定形成文件，科学地建立起生产业务流程，有效地抓住教科书从策划到营销的每一个重要环节，使整个生产过程都有章可循，有据可查，在规范的受控状态中进行，从而有力地推动现代企业管理制度的建立。

（六）持续改进

为了改进组织的整体业绩，组织应不断改进其产品质量，提高质量管理体系及过程的有效性和效率，以满足顾客和其他相关方日益增长和不断变化的需求与期望。只有坚持持续改进，组织才能不断进步。最高管理者要对持续改进作出承诺，给予积极推动，全体员工也要积极参与持续改进的活动。持续改进业绩应该是出版社的一个永恒目标，旨在保证出版社提供始终满足基础教育课程改革不断发展的新要求的教科书，向学生、教师、家长提供一种信任。

（七）基于事实的决策方法

决策是组织中各级领导的职责之一。所谓决策就是针对预定目标，在一定约束条件下从众多方案中选出最佳的一个付诸实施。达不到目标的决策就是失策。对信息和资料的逻辑分析和直觉判断是有效决策的基础，因此正确的决策需要领导者用科学的态度，以事实或正确的信息为基础，通过合乎逻辑的分析作出正确的决断。对于从事教科书出版的出版社来说，制定长远的发展规划，编制每一套教科书的出版计划，进行教科书选题上马前的充分论证，都要基于事实和对形势或环境的客观分析，从而保证决策的正确性、适宜性和可行性。

（八）与供方互利的关系

供方向组织提供的产品将对组织向顾客提供的产品产生重要的影响，因而，对供方不能只讲控制，不讲合作互利，特别对关键供方，更要建立互利关系。这对组织和供方双方都是有利的。在教科书出版的过程中，权威严谨的教科书编写者、保证质量的纸张生产厂家、工艺先进的印刷单位都可以说是出版社的关键供方，出版社只有与他们建立起合作互利的关系，其教科书的出版才会有一个良好的结果。

简而言之，对基础教育教科书的出版实施 ISO9000 质量管理，要做好以下五个方面的工作。第一，结合出版社的工作实际制定提高教科书出版质量和管理水平的有效方法，实现观念的转变，树立起正确的服务观、顾客观、质量观。第二，建立起文件化的质量管理体系，明确出版社的质量方针、组织结构、出版流程、纠正和预防措施、质量记录等，通过内审和管理评审建立自我约束、自我完善机制。第三，对从事教科书出版的全体员工进行质量管理的培训，包括观念和技术两个层面，引导全体员工树立国际上先进的管理理念。第四，就是出版社领导的决心和承诺。第五，就是建立教科书的研制开发与出版发行同步进行的协调机制，将一部分人员的工作重点放在“研制开发的创新”上，以保持不断的创新原动力；而将另一部分人的工作重点放在教科书的出版发行和售后服务上。

以上所述都是基于 ISO9000 族标准质量管理体系的初步分析，许多设想已经在当前出版课程标准实验教科书的部分出版社的运行过程中得到验证，有些设想还需要在教科书出版的实际工作中去实践。

第四节　教科书 ISO9000 出版质量管理体系的基本内容[①]

在当前基础教育课程改革的背景下，为了建立基础教育教科书出版的质量

① 本部分是 BHA030025 课题的子课题“基础教育教科书出版质量保障研究”的核心成果之一，由张恰、孔凡哲承担，该成果在此前曾以“论基础教育教科书 ISO9000 出版质量管理体系的基本内容”为题发表在《大学出版》2007 年第 4 期上，此处有删减。

保障机制，在这一领域引入 ISO9000 族标准质量管理体系已经势在必行。①

一、ISO9000 基础教育教科书出版质量管理的原则

作为质量管理的一种特殊情况，教科书出版的质量管理虽然具有自己的特殊规律，但是首先应该符合质量管理的一般规律。我们认为，《ISO9000：2000 质量管理体系——基础和术语》的“质量管理原则”同样适用于基础教育教科书出版的质量管理。从事基础教育教科书出版的出版社最高管理者们在建立出版质量管理体系的时候，应该充分借鉴 ISO9000：2000 的八项质量管理原则，建立并遵循以下原则：

（一）以顾客为关注焦点

教科书的出版首先要体现“为了中华民族的复兴，为了每位学生的发展”的新课程基本理念，在设计理念、编写原则、教科书内容及呈现方式等方面有所突破和创新，为学生和教师提供高质量的教科书及相关资源。

（二）领导作用

出版社领导是教科书出版管理中的核心，当前尤其要关注的是，要坚持正确的出版方针，确立长远的教科书出版规划，培养教科书出版的专业人员队伍，创设满意的工作环境，明确各级岗位职责，提供到位的资源和培训，充分调动出版社员工在教科书出版方面的积极性和责任感。

（三）全员参与

出版社所有员工都是教科书出版之本。教科书出版的任何事务都应有出版社各部门员工的充分参与。

（四）过程方法

识别教科书出版的关键过程，对教科书的选题策划、编辑校对、出版印刷、发行储运等过程加以关注乃至控制，预示着经过这样管理的教科书出版工作将有一个好的效果。

（五）管理的系统方法

出版社应按照国家教科书出版的有关规定，形成文件，科学地建立起出版业务流程，有效地抓住教科书从选题策划到市场营销的每一个重要环节，使整个出版过程有章可循，有据可查，在规范的受控状态中进行。

（六）持续改进

持续改进应该是教科书出版的一个永恒目标，旨在保证出版社提供始终

① 张怡，孔凡哲．ISO 质量管理：基础教育教科书出版质量保障的出路［J］．大学出版，2005（4）．

满足基础教育课程改革不断发展新要求的教科书，向学生、教师、家长以及教育行政部门提供一种信任。

（七）基于事实的决策方法

出版社应制定长远的基础教育教科书发展规划，编制每套教科书的出版计划，进行教科书选题上马前的充分论证，都要基于事实和对形势或环境的分析，从而保证决策的正确性、适宜性和可行性。

（八）与供方互利的关系

权威严谨的教科书编写者、质量优良的纸张生产厂家、工艺先进的印刷单位都是出版社出版教科书的关键供方，出版社只有与他们建立起合作互利的关系，其教科书的出版才会有一个良好的结果。

二、ISO9000 基础教育教科书出版质量管理体系的结构与要素

按照 ISO9000：2000 标准 1.2 条款规定，我们可以将教科书出版质量管理体系的结构和要素具体为质量管理体系（4.0）、管理职责（5.0）、资源管理（6.0）、产品实现（7.0）及测量、分析和改进（8.0）。

由于 ISO9001 和 ISO9004 都是通用标准，所以我们不论从哪个标准出发，都要结合出版社的实际，作必要的增删。表 8 - 4 - 1 是根据 ISO9001 标准和基础教育教科书出版全过程而设计的出版质量管理体系的结构和要素。

由于基础教育教科书是一种非常特殊的出版物，它的出版过程与一般图书的出版过程有着很大的不同。

1. 出版社决策开发基础教育教科书，应该首先进行基础研究，这是教科书出版的首要环节。要深入了解基础教育课程改革的最新进展和发展趋势，开展本学科国内外课程教科书改革与发展的比较研究，吸纳国内外的先进经验，同时组织参与开发教科书的有关人员学习课程改革的一系列文件，分析、领会并掌握课程方案和课程标准的内容和要求，从而确立教科书编写的指导思想和编写原则，为制定教科书编写方案打下坚实的基础。

2. 进行基础教育教科书选题的开发，要重视样章的设计、编写和试教工作，这是提高和保证教科书出版质量的有效途径。在充分考虑教科书呈现方式的基础上，编写者应该设计出几个样章，通过邀请一线教师进行试教，进而不断修改完善样章，对每册教科书的结构和体例进行相应的调整和完善，然后根据确定的样章，分工进行编写。

3. 应该把关于教科书送审报告的撰写视为出版社进行基础教育教科书出版质量测量、分析和改进的重要内容。教科书的送审分为初次送审和教科书经实验后对教科书修改后的再次送审。由于两次送审的情况、目的不同，

因此教科书送审报告的内容、结构和要求也是不同的。①

表 8-4-1　　基础教育教科书出版质量管理体系的结构与要素

教科书出版质量管理体系结构	教科书出版质量管理体系要素
1. 管理职责	1.1 教科书出版质量方针和目标
	1.2 管理者代表
	1.3 教科书出版管理机构
	1.4 管理评审
2. 资源管理	2.1 教科书出版所必需的信息来源的收集和使用，比如有关基础教育教科书出版的国家法规和适用规范等
	2.2 教科书主要编写人员的遴选
	2.3 教科书编辑、校对、市场营销人员的选用
	2.4 教科书编辑、校对、市场营销人员的业务培训
	2.5 教科书编辑、校对、市场营销人员的绩效评价
	2.6 排版、印刷、储运设备的选用及管理
3. 产品实现	3.1 基础研究
	3.2 编写方案的制定
	3.3 出版合同的签订
	3.4 申报立项
	3.5 样章的设计、编写、试教
	3.6 全书编写（包括统稿、定稿）
	3.7 编辑加工
	3.8 纸张的选用与采购
	3.9 教科书的价格制定
	3.10 印刷厂家的选择：评价和成为合格的定点厂家；定期监控和审核；建立合格定点厂家名录和备选厂家名录
	3.11 发行渠道的选择、使用和管理（含代理商、经销商等各个适用的管理环节）

① 《基础教育教材建设丛书》编委会．中小学教材的编写出版［M］．北京：人民教育出版社，2003．

4. 测量、分析和改进	4.1 编校质量的监控和改进
	4.2 印刷质量的监控和改进
	4.3 发行渠道的质量监控和改进
	4.4 市场反馈/读者投诉等信息的收集和处理
	4.5 教科书送审报告的撰写
	4.6 选择实验区进行教科书实验
	4.7 教科书实验报告的撰写
	4.8 修　订

三、ISO9000 基础教育教科书出版质量管理体系的文件编写

ISO9000 族标准强调编制和使用质量管理体系文件本身是一项具有动态的高增值活动。一个有效的质量管理体系的前提是有一套完备的质量管理体系文件，使各部门开展质量活动有章可循，有法可依。

由此可见，编制和完善教科书出版质量管理体系文件在出版质量管理体系建设中居于核心地位，出版社可以围绕编制出版质量管理体系文件把教科书出版质量管理体系建立起来。对于出版社已有的管理标准和工作制度，要按照 ISO9000 族标准的要求进行认真清理，该取消的取消，该修改的修改，使之与 ISO9000 教科书出版质量管理体系相适应。2001 年 6 月以来，教育部等部委颁布了一系列规范基础教育教科书出版的管理规定和国家标准，比如《中小学教材编写审定管理暂行办法》、《中小学教材价格管理办法》、《中小学教科书幅面尺寸及版面通用标准》和《中小学教科书用纸、印刷质量标准和检验方法》等，为编写教科书出版质量管理体系文件提供了有力的政策依据。

基于 ISO9000 族标准，我们认为，出版质量管理体系文件的结构至少包括如下四个层次：

层次 A——质量手册：出版质量手册是阐明出版社出版质量方针并规定出版质量体系的文件。对内，它是出版质量管理的纲领；对外，它是展示出版质量管理体系结构、运作状态和向学生、教师、社会、政府证实出版社基础教育教科书出版质量保障能力的工具。出版质量方针是出版社教科书出版质量管理体系文件编制的出发点，通常写在质量手册的开篇位置。

层次 B——程序文件：程序文件是规定各项活动程序的文件。它在质量

管理体系文件中起承上启下的作用，它是出版质量手册的支持性文件，也是作业文件、质量记录等三、四级文件的编制依据。2000 版的 ISO9000 族标准明确规定了六个程序文件必须制定：文件控制程序、质量记录管理程序、内部审核程序、不合格品（项）控制程序、纠正措施控制程序以及预防措施控制程序。作业文件具体规定各种工作的规则和要求。

层次 C——作业文件：主要包括两类：规则，如针对基础教育教科书的出版提出专门的编辑规则、校对规则、印制规则、定价规则；岗位作业指导书，如编辑人员作业指导书、校对人员作业指导书等。出版社应针对分工和职责写出具体的操作要求和责任任务书，并把各项质量活动的责任明确分配与落实到有关部门和人员。岗位和部门之间的职责要连续，既不能有缺口，也不能有交叉和重叠。对于作业文件，通常也采取分工编写、统一审定和统一管理。

层次 D——质量记录：按照 2000 版 ISO9000 族标准的解释，质量记录就是"为已完成的活动或达到的结果提供客观证据的文件"。质量记录有四方面的作用：为拟定改进措施提供分析依据，为判断出版有效性提供证据，使质量管理工作具有可追溯性，为基于数据的决策提供依据。由于时间和精力所限，任何一家出版社都不可能把所有的出版活动和结果进行记录，实际上这也没有必要。2000 版的 ISO9000 族标准要求对主要过程中的质量活动作好记录，并提出了 18 项记录要求。

四、ISO9000 基础教育教科书出版质量管理体系的推动方式

2000 版 ISO9000 族标准包括四个核心标准：ISO9000、ISO9001、ISO9004 和 ISO9011。其中，ISO9001 标准提供了质量管理体系的要求，供组织须要证实其具有稳定地提供顾客要求和适用法律法规要求产品的能力时应用。该标准取代了 1994 版中的 9001、9002 和 9003 等三种标准模式，成为用于审核和第三方认证的唯一标准。它可用于内部和外部评价一个组织满足其自身要求和顾客及法律法规要求的能力。ISO9004 标准提供了超出 ISO9001 要求的指南和建议，不用于认证或合同的目的，也不是 ISO9001 的实施指南。该标准强调，一个组织质量管理体系的设计和实施受各种需求、具体目标、所提供的产品、所采用的过程及组织的规模和结构的影响。

ISO9000 出版质量管理体系的构建可以有两种方式（如图 8 - 4 - 1 所示）：

在这里，出版质量管理认证推动方式，即从 ISO9001 标准出发，形成以保证读者满意为主的教科书出版质量管理体系，重点用于外部质量保证。而出版质量管理内部推动方式，即从 ISO9004 标准出发，形成保证出版社

和教科书读者双方利益的出版质量管理体系，重点用于加强出版社内部的出版质量管理。

应该指出的是，ISO9001 标准和 ISO9004 标准并没有本质的区别，只是侧重点和使用场合有所不同。ISO9001 也可以改进出版社的教科书出版质量管理；同样，ISO9004 提升了出版社的出版管理水平，也能提高教科书使用者的满意水平。上述两种方式形成的教科书出版质量管理体系之间是可以相互转化的。

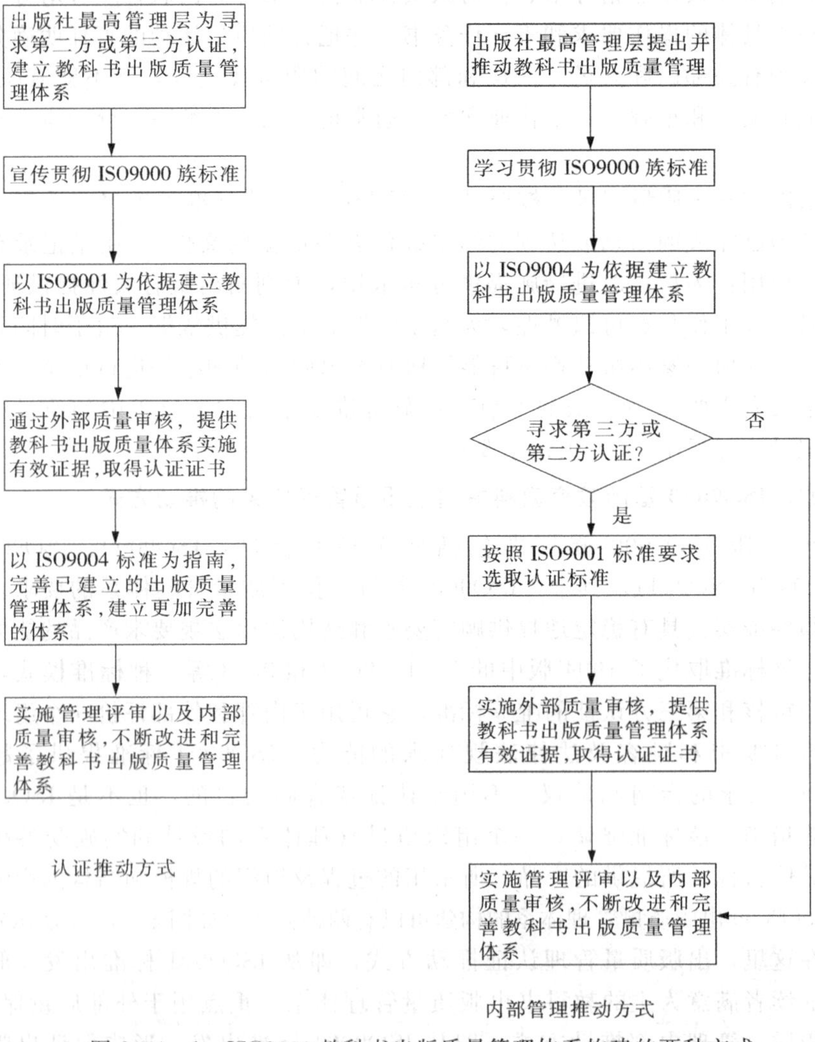

图 8-4-1 ISO9000 教科书出版质量管理体系构建的两种方式

按照 ISO9000 族标准的要求，基础教育教科书出版质量管理体系的运行和改进要靠内部评审来推动。出版质量管理体系的运行过程是“运行——评审——改进——再运行——再评审——再改进”，不断往复，而改进的目的就是使出版质量管理体系更加完善或适应新的情况。

第九章

推广过程中的教科书质量保障（上）

众所周知，有效的课程只有经过课程的实施，进而变成学生习得的课程，才能变成课程现实。在教科书的研制开发阶段，保障教科书质量是必需的，这是教科书质量保障的基本前提。但是，静态的教科书文本能不能变成课程现实，课程实施中的预设与生成是否有效，这一切都需要通过课程实践的检验与完善，正如任何理论只有在经过实践检验得以丰富，而后再来指导实践，才能成为正确的理论，没有经过课堂实践考验的教科书也同样会遇到这样那样的问题。因而，教科书质量保障不仅需要在研制开发阶段进行，更需要在教科书的推广过程之中进行。

在本章以及第十章，我们将集中探讨实施推广过程中的教科书质量保障，着重分析其过程及方法。

第一节 课程实施过程中的教科书质量保障的一般方法[①]

一、教科书质量保障的必要性

（一）教科书质量保障是课程改革顺利实施的必要的物质保证

教科书改革是基础教育第八次课程改革的核心，教育思想、教育体制和学制改革最终必须通过教育内容的改革（即教科书的改革）才能得以落实。教学方法的改革也必须以课程、教科书改革为前提。教科书是课程的主体形

① 本节由孔凡哲、孙忠慧完成。

式，占有重要位置，教科书是课程的物化形态①，而教科书更是集中体现课程的主体，反映和表现课程的具体内容，其他形式的教材只起到辅导、补充的作用，处于从属地位。教科书质量保障是课程质量保障的重要组成部分之一，是新课程实施顺利进行的重要保障。

（二）教科书质量保障是提高有效教学、保障教育质量的重要途径

课程是实现教育目标的基本途径，保证教育质量的关键就是保证课程质量②。而教科书质量更是影响课程质量的核心因素之一，可见保证教育质量也有赖于教科书质量的提高。高质量的教科书也必然高度体现课程标准的要求，体现课程标准规定范围内的知识内容，能够为教师提供关于组织信息和活动的方法，概括了大量的相关信息。高质量的教科书组织合理，连贯一致，前后统一，内容新颖，准确而无偏见性，还能帮助教师完善和改进教学方法，因此，也必然能够提高教学的效率。

（三）教科书质量保障是促进学生高效率学习的重要手段

高质量的教科书能更好地为学生提供一种学习的公共资源，在教学过程中培养学生创造性独立思考的技巧，使学生更快地了解所学的知识内容，获得必要的信息，对学生的发展具有启发性，能够激发学生的学习兴趣，使学生在有意识的学习过程中积极参与，双向互动，得到自我提升，在无意识的状态下能够掌握基础知识和基本方法。

二、影响教科书推广质量与效果的因素分析

正如我们在文中③分析的，教科书质量是课程质量的主体和外显形式，是课程评价的焦点之一。我们可以将教科书质量区分为内在质量与外在质量，前者相对教科书文本而言，后者特指教科书实施所表现出来的实际效果。进行教科书外在质量的分析必须紧紧围绕教科书、教师与学生而展开。教师是影响教科书外在质量（即使用质量和效果）的最直接因素之一。教科书的外在质量在很大程度上受制于教师借助教科书进行创造性教学的水平和实际发挥的状况。

（一）教科书的内在质量是教科书推广的前提和基础

作为教科书质量的重要内涵，教科书文本的内在质量是教科书外在质量的前提，是教科书获得包括教师、学生在内的用户满意的最重要的前提条

① 曾天山．教科书论［M］．南昌：江西教育出版社，1997：10，8．

② 陈玉琨等．课程改革与课程评价［M］．北京：教育科学出版社，2001：6，201．

③ 孔凡哲，史宁中．论教科书质量及其影响因素［J］．教育发展研究，2007（6B）：13－17．

件，也是占领市场的基础和先决条件。我国新课程改革的目的之一就是改变以往教科书中繁、难、偏、旧的内容和形式。因而，教科书编写要充分体现新的理念，使教科书在内容、结构、逻辑顺序等方面符合教育改革发展的需要，使教师的教和学生的学都能达到高效率。只有高质量的教科书才能占领教师和学生的市场。而影响教科书编写质量的重要因素就是是否拥有专业化的教科书编写队伍。一支由课程专家、学科专家、教科书编写专家、优秀教研员和一线优秀教师相互组合的、多层面的、立体的编写队伍，是高质量教科书诞生的先决条件。

（二）营销措施与手段制约教科书的推广

为了宣传和推广新教科书，各出版社在不断加强自身的营销与管理，纷纷设立了教科书发行科、实验区培训工作办公室、教科书推广与服务中心等部门，抽调精兵强将推广教科书。随着教科书竞争的白热化，有些出版社与各地方机构合作成立该社驻当地办事处，以抢滩登陆当地的教科书市场。这种种的营销策略从根本上说都是在为课程改革铺路架桥。

（三）符合中小学实际，取得一线教师的认同，是确保教科书推广效果的关键

教科书的编写理念应当具有先进性和国际性，同时必须考虑我国基础教育的诸多实际情况。例如：我国幅员辽阔，存在南北、东西、城乡等方面的差异；各地的师资水平、教学硬件设施和社会配套学习资源各不相同，致使各地对新教科书的选用标准也不尽相同。

与此同时，一线教师对教科书质量的认同程度也直接影响着教科书的推广和发行。而教科书选用的国际化趋势在于最终实现一线教师选用教科书，而不是行政部门指定教科书①。高质量的教科书必然得到一线教师的认同，占领教师和学生的市场，使教育质量在和谐的氛围中得到提升。教师才是教科书真正的选择者之一。

（四）出版社的经济实力是占领市场的根本

没有雄厚的经济实力做后盾，很难从事国家级教科书的研发和出版工作。即使勉强得以出版，还要面对教科书的培训和维护等一系列后续问题。教科书市场具有高投入、低收益的特点，缺乏出版经验，缺乏品牌和服务优势，缺乏拓展和维护市场资金的出版社必将黯然退出市场。我们由此可以预

---

① 孔凡哲，王郢．提升教师教科书评价意识保障教科书质量［J］．教育理论与实践，2006（10）．

见，可能有多家出版社出版的教科书最终要么被整合、吞并、购买，要么会由于编写质量、服务质量或投资的原因而最终淡出教科书市场。

（五）规模效应是影响教科书选用的重要因素

大部分地区和学校希望选用一家或几家学科尽量齐全的教科书，以确保后续服务与培训、教育评价等工作的顺利开展，以及教科书教辅的及时供应。因而学科品种比较少的出版社其市场占有率必将受到一定影响。

（六）组建专业化队伍

当前教科书经营队伍的市场推广与市场竞争能力与教科书出版水平不相适应，也与当前日趋激烈的教科书市场竞争不相适应。出版社必须对教科书营销人员进行结构调整，加强培训和考核，尽快组建真正的专业化教科书营销队伍。只有拥有一支高素质的教科书经营专业化队伍，才能与教育界进行更好的沟通和合作，才能拓展更大的教科书市场。

三、推广过程中保障教科书质量的一般措施

教科书也是一种商品。体现用户至上的观念，满足教科书用户的需求，是教科书质量保障的基本前提，为此，每套教科书都要有自身的特色。当前，保障教科书质量，抓好常规措施十分重要。

（一）研制开发系统与推广系统的局部分离，保证推广渠道的有效性

目前，除少数出版社外，我国课程、教科书研制开发人员大多是兼职，其对教科书的研制属临时行为，教科书编写人员同时担当培训和推广的繁重任务，研制、推广领域的信息堵塞困扰着教科书编写人员，更使课程改革一线教师产生不少的怨言[①]。参考发达国家和地区的教科书研制开发机制和选用状况可以得出，解决问题的出路在于以提高我国课程、教科书研制开发人员的专业化水平为中心，将研制开发系统与推广系统相对分离，对教科书的质量作出真正意义上的评价和保障。这也将有助于教科书研制开发的可持续发展。

（二）建立良好的教科书后续服务和反馈机制

由于课程标准还需要在相应教科书的使用中得到不断验证和进一步完善，因而，教科书实验必须与课程标准实验同步互动，共同完善。同时，新课程标准和新教科书实验工作自始至终都应当是一项科学研究工作。2001年9月实施新课程以来的实践表明，必须建立课程、教科书质量更新的一个

① 孔凡哲．基础教育教科书质量保障机制的国际比较及启示［J］．东北师范大学学报：哲学社会科学版，2004（6）．

良性机制，这个机制可以依托报纸、杂志、网站、新闻媒体等为外部平台，以国家标准研制组、教科书编写组、课程教科书管理部门、一线人员之间的网状联系为内部平台，将有关课程教科书的研制开发、质量保障的意图、要求和意见、建议，进行及时有效的双向反馈、沟通和交流。我们须要建立一个相对完整的教科书评价指标体系，系统、全面、真实、准确地收集有关教科书的信息资料，教育部制定的“基础教育教科书评价工具”是可供参考的重要资料。问卷、课堂观察、访谈、专题调查、测验等方式是取得教科书实际使用效果的可行方式。当然，如何使各种有用信息通过广大教师、教研员和调查人员及时有效地反馈到教科书研制开发部门，作为进一步修改教科书的依据和参考，亟待研究，开发和总结。

教科书建设是一项系统工程，不仅需要前期的科研立项，研发编写，还需要后续的培训、学术交流等方面的跟踪服务。

首先，要完善教科书培训机制。课程改革的成败最终决定于教师的教学实践，教师的培训工作在课改实验工作中处于重中之重的地位，只有把教师培训和教研工作做好，教师的专业水平提高了，课程改革才有可能顺利开展。所以，我们在教科书推广的过程中应该十分重视教科书的培训工作，让那些有经验的教科书编写专家担任主要的培训者，分析、讲解教科书的特点，不仅要大规模地进行一级培训，还要直接培训一线教师，因为一线教师才是教科书的最终使用者。教师的培训工作要免费进行，并采用灵活多样的培训形式，如请上来的培训，走下去的培训，组织观摩课，编写内部资料等，通过培训提升教师对教科书的认识和使用水平。

其次，要确保沟通渠道的畅通。即强化教科书研制组与一线教师的信息沟通与交流，建立一线教师与课程设计者之间的“对话”渠道，而且应该始终使其保持畅通。课程设计、实施的每个阶段都要保持信息反馈的畅通，并有切实的资源、措施作为保障（如在经费、课程资源、政策等方面进一步加强课程改革实验的保障）。只有教研员和一线教师能够经常将教科书实验的问题及经验及时地反馈给教科书编写者，教科书编写者才能将这些经验宣传和推广出去。

最后，建立优质的信息反馈平台。为了使教科书使用者对于教科书出现的问题及对教科书的有益建议得到及时的反馈，使教科书研制开发人员及时得到这些信息，并对这些信息作出合理的处理，达到理论和实践的统一，必须建立反馈、交流的平台。如设立相应的杂志、刊物，使教科书使用者的意见能够有效地提出；建立网络沟通平台，使一线的教师和学生，甚至家长能够及时反馈自己的问题，并得到解答；组织研讨会、观摩活动等，使所有问题都浮出水面，经集思广益，得以共同解决。

第二节　推广过程中的教科书质量保障措施对比分析①

众所周知，教科书的推广过程是教科书质量得以实现的最终途径，而教科书推广过程中质量保障的基本前提是教科书的内在质量与研发机制。为此，在本节，我们将以苏教版小学数学教科书为例，并对照人教版、北师版教科书的推广机制，分析课程推广过程中的教科书质量保障的基本规律和有效措施。

一、苏教版小学数学教科书保障前提：教科书研发队伍

为了深入研究国内国外课程教科书的发展状况，更好地服务于课程教科书改革，江苏教育出版社吸纳了全国近百位课程专家、学科专家和教学管理专家，成立了“21世纪课程教材研究中心”。以此为依托，在教科书建设中，苏教社组织了一支由学科专家、课程专家、教科书编写专家、优秀教研员和一线优秀教师相互组合的多层面的、立体的编写队伍和专业培训队伍。其中，教研员和一线教师的加盟尤为突出。正因为不断吸纳广大实验区的优秀教研专家和教研成果，因而，这支队伍又是不断发展的，延伸的和开放的。有了这样一支“顶天立地”式结构的编写队伍，苏教版教科书既体现了卓越的先进性、开放性，又具有广泛的适用性。

一本好的教科书单靠一支专家队伍或出版社是做不出来的，好的教科书是编写者、出版者和广大教师共同“磨”出来的。因此，苏教版提出与实验区“共建教科书”，提倡以多种方式与实验区的教研人员共同研制新教科书及其配套的教学辅导材料，帮助实验区的师生更好地理解、掌握新教科书的特点和要求，实实在在地落实教科书提出的教学目标。这有利于提高教科书在当地的适用性。

正是由于苏教版拥有“顶天立地”式结构的编写团队，教科书的研制开发与实验推广才得到基本保障。

---

① 本部分是BHA030025课题的子课题“小学数学教科书推广过程中质量保障机制的个案分析及其同类比较研究”，由孙忠慧、李莹承担。目前，李莹硕士在南京市工作。

二、苏教版小学数学教科书推广过程中的基本保障措施

在“一个课程标准多套教科书”的政策下，国内各套教科书都在按照自己的理念和管理模式实施教科书的推广。其中虽然有许多共性，但是，苏教版小学数学教科书的推广机制其特点更为鲜明。

（一）明确的推广理念

江苏教育出版社提出了“五星级服务”的概念。“时刻准备着，实验区一个电话打过来，立刻派人出发提供服务。”服务的关键在“真诚到永远”的诚信原则。例如，当绝大多数出版社只做到“一级培训”（即专家下到省会一级的城市）时，苏教版的核心专家们却下到了县里，在山区崎岖的山路上坐了五六个小时的长途汽车。县长、书记都出来迎接，“我们这个县从来没有来过这样的一级专家”。

（二）务实的培训系统

教科书是教育系统工程的积极组成部分，不是孤立的文本形态和出版样式。教科书功能的实施触及教育体系的方方面面，教师是影响课程教科书改革成败的关键因素，教师培训是课程教学改革的一项重要内容。苏教社注重教师的培训工作，积累了丰富的培训经验。

1. 教科书培训机制与方式

(1)“三免”的培训机制

免费培训：在苏教社组织或承诺的任何形式的培训活动中，代表均免费参加，培训专家的邀请费和讲课费由苏教社承担。

免费赠送培训样书：对新进入的实验区，根据合理的实际需要，免费赠送培训样书（包括教科书和教参）。

免费寄送培训资料：苏教社积极研发多种教学软件，摄制培训光盘，编印内部资料，讲解新课程标准、新教科书，将其免费发送到各实验区；同时，还定期或者不定期出版《实验研究》、《实验通讯》等，发布课程教科书改革的最新消息，传递、交流来自实验区的教学成果和实验经验，并将其免费寄送到实验区。

(2) 灵活多样的培训形式

① 走下去培训：以“21世纪课程教材研究中心”为依托，组织了有一线特级教师、教研员、课程标准专家和教科书编写专家共同参与的专业培训队伍，奔赴新教科书实验点，对实验点相关人员进行面对面的指导，保证了新教科书的可操作性，确保一级培训到相应省份，力争做到至少每年到省辖市（地区）进行一次培训。

② 请上来的培训：采用学术报告会、教学研讨会及教学交流会等形式，组织教研人员、教师代表学习、交流、研讨课程教材改革的精神，获得实施新课程所需要的教育理念和思维方式，确保达到新课程、新教科书的预期目的。

③ 采用公开课汇报形式，进行观摩、比较，在操作层面上解决问题，推广经验，使新课程、新教科书的精神落到实处。

④ 采用教学论文评比形式，有效地推动教和研的结合，促进教师深刻、准确地学习、研究、理解新教科书。

⑤ 编写内部资料，讲解新课程、新教科书，传播新观念、新思想，免费将其发送到学校。设立专门基金，资助与新课程标准教科书实验相关的专题研究，促进实验区广泛、深入地理解课改和教科书实验工作。

2. 教师培训的平台

（1）办好《小学数学教学》杂志。国家总督学柳斌主任为这份杂志题写了刊名。杂志从 2005 年开始改为每月一期，使其不仅成为苏教版小学数学教科书的实验窗口，更成为小学数学教学研究的园地，小学数学教师发展的平台。

《小学数学教学》（增刊）：苏教版义务教育课程标准小学数学教科书已在全国多个实验区进行教学实验。为配合教科书培训工作，促进各地经验交流，宣传教科书实验成果，推动实验专题研究，我们编辑出版了《小学数学教学》（增刊）苏教版小学数学教科书实验通讯。主要栏目设置如下。培训资料：对各册教科书内容作比较详细的介绍，并提出教学建议，供各实验区培训教师时参考。实验工作：宣传实验区或学校有关教科书实验的培训、教研等活动的经验，各实验区的会议和其他实验活动的图文报道。课题研究：对有关实验工作进行带有教科研性质的专题研究报告和研究成果展示。介绍国家课程标准小学数学实验教科书（苏教版）教科研课题的研究成果。教科书使用：实验教师对教科书的评价，使用教科书的经验建议等。教学经验：实验教科书典型课的教学设计、教学片断与反思试题分析、教学成果评价等。实验资料：调查报告、测试试卷等。

（2）办好小学数学教学网。网站从 2003 年 12 月 8 日起正式开通到现在，网站访问次达 190 万次，注册会员超过 10 000 人。论坛发帖总数 100 多万篇，文章阅读近 140 万次。特别是培训专家的讲座和现场教学的录像在网上的点击率很高。

（3）组织选评论文、教学观摩等活动。例如，2004 年组织了实验教科书优秀论文评选、优秀教学设计评选和“案例与反思”征文活动。2005 年 4 月，又组织了苏教版教科书课堂教学观摩活动，在全国范围内共评出一等奖 34 节，二等奖 82 节。

（三）建立畅通的教科书沟通渠道

建立畅通的沟通渠道，使教科书编订者与教科书的使用者之间保持良性的畅通，是苏教版小学数学教科书推广机制的一个突出特点。

以第一学段小学数学教科书为例，苏教版教科书编写组在论坛上发布了《苏教版国家课程标准第一学段小学数学教科书征求意见函》，其内容为：苏教版义务教育课程标准小学数学教科书的教学实验从 2001 年 9 月起，至今开展了近 3 年的时间。苏教版教科书编辑部准备从 2004 年下半年开始对第一学段的六册教科书进行认真修订。请各位教师把自己在教科书实验工作中的点滴经验和对教科书修订的其他建议及时提供给教科书编辑部。您可以在论坛上留言，也可点击：http：//xxsx.cn/uploads/t _ normal/000246 _ 0.doc，下载征求意见函。

与此同时，教材编写组及时将各册教科书意见汇总，在专门网站 http：//www.1088.com.cn 的教科书论坛中有一线教师给编写组提供的一些意见，把大家提出的对教科书的一些建议汇总在这里，以便提供给编写组，其网址为：http：//bbs.xxsx.cn/dispbbs.asp？boardID = 7&ID = 69&star=4&page=1。

下列内容就是选自这个 BBS 的来自一线教师的建议：一年级下学期教科书 63 页，该页 5 元的插图是旧版的，现在市场新版居多，建议换新版。……我认为苏教版教科书总体上是不错的，尤其低年级教科书，插图很漂亮，很能吸引学生。但是，内容是不是分得太细了，一共才 3 个多月，设计的板块有 12 个，学生能掌握吗？…在第一学段很有必要安排有关统计内容，难度适宜，不必调整。侧重点应放在让学生感受和理解统计在生活中的重要性，培养学生的统计意识上。

（四）持续的售后服务

1. 丰富、高效的网络资源。江苏教育出版社 1088 教育服务网（http：//www.1088.com.cn）连接了各学科的子网站。登陆后，你不仅可以浏览新课程、新教科书的详细信息，还可以与专家进行一对一的对话，并实现实验区之间的交流，同时能下载丰富的资料（包括教科书培训材料、相关材料等等）。进入“小学数学教学网”主页，就可以看到“教科书资源”、“理论研究”、“教学资源”、“实验园地”、“课题研究”、“学生乐园”、“小学数学教学”、“博客”、“论坛”等栏目。

其中，教科书资源栏目包括以下几个。电子课本：包括各册教科书的电子版本，便于教师网上学习参考，教科书分析，可以说是研究教科书的关键。此栏目中不仅有对全册教科书的说明、介绍，还有对各单元教科书的全面分析。教科书研究：不仅包括一些教研员对教科书的分析研究，还包括一线教师对教科书的研究和意见，各种不同的教学主体共同研究教科书，交流意见；不仅使一线教师看到有关教科书中的一些重点、难点，发表一些自己的问题和意见，体会如何用新教科书教学，有了交流沟通的平台，还为广大一线教师提供了解惑的有效渠道，使其能够正确掌握教科书的知识性和教学的策略性，能够更加深刻地理解教科书，从而灵活地使用教科书，例如，“对苏教版教科书‘解决问题的策略’的认识”、“不同版本‘商不变的规律’编排比较”、“有感于教科书一处细节的安排”等等；同时引发了教师对教科书的一些思考，使其能够在教学过程中合理的安排教科书，正确地处理问题。教辅资料：该网站教辅资料由全国著名教育专家、特级教师担任主编，名校一线优秀教师、教学骨干精心打造，紧贴最新教科书，紧密联系课堂教学，品读数学史话，感受数学文化魅力，参与趣味练习，体验数学学习乐趣。其中包括教师教学用书、小学数学教学案例与反思、小学数学典型课教学示例、教师备课手册、练习与测试、单元试卷、家庭作业、教师配套光碟、教学投影片、口算练习册、学生光盘、教学挂图，并设有联系热线，有问题可以随时联系南京东方数学教育科学研究所苏教版小学数学教科书编辑部。

编者简介：这部分介绍了小学数学教科书的主要编写人员的背景。

教科书分析：教科书副主审分析了教科书每一个单元的内容，分析其安排的逻辑顺序和心理顺序，让教师的教学活动有法可依，有据可循。例如，登陆 1088 教育服务网后，点击小学数学教育网，你可以看到“教科书分析”这一子栏目，有关专家对教科书的相关内容进行了系统的解释和说明，为教科书使用者提供参考信息。

理论研究栏目：包括“专家讲座”、“前沿聚焦”、“论文交流”、“随笔集萃”几个子栏目。任何实践活动的有效进行都离不开正确的理论指导，教学活动也不例外。因此，苏教版教科书不仅有对教科书的分析指导，还在理论的层面上指导教师的教学活动，以确保教师教学的有效顺利进行，同时为教师提供了交流、沟通的渠道，给教师提供反思、发表见解的机会。论坛栏目更为教师自由交流打开了方便之门。教学资源栏目：其中包括“视频点播”、

"教学设计"、"案例透视"、"备课资料"、"课件共享"。它为教师提供了教学素材，向教师讲解教科书知识内容的教法和策略，使教师共享教学资源，使教师的教育教学工作能够有效地进行，如"小学数学课堂教学的几点思考"——李继海老师讲座。课题研究：其中包括"课题指南"、"课题发布"、"课题方案"、"课题进展"。一般地，教师的教育科学研究源于教师观察或感受到的教育问题。但研究问题提出来，并不等于就可以进行研究了。在此它公布研究课题，并指导教师如何进行科研课题的选择以及选题策略的制定，如何确定方案，如何进行科研、结题等各方面的问题，来帮助教师进行科研，使一线教师向科研型教师转化，从而提高教师自身的素质。学校申报课题并成立了相应的课题领导小组，使科研在有序的工作状态下开展，而且通过相关理论的学习，提高了教师的科研水平和教师自身的专业素质，并使其找到了教学的有效途径。实验园地：其中包括课改动态、经验交流、实验之星，为教师、学校以及教师与教师之间，学校与学校之间提供了交流、学习、反思的平台，并使其在互相借鉴之中成长。"学生乐园"中设置了"数学史话"、"同步练习"、"趣题巧解"、"竞赛题库"、"游艺天地"，丰富了学生的学习生活，开拓了学生的思维，使学生体验了数学的乐趣。

2. 多种期刊的有力支撑。江苏教育出版社有各个学科的专门期刊，设立了专栏和专刊用于传播课程改革精神和动向，交流关于新教科书的实验经验。《小学数学教学》（双月刊）杂志是由江苏教育出版社出版，主要面向苏教版小学数学教科书实验教师及研究人员的学科教学专业杂志，是广大小学数学教师和研究人员研究教科书，交流教学经验，展示研究成果，发表建议意见，了解教改动态的园地。《小学数学教学》主要设置"教科书研究"、"教学辅导"、"教学论坛"、"课例集萃"、"创新火花"、"教研札记"、"新人新作"、"教学资料"等栏目，此外，还设有"专题研讨"、"各抒己见"等栏目。此杂志在网上有电子版，方便了教师的阅读。

（五）帮助学校建立教科书使用的保障机制

指导学校构建教科书实施的保障机制，是苏教版小学数学教科书在实施过程中的教科书质量保障的突出特点。尤其在一些发达地区，编写组指导一些名校建立了自己的一套教科书质量保障机制。

三、小学数学教科书研制开发机制的对比分析

为了更深入地分析小学数学教科书研制开发机制的规律，我们以苏教版为主体，以人教版、北师版为对照，对小学数学教科书研制开发机制进行对比分析。

（一）教科书开发队伍

正如前文分析，苏教版小学数学教科书的编写队伍包括教研室主任，教研员，中小学校长，教导主任，小学特级、高级教师。

北师版（第三版）教科书编写组由义务教育课程标准组成员（包括本套教科书的主编、副主编和核心成员）组成，吸收了很多一线教师和教研员参加，同时，以来自于高等院校研究数学教育或小学教育的工作者为主体。

相比之下，人教版教科书的编写队伍采取了专、兼职人员相结合，以专职编辑为主的策略。即人教版采用专职教科书研究、编写人员和兼职研究、编写人员相结合的方式组织教科书编写队伍，并聘请了全国知名的专家、学者担任教科书的顾问和编委，为教科书编写提供专家咨询，编写人员由我国小学数学教育专家、大学教授、特级教师、教研人员和长期从事教科书研究编写工作的编辑人员组成，形成学科教科书编委会。

不难看出，无论苏教版编写组，还是北师版编写组、人教版编写组，都在尽力实现编写人员的多元化、专职兼职一体化，这是有目共睹的。但是，相比之下，三套教科书的编写队伍还是有些差异：苏教版的主力是江苏省的小学数学教研人员，人教版的主力是本社的专职编辑，而北师版的编写主要是以参加课程标准研制的三位高校学者（主编、常务副主编）带领一些小学教师完成的。三个编写组的组织结构方式尽管有趋同之势，但各有千秋。

（二）教师培训

1. 丰富的培训内容。三个版本对教师的教科书培训工作都做得丰富且有实用价值，受到一线教师的关注，但也有其各自的特点。苏教版的教师培训以学科培训为主，主要面向各学科的教师和教研员，培训目的在于使他们系统了解各学科课程标准的基本理念，教科书的编写特点以及在实施过程中应注意的主要问题，促使教师创造性地进行教学实践活动。但是，教师培训不仅仅是学科培训，还应该是通识培训。培训应主要面向教师、教研员和教育行政管理人员，使他们全面了解课程改革的理念和方向，了解新的课程教科书理论和方法，深入思考课程改革所面临的重要问题，为参与课程改革和教科书实验作好思想准备。相比之下，人教版教科书的教师培训就比较注重通识培训，通过通识培训，可以使教师从宏观上把握课程改革的基本理念，能够更好地理解教科书。北师版教科书的培训主要围绕课程标准相应内容的解读，对教科书本体内容的分析与辅导、实践层面的培训等三个方面展开，针对性更强。相比之下，苏教版教科书的培训在通识培训上略显薄弱。而北师版近年来更注重培训的实效性。

2. 培训形式多样。各版本对教科书培训的承诺形式都是“走下去的，请上来的，网络培训”等，但其具体实施的形式多有不同：

人教版的教科书培训包括培训活动报道、教科书介绍（包括文字介绍和视频介绍）教学课例。其中，教科书介绍部分的视频介绍最为突出，虽然文字介绍简练精辟，但视频介绍更加翔实、丰富，能够使一线教师有更感性的认识，有助于教师理解人教版教科书的编写理念、特点、教科书内容安排的心理与逻辑原因等，能够帮助教师更好地理解、分析教科书，提高教学效率。

北师版的培训方式包括现场答疑和集中培训。其特色是组织小学数学教学研讨会演示课，让一线教师来互动研讨，并且做成视频，发布在网站上，让广大一线教师共同分享问题与成果。

相比之下，苏教版的培训形式可与北师版相媲美，只不过其网络视频由于网络速度问题而影响一线教师观看的效果。如果具备文本和视频两种形式，那么，对于欠发展地区的教师自由选择网络培训方式可能更有利。

（三）教科书的后续服务

教科书后续服务工作对于教科书质量保障来说非常必要。对比苏教版教科书的后续服务，分析人教版、北师版，我们可以发现后者的一些特色：

人教版教科书提供质量评估，也就是说，人教版教科书不但为教师和学生提供实验前的培训、实验中期的指导，而且提供实验的评价方案。每学期，人教版教科书都向国家级各实验区下发《期末测评意见》，帮助教师转变评价观念，这一举措受到普遍好评。从前文的分析可以发现，苏教版的教科书服务体系也强化了质量评估这项内容。

北师版教科书的服务理念是“为消费者导向，一切为了学生，同时一切为了我们的消费者”。其后续服务具体包括教师的集中培训，设置专门的工作室负责日常工作，以及为实验教师提供一些帮助与回报。

相比之下，设立数学工作室是北师版的一个创意。这个专门的学科工作室由专人进行日常的服务工作，包括收集有关需求、改进工作、同类教科书比较等多种信息。同时，工作室定期出版教科书实验通讯，为实验教师提供交流和沟通的平台，也是把编者的想法传递给实验教师，同时，建立网络平台，实现现场问答与BBS在线讨论以及将相关的资源链接在网络上。

（四）信息反馈

1. 建立畅通的反馈机制是保障教科书实施的重要渠道。苏教版的教科书反馈机制主要通过网站上的论坛，这种反馈机制方便，反馈的信息量大，但是反馈的信息有时得不到编者的及时回复。人教版教科书专门设置了“读者反馈”专栏，注重读者的信息反馈，效果良好，值得借鉴。

2. 增设教科书答疑服务平台。教师在使用教科书的过程中往往会遇到这样那样的困难，教科书编者应该提供相应的反馈平台，并且对教师提出的问题提供指导和帮助。人教版教科书的网站提供“教科书答疑”服务平台。北师版教科书有“新课程标准实验教科书现场答疑”，这是一种一线教师直接和专家交流的机会，一线教师通过网络、电话等形式提出问题，由专家现场解答。这样不仅方便了一线教师，也方便了专家等人员，省时高效。

此外，北师版的信息反馈方式还有定期召开全国性专题研讨会、实验区工作交流会议，设立实验区定期回访制度，每一年、每一个省都要进行不少于一到二次的本省内的交流和回访，在论坛在线征稿，一线教师与编辑面对面交流。

可见，强化教科书实施阶段的质量保障工作，落实教科书的后续服务，虽然没有绝对统一的措施，但是，密切结合本套教科书的实际，摸索切实可行的有效对策并在实践中加以不断改善，是课程实施中的教科书质量保障的可行思路。

第三节　教科书质量保障的一个重要渠道

——教科书质量保障的信息渠道例说①

如何保障教科书质量，特别是如何在教科书推广过程中保障教科书质量，目前，国内外并没有通行的方法。笔者认为，在保障教科书质量的诸多因素中，畅通的信息渠道是关键要素之一。

事实上，畅通的信息渠道既可以确保教科书使用者更好地理解编写意图，最大限度地发挥教科书的各种功能，也可以让教科书编订者根据获得的信息，依据教科书实施的实际适时地调控教科书的推广策略，弥补教科书设计、编写中的可能不足；既可以及时获取教科书实施过程的新情况、新问题，用于寻找教科书编写中的问题根源，也可以在实施中物色教科书编写的新成员，保持编写创新的活力。

---

① 本部分是BHA030025课题的子课题“数学教科书质量保障对策的探索”主体成果，由任景业（山东省在平县杜郎口中学）承担。本稿经过孔凡哲、孙忠慧修改，完善。

为了引领广大教师的专业发展，使先进的教育理念落实到教师们的课堂教学中，新世纪小学数学教材编委会①强化教科书推广中的信息渠道建设，并在实践中不断改进：除了通过教学用书（含附在教学用书中的光盘）以及配套的教学辅导资料外，还先后开通了多种渠道，如通过培训的方式促进教师对教科书的理解，增进教师与“教科书”的对话，通过网络基地的建设，架起与一线教师交流、互动的平台，并与一线教师保持联系，确保教科书实验的正常进行。特别在2006年内，《新世纪小学数学》杂志、新世纪小学数学网、新世纪小学数学教学与应用基地相继诞生，为新世纪版小学数学教科书的可持续发展注入了新的活力。

一、强化教师培训及教学活动成果展示的渠道

（一）教师教科书培训

为了提升新世纪小学数学教科书的实际应用价值，教材编委会特向实验教师提供教科书培训。培训的方式主要有以下三种：

1. 集中培训。这种培训以教科书使用大省为主办单位，结合名师做课、当地教师上课，进行教科书分析，并由专家报告。时间一般为四至五个单元。每年上半年举办二至三场以省为单位的集中培训。新世纪小学数学编委会和北京师范大学出版社于2006年举办的全国第六届新世纪小学数学课程与教学系列研讨会的两大主题为“数学化与课堂教学有效性”（武夷山分会）、“基本教学技能与课堂教学有效性”（锦州分会）。武夷山分会期间还成功举办了海峡两岸小学数学课程与教学的学术交流活动，特别是台湾地区吕玉英老师“分数的探究”一课，给与会者带来了“建构数学课堂文化”真真切切的感受、感动和感悟。

2. 教科书分析报告会。编写者在使用教科书的地级市举办了大量专场教科书分析报告会，如2007年8月在长春市举办的新世纪版小学数学教科书培训会。

3. 举办高级研讨会、研讨班。即由当地教育部门组织骨干教师到北京接受短期的培训，由教科书编写组专家为学员评析教科书，指导备课、上课、评课。如2006年、2007年，广东省珠海市香州区为了培养新世纪小学数学的骨干教师，在北京先后举办了两期高级研修班，从数学课程新理念到教科书

---

① 本文主要以（北师版）新世纪小学数学教科书推广为个案，文中的判断系本文执笔者的“武断”，文责自负，未必代表新世纪小学数学教材编委会的观点，特此说明。

的编写意图，从教学设计与课堂实践到教后反思与评价，从专家引领到伙伴合作，研修班始终充满着平等、互动、成长、快乐的气息。学员们谈起这半个月紧张而又充实的研修经历，有的说“有太多的收获，有太多的思考”，有的说它“改变了自己的教学生涯”，有的说它“是自己事业的新起点”。他们重返珠海，回到学校后，都变得更加关注学生的发展，孩子们也很快感觉到“老师像变了一个人”，同事们则戏称他们“在北京被洗了脑子”。他们原来对新世纪小学数学都有或多或少的困惑，甚至不满或埋怨，现在他们却给予这套融入新理念、富有挑战性的新教科书以更多的关爱和呵护。

（二）教学成果征集评比活动

这是教科书编写组了解现行教学活动及教科书使用情况的又一项重要工作。教科书编写组每年都向实验区征集教学设计、教学实录、论文，经验总结，学生作品，评奖并结集出版，以此推广好的经验，引领教师们的专业发展，匡正其实践中的偏颇与不足。如 http：//math. cersp. com/News/Xiaoxue/200710/5588. html 于 2007 年 10 月 22 日公布“新世纪小学数学研究与应用基地教学设计与课堂展示网络教研活动获奖名单”。

（三）教科书编写者的回访

回访是教科书编写组及时了解教科书使用情况的有效渠道。教科书编写人员深入使用教科书的地区，通过听课、座谈了解解答教师们在教科书使用中遇到的困惑和问题，每年举办培训和回访工作 100 多场次，受益教师近万人。

二、构建小学数学基地，搭建教科书编写者与使用者共同发展的平台

教科书编写组自 2006 年 7 月建立小学数学基地。基地以新世纪小学数学教科书为载体，借助“中国数学课程网”、“新世纪小学数学网”、《新世纪小学数学教师》提供的有效沟通渠道，在系列研讨会等学术活动的推动下，旨在通过组织虚拟形态的网络教研和物理形态的校本教研，构建教师之间、学校之间、教材编写者和使用者之间基于新世纪小学数学教科书的民主、科学、开放的新型学习化组织，帮助广大一线教师更好地理解和驾驭新世纪小学数学教科书，全面提高小学数学教学质量；协助教师通过个人实践与反思，同行交流与合作，专业引领和支持，获得专业的提升；促进学校通过开展校际研讨活动、基地学校的辐射影响，形成资源共享网络，实现共同发展；让使用新世纪小学数学教科书的学生享受优质的数学教育，并通过数学教育促进他们知识、能力、情感以及人生目标等诸多方面的和谐发展。

基于这样的理念，新世纪小学数学教科书编写组在全国发展了 44 家单位为全国首届新世纪小学数学研究与应用基地。基地的工作方式主要有：

（一）校本教研

各基地或基地校结合本基地的具体情况制定详细的基地工作计划，做好本地的校本教研工作。为使校本教研富有实效，编委会建议各地结合一定的专题开展研讨。编委会将每年分批公布一批推荐课题和研究建议，供有条件的基地选择和参考，编委会在研究过程中对其进行必要的指导。如新世纪小学数学研究与应用基地第一批研究课题包括20以内的计算能力的发展过程（适用一年级上），学生掌握乘、除法的过程与方法（适用二年级上），学生是如何理解分数的基本性质的（适用五年级上）等等。

（二）网络教研

基地将以互联网为日常工作平台，借助网络教研的优势加强各基地（基地校）的经验交流、成果展示和资源共享，以促进教师之间、学校之间、教科书编写者和使用者之间新型学习化组织的形成。

1. 基地博客的建设。基地博客具有丰富的职能。其中，编委会的职能在于公布工作计划，发布基地活动情况，组织主题网络教研活动，推介优秀基地案例，答疑。基地项目工作推进小组的职能在于公布本基地工作计划，公示基地校活动情况，向编委会推荐本基地优秀案例，反映本基地近期工作中的主要问题与困惑。基地校的职能在于展示本校优秀成果，提出教学中的困惑，提出基地工作建议。

基地博客各栏目的主要内容包括“公告栏”、“基地动态”、“精品展台”、“基地作品”、“共同发展区”（即反映基地近期工作中的主要问题与困惑，教师提出的有代表性的教学中的困惑，基地工作建议，编委会就建议与困惑进行的交流）、“最新日志”、“热评文章”、“热点日志”。

维护对于基地博客建设非常重要，其基本要求一方面在于编委会要对基地提出的疑问在三个工作日内予以答复，每周推荐五个优秀案例；另一方面在于每个基地要指定专人负责维护本博客，每周要发表两个以上的内容（含对本地优秀案例的推荐）。此外，每个基地校指定专人（骨干教师工作组）负责维护本博客，每周发表两个以上的原创内容。

而网络教研的后续支持在于提供网络操作技术咨询，建立博客指导团、博客群组。新世纪小学数学教科书编委会于2006年7月组建新世纪小学数学基地博客指导团，其任务在于交流指导，收集成果，增强凝聚力。

2. 大型主题网络教研活动的开展。其主要围绕活动主题、参与人员、活动形式、活动成果等四种基本要素而展开。一般地，大型主题网络教研活动的主题宜从基地博客中选取的焦点问题或普遍存在的困惑的集中交流的难题中选取，特别鼓励基地申报研讨主题，并主导研讨活动。参与人员为至少两位编委以上级别专家、基地和基地校全体人员。而活动宜集中时段利用论坛或UC语音备课室进行，在每次研讨后，及时整理有关内容，并将其中的代表成果推荐有关专业杂志发表。目前，网络教研走上了常态化、制度化的发展轨道。例如，安徽省铜城的一位校长认为，“网络教研不受时间与空间的限制，它以一种平等、和谐、自然、自由的交流氛围吸引了越来越多爱岗敬业的教师自愿地参与进来，与传统教研相比，更加具有主动性、自觉性”。

（三）学术会议

学术会议是保障教科书持续发展的重要力量，从新世纪小学数学编委会举办学术会议的形式看，主要有年度研讨会与专题系列研讨会两种形式。

1. 年度研讨会。每年年底编委会将举办年度总结表彰暨教科书培训研讨会议，此会系新世纪小学数学教科书编委会最为隆重、最具学术影响力的学术交流活动。

2. 专题系列研讨会。专题系列研讨会为一线教师解惑，使其感到后续力量的支持，自己并不是在孤军奋战，并引发一线教师积极思考，共同进行教学研究和科研活动，使自身的能力得到提升，产生继续努力的心理支持。到目前为止，新世纪小学数学编委会已经成功举办了五届全国新世纪小学数学课程与教学系列研讨会，各届会议推动了各地教研活动的深入开展，为各地教师和组织管理人员提供了更多展示、交流的机会，在国内小学数学教育领域起到了一定学术影响的引领作用。

三、教科书配套资源建设

新世纪小学数学教材编委会从加强与一线教师交流与对话的外部角度对教科书的质量保障作了多方面有意义的探索，但就教科书本身建设的探索也是具有极其重要的意义的。要进一步保障小学数学教科书在教育教学中的应用质量，加深教师对教科书的把握和理解程度，帮助学生更好地适应新课程理念下的数学思想和内容，就要加强数学教科书及与其相关的教科书配套资源的建设。

现行的小学数学教科书配套资源主要有：《教师教学用书》、《数学伴你成长》、《伴你教数学》、《数学寒（暑）假生活》、《数学新课程测试与评价》、《数学教学挂图》、数学口算卡片（一、二年级）。其中，《教师教学用书》供教师使用，每册教材配备一册，并附教材分析光盘。《教师教学用书》是旨在说明教材编写意图与指导教师进行教学的主要教学参考用书。2005 年新世纪小学数学教材编委会在全面修订教材的同时，对《教师教学用书》也进行了比较大的调整，主要目的是进一步详细阐述教材的编写意图，为教师教学提供更加丰富的资源。修改后的《教师教学用书》包括“致教师（1）”（全套教材的总体介绍）、“致教师（2）”（本册教材的编写说明）、“单元教学目标”、“单元学习内容的前后联系”、“单元教材分析”、“单元课时安排建议”、“单元评价建议”、“教学案例研讨”、“具体课时的教学目标”、“具体课时的教材分析”和“教学建议”等。《数学伴你成长》旨在帮助学生更好地掌握和巩固《数学课程标准》及教科书中所要求的基础知识与基本技能，体会数学的思想和方法，发展能力，开阔视野。《伴你教数学》旨在帮助教师在新的教学方式之下准确把握教科书的设计意图，了解学生的准备情况，并对将要进行的数学学习活动进行分析和预测。《数学寒（暑）假生活》旨在帮助学生回顾与思考一学期所学的主要内容，充实学生的假期生活。《新课程测试与评价》突出新课程评价的理念，首次将新课程的理念具体化，旨在检测学生学习过程中知识与技能的发展水平。《新世纪小学数学教师》是2005年底新世纪小学数学教材编委会与江苏教育出版社合作发行的有正规刊号的杂志，旨在为使用新世纪小学数学教材的教研员和教师提供一个理解教材、研究教材、创造性使用教材的平台；共建全体教材使用者分享经验，交流心得，分担问题与困惑，集中群体智慧寻找解决问题对策的家园；加强国内外小学数学教育工作者的沟通与合作，探索基于中国儿童学习特点和教师教学实践的数学教育规律；致力于建设一个促进学生身心健康发展，反映未来社会需要，体现素质教育精神的现代小学数学课程与体系。

此外，配套的资源还包括《数学评价手册》（试行稿）、挂图、学具、口算卡片。教学时，教师可利用这些资源，配合教材中的有关内容进行一些数学游戏活动，提高学生的学习兴趣。

第四节　教研员与教科书的实施①

一、问题的提出

随着新课程改革的全面推进，“用教材教”已经成为实验教师耳熟能详

① 本部分是BHA030025课题的子课题“教研员与教科书的实施”主体成果，由长春市南关区数学教研员李博硕士承担，戴正之老师以及东四小学全体数学教师参加了研究，在此前，曾作为李博的硕士论文《提高小学数学教师使用教科书水平的策略研究》的主体部分（指导教师：孔凡哲）。

的时髦词汇。其实，“用教材教”并不是新课程改革的新型产物，而是教学所固有的组成部分。“用教材教”是教师在对编者意图仔细揣摩的基础之上对教材的再利用，其目的是促使课程在教师教的这一环节中得到增值。因此“用教材教”应该是一种操作策略，是教科书质量在实施阶段的有效保障。其应用价值绝非几个卡通人物所能替代的，越来越多的教师在教学时认识到了这一点，在数学课堂教学中对教材的创编、改造对教师而言已经不再是新鲜事，从情境的创设到内容的选择都凝聚了教师的智慧。然而，在这一过程中，编者的智慧经常被忽视。真正读懂教材，体会编者意图的教师已经越来越少，很多教师在忙着“用教材教”的过程中往往忽略了理性的思考，取而代之的则是形式上的更换。于是，数学课堂上就出现了五花八门的生活情境、眼花缭乱的动画设计，仿佛只有这样才是将课程改革进行到底。

反思“用教材”的现状，我们不难发现，教科书质量在实施过程产生了偏差，出现了下列现象：

“用教材教”等于创设生活情境。这是一种片面的观点，将“用教材教”简单地理解为创设情境，往往陷于为了创设情境而创设情境的形式主义中，无论教材中的情境是什么统统都换掉，就会出现东施效颦的结果，有时甚至出现知识性的错误。

“用教材教”等于教材无用。有的教师认为“课改了，教材没用了”，因此，教材在教学中成为习题集，这一种极端的观点，全盘否定了教材编制人员的研究成果，单凭个人对课程的理解，在实施课程的过程中势必出现问题，增加课程的衰减度。

“用教材教”等于教教材。这是一种传统的教材观，教师认为“用教材教”无非一句时髦的口号，教学必须忠于教材。教师在教学中如果持有本本主义的思想，那么学生获得的知识就要比课本上的还要少。

从上面的分析中我们不难发现，小学数学教科书的质量在实施阶段出现了衰减。为了进一步探寻教科书质量在实施过程中存在的问题，我们对长春市南关区所有小学数学教师发放了 324 份“关于数学教科书质量”的调查问卷，在回收的 316 份有效问卷中发现了如下问题：

1. 教师们对课程标准生疏。虽然在回收的问卷中 100％的教师都认为自己对课程标准的熟悉程度在基本熟悉以上。然而，笔者在调研过程中却发现，大部分教师对本节课相应的课程内容在《数学课程标准》中的要求都不熟悉，这必然导致教师自定标准，滥用教科书的现象。

2. 调查结果显示，教师们对教科书缺乏深入的思考，当然更不具备评判意识，这必然导致教科书中的课程资源在使用过程中的流失。

3. 教师们读不懂教材。在调研中，笔者任意抽取教科书内容请教师分析，发现有67.2%的教师对教科书提供的信息资源理解有误。

4. 新课程理念对教师们使用教科书形成负干扰。虽然新课程理念中提倡的“教材观”、“学生观”等已涌进教师头脑，但是教师们对于新教科书仍缺乏深入的认识和理解，因此就出现了误用教材的现象。

对教科书质量在实施过程中出现的上述诸多问题，目前的研究还无法加以解决。然而，由于教科书质量在实施中出现的偏差造成的课程质量的衰减问题已经成为制约课程实施质量的直接障碍，鉴于此，我们试图从教研的角度对小学数学教科书质量的实施保障进行研究，以期通过研究能够解决教科书在使用中的问题，提高教师的教科书使用水平，保障新课程改革的质量。

二、教研模式初探

笔者以研培一体为原则，从教研内容、形式入手，旨在促进教师正确、合理地使用教科书。

（一）课题牵动式的教研模式

1. 基本理念。课题牵动式教研是在区域内开展研究的有效教研模式，为教师创造了一种学习、教学、研究三结合的机制和平台。所谓课题牵动式教研就是把课题作为教研工作的主线。教研员带着课题开展教研工作，教师带着课题从事教学实践，在工作实践中通过课题研究拉动和促进自己和教师的学习和研究工作，并促进教学质量和教学能力、研究能力的提高。

2. 实践探索。即在以往的工作中基本采用的是“亡羊补牢式”的教研方式，随时随地与教师们探讨某节课的问题所在，解决方法。这种方式对教师的个别提高是非常有效的。但是，教科书质量衰减已经成为区域范围内的共性问题。怎样有效的解决这一问题呢？我们进行了课题牵动式教研的探索，就是将“用教材教的实验研究”作为全区数学教师的研究课题，以课题研究牵动教师的教学工作，同时以课题研究牵动我们的教研工作。如何为教师的研究提供技术保障呢？我们从常规工作入手，进行了下面的尝试：

（1）备课。每学期初的集体备课活动都是一次本区域内数学教师的集会。我们在备课中要研讨全区存在的共性问题、课题研究中出现的困难，同时，为下段研究提供基本的资源与技术支持。因此，我们的备课分三部分内容进行：第一部分，由教研员针对下一学期的教科书作教材解读及教学要求；第二部分，由上一学年段的骨干教师针对学生的现状提供本册教科书在“用教材教”的过程中的经验和存在的困惑；第三部分，共同研讨确定本学期本册教科书“用教材教”的研究方向。

（2）教研活动。教研活动是课题研究的有效保障。我们根据课题研究的需要将教研活动分为小型教科书研讨会和课题成果阶段展示。所谓教科书研讨会，就是针对某一学年教师在使用教科书过程中出现的误用教科书现象开展的细读教科书活动。例如，在针对人教版《义务教育课程标准实验教科书数学四年级·下册》召开的教科书研讨会上，教师们通过对教科书蕴含功能进行讨论，达成如下共识：教科书的主体图中蕴含的教学功能在于：再现生活情境，提供数据信息；文字插图激发兴趣，帮助学生理解数量关系；指导操作标注中蕴含的教学功能；提供信息，提出问题；教学重点提示；揭示算理练习题中蕴含的教学功能；呈现教学目标；体现教学重点难点；提供教学活动。课题成果阶段展示则是根据课题研究计划展开的，目的是推广研究经验。例如，由长春市北大小学承办空间与图形部分“用教材教”的策略研究，其主要成果在于：空间与图形部分“用教材教”存在的问题集中在以读代做、以思代做、以讲代做、以特殊代一般上。而解决的可行策略在于“读懂教材→遵循知识发生规律→充分的学具、教具”等等。

（3）建立了“课前集体备课——自我反思——评课——研讨”的基本教研模式。其中，评课是教师进行课题研究的资源库。在评课过程中，我们采用自评为主，研讨为辅的形式。自评主要回答“课程标准对本节课的知识有哪些要求？教科书是如何呈现知识的？其目的是什么？您在设计教学时是否遵照教科书？原因是什么”等问题。研讨主要根据课堂观察与自评情况进行，理清“教科书编排的意图是什么？是否符合课程标准要求？存在哪些优势和弊端？怎样通过设计来弥补”等等问题。

（4）命题。命题是课题研究的动力库。考试是教学的指挥棒，怎样考就怎样教。要确保课题研究的顺利进行，进行命题的改革毋庸置疑。我们在命题中将考评中心向学习过程倾斜，通过学生的学习过程来分析教师的教学重点。例如，针对“统计意识和方法及条形统计图”设置“考场内现在有几名男同学？几名女同学？几位教师？根据收集到的信息将图集图补充完整”等试题。

（二）水波纹式教研的探索

1. 基本理念

骨干教师往往是在改革中最先动起来的那部分教师，他们比较容易接受新的理念、新的方式，那么，如何才能以最快速度促进骨干教师成长及最大限度发挥骨干教师在区域内的辐射作用呢？实践表明，水波纹式教研是培养骨干教师，发挥其辐射作用的有效研究方式。所谓水波纹式教研就如同在一个平静的湖面投进一颗小石子一样，在中心的是教研员，最先波及的是骨干教师，然后再波及的是学科教师，当水波遇到岸边，往回波动时又先波及学科教师，再波及骨干教师、教研员，这样就形成了由教研员←→骨干教师←→学科教师的教研共同体（如图9-4-1）。

2. 操作流程

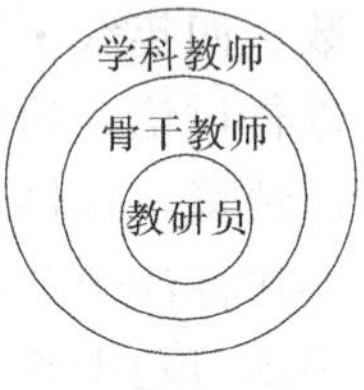

图9-4-1

（1）抛出问题，激发兴趣。首先在全区范围内，我们精选出10名骨干教师组成课题研究中心组，这10位教师都是教学经验丰富，在校内业务水平比较高的教师。如何让他们将研究兴趣由比较熟悉的教学研究转移到教科书的研究上来呢？我们打破以往指导式的研究模式，而是先与骨干教师组成研究共同体，以主题论坛的形式阐述自己在教科书实施方面的心得。我们作为中心组成员先与其他人交流，向其抛出“用教材教的几点思考”，并向其阐述“用教材教”不是新课程改革赋予教师的权力，而是教学所固有的组成部分，以及实验教材中的图、标注、习题中蕴含的教学启示，“用教材教”的策略等观点，意在提示中心组其他成员，教科书有着重要的研究价值和广阔的研究领域，以使其对自身在教科书质量实施方面产生进一步的认识并对研究内容产生浓厚兴趣。

（2）测定水平，量体裁衣。仅仅有兴趣是不够的，我们通过听课、访谈、问卷，对骨干教师现有的教科书使用水平进行了级别的划分（使用教科书水平共分为五个级别：一级：对教科书理解存在偏差，不能完成目标；二级：基本上能正确理解教科书编写意图，基本完成目标；三级：能够正确理解、使用教科书，能够完成目标；四级：能够灵活地使用教科书，超值完成目标，但在实践技术上还须改进；五级：教科书成为教师教学资源库的一部分，教师能够运用娴熟的教学技术使学生获得超值的课程）。在级别划分的基础之上，我们与教师共同协商为每位教师制定出近期个人发展计划。这样就使骨干教师更加明确了自己的研究方向。

（3）实施干预，提高水平。为了有效地促进骨干教师的提高，确保其完成发展计划，我们对圈定的骨干教师实施干预政策。①“单腿跳式”的培训。为了解决教师在教学中存在的个性化问题，我们对其采用了“单腿跳式”的培训。所谓单腿跳式的培训就是教研员与教师进行一对一的沟通，目的在于帮助教师解决其在教学中遇到的问题和困惑。沟通可以带有一定主题，也可以无主题。我们往往在听课、交流的过程中与教师探讨解决问题的策略。这种方式虽然费时但收效是最好的。② 主题论坛。为了解决教师们在教学时存在的共性问题，我们定于每学期双周的星期二与其进行主题研讨，下次研讨的内容一般在前次活动结束前确定。③ 个人成长档案。个人成长档案主要存放每位教师的作业，包括每月一份的教材分析、教学设计、教学反思。成长档案能够让教师们更清楚地看到个人的成长历程，同时为其他教师的发展提供经验。

（4）设置回波，共同发展。回波则是发挥骨干教师辐射作用，推动全区课题研究必不可少的环节。在研究中，我们利用教研活动设置回波，有效地促进了课题研究的进程。

（三）校本教研推动课题研究的探究

校本教研是课程改革以来一种新的研究模式。它旨在强调让教师把自己在教学工作中遇到的突出问题梳理出来，对其进行深入的思考，归纳出解决问题和改善现状的方案，然后用实践验证改进方案的可行性。

如何发挥校本教研的实效性，使其推动课题研究呢？我们的具体做法是以重叠式课题研究（教师既是研究的主体，又是研究的客体）为载体，组织教师一个阶段集中围绕一个问题开展系列教学教研活动，在行动研究中使学校常规工作专题化，从而促进教师更好地使用教科书。

【案例】课题研究内容：提高教师使用教科书水平的策略研究

由教研员根据教师现有使用教科书的水平（量化）对教师实施以下干预策略。（1）自我鉴定：用录音笔等录音工具将教师课堂教学过程记录下来。课后，先由实验教师根据录音进行自我反思，随后教师再在活动时间内与其他教师讨论，最终形成自我鉴定。此项干预策略有利于教师对自身的充分认识，促进其反思能力的提高。（2）模仿课：根据实验教师的具体教学内容有针对性地选择名师的授课录像带，让教师先反复观看观摩课的录像带，再模仿其上课。最后实验教师思考教学环节设计的目的，并对观摩课及自身的模仿课进行对比反思。这种影响方式表面看来是灌输式的影响方式，其实不然，在模仿过程中，我们时时促进教师本身对问题的再思考，这不仅能在短时间内使新手上路，还能有效地促进教师教育思想理念的转变。（3）教科书解读。教科书解读分为两个部分。第一，小学阶段数学知识脉络的解读，即教师要理解小学阶段的数学知识体系，知道每一部分知识是哪些知识的延伸同时是哪些知识的基础，这一部分的解读主要是让教师对小学阶段内容进行整体把握。第二，编者意图的解读，即教师对具体内容编排加以体会。教科书的解读不是一件事而是一个过程，在这一过程中教师的解读能力逐渐增强。(4) 课例辨析：通过互联网、教育杂志、观摩活动等获取课例，将其作为素材进行评议，从中修正教师们的认识。在这一策略中，所选取的课例一定要与本研究小组成员无关，否则由于教师们受客观因素的影响，这一策略很容易流于形式化。(5) 专业引领：由课程专家、名教师、教研员组成的队伍针对教师教学中急需解决的问题进行理论上的辅导。(6) 同伴互助：研究小组成员之间按计划互相听课、议课，在自我反思和集体反思中促进其共同进步。(7) 教研活动：以南关区教学研讨活动为平台，进行区域范围内的成果展示。通过干预前后的量化对比，寻找有效策略。实际的运行表明，以长春市东四小学为实验校的校本教研试点是成功的。

第五节　教师与教科书的实施

——教师"用教科书教"的实证研究

教师是教科书实施的最终执行者，教师对教科书实施的质量、效果起着至关重要的作用。在新课程的推进过程中，教师的教育教学观念正在发生变化，表现在教科书的使用上就是从"教教材"转变为"用教材教"。

"用教材教"是新课改倡导的一种理念，要求教师注意把教学内容、教学方法和学生的实际情况联系起来，一方面加强自己对教材的深入解读，另一方面创造性地组织教材内容，创造性地选择教学方法，在调动学生兴趣的基础上，师生共同建构知识，培养学生用数学思维进行思考，使学生爱学数学，能够自觉地用数学解决生活中的实际问题，促进学生的学习与发展。

在本节①，我们将以小学四年级北师版实验教科书为例，结合自己开展的教科书实施研究的经历，讨论保障教科书实施实效的策略方法。

一、研究的目的

所谓"用教材教"，实际上是与"教教材"相对的一种教材观、教学观，是教师使用教材的策略。它表现在教学内容、教学方法和教学方式上在于教师不完全拘泥于教科书的限制，不把教科书奉为圣经、法典，而把教科书作

---

① 本部分是BHA030025课题的子课题"小学数学教科书实施的实证研究"的主体成果之一，由吉林省长春市解放大路小学姜羽秋硕士完成，在此前，曾作为姜羽秋的硕士论文《小学数学"用教材教"的实践研究——以小学四年级北师版实验版教材为例》的主要部分（指导教师：孔凡哲）。

为教学的凭借、教学的资源，创造性地利用教科书，并根据教学内容利用其他教材形式，创设一个有利于学生主动参与的问题情境和学习环境，让学生运用已有的经验，在与文本的自主对话中习得读书之法，体味读书之乐，经历体验过程，受到强烈感染，身心获得全面的发展。

新教科书实验虽然已经进行六年，但是，在现实的教学中，对教科书过分随意地“创造、更改”，或者只为了追求新的教育形式而不考虑教学内容，致使教学内容远离学生的经验和实际，甚至在一定程度上存在着“穿新鞋走老路”等诸多现象。因而，本研究旨在通过研究者自身的创造性使用教科书的行动研究，再现一位普通教师在课改中最大限度地发挥教科书的作用、恰当地使用教科书“教”的历程，为一线教师更好地领会课改理念，完整地把握教科书进而对其加以创造性使用提供示范。

二、研究方法

本研究是研究者亲自参与自然情景下的教学实践，因而，主要采用行动研究法。本研究选择行动研究法还有如下几个原因：首先，从事行动研究不仅可以提高自己的研究能力，还可以扩展自己的专业知识和技能，使自己成为“学者型”的教师，从而满足自身发展的需要；其次，行动研究以解决教学过程中的实践问题，提高教学质量为目的，采用这样的方法有利于稳定教学质量，便于研究的顺利进行，而不被阻挡；再次，行动研究反思的特点正好适合本研究的主旨；最后，行动研究是沟通理论与实践的桥梁，正好与本研究的特点相适合。

如前文所述，行动研究关注的不是理论研究者所认定的结论，而是教育实践者在日常生活中遇到的和亟待解决的实际问题。行动研究的“目的在于求知，发现真相，以增进对现象的了解，以建立理论、模式或行动方案”①。本研究就是期望借助行动研究探索教师使用教科书完成教学任务的一些基本规律。

三、研究过程及其分析

正如前面有关章节分析的，北师版小学数学四年级教科书中的情境大部分具有现实性、生活性、趣味性和问题性的特征。此外，与以往的教科书相比，例题的设计、习题的配置也有许多新变化。结合笔者的教学经验和经历，本研究主要围绕情境创设对教学的作用、有关例题的设计与实施以及习

① 蔡清田．教育行动研究［M］．台北：五南图书出版公司，2003：7－10．

题内容的设计与实施三个方面开展“用教材教”的实证研究，对于教学实施中的其他项目，我们基本按照传统的方式进行。

（一）四年级小学数学教科书中情境的创设

1. 情境的含义。“情境”、“创设情境”、“情境教学”、“情境导入”等是当今课堂教学研究中频繁出现的概念。情境具有现实性、生活性、趣味性和问题性四个特征。在本研究中，笔者认为，情境是为教学活动服务的，有利于学生理解教学内容的实际场面或模拟场面，或某些与学生生活经验有关的故事或生活片段。

2. “情境”教学再加工的典型案例分析。北师版四年级实验教材中的许多重要教学内容是按照“问题情境——建立模型——解释与应用”的叙述方式编排的，因此，教材中的情境包含着问题，在“小数点搬家”（40至41页）这节课中，教材利用学生喜欢的卡通人物开餐馆的情境呈现出“山羊快餐”通过价格的变化吸引顾客的故事，蕴涵着小数点移动引起小数大小变化的规律。同时，编者十分注意数学与现实的联系，一方面注重其与日常生活、现实空间的联系，另一方面注重联系学生的现实，即学生已有的经验、知识、能力、情感、态度、兴趣，比如，在“小数的认识和加减法”单元中，体温、房间面积、身高等都是学生熟悉和感兴趣的。此外，教科书根据学生年龄特点，把情境引向现实社会、科学技术等更广阔的空间，选择了更为丰富的素材，特别注意挖掘富有时代气息的问题，如安排了人口、海洋、星球、环境、科学等丰富的素材，帮助学生理解“周围世界中处处有数学”的内涵，体会数学在社会生活中有着广泛的应用。

教科书仅仅是达成课程目标的中介，即使十分完美的教科书往往也需要因时、因人去实现教与学的加工。因此，对于教科书中的情境，在对情境的价值、含义完全理解的情况下，笔者尝试着创造性使用教材中的情境，促进学生对知识更好的理解。

【案例】“用字母表示数”（北师版小学数学第八册第85页、第86页）

教学目标：A. 结合具体情境，学会用字母表示数，能用字母表示运算律和有关图形的计算公式。

B. 探索用字母表示数的过程，发展抽象概括能力。

在这节教学内容中，教材中设置了三个情境。情境一是“歌谣——数青蛙”（第八册第85页、第86页），即通过儿童熟悉的青蛙儿歌引出用字母表示数，即 n 只青蛙 n 张嘴。虽然儿童在动画片中经常看到青蛙，但对于生活在大城市的孩子来说，很少有机会看到真正的青蛙，有的儿童对青蛙的印象甚至很模糊，而且此青蛙儿歌对于小学四年级的学生来说有些幼稚，他们不太容易将自己的情感转移到所感知的对象之中。因此，笔者尝试着以解放大路小学用字母命名班级这一特点引入新的情境——班级名称导入新课：用字母表示数。

师：同学们，咱们班的名字是什么呀？

生：四年级A班。

师：谁还能说说咱们学校其他年级是怎么用字母表示班的？

生：一年级有一年级A班，一年级B班，一年级C班；二年级有……

师：请同学们说说字母A、B、C、D和咱们学校的班级是什么关系？

生1：不同的字母表示不同的班级。

生2：同一字母也能表示不同的班级，一年级至六年级都有A班、B班、C班。

师：用字母来表示班级的顺序是咱们学校办学的一大特色。你们还能说说生活中有哪些事物是用字母表示的呢？……

此节课的导入为整节课奠定了成功的基调，学生热情高涨，积极回答问题，并能把自己周围的常见的用字母表示数的例子说出来，达到了“会用字母表示数”这一节课的教学目的，也通过“A班—1班，B班—2班，C班—3班”建立起了抽象的字母和数字之间直观的联系。这一新情境的运用使学生立刻就能和生活联系起来，并把自己对班级的感情融入学习之中，而且较易引出生活中用字母表示数的实例，并建立字母和数的对应关系，为本节课的第二个教学目标“用字母表示运算律”奠定基础。与原来青蛙情境的单一目的“直接用字母表示数”相比，该情境强化了知识点之间的逻辑联系。课后对后进生的调查表明，他们能很容易理解此节课的内容，这表示情境的更改是相对成功的。

3. 情境选择及创设中的几点感悟

情境的表象支撑功能帮助学生理解抽象的数学知识，情境的运用还能够起到加深和拓展学生对知识理解的作用。经过近一年的行动研究，笔者对情境选择和创设有了较为丰富的自我感悟。

(1) 以多种手段灵活地创设数学问题情境，吸引学生的注意力，唤醒学生的问题探究欲。学习始于注意，要使学生产生问题意识，就要创设问题或问题情境，因为问题或问题情境的创设能够吸引学生的注意力。针对小学生形象思维为主的特点，教师可以利用故事讲述、实物模型、图片、幻灯投影、计算机显示、实验演示、表演操作等多种手段、多种方式创设具有“现实性”和“生活性”等特征的教学情境，并在此情境中融入学生所要学习的数学知识的直观形象，使学生通过对这些情境中所镶嵌的问题的探讨与研究，比较容易发现与形成对事物本质的理解。

（2）情境选择的目的是激起学生的兴趣，引发学生的问题意识，而不仅仅是导入新课。在教学实践中，笔者发现有些教师选择的情境只是为了导入新课，在这种情况下，学生没有产生认知冲突，其问题解决的内驱力没有被充分调动起来，无法积极有效地投入此节课中。因此，笔者在创设情境时力图使所创设的情境和学生已有的认知经验有一定的冲突，从而引起学生思考。

（3）多媒体运用忌喧宾夺主。现代化的教学手段仅仅是课堂教学的辅助手段，不能取代教师的教学，更代替不了学生的自我体验和师生的交流、沟通。成功的多媒体教学应有利于学生展开联想，使学生将原来说不明白的问题说明白，对难以观察、体验的知识或现象产生直观感受，给学生充足的探究和交流的机会，而不应该影响学生学习的效果，更不能喧宾夺主。

（二）四年级小学数学教科书中例题的设计与实施

1. 四年级小学数学教科书中的例题分析

北师版教科书中的内容编写关注小学生的认知特点，由浅入深，注重知识之间的相互联系与综合，关注不同学生的数学学习需求，例题具有适当弹性。比如，对于同一例题，力求提出不同层次的问题或开放性问题。同时，北师版教科书中的内容编写试图通过例题来突出“问题情境——建立模型——解释应用”这一基本模式。比如上册教材第45页的“探索与发现（三）”，通过“一共贴了多少块瓷砖”这一问题情境，展示了学生“提出猜想——探究发现规律——归纳总结、概括规律——应用规律”这一学习过程。此外，教科书的呈现方式情境化，即通过生活情境、呈现教学内容强化学生对知识的理解及知识的生成过程。例题将抽象的数学内容附着在现实的生活背景中，使学生通过观察、实践、游戏活动等多种方式感受生活与数学的联系，增强了学生学习数学的兴趣。

2. 例题教学处理的基本方法与策略

小学阶段是发展学生思维的重要阶段，对学生初步的逻辑思维培养十分有利。但是，在传统的数学教学中，教师多通过例题教学生掌握某些知识点，缺少对学生初步的比较、分析、综合、抽象、概括，对简单的问题进行判断、推理等思维能力的培养。在中小学教学中，例题没有固定的形式，既可以通过文字形式表现，也可以通过情境体现，而例题的教学方法也不能完全局限于教师的讲解。因而，在教学中，我常把例题置于问题情境中，通过多种教学方法的综合运用，使学生获得数学上的全面进步与发展，进而实现在课堂教学中对教科书的创生。

【案例】旋转与角及角的度量（第七册第 22 页至 24 页）

在“旋转与角”这节课中，教科书的内容主要围绕“角可以分哪几类？每类角的特征是什么？直角、平角、周角之间有什么关系？平角和直线一样吗？”等问题而展开。我把学生分成几个小组，让他们通过动手操作、同学之间的交流，把感性经验上升为理性知识。同时，我要求每组选一名学生回答上面问题，以检验其学习的效果，这有助于教师适时地调控课堂。在“角的度量”中，我采用“尝试法”让学生探索新的知识。由于学生第一次用量角器，好奇心驱使他们尝试用量角器画角，但由于初次使用，再加上量角、画角时需多方面兼顾，如对齐顶点、对齐 0 刻度线及观察刻度的方法等等，学生出错率很高，此时，我一方面针对学生遇到的困难给予其适当的点拨与指导，适时地调整教学环节，使教学有的放矢；另一方面，让各小组总结角的画法，同时我把学生在画角时常犯的错误列举出来并写在黑板上：错误类型一：量角时，量角器中心点和角的顶点没重合。错误类型二：量角器 0°刻度线没与边对齐。错误类型三：看错了刻度，应看里圈，却看外圈刻度了，或者应看外圈却看里圈刻度了。针对上面每种错误，教师启发小组讨论如何避免，并对其进行角的度量技能的落实和进一步升华。在这节课上，我把自学法、尝试法、小组合作学习法恰当结合在一起，遵循先简单后复杂，先具体后抽象，先特殊后一般的原则，培养学生动手操作能力与合作学习的习惯，使整节课不仅达到了教科书预设的教学目标，而且有不小的增值。

（三）四年级小学数学习题内容的设计与实施

1. 四年级小学数学教科书习题的特点分析

与以往的教科书以及其他版本的教科书相比，北师版教科书在习题的设计上具有如下特点：

（1）课后练习的编排突出层次性，设计了一些供有特殊需要学生解决的问题，力求使不同学生在数学上得到不同的发展。习题选择的例子基本上都是学生熟悉的生活中的事情，使学生以已有的经验为基础巩固本节所学内容，感受“生活中处处有数学”的内涵，提高解决问题的意识。

（2）适时的跟踪练习。在每一节中，编者都精心设计了相同类型的题目，既不是照例题宣科，又能结合学生的具体情况适当调整其侧重点，如上册第 73 页中的“观察与思考”题，既体现了对本节所学的商不变规律的具体运用，又培养学生从另一角度来寻找计算题的简便算法，发展学生思维的灵活性。

(3) 题型设计多样性。根据每节教学内容，习题采用多种形式来巩固学生所学的内容，让学生在多种形式的练习中运用所学的知识解决问题。习题种类丰富，既有以动手操作为主的习题，也有以观察为主的习题、开放性习题等等。

(4) 突出了“问题情境——建立模型——解释应用”基本模式。

2. 习题教学处理的基本方法与策略

四年级的学生思维正处在从直观思维向抽象逻辑思维过渡的阶段，因此，通过练习巩固所学知识只是其中的一个方面，而通过比较、概括、推理、综合等思维方法的学习运用发展其逻辑思维是这个年龄段教学的一个重要任务。对此，在练习中，除了采取前面例题部分所介绍的教学方法与策略外，笔者还注意学生思维方法的掌握，改造教科书中原有的习题，一方面，赋予其更多的功能和含义，另一方面，使其更适合本班学生的实际。

【案例】 第七册第 23 页“练一练”中的第 1 题

这是一道静态的题，它对本节知识点只起到一定的巩固作用，对此，我尝试着把它变成动态的题，并通过学生动手操作、相互交流和概括总结来深化对本节课的理解：课前学生自制了钟表模型。在做习题时，我引导学生动手拨一拨，看一看自己制作的钟面上时针与分针在什么特殊时刻形成什么类型的角。我让学生先自己操作，然后把自己的发现在小组内交流。(12：00 至 3：00 之间形成的都是锐角；3：00 形成的是直角；3：00 至 6：00 之间形成的都是钝角；6：00 形成的是平角；6：00 至 12：00 之间形成的是大于平角的角；9：00 形成的是 270 度的角；12：00 形成的是周角)。

这种开放式的练习设计使学生乐此不疲地进行探究。通过这一道简单的练习，学生更好地理解了角的概念、不同角的区别，深化了对本节知识的认识，同时，更好地使自己的探究能力和解决问题的能力得到了培养。另外，这种开放式的练习设计还使学生认识到，一个小小的钟面看似普通，却蕴含了许多数学知识，生活中处处有数学。

四、研究的几点结论

在近五年的教学实践和近一年的行动研究中，笔者的收获和感悟颇多：在“用教材教”的过程中，必须有这样一种意识——课堂教学并不是要将所有的内容都给学生，教师并不是搬运工，把知识从这本书上搬到课堂，再想方设法硬塞到学生的脑子里边去，而是需要把教学内容、教学方法和学生的实际情况联系起来，一方面加强自己对教科书的深入而准确的解读，另一方面，更要创造性地组织教科书内容，恰当地选择教学方法，在调动学生兴趣的基础上，师生共同建构知识，培养学生数学地思考，使学生爱学数学，能够自觉地用数学解决生活中的实际问题，促进学生的学习与发展。

回想自己使用新教科书的历程，尤其是一年多的行动研究，笔者感到自己对教科书的理解有时仍有机械、生硬之倾向，对教科书的研读尚需加强，对教师参考用书中一些结论性的话语不敢怀疑，或者不知道去怀疑，因而，在教学过程中有时依然牵强附会。当然，走进新课程，教师没有一条现成的路可走，须要发挥自己的积极性、主动性、探索性，根据教科书内容、学生实际，结合自己的实际，独立思考，努力寻找适合自己的道路。这是一个伴随着新课程一起成长、发展的过程，由不习惯到习惯是一种成长，由没有信心到有信心也是一种成长。

附录：小脚丫走天下

——对“100以内的加减法”教科书内容二次开发的一个案例①

【说明】如何在小学低年级对教科书进行加工改造，实现对教科书的二次开发？东北师范大学附属小学赵春梅老师结合自己的教学实际开展了探索，其基本思路是以游戏为载体，以专题活动为线索，重新整合教科书中原有的内容，形成了富有校本特色的案例。

【背景】

100以内加减法是学生继续学习计算的基础，《课程标准》中要求：能熟练计算20以内的加减法，会口算百以内的加减法。要达到上述目标，在一年级的教学中，教师和学生需要花费大量的时间和经历进行计算的训练，但单纯的口算训练使学生对此产生厌倦情绪，逐渐发展到有可能淡化了对数学本身的兴趣。为了既提高学生计算的准确性，又使学生的学习过程充满乐趣，我们特设计“小脚丫走天下”玩扑克牌的游戏活动。

【游戏准备】

100张扑克牌或数字卡片，分别写上1至100各数；中国版图路线图；小“棋子”；游戏记录卡；评价记录单。

① 本部分是BHA030025课题的子课题“小学数学教科书实施的实证研究”的主体成果之一，由东北师大附小赵春梅硕士完成，在此前，曾作为赵春梅的硕士论文《小学低年级数学游戏教学的设计及课堂实践探索》的一部分（指导教师：孔凡哲）。

【教科书编排特点】

加减法计算的学习在一年级的学习中占有非常大的份额，北师版一年级下册书就有3个单元的内容，如何有效地开发和利用有趣的手段来学习计算至关重要。为此，我们结合教学内容，整合了北师版一年级下册第三、第五单元的知识点，开发了“小脚丫走天下”的计算游戏，来淡化学生对计算的枯燥情绪，将计算作为游戏中解决问题的强有力工具，使学生在达到游戏目标的过程中形成计算技能。

【设计思路】

1. 100以内加减法的计算是今后进行大数计算的基础，学生在掌握算理的基础上，需要形成熟练准确的计算技能。要实现这个目标需要经历练习计算的过程，但枯燥的训练会使学生感到很被动，参与的愿望不强烈，产生厌倦的情绪，为了完成任务而去应付，不利于学生形成积极主动的学习态度。

2. 怎样才能让学生在练习计算时不感到枯燥，还能达到熟练计算的目的呢？为此我们开发了“小脚丫走天下”这样一个融计算为一体的游戏活动，通过抽数字卡片比大小，在画有中国地图的棋盘上确定前进的步数，在游戏活动中不知不觉地去计算加减法，使计算成为游戏活动的一种需要，淡化学生对计算的枯燥情绪，将计算作为完成游戏活动的强有力工具，使学生在达到游戏目标的过程中形成计算技能。

3. 期望学生能将此游戏活动融入生活中，利用课余时间与同学、家长、好朋友玩，丰富自身业余生活。

4. 在游戏活动中将行进的路线安排在中国版图上，前进中的每一个落脚点都是主要城市或旅游胜地，在游戏中有机会了解国家版图，丰富地理知识。

【游戏规则】

1. 将写有1至20或1至100各数的扑克牌洗开，扣放，分成两摞，每人10张。

2. 从起点出发，两人都任意抽出一张，然后比较大小，用大数减小数，由持有大数的人先算出正确的结果，结果是几就走到数字几；如果持大数的人算错了，则原地不动，由持小数的人将结果算对，持小数的人就走到数字几，依次累加往前走，看谁先到达终点100。

3. 遇到“加”或“减”的奖励或陷阱，要按照路线图上的要求去做。

4. 谁先到达100，谁就胜出一次；如果超出100，也算胜出一次，但要将超出100的数的个位上的数字作为对方下一次出发的起点。

【游戏目标】

知识技能目标：能够熟练地口算100以内的加减法；能灵活运用多种方法正确计算。

过程方法目标：在玩游戏的过程中使学生经历运用计算结果推进游戏进程的过程，能遵守游戏规则；在两人出牌的过程中，互相监督计算的过程，使学生逐步提高计算的准确性；在游戏中突出心算，淡化笔算，使学生经历、体会算法多样化的过程；在游戏活动中发展学生的创新意识以及思维的灵活性。

情感态度目标：通过游戏提高学生计算的兴趣和能力；给学生提供与人合作的机会，提高学生与人交往的能力；在游戏之余，使学生了解我国主要城市和旅游胜地所在的位置；使学生在游戏的过程中获得成功的体验，并正确对待每次取得的成绩。

【游戏评价】

主要从对这项游戏的感兴趣程度，与多个伙伴合作的程度，准确计算情况，遵守游戏规则的情况，对其中涉及的一些地理知识的了解程度，对游戏结果的认识情况等方面展开，可以自评，也可以让教师、家长进行评价。

【实践反思】

教学实践显示，“小脚丫走天下”比较符合学生的年龄特点及生活实际，活动实施过程简易可行，便于操作，活动的效果显著。对于提高学生计算技能，使其学会与同伴合作有明显的帮助。

【活动中的可能问题与建议】

问题1：同桌之间的计算水平存在差异，有的学生算得又快又准，有的学生算得比较准，但速度慢，所以玩的时候就出现了算得快的学生指挥算得慢的学生走几步，导致算得较慢的学生参与计算的机会被剥夺，不能通过游戏活动达到训练计算的目的。

改进措施：再次实施时应根据学生计算水平的差异编组，把计算能力接近的学生编为一组。例如，把算得又快又准的学生分为一组，把算得稍微慢的学生分为一组，这样可以使不同程度学生的计算水平同时得到提高。

问题2：在游戏过程中，出现了不计算而是一步一步跳的现象。如A已走到35，B已走到42，两人继续抽卡片。A生抽到18，B生抽到15，A大，A和B同时计算18－15＝3，在向前行进的过程中应该计算35＋3＝38，直接从 35 跳到 38。但实际玩的时候出现了 A 不计算的现象，而是从 35 开始一格一格地跳 3 下，没有计算的过程，直接跳到 38。这样就降低了计算的数量。

改进措施：教师在指导过程中要提出明确的计算要求，并且两人要互相监督。

【教师指导作用的发挥】

游戏规则的介绍要清晰，明了。教师要注意指导学生加强对棋盘地图上各地点的认识，及时解答学生遇到的问题。

第十章

推广过程中的教科书质量保障（下）

第一节 教科书在学校实施过程中的困难及其归因分析

学校是教科书实施的主要场所，教科书在学校实施的实际状况直接制约教师使用教科书的实际效果。教科书在学校实施过程中的困难，既有教师的因素，更有教科书的因素，在一定程度上还包含学校（乃至社会大环境）的因素。

在本节①，我们以人教版小学数学二年级教科书为例，在长春市范围内，以实证调查方法为主，探讨教科书在学校实施中的困难，并作简要的归因分析。

一、研究的目的

通过对人教版《义务教育课程标准实验教科书·数学》（小学二年级）在教学中存在的问题及对策进行研究，为一线教师在课改中自觉地、有目的地控制和改善自己的教学行为，提高数学教学效益和质量提供借鉴；为课程理论工作者更好地开发课程、编写教科书提供实践数据。

二、研究的意义

（一）对教师培训具有重要价值

新教科书实验至今已经进行了 6 年，不少教师依然难以适应新教科书的

---

① 本部分是 BHA030025 课题的子课题“小学数学教科书实施的实证研究”的主体成果之一，由吉林省长春市解放大路小学苗慧硕士完成，在此前，曾作为苗慧的硕士论文《小学数学课标教科书教学实施中的问题及对策研究——以二年级人教版教科书为例》的主要组成部分（指导教师：孔凡哲）。

教学，其教学在一定程度上存在“穿新鞋走老路”的现象及其相关问题。新课程要求教师改变传统的“课程＝教科书＝知识”的观念，改变对教科书生硬地执行的传统做法，以便对教科书从课程层面上进行调适、创生和开发。因此，明确地揭示新教科书教学中存在的问题并进行必要的对策分析，可以确实提高教师培训的针对性。

（二）有助于课程理论的深化研究

毋庸置疑，理想的课程只有通过对文本课程、理解课程的物化，通过课堂实施变成学生习得的课程，才能真正有效。揭示新教科书教学实施中的常见困难，有助于诠释从文本课程转化为理解课程、实施课程进而达到习得课程的基本规律，为深化新课程、推进素质教育提供有力的实践支撑。

（三）有利于教科书的编写者深入地思考相关问题，为新教科书的完善或重新编写提供借鉴

文献研究表明，关于人教版小学数学教科书实施中的困难的研究并不多见，相关的研究以“贵州省人教版课程标准小学数学教科书实验中教研工作的有效组织和管理”和“人教版小学数学课程标准实验教科书使用效果的研究”为代表。前者集中体现为贵州省教研活动的组织和管理问题，而后者是宫长海、王铁红等承担的“人教版小学数学课程标准实验教科书使用效果的研究”，其研究目的是为教科书的评价和修订提供信息，同时提出意见或建议。

本项研究的重点是教师在使用新教科书的教学实践中，主要存在哪些问题，产生这些问题的原因何在，如何去解决等等。

三、研究方法与研究设计

（一）研究对象的选取

本研究的对象涉及研究者执教的两个班的 90 名学生、研究者自己以及长春市区内正在执教（以及最近三年内刚刚执教过）人教版小学二年级实验教科书的 70 位数学教师，研究时间为一年，研究重点在于发现教师在新教科书的教学中存在的问题，寻找问题的原因和解决对策。

根据质的研究中“样本一般比较小，采取的是目的性抽样的原则，即抽取那些能够为本研究问题提供最大信息的人或事”的抽样原则，研究者在长春市区内随机抽取 6 所小学校，对正在执教（以及最近三年内刚刚执教过）人教版小学二年级实验教科书的数学教师，共计 70 位进行问卷调查，根据问卷的统计结果等组分层抽样，即再随机选择 6 位教师（每所学校各一位）作为访谈对象。这 6 位教师的年龄从 28 岁到 45 岁，教龄从 4 年到 20 年不

等，其中既有省级优秀教师，也有刚参加工作 6 年的普通教师；4 位为研究生学历，2 位为大学本科学历。研究者对每位教师访谈两次，每次访谈时间为 40 分钟左右。抽取不同年龄、不同教龄以及不同文化程度的原因是使本研究更能反映课改中教师的教育行为，反映新教科书实施中存在的问题，有更广泛的代表性。

表 10－1－1　访谈教师情况统计表

教师姓名	年龄	教龄	文化程度	访谈次数	总共访谈时间（分）
教师 1	30	6	研究生	2	100
教师 2	32	6	研究生	2	100
教师 3	38	14	本科	2	120
教师 4	45	20	本科	2	80
教师 5	40	16	研究生	2	100
教师 6	28	4	研究生	2	80

（二）研究过程的设计

1. 研究的基本思路

要真实而客观地展示人教版小学二年级教学教科书中存在的问题，必须深入教学一线进行访谈、听课，从第一手资料中找出教科书在教学中存在的问题，在此基础上分析问题产生的原因，并寻找解决对策。为了在有限的时间和空间里得到更丰富、真实的研究结果，本研究采用质化研究与量化研究相结合的方法。一方面通过质的研究在微观层面上对研究对象进行深描，另一方面通过量的研究在宏观层面获得一些数据来弥补质的研究的局限性。为此，研究者通过自己的教学实践、对执教同版同年级教科书的同行进行问卷调查和分层抽样访谈，收集、归纳教学中存在的问题，分析这些问题产生的原因，提出对策，并在自己的教学实践中加以验证和完善。

2. 问卷发放的相关情况

2006 年 9 月，笔者采用无记名的形式，在长春市 6 所小学发放《小学二年级数学教师课改情况调查问卷》70 份，收回有效问卷 60 份，有效率 85.7%，并使用 SPSS for Windows 11.5 对回收的问卷进行统计分析。

表 10－1－2　《小学二年级数学教师课改情况调查问卷》回收情况统计表

发放的问卷数量（份）	有效问卷（份）	有效率（%）	统计工具
70	60	85.7	SPSS for Windows 11.5

3. 本研究的重点

由于新教科书实施中的问题很多，考虑可行性等实情，研究者拟从教师的理念、教学策略、情境创设、实践活动课等方面入手来寻找新教科书实施中的困惑。

（三）研究方法

1. 访谈法：本研究中的访谈属于半结构式访谈，事先拟定访谈提纲，访谈的内容围绕着教师教学方式、教师的教育理念、教师认为新教科书存在的问题以及教师认为自己的教学存在哪些问题等方面展开。

2. 问卷法：现有的关于人教版小学二年级实验教科书在教学中存在问题的调查问卷很少。为此，本研究所使用的《小学二年级数学教师课改情况调查问卷》是参考已有的相关文献，综合笔者对一些小学二年级数学教师的先行调查，以及自己四年使用新教科书的实践经历，根据本研究的目的编写而成，问卷经过多次初测修改后为正式发放的问卷。修订后的《小学二年级数学教师课改情况调查问卷》围绕小学数学教师的文化素质、对课改内外部环境的认识、对课程和教科书的理解以及在教学改革中的表现四个方面编写问题。问卷共 15 题，其中包括文化素质方面的问题 2 道，对课改内外部环境的认识方面的问题 4 道，对新教科书理解方面的问题 3 道，对教学改革的理解方面的问题 6 道。

表 10-1-3 《小学二年级数学教师课改情况调查问卷》问题类型统计表

问题类型	问题数量	所占百分比（%）
文化素质	2	13.3
对课改内外部环境的认识	4	26.7
对新教科书理解	3	20.0
对教学改革的理解	6	40.0

3. 行动研究法：本研究采用行动研究法的原因主要基于两个方面：一方面，笔者是一名一线的小学数学教师，有着六年教学实践经历，现在正在教授人教版小学数学二年级教科书，采用行动研究法较为合适；另一方面，可以把研究的问题和自己的教学实践紧密结合起来，在教学实践中实施研究对策，用教学实践来检验对策的可行性，使自己的研究与教学都有良好的现实性。

4. 文献法：查阅中外文献，从中提炼出新的事实和资料，了解这一研究的现状，并获得理论支持。

四、人教版小学二年级数学教科书实施中的问题

（一）教师对教科书进行过分随意性的“创造”、“更改”

调查（特别是访谈）显示，一般情况下，半数左右的教师不去深入挖掘新教科书的内涵，在不能深刻把握每一节课编写意图的情况下，常常凭自己的经验和直觉而更改教科书，几乎不太关注自己的更改是否符合新教学理念和新教学思路，表现之一是教师随意更改自己认为教科书中“不好教”的地方，表现之二是教师不去深入研究教科书的思路，而是把教科书中某些部分随意改成和自己思路一致的内容。三分之一的教师为了学生能考出高分，随意将旧教科书中的知识纳入课堂教学；三分之一的教师为了体现自己的“创造性”，完全舍弃教科书中的例子、情景，和教科书唱反调，这个结果与[①]的调查结果基本吻合。

（二）教学形式化倾向比较严重

调查显示，被访的绝大多数教师反映，实行课改后许多老师关注的往往不是真正的学习质量，而是学习形式，如“教师往往将精力放在对教学活动的设计对学生课堂情绪的调动上，活动比以前多了，课堂活跃了，但教学质量没有上去”。

1. 合作学习中的问题。合作交流是新课程所提倡的一种重要的学习方式。调查显示，教师认为“合坐就是合作”，“合作一定是小组合作”等等。突出表现是：

（1）注重形式，缺少实质。其表现有三。一是关注学生座位形式的改变而忽视真正的合作，如每个教室课桌的排放在形式上都弃除以前的“秧田式”，改成目前流行的“马蹄型”或“环形”排列，教师简单地把学生分成几个学习小组，让学生环桌而坐，以便分组合作。表现之二是在活动中经常出现“被动式讨论”，表现为教师提出问题后让学生讨论，根本听不清学生讲什么，不能给够学生足够思考的时间和讨论时间，有时学生还未进入合作学习的状态，小组合作学习就在教师的要求下结束了。例如，在万以内的加法和减法课上，9 分钟的时间里笔者看到教师安排三次四人小组讨论，每次讨论 1 分钟左右，但细听每次讨论，四名学生要么各说各的，根本没有听别人怎么说，“论”而不“讨”；要么其他人不说话，洗耳恭听优等生的发言；

① 冼秀丽. 基础教育新课程实施中的问题调查及思考［J］. 广西广播电视大学学报，2003（9）：92—95.

要么均不知从何谈起。另一种表现则是“被动式表扬”，即教师对不值得表扬的回答也机械地给予表扬，师生之间缺乏真诚的交流。

（2）问题浅易，失去合作的必要和价值。调查显示，教师对合作学习问题的把握存在问题，所提问题有的过于浅显，有的不够恰当。比如，笔者在对“毫米的认识”课堂教学进行观察时发现，教师对诸如“为什么1厘米等于10毫米”这样的问题也要求学生通过小组合作交流找到答案。显然，1厘米等于10毫米是国际单位制的规定，提出如此不恰当的问题只能使合作教学流于形式。合作的问题应该有一定的探究价值，存在一定的难度，这样合作才有意义，让学生合作讨论无价值的问题，只能使合作失去意义。

（3）忽略情感，损信心。通过小组合作解决问题，学生之间应该形成良好的互助、互动的关系。然而，现实的情况是对于教师提出的问题，学生互动的多，互助的少；盲目讨论的多，合作交流的少；表现自私的多，友好分享的少，学生的参与度很不均匀。一些表现欲强的学生抢着发言，嘲讽一些反应较慢的同学。教师为了使教学过程免受影响，总是选一些尖子生代表小组发言，而不关注其他学生的学习情况和情感体验，造成大多数学生只能充当听众或陪读的角色，结果致使在知识的理解与掌握上只是让“少数人先富起来”，全班学生的学习出现两极分化的现象。调查显示，几乎多数被调查者对合作方式存在担心，如“差生根本融不进去这种活动，合作学习对差生有负面影响”，“教科书中讲探究、合作，也是以好学生为主的，对于差生用处不大，差生在这种合作、探究中反而容易产生自卑心理，从而造成学生两极分化”。

（4）合作学习方式非公开课几乎不用。访谈中的六位教师几乎都认为合作这种形式能提高学生能力，但太浪费时间，课堂秩序不好控制，因此，平时上课几乎不用。

2. 探究学习方面的问题

（1）探究的形式化和庸俗化。众所周知，有效的数学学习活动不能单纯地依赖模仿与记忆，动手实践、自主探索与合作交流是学生学习数学的重要方式。然而，我们对二年级小学数学教师的调查显示，教师对探究的认识比较混乱，操作上出现的问题颇多。

① 让学生去探究不适合探究的问题。事实上，关于数学名称、概念、事实等方面的陈述性知识往往不需要学生花时间去探究。没有探究的必要而进行探究，只能导致探究的形式化和庸俗化。

② 教师对探究过强的暗示。当学生在探究过程中遇到困难时，教师不

是去引导，而是暗示，使学生的探究流于形式。

③ 教师缺乏引导，学生出现放任自流的探究。有的教师布置好探究的任务后，不再答理学生，对学生在探究中出现的问题不闻不问。而有的教师不论学生的探究结果对错与否，一律对其大加赞赏。

④ 机械探究，即学生的每一步探究活动都在教师的指令下进行，学生完全处于一种被动状态。

（2）探究的神化。一种情况表现为教师对学生的探究性学习不屑一顾，在实际教学中表现为对其的不尊重、不信任、不引导，课堂上即使出现了有探究价值的问题，也是草草了事，急于收场。例如，被访者认为："低年级的孩子有时没有探究能力，缺乏独立思考能力，很难从形象思维过渡到抽象概括，可能明白，但用语言表达不出来，探究对他们不具实效性。"另一种情况表现为教师过分关注和挑剔探究的操作方法和操作技能，而不是把着眼点放在提高学生"基本科学素养"上，从而导致学生好奇心和探究欲望的丧失。

（3）探究式学习过犹不及。调查显示：有的教师随心所欲地联系自然学科，不惜花大量时间旁征博引，让学生讲故事，搞表演，做讨论，却忽略了本学科的基本要求；有的教师布置作业时热衷于让学生花大量时间上网采集资料，去街头作社会调查，但对学生在本学科最基础的数学思维训练的安排大量减少。其实，在实际教学工作中，许多内容和知识是我们无法亲身体验的，我们不能因为强调直接经验而一味让学生去感悟，去探究。许多间接经验可以直接传授给学生，让他们在以后的学习和生活中去慢慢感悟。探究性学习只是一种培养学生综合能力的教学方式而已，而不是一种"包医百病"的神药。

（4）把探究等同于讨论。访谈中，笔者发现教师对探究的含义不甚明了，如对探究含义的典型回答是"利用他的旧知识得出新知识的结论，具体含义不知"，"探究学习基本通过小组合作讨论得以实现"。

正如前面所述，许多教师认为合作是浪费时间的一件事，得不偿失，而有些教师又认为探究就是讨论，以小组合作为基础的讨论，自然也是浪费时间的一件事，因此，这种教学形式在平时上课中用得不多。

进一步的访谈表明，教师对"合作、探究"的学习方式改革认识肤浅，几乎所有人都有改变学习方式的愿望，但是，只注重形式变化，对何时、如何正确应用比较盲目，从"满堂灌"到"满堂问"发展为现在的"满堂跑"，为活动而活动、为讨论而讨论、为合作而合作，形式化现象比较严重。

（三）教师对新教科书与课程标准的变化缺乏深入的认识，在实践中“穿新鞋走老路”的教师不在少数

稽辉在对江苏省部分中小学课改一线教师的调查①中发现，仍然有为数不少的教师对教科书的基本结构的认识不清晰甚至不正确，其教材观落后，与新课改呼唤的新型教材观相距甚远。

我们的调查显示，被调查者中能真正研究教科书的人非常少（对所教教科书的体系、优缺点非常清楚者的数量不足被调查者总数的25%），不少教师依然把教科书看作学科知识体系的浓缩和再现，认为教科书是学科知识的载体，不太重视对教科书进行评判、分析，对教科书潜在教育功能的分析和认识不够，对教科书的使用未能使教科书在开发学生的智能、非智能方面的功能得以充分发挥。进一步的聚焦式访谈表明，不少教师对教科书“几乎没有研究”。

（四）情境创设中的问题

数学教学究竟需要创设怎样的情境呢？调查发现，一些教师刻意追求形式，东施效颦，创设的教学情境并不能产生预想的效果，结果画虎不成反类犬。

1. 情境设置单一。许多教师为了创设情境，把数学课堂摇身变为游戏课堂，千篇一律的“游乐场”、“动物园”等游戏活动在课堂中比比皆是。实践活动多以开商店，做买卖，练习找钱为主，课堂看似非常热闹，但很少展示把生活问题抽象为数学问题的过程，更很少让学生亲身经历这一过程。分析这些学生喜闻乐见的对象，能促进学生的参与，但是仅仅有这些是不够的。数学、生活两张皮，贴标签式的教学起不到应有的作用。相似的素材稍加变动，日复一日、年复一年地不断使用，随着选用同样素材的次数不断增加，学生经常受到相同或相似的信息刺激，其学习兴趣和欲望会越来越低。可见，选用素材时首先要讲究实效，不能乱用，更不能滥用，要以学生的认知规律为基础。

2. 情境创设忽略教学目标。笔者以为，在课堂教学中，教师应尽可能地创设出与当前主题相关的、真实的、有利于学生对所学内容的主题意义进行理解的情境。情境的创设不仅仅为了引入新内容，也为了体现课程的综合性和文化价值。

---

① 稽辉．别再让教师成为教科书的“奴隶”：新课改中教师教科书观的落后现状与对策［J］．四川教育学院学报，2005，21（8）：13－15．

3. 为情境而情境。笔者在对二年级下册“解决问题”（例3，第8页）的课堂调查中发现，任课教师虽想通过小白兔过生日这一情境引出摆图形的活动，但忽略了摆图形与小白兔过生日之间是没有必然联系的。教师为了创设情境而创设情境，忽视了教科书中提供的情境内容（跷跷板乐园）。其实，教科书中提供的情境更能贴近学生的生活经验，比教师自己创造性地设计出的“小白兔过生日”的情境更好。笔者认为，小学二年级学生以具体形象思维为主，其抽象思维能力还未形成，教师大可不必煞费苦心地编制上面的童话，创设表面上热闹的情境，其实，让学生用小棒直接摆图形就是一个很好的情境，它把解决问题建立在学生的活动基础之上，既能提高学生的兴趣，又有利于学生理解所要解决的问题。

4. 故事情境缺乏数学味。在二年级上册第44页“表内乘法（一）”的课堂上，任课教师播放课件《动物园一角》，画面上白云悠悠，河水潺潺，鸡兔来来往往……教师让学生观察画面并提问“你发现了什么”学生经过观察后纷纷发言。十多分钟过去了，学生几乎把画面上的景物都描述了一遍，却没有回答本课的教学主题。课堂气氛虽然热烈，但是，数学课的性质似乎改变了。笔者认为，小学二年级学生以具体形象思维为主，生活中的具体事物、头脑中的表象、生动的动画有助于其理解数学，但数学教学生活化不完全等同于生活重现。过多的无关信息不仅不利于学生数学化能力的培养和数学知识的掌握，而且会模糊学生的思维，使情境创设失去价值。情境创设只是手段，不是目的，不应对情境本身作过多的具体描述和渲染，以免喧宾夺主，分散学生的注意力。数学课上的情境创设应该为学生学习数学服务，应该为学生数学知识和技能的学习提供支撑，应该为学生数学思维的发展提供土壤。

（五）实践活动课缺失比较严重

“实践与综合应用”是《课程标准》设立的新领域，是数学课程的重要目标之一。实际的调查发现，二年级两册教科书中的四节实践活动课基本上都处于缺失的状态。在问卷调查“开展实践活动课情况”中我们发现，有70%的教师没有做过实践活动课，而21.7%的教师“做过，不大成功”，只有5%的人“做过，较成功”。

五、人教版小学数学二年级教科书实施中的问题产生原因分析

（一）教师没有完全理解“用教材教”的含义，对新理念中的一些理论知之甚少

调查的数据（特别是访谈结果）显示，被调查者对“用教材教”含义、

做法、意图的理解相差较大。在笔者看来，“用教材教”首先是指教师能高屋建瓴地把握教科书，对教科书的性质、任务有明确认识，了解教科书体系和各章节之间的联系。其次，是指教师能依据课程标准、参考教科书确定教学目标，优化教学内容。“用教材教”强调教师要对教学有明确的总体设计，要把教科书当作一种引导学生达到教学目标的手段和载体，要注重学生实际。这就要求教师不仅目中有教科书，而且目中有学生，在处理和使用教科书上避免盲目性和随意性。

然而，现实的情况是访谈的 6 位教师中无论是研究生学历还是本科学历，都对新课程的一些理论基础——人的全面发展观、建构主义教学观、加德纳多元智能理论等知之甚少，有的根本不知道。由此可见，新课程实施六年后的今天，教师对新课程理念理解、掌握得并不理想。

（二）教科书自身存在一些有待改进和完善之处

1. 过分强调算法多样，忽视了计算的本质。《课程标准》主张算法多样化。教科书对很多问题都提供了多种解答方法，对这些不同的方法，教师教学用书中明确指出：教科书上的多种方法是学生在探索的过程中可能出现的方法，不要求每一名学生都掌握。无论什么内容，都鼓励学生采取自己喜欢的方法进行计算，本意是为了尊重学生的学习方式，着眼学生的计算发展能力，实际却忽视了计算的本质。

2. 过分关注情境创设，掩盖了知识的实质。为了实现数学生活化，教科书常常以大幅的图景来展现一个简单的应用问题，图上还经常出现多个对话框，小学二年级的学生有时对此理解起来比较困难，无奈之下，教师只好用大量的课堂时间来让学生理解图意。比如学习加减混合运算，天天训练类似题目，师生不胜其烦，但是又无可奈何，因为考试是一定考根据情景图列式计算的。而且教师们发现，每次考试在这道题上失分不会做题，而是没有看懂所谓的情境图。新教科书以情境形式呈现，孩子的注意力被情境分散，从而计算这个中心被将被削弱，即如果过分关注情境创设，知识的实质就可能被掩盖。

3. 教科书的某些要求过高，不少内容的理论性太强，未能与教学实践密切联系。这个问题集中反映在教师对教科书编写结构的安排存在困惑。许多教师认为，“实践与综合”的设计形式、内容素材选取，虽然符合课程标准的要求，但并没有充分估计学校、学生、社会的现实情况，导致课程设计与现实相脱离的现象出现，同时，教师用书等参考材料上并没有提供可供替换的材料，这使一线教师不知道在教学实践中如何去实施这部分内容。

（1）高于教师能力。新的课程赋予了教师参与课程开发的权利，比如说其中的综合实践活动课程，对于很多教师来说就是全新的挑战。没有现成的教科书可用，教师须要根据学校的具体情况和学生的实际情况、兴趣需要自己开发课程。这对于毫无课程开发经验，缺乏课程开发指导，本已非常繁忙的小学教师来说，无疑“雪上加霜”。新教科书往往形式多样，教学形式的多样化使教师的课前准备时间增加了，甚至对教师的体力提出了挑战。

（2）理念与现实的落差。新课程改革非常注重学生的个性化发展，这需要教师给予学生充分的关注和充足的发展空间。然而，我国目前的实际情况是很多学校都人满为患，每个班级都有将近 50 名学生，有的班级甚至达 60 多人。如被访者认为，“我们学校是小班额，在长春市算人数少的，我教的两个班都是 45 人，在备课时我很难考虑每名学生已有的经验。为了学生能在考试中取得好成绩，我每天的大部分时间都放在补差上了，哪里有时间来注意发展学生的个性啊”。二年级小学生在探究和合作方面经验和意识不足，需要教师花很多时间去引导，加之现在绝大多数学校班额过大，因而，对于教科书提出的一些新的教学方法教师不喜欢去尝试。

（3）练习过少。新课程加强了口算与估算的教学，但由于教科书编写密度过大，坡度过陡，练习太少，再加上强调算法多样化，客观上为教师的练习巩固带来一定困难，学生口算算得慢、容易错就成为新课程实施中最突出的一个问题。

（三）教师自身的素质、能力和专业功底有待提高

1. 部分实验教师的教育能力和教育观念还有待提高。调查显示，三分之一的教师并没有主动地、富有创意地使用新教科书的意识，习惯于用传统方法教新教科书，“穿新鞋，走老路”。这与唐丽芳、马云鹏（2002 年）问卷调查的结论“53.1%的教师认为自己业务能力有所提高，40.3%的教师认为自己的教学态度有所改善”① 依然相吻合。由此可见，给一线教师提供切实的技术支持和可操作的方法帮助变得非常迫切，否则，仅仅依靠一线教师的“自我创造”，推行新课程、新教科书依然困难重重。

2. 部分教师缺乏主动参与课改的意识，为数众多的教师“读不懂教科书背后的含义、编写意图”。这与本项目的“课堂教学素材解读误区”的研

---

① 唐丽芳，马云鹏. 新课程实施中的问题透视 [J]. 江西教育科研，2002 (8)：28—31.

究结论[①]相吻合。

3. 调查显示，50%的被访者对教科书内容的调整尚存疑虑，认为“原来得心应手的内容被删减”似乎不必要，表示对新增加的内容又不太熟悉，需要重新理解和探索其教学规律，在短时间内还不能做到对新课程内容的正确理解和把握。

（四）教育资源短缺也影响教师使用教科书教的质量

调查显示，被访谈者普遍感到“可用来替换教科书的素材太少”。这与沈翰（2005 年）的调查结论“93%的教师认为课改缺乏必备的课程资源”[②]相吻合。

（五）对教学方式的探索与开发尚需要时间

调查表明，多数被访者对探究学习的本质含义了解得并非十分清楚，如“学生一般只是个人探究，也只是就书中的图片，我提问题，让学生分析，在这种情况下，也只是好学生回答，而差生很少有回答的机会，我也想过，让差学生上课回答问题，但没有时间”。看来，这位教师把探究简单等同于教师提问，不知道还可以通过观察、实验、操作、体验、调查、猜测、验证、推理与交流等途径来进行探究，对探究学习的具体过程也不太清楚。在“秒的认识”课堂教学中，许多任课教师单纯地让学生通过看钟面上秒针的走动来感知“秒”，学生依葫芦画瓢，记住了“1 分＝60 秒”，但根本不清楚“1 秒”的时间究竟有多长，我们也很少看见有教师让学生通过探究活动来获得“秒”的观念。笔者课下让学生利用业余时间探索这个问题，课上与学生交流探究体会，结果发现学生能从很多方面去探究这个问题，有的学生说“我使劲地眨一下眼、念一个拼音字母‘a’、踩一次脚都要 1 秒时间”，有的学生能说出在工农业生产和日常生活中用 1 秒时间能完成的事例或需要用秒来计时的事情，有的学生在父母帮助下上网查阅秒针的发展历史。一个小问题，学生通过多种途径探索，通过相互交流，获得情感体验和知识，更为重要的是学习了探索的方法。小学二年级学生并不像我们许多教师想的那样，不能探索，其实如果教师设计合适的问题，并对学生进行适当引导，这种学习方法对于学生来说还是很重要的，对于其以后科研能力的培养有着十分重要的

① 孔凡哲．课堂教学素材解读的常见误区及其对策［J］．课程研究，2007（2）；澳门数学教育，2007（1）．

② 沈翰．对当前新课程实施中课程资源短缺问题的思考［J］．株洲师范高等专科学校学报，2005，10（1）：70－73．

意义。这表明，结合具体的课程教学内容开展中小学教学方式的实证研究依然十分迫切，而不是仅仅泛泛地空喊转变教学方式（尽管这非常重要）。

第二节　课堂教学实施中的课程资源开发与有效利用

在课堂教学中，运用教科书完成教学任务是确保教科书使用效果，进而取得高质量的课程实施的关键环节之一。要取得高质量的课程实施，不仅需要有效利用教科书资源，也需要充分利用一切可以利用的课程资源。本节我们来探讨课堂教学实施中的课程资源有效利用问题。当然，我们在这里将侧重于探讨除教科书之外的其他资源的有效利用问题。

一、课堂教学实施中课程资源利用的现状分析[①]

（一）现状调查

为了准确地了解中小学课堂教学有效利用课程资源的实际状况，我们采用调查问卷方法对贵阳市城区的4所省级示范高中的110位教师进行了抽样调查，发出问卷110份，收回有效问卷100份。

调查结果显示，贵阳市中学教师在课堂教学中有效利用课程资源的状况并不理想。11%的教师没有听说过课程资源这个概念，83%的教师不了解课程资源，只有18%的教师基本了解课程资源。在课堂教学时，只有10%的教师心存利用课程资源的想法，而67%的教师根本没有课程资源利用意识。70%的教师常用的教学资源还停留在传统的教科书和教辅资料上，喜欢利用网络、现代信息技术的教师仅占19%。教师上课时对隐性教学资源的利用更少得可怜，仅有11%的教师利用这一课程资源。利用课程资源的状况尚且如此，有开发课程资源意识的教师则少之又少，仅占被调查人数的5%。难怪课堂效果不佳，学生“无精打采，有时甚至需要停下来强调纪律问题”的课堂状况竟占了34%，另有47%的课堂也只是学生学习“比较认真，但很少主动回答问题和提出问题”，真正能做到学生学习“主动积极，气氛活跃”的课堂不到五分之一。

从调查结果中容易看出，为数甚多的教师在理念与实践之间存在着极大

---

① 本研究由贵阳市二中蔡雪怡老师承担。

的反差——无法真正将教育理念物化为课堂教学行为。这表明，随着新课程的实施，虽然为数甚多的教师经过了各种培训，接受了一些新的教学理念，但是，在实践中真正付诸实施的教师还不是绝大多数。

（二）传统中学课堂教学中的课程资源浪费归因分析

在中学课堂教学中，课程资源之所以浪费严重，原因虽然方方面面，但是，如下几方面是主要的：

1. 忽视学生的存在，“以生为本”的观念淡漠。教育的根本宗旨在于实现学生的全面、健康、和谐和可持续发展。以生为本是好课的重要指标之一，是我们有效利用课程资源的理论基础。课堂上发生的课程资源浪费现象，许多情况下是由于教师无视学生的存在，无视学生的需要，其认识停留在“教师为中心，教科书为中心”的层面所致。

2. 预设有余，生成不足。教学过程是动态发展的过程，是预设与生成、封闭与开放的统一。在教学过程中，课程资源的开发和利用也应该做到预设和生成的辩证统一，不仅强调不断完善自身资源，而且主张有机整合外部资源。

长期以来，许多学校的教学现状基本上停留在预设状态，教师对教学内容和教学步骤往往坚持“一切按照既定方案行事”，对教案的设计细致入微，从教学目标、教学重难点的设置到具体内容讲解，一一做出具体的预设，而在教学中按部就班，要求学生完全按照自己预定的思路学习，不允许偏离，更不允许脱轨，否则便视为不认真。这种教学行为关注的是教学目标、教学大纲的实现，而很少关注学生这个学习本体，学生在教学活动中的参与性大打折扣，学生的积极性也就难以调动，课堂教学中瞬间发生的教学契机、课堂中许多可以充分利用的机会和资源，由于表面上与“教师的教”无关而被视而不见，造成教学现场许多课程资源严重丢失实属必然。

2. 脱离生活，趣味寡淡。正如著名教育家陶行知所说：“我们的实际生活，就是我们全部的课程；我们的课程，就是我们的实际生活。”“全部的课程包括了全部的生活：一切课程都是生活，一切生活都是课程”，生活中蕴含了大量的课程资源，课堂教学不能脱离生活，应该源于生活，服务于生活。然而，我们的课堂中却大量存在脱离生活只注重文本知识的误区，具体表现在教学目标的定位与学生的生活脱节，教学方法的选择与学生生活脱节，教学内容与学生生活脱节。比如文言文课文是古老的，但也是人类文化发展过程中的一环，它所蕴含的规律性的东西在今天仍然发生着作用，这些规律性的东西恰恰可以是拉近文言文与现代学生生活距离的桥梁。因此，我们在进行文言文教学时，应该多选用一些与规律性的东西相关联的内容，如爱情、亲情、为人处世、对社会变迁的感慨、对生活的感悟等等人类永恒的话题。

3. 教法单一，唯我独尊。这是传统教学课堂的一大弊病。这样的课堂没有对话，没有讨论，更不会有学生自主的提问，思想碰撞的火花不可能在这里闪烁，知识学习的快乐体验不可能在这里生发，除了教师，一切都沉寂着，也有教师使用启发式教学，却不遵循“不愤不启，不悱不发”的原则，而用一连串的追问代替启发，学生被教师预先设计好的问题牵着鼻子走，无“愤”无“悱”，学得依旧被动。这种观念下的教学常常无法有效利用学生学习情绪这一隐性的课程资源。

4. 专业素养不足，心有余而力不足。长期的实践表明，专业素养粗浅的教师往往经不起学生的考验。事实上，教师鼓励学生产生自己的看法，并不是说教师自己可以没有观点。没有深厚专业素养的教师，即使采用具有新理念的教法，其课堂也只能有表面的浮华热闹，而不大可能真正促进学生的发展。

5. 课程资源利用和开发意识淡薄。调查表明，为数不少的教师心中虽装着学生，但是，他们往往将上课的资源局限于书本、教室中的黑板、粉笔、多媒体范围内，有时也会照顾学生的心理情绪，或利用自身言传身教，除此之外，很难再利用其他资源。

为此，我们必须探讨有效开发和利用课程资源的具体策略。

二、在课程实施中有效利用课程资源方法——以数学为例[①]

课程资源是国家基础教育课程新一轮改革提出的一个重要概念。当前，困扰数学课程改革推广、实施的关键问题之一就是课程资源问题，国家基础教育课程改革实验区工作评估团关于《国家基础教育课程改革实验工作评估报告》[②] 显示：“课程资源严重缺乏问题是600余份问卷中教师们提到的最焦点的一个问题，……70.4%的教师感到使用新教科书过程中的最大难点也同样是缺乏课程资源。”

---

① 本部分由孔凡哲、马云鹏合作完成，在此前此结果曾公开发表在《数学教育学报》2004年5月第13卷第2期第27页至29页上。

② 受教育部委托，国家基础教育课程改革实验区工作评估团分为5个评估小组，于2001年12月23日至28日分赴全国10个国家级课程改革实验区进行实地考察与评估。该报告材料为“2002年度基础教育工作会议交流材料”。

《课程标准》十分关注课程资源问题，专门列出“课程资源的开发与利用”篇，阐述了一些一般原则。然而，由于国内对此的研究所限，针对数学课程特点的课程资源讨论尚罕见于报刊。

在全面实施新课程的今天，没有课程资源的广泛支持，无论多么美好的课程改革设想，也很难变成中小学教育的实际成果。没有数学课程资源也就没有数学课程可言。数学课程实施的范围和水平，一方面取决于数学课程资源的丰富程度，另一方面更取决于数学课程资源的研究、开发和运用水平。目前，数学课程领域的一个重要的课题就是进一步完善数学课程资源理论，在理论和实践两个层面上提高数学课程资源的认识水平，因地制宜，有效利用和开发各式各类的数学课程资源，更好地实现义务教育数学课程改革的宏伟目标。

（一）数学课程资源的含义

至今为止，学术界对于课程资源的概念并无统一的定义，而且相应的讨论也不多。《课程标准》认为，数学课程资源是指依据数学课程标准所开发的各种教学材料以及数学课程可以利用的各种教学资源、工具和场所等等，主要包括各种纸质的文字材料、实践活动材料、录像带、多媒体光盘、计算机软件及网络、图书馆，报纸、杂志、电视广播、少年宫、博物馆等。这个定义实际上从一个侧面刻画了数学课程资源的范围，其内涵基本限定在“物质的”范围。笔者认为，凡是有利于数学课程实施与生成的各种物质的和非物质的条件与因素都应属于数学课程资源，既包括《课程标准》所说的各种教学材料以及数学课程可以利用的各种教学资源、工具和场所等，也包括有利于数学课程实施的各种无形资源、隐性资源，如智力资源、文化资源、习俗等社会资源等等。这种理解方式与课程理论界普遍认同的“按照课程资源的功能特点，可把课程资源划分为素材性课程资源和条件性课程资源”观点相一致，其中，素材性课程资源的特点是作用于课程，并且能够成为课程的素材或资源，条件性课程资源的特点则是作用于课程却并不是形成课程本身的直接来源，但它在很大程度上决定着课程的实施范围和水平，两者没有绝对的界限。我们根据课程资源空间分布的不同，也可以把课程资源分为校内课程资源和校外课程资源，并且可以包括素材性课程资源和条件性课程资源。凡是学校范围之内，能够促进数学课程目标得以实现的各种资源，都属于校内数学课程资源，超出学校范围的数学课程资源就是校外课程资源。校内资源对于学生的学习更加方便，利用率也更高，因此校内课程资源占主导，而校外课程资源起辅助的作用。校内外数学课程资源对于数学课程实施都是非常重要的。一方面，我们要最大限度地利用学校内部的数学课程资源，另一方面也要加强利用校外数学课程资源的力度，帮助学生与学校以外的环境打交道。

（二）数学课程资源的开发、筛选、利用与创新

数学课程资源与数学课程实施存在着十分密切的关系。数学课程资源的开发和利用对于转变数学课程功能、转变学生学习方式具有重要意义：一方面，可以超越狭隘的教育内容，让师生的生活和经验进入数学课程实施过程，让教学“活”起来；另一方面，可以改变学生在数学教学中的地位，使其从被动的知识接受者转变成为知识的共同建构者，从而激发学生的学习积极性和主动性；同时，还可以开阔教师的教育视野，转变教师的教育观念，从而更好地激发教师的创造性智慧。在今天，数学课程资源的作用比以往任何时候都更加重要。

1. 数学课程资源的开发、筛选和利用

从当前我国课程改革的趋势来看，凡是有助于创造出学生主动学习与和谐发展的资源都应该加以开发、筛选和利用。中小学数学课程资源有效开发、筛选和利用的基本出发点是创造出有助于学生主动学习与和谐、全面发展的资源。为此，我们必须至少坚持三个基本原则：一是数学课程资源要有利于实现教育的理想和办学的宗旨，反映社会的发展需要和科技的进步方向；二是数学课程资源要与学生学习的内部条件相一致，符合学生身心发展的特点，符合儿童数学学习的一般规律，满足学生数学学习的兴趣爱好和发展需求；三是数学课程资源要与数学教师教育教学修养的现实水平相适应，体现现代数学的进步和发展。这就是说，开发数学课程资源，特别是开发素材性数学课程资源，必须反映教育的理想和目的、社会发展需要、学生发展需求、学习内容的数学结构与师生的心理结构的融合，必须整合数学的现代发展、应用与学生的数学现实。为此，在数学课程资源的实际操作中，必须注意两个重要原则。其一，优先性原则。学生需要学习的东西很多，远非学校教育所能包揽，因而必须在可能的课程资源范围内，在充分考虑数学课程成本的前提下，突出重点，精选那些对学生终身发展和在数学学习各个方面全面发展具有决定意义的数学课程资源，使之优先得到运用。其二，适应性原则。课程的设计和课程资源的开发利用不仅要考虑典型或普通学生的共性情况，更要考虑特定学生对象的具体特殊情况。如果要为特定教育对象确定恰当的目标，那么仅仅考虑他们已经学过的内容还不够，还须要考虑他们现有的知识、技能和素质背景。

2．校外数学课程资源的范围

校外数学课程资源在数学课程实施中占有重要地位。校外数学课程资源主要包括网络资源、校外图书馆、科技馆、博物馆以及乡土资源等。

（1）网络资源。网络资源的开发在于突破传统课程的狭隘性，在相当程度上突破时空的局限。网上充足的信息可以使思路更开阔，多媒体强大的模拟功能可以提供实践或实验的模拟情境和操作平台，网络便捷的交互性可以使交流更及时、开放，因而，可以重复利用网络与多媒体资源，进行课程资源的开发和内容重组。教师可以通过网络使学生以独特的方式进行学习，学生也可以在适合自己的时间、地点获得有关学习资料，如国内著名的博物馆网站——首都博物馆（http：//www.beijingmuseum.org.cn/）等。

（2）图书馆。图书馆作为一种重要的社区文化资源，在开发形式上可以考虑采取学校和图书馆建立联系的做法，实现二者的资源共享；也可以在学校内建立与图书馆的网络联系，使学生能够更加主动、便捷地利用图书馆资源；同时，还可以考虑请图书馆的专业人员介绍图书情报检索的常识，培养学生获取信息的基本技能。

（3）科技馆。科技馆的充分利用有利于拓宽学生的科学视野，加强学生对校内教学科目，如科学、自然、地理等课程的直观和形象的理解，为正式的课程教学提供强有力的支持。鉴于目前国内科技馆的建设现状，在开发过程中可以考虑选择较为典型的科技馆作为样本，如海尔企业兴建的海尔科技馆和由政府主导修建的中国科技馆，并运用现代信息和媒体技术，如制作成光盘或通过上网等途径面向全国普教系统。

（4）博物馆。我国是一个历史和文化积累非常深厚的国家，有着丰富的历史底蕴和资源。全国各地的各种博物馆就是这种历史文化宝库的重要组成部分，具有重要的课程资源开发价值。在开发的形式选择上，一方面加强学校与博物馆的联系，另一方面也可以将博物馆与学校相应的课程如历史与社会等结合起来，或者通过网络和光盘等形式传播博物馆资源。

（5）乡土资源。乡土资源主要指学校所在社区的自然生态和文化生态方面的资源，包括乡土地理、民风习俗、传统文化、生产和生活经验等，如滑雪橇的经历对七年级学生学习平行线的促进作用等，这些资源可以有选择地进入地方课程、校本课程乃至国家课程的实施过程中，成为师生共同建构知识的平台。

（三）数学课程资源开发和有效利用的几种主要渠道

开发和有效利用现有的数学课程资源有很多种渠道，在近年来数学课程标准实验教科书的开发和新课程的实施中，笔者进行了一些探索和研究（如参加标准研制与解读，参加数学课程标准实验教科书的开发与编写等）。本着“数学课程资源要精选、优选”、“要适合学生群体和个性发展，以及教师使用的可能和便利”等基本原则，笔者认为，下列主渠道在数学课程资源的有效利用中不容忽视：

1. 广泛的人力资源、智力资源。有效的智力资源和来自家长、学生不同文化、不同生存环境等方面的资源，也是实施数学新课程的可用资源。在中小学数学教学中，应充分利用学校和社会上的智力资源，如邀请有关专家为学生和教师讲课，就一些问题向专家请教，查阅有关数学教育的国际资料，适时地利用学生、家长现有的经验、背景等等。

2. 信息化系列媒体资源。包括音像资料与信息技术、网络资源以及报纸杂志、电视广播等媒体资源。

（1）在数学课程实施中，有效开发和广泛利用录像带、光盘等音像资料是十分必要的，如录制生活中的一些场景作为与学习内容相适应的问题情境，录制数学在科学技术中的应用，录制数学家的生平或故事，录制教学案例供教师讨论等等。须要注意的是，录像带、光盘的内容不能只是简单重复教师在课堂中的讲解。

网络资源的开发在于突破传统课程的狭隘性，在相当程度上突破时空的局限。网上充足的信息可以使思路更开阔，多媒体强大的模拟功能可以提供实践或实验的模拟情境和操作平台，网络便捷的交互性可以使交流更及时、开放，所以，一切有条件和能够创造条件的学校都应该重复利用网络这一巨大的信息载体，进行课程资源的开发和内容重组，使计算机、多媒体、互联网等信息技术成为数学课程的重要资源，既可以积极组织教师开发课件，也可以通过网络使学生在适合自己的时间、地点获得有关学习资料，以独特的方式进行学习。

与此同时，要充分发挥信息技术的优势，为学生的学习和发展提供丰富多彩的教育环境和有力的学习工具。事实上，多媒体技术能为中小学数学教学提供并展示各种所需的资料，包括文字、声音、图像等，并能随时抽取播出，可以创设、模拟各种与教学内容相适应的情境。互联网在教学活动中的应用日益广泛，它在获取资源和进行交流等方面的作用和价值越来越表现出来，它将成为一种不可缺少的课程资源，同时，在互联网上还可以找到很多国内外的数学教育网站。在这些网站中，教师可以收集一些学习素材，下载一些与课程直接相关的内容在教学中应用。有条件的话，教师还应该向学生介绍一些好的网站供学生选择，鼓励并引导学生通过网络来获取信息，进行交流。

须要注意的是，我们不提倡利用计算机演示来代替学生的直观想象，来代替学生对数学规律的探索经历和亲身体验。同时，学校之间要加强交流，共享资源，避免课件的低水平重复使用，也可以积极引进国外先进的教育软件，并根据本学校学生的特点加以改进。

总之，信息技术、网络资源为所有学生提供了探索复杂问题、多角度理解数学思想的机会，能够丰富学生数学探索的视野；为一些有需要的学生提供个体学习的机会，以便教师为特殊需要的学生提供帮助；为偏远地区的学生提供教学指导和智力资源，更有效地吸引和帮助学生的数学学习。

（2）报纸杂志、电视广播等媒体提供了许多有意义的问题，教科书编写者和教师要充分地从中挖掘适合学生学习的素材。教师还可以向学生介绍电视中与数学有关的栏目，组织学生对某些内容进行交流。

【案例】圆周率计算刷新世界纪录

据新华社 2002 年 1 月 1 日报道，东京大学信息基础中心和日立制作所的联合研究小组 12 月 6 日宣布，他们使用最先进的超级计算机将圆周率计算到小数点后 12 411 亿位。信息基础中心的金田康正教授和日立制作所的技术员应用的是能在 1 秒钟之内完成 2 万亿次计算的超并行超级计算机“日立 SR8000/MPP”。在运算中，他们采用 16 进制计算，然后转换到 10 进制。全部演算共耗时 601 小时 56 分，精确到了小数点后 12 411 亿位，其中小数点后第 1 万亿位为“2”。这一成绩刷新了 1999 年 9 月由金田教授本人和他的助手创下的 2 061 亿位的世界纪录。假设 1 秒钟读 1 位，我们读完这些天文般的数字要花 4 万年，若将它们全部写到厚 0.1 毫米的纸上，每张写 1 万位，这些纸张堆起来将比珠穆朗玛峰还高。

3. 校内外的场馆文化资源、乡土特色资源

其包括图书馆资源（包括学校图书馆、社区图书馆），社区、少年宫、博物馆、科技馆等活动场所以及乡土资源等等。

（1）学校图书馆应该基本满足学生课外阅读的需要，这对于扩大学生的知识面，激发学生学习数学的兴趣都起着重要的作用。目前，大多数学校的图书馆除了书籍数量太少外，一个主要问题是数学辅导类图书所占的比例太大，这样的局面必须改变。学校还应充分利用校外的图书馆，用以开阔学生的视野，丰富教师的教学资源。此外，电子图书馆也是十分有效的课程资

源，在实施中也要加以重视。图书馆作为一种重要的社区文化资源，在开发形式上可以考虑采取学校和图书馆建立联系的做法，实现二者的资源共享；也可以在学校内建立与图书馆的网络联系，使学生能够更加主动和便捷地利用图书馆的资源；同时，还可以考虑请图书馆的专业人员介绍图书情报检索方面的常识，培养学生获取信息的基本技能。

【案例】把图书馆搬进课堂[①]

江苏省张家港高级中学创造性地将图书馆丰富的阅读材料、自由的阅读方式渗透进语文教学。这项工程的主要内容是由语文组所有教师从图书馆中的古今名著、名篇中遴选精品佳作，每月编辑一期《大语文阅读》，作为课堂上语文教科书的补充。

（2）社区、少年宫、博物馆、科技馆等活动场所以及乡土资源等也是实施中小学数学课程的重要补充资源。我国是一个历史和文化积累非常深厚的国家，有着丰富的历史底蕴和资源。全国各地的各种博物馆就是这种历史文化宝库的重要组成部分，具有重要的课程资源开发价值。在开发的形式选择上，一方面加强学校与博物馆的联系，另一方面也可以将博物馆与学校相应的课程如历史与社会等结合起来，或者通过网络和光盘等形式传播博物馆资源。科技馆的充分利用有利于拓宽学生的科学视野，加强学生对校内教学科目，如科学、自然、地理等课程的直观和形象的理解，为正式的课程教学提供强有力的支持。鉴于目前国内科技馆的建设现状，在开发过程中我们可以考虑选择较为典型的科技馆作为样本，如海尔企业兴建的海尔科技馆和由政府主导修建的中国科技馆，并运用现代信息和媒体技术，如制作成光盘或通过上网等途径面向全国普教系统。乡土资源主要指学校所在社区的自然生态和文化生态方面的资源，包括乡土地理、民风习俗、传统文化、生产和生活经验等。这些资源可以有选择地进入地方课程、校本课程乃至国家课程的实施过程中，成为师生共同建构知识的平台。在课程实施中，一方面，学校、教师可以从这些场所中寻找合适学生的学习素材，如学生感兴趣的自然现象和社会问题，另一方面，可以组织学生开展活动，如参观博物馆中的人文遗产，这样可以激发学生的学习兴趣，培养学生的实践能力。

【案例】在学习幂的概念、大数的估计等内容时，教师引导学生查询科技馆、博物馆的有关资料，例如，在“香港科技馆”网站“科学隧道”的

① 王珺．把图书馆搬进课堂［N］．中国教育报，2003－5－15（5）．

“尺度的规模”页面上可以简单地查到配有彩图的如下资料：

名 称	内 容	大小（米）
太阳系与行星	太阳系目前最遥远的行星冥王星距离太阳约 80 个天文单位。	10^{13}
人造卫星	人造卫星的天线大小由数米至数十米，用作接收和发放无线电波。	10^{1}
胚胎	人类的卵子受精后的首八周称为胚胎，之后便称为胎儿。	10^{-1}
原子	原子是组成元素的基本单位。原子的中央是原子核，周围有电子环绕。目前已发现了 112 种元素。	10^{-11}

4. 课堂内外的实践活动资源。这类资源包括活动形式和活动内容两个方面：

(1) 数学课外活动也是中小学数学课程实施的良好课程资源之一，学校可以开展数学课外活动，用以激发学生的学习兴趣，引导学生深入学习，培养学生的实践能力，发展学生的个性与创新精神。中小学的数学课外活动主要有三种形式：开展课外数学选修课，建立课外数学兴趣小组，创办学生的数学刊物、数学园地。在课外活动小组中，教师还可以向学生提供一些阅读材料，内容可以包括数学在生活中的应用、趣味数学、数学史和数学家的故事、扩展性知识等，用来拓宽学生的学习领域，激发学生学习数学的兴趣。作为数学课外活动的重要形式之一，数学课外兴趣小组应由较少学生组成，他们一般应对数学有较浓厚的兴趣，并且其他各门功课都比较好。教师应通过自己报名与数学教师推荐相结合方式选拔这个小组的组员。在有条件的地区，教师还应当帮助学生利用课余时间到省、市级的数学集训队或数学奥林匹克学校中学习，对其形成校内外的交叉培训过程。数学课外兴趣小组的活动方式和内容主要有：阅读教师推荐或编写的一些专门材料（阅读材料的编写要符合学生的认知特征和生活经验，并由学生选择阅读），听专题报告（学术报告）会，访问著名数学家或著名数学研究机构（或大学），开展数学竞赛，撰写数学小论文以及开展内部小型的学术研讨会等。小组成员在各级数学竞赛中取得较好成绩，要及时予以鼓励。小组成员完成了一篇较好的数学论文，应推荐给有关适于中小学生的数学刊物。

（2）实践活动材料是最基本的课程资源之一。事实上，数学教学是数学活动的教学，数学活动依附于必要的活动材料。为了使学生在数学课堂中能够充分地参与数学活动，在数学活动中更好地理解重要的数学概念和方法，各个学校、各位教师都有必要，而且有可能充分利用并开发校内外的各种实物材料和设备，如几何模型、校园设施、在中小学数学教学活动中一切可以利用的实物等等，供学生开展课堂内外的各种数学实践活动。

【案例】在感受和探索圆锥及其有关属性的数学教学过程中，利用大米、小米、黄豆、高粱等颗粒状的实物，将不同的颗粒状实物放在漏斗状的纸桶内，将这些实物缓缓流下，流出的颗粒状实物将堆成怎样的几何体？这些几何体的形状有什么不同吗？充分利用大米、小米、黄豆、高粱等颗粒状的实物，可以收到良好的实践效果。

5. 中小学课程共享资源

在中小学数学课程实施过程中，要将数学课程与其他学科课程密切结合起来，实现教学的资源共享：或者利用数学解决其他学科中的问题，或者从其他学科及其教学资源中挖掘可以利用的资源，如利用生物学的相关实验材料、图片和小电影，可以展现细胞分裂的过程（1个分裂成2个，再逐步分裂成4个，8个，16个，……）。借此，学生可以更好地理解平方的概念。

此外，让学生通过收集和分析数据，研究影响单摆周期的因素，学生可以从中体会变量之间的关系；让学生从数学的角度研究环保问题，学生可以体会统计与随机抽样等基本思想等等。

总之，在中小学课堂教学中有效地开发利用课程资源，首先要正确理解课程资源的含义及其特点，明确在课堂教学中可开发利用课程资源的主要渠道，科学有效地开发利用好课堂教学中的主要课程资源，比如：科学有效地开发利用好人力资源，包括教师资源的开发利用，学生资源的开发利用，家长、社会人士资源的开发利用；科学有效地开发利用好物质资源；科学有效地开发利用好时间资源。通过提升教师开发课程资源的主体意识，赋予教师足够的专业自主权，重视学生资源的积极参与，激活学生已有经验，挖掘教科书的潜在价值，实现有效教学方式，加强与社会、家庭的协调与合作等途径，可最大限度地发挥课程资源在课堂教学中的作用。

第三节 学校层面的教科书质量保障的典型个案

——以东北师范大学附属小学为例①

东北师范大学附属小学创办于1948年，是一所全日制实验性学校，秉承“开放式、个性化”的办学理念，在课程建设方面，追求学科综合化的有效途径，实现教学内容与形式的开放性；在综合实践活动领域，将国家规定的指定领域与非指定领域加以整合，构建了具有校本特色，包含主题学习和综合活动两大领域的综合实践活动体系。

自2001年9月以来，“一个课程标准多套教科书”的政策既给中小学教师带来了机遇，也给其带来挑战。如何最大限度地发挥教科书的作用和功能，切实保障教科书的使用质量，成为中小学无法回避的问题。

东北师范大学附属小学作为新世纪版小学数学教科书的参编单位，在1999年之前就介入了小学数学教科书编写和课堂教学实验，并开始尝试小学数学教科书校本化的实践探索。2001年9月新课程启动以来，作为较早使用课程标准实验教科书的实验学校，东北师范大学附小对小学数学教科书进行了较为系统的实验，逐步形成了以校本化为主要渠道，以制度保障为主要屏障，以科学合理使用教科书为主体，切实保障小学数学教科书的使用质量和实效的基本模式和方法。

一、科学合理地使用教科书

（一）总体把握教科书编写思想和教学目标及要求

教科书是按一定的理念、一定的体系编排的。保障教科书的使用质量，首先就要深入解读教科书的编写思想、教学目标和要求。附小所使用的教科书是北师版，而该版教科书将新课程理念物化为“密切数学与现实世界的联系”、“确立学生在数学学习中的主体地位”、“建立探索性学习方法”、“培养学生的创新意识”若干方面。为了能够深入、深刻地把握教科书的编写思想、教学目标及要求，附小每学期都定期聘请该套教科书的主编、常务副主编以及课程标准研制组专家莅临学校，结合本校实际，对小学数学教科书使

① 本节是东北师范大学附属小学承担的BHA030025课题的子课题“学校层面的教科书质量保障的实证研究”主要成果，负责人：赵艳辉。

用中的问题进行现场指导、会诊。这确实能够使广大教师更好地把握该套教科书的主旨，以便更好地发挥教科书的实效。

（二）深入解读教科书，把握教科书的编排特点和内容体系

课程改革中，钻研教科书是教师教学研究中较易忽视，却又应该引起教师重视的话题。北师版教科书在落实新理念方面让人耳目一新，关注学生在活动中的经历、体验、建构等等。与此同时，北师版教科书每个课时联系性较强，但内容的跳跃性大，课与课之间联系较弱，每节课教学任务多。而附小年轻教师比例较大，不少年轻教师经常就教科书教教科书，有的离开了教科书本意和学生实际而片面地“创造性使用”教科书。针对这种情况，我们组织教师深入钻研教科书，使其从整体上把握教科书的编排特点和内容体系，尔后有针对性地与其进行典型内容分析和案例研讨，逐步形成了基本的良性运行模式。

（三）有针对性地开发课程资源，丰富教学内容

充分利用各种课程资源是附小课程实施的特色之一。我们打破教师唯教科书为本的观念，赋予教师课程决策和实施的权利，鼓励教师开发课程资源，丰富教学内容。开发的资源主要有优秀案例，大量的现实素材，有梯度的练习题，多维的课件等。当然，为教师提供资源支持是学校的重要使命和责任。

（四）对国家课程进行校本化实施，对教科书作适度的整合与增补

自 2005 年初，我们就着手进行校本课程开发，成立了校本课程开发领导小组，制定了《东北师范大学附属小学校本课程开发方案》，组建了学科校本课程开发领导小组，制定了学科校本课程开发方案。对于数学学科而言，在分析本校实际特点以及数学教育教学存在的问题基础上，我们制定了数学校本课程开发方案，将重点放在对国家课程校本化实施的实践研究上，其中，针对数学教科书的研究，就是对国家教科书作适度的整合与增补，进而优化教科书。这里的整合是指围绕某一专题将各种不同的内容体系加以统整的课程开发方式，既有同一学科内不同教学内容之间的整合，也有学科与活动之间的整合，以及对不同学科的相关知识之间的整合。数学学科针对实践与综合应用领域进行的研究最为突出。课程补充是指为提高国家课程（必修课程）的教学成效进行的课程材料开发活动。在校本课程开发的过程中，课程补充突破了一门课程只有一本教科书的局限，课程补充材料作为教科书的有益补充，与教科书共同构成系列化的课程内容。教师可以在已有的现成材料中选择适当材料作为课程补充资料，课程补充的材料很多，大致包括报

纸、期刊简报、声像材料、影片、图画、模型、图表、游戏、网络资料以及辅助性、巩固性、矫正性或补救性课程资料等。这些课程补充资料可以分为以下四类，一是与学科内容相关的专题性材料；二是实物或说明；三是设计的相关活动；四是各种辅助性、巩固性、补救性或矫正性课程资料（是教师经常使用的课程补充材料）。

二、相关制度的保障

（一）备课与反思制度

备好课是加强教学的预见性和针对性，充分发挥教师主导作用和学生主体作用的重要保证，也是教学质量提高因素之一。因此，附小制定了比较规范的备课制度。这里的备课包括个体备课、集体备课。同时，主张教师个体通过个人反思制作电子备课包，主要包括相关资料、教学课件、教案、评价试卷等，为教师个体的专业成长提供案例支持。

（二）定期的学术沙龙

“学术沙龙”强调思维互动，畅所欲言，教师们围绕着共同感兴趣的话题（诸如数学化与情景化的关系，如何进行有效的数学课堂提问等等）提出各自的意见和看法，互相丰富着彼此的思想，不断提高自己和同事对问题的认识。举办定期的学术沙龙，要制定“学术沙龙”活动计划，以学校“名师工程”的首席教师、学科带头人和学科学年组长为首，根据教育教学实际情况和需要组织沙龙活动，同时向全校教师发出邀请。

（三）实施校本研修

教师专业发展必须具备“自我反思——同伴互助——专业引领”3个核心要素。这是构建校本研修的基本方略。校本研修强调教师集体的同伴互助，交流与合作，即教师之间进行专业切磋、协调合作，一齐分享经验、共同成长，它是校本研究的标志和灵魂。其中，要发挥教师个体创造力和群体合作力，凭借群体之间持续不断的互动学习、研究与实践以及专业研究人员的参与，使日常教育教学工作和教育教学研究、教师专业成长融为一体。

（四）阶梯优师工程制度

教师的发展是一个“适应——发展——成熟”的成长历程，根据教师不同发展阶段的规律，按照其心态、信念、需求和专业发展等方面的特点，我们构建了阶梯优师工程，为教师专业发展的培养提供制度保障。其中的优师阶梯工程主要有“青蓝工程”、“希望之光工程”和“名师工程”。

刚刚参加工作的青年教师处于教师专业发展的适应生存时期，对其的培养目标着重关注的是青年教师如何尽快适应教师的角色要求，胜任教师工作。因此，工作不满5年（含5年）的青年教师要接受“青蓝工程”的培养。

度过适应期的青年教师进入教师专业发展的发展阶段，对其的培养目标关注的是教师如何扎实发展，稳步成长，提高教学研究能力，因此工作满5年的青年教师要接受“希望之光工程”的培养。

处于教师专业发展成熟阶段的教师，对其的培养目标则关注其在教育教学过程中如何形成独特的教育教学风格，实现自我超越，因此，学校在教师中推举一批具有崭新教育教学理念的教师接受“名师工程”的培养。

（五）学科委员会（团队引领）

东北师大附小借鉴高校的管理经验，成立学科委员会，将权力下放到数学、语文等各个学科委员会，以学科为单位，确实对教师实现团队引领。此外，为了切实保障小学数学教科书的实施效果，我们逐步建立了科学实效的数学考试评价制度；同时，构建开放的管理体系，发挥科学的管理职能，实现目标的分项管理。

三、取得的一定效果

附小在探索如何实效、高效地使用教科书的过程中取得了一定的成绩。

（一）相继推出小学数学典型案例与小学数学校本教科书

2005年1月至2005年12月，我们组建了数学科校本课程开发领导小组，制定了《数学课校本课程开发实施方案》，主要针对北师版教科书进行校本化处理，为一至六年级开发了实践与综合应用领域的主要学习内容，在2005年12月东师附小首届教师研究发表会上，展示了对数学课程内容校本化处理的3节课，出版了两册《东师附小校本课程开发优秀案例》，共计推出27节教学案例和7个“实践与综合应用”领域主题单元。

2006年1月至2006年12月，我们深入进行了课程标准实验教科书校本化实施的理论与实践研究，并以构建和谐课堂为主题探索校本课程在课堂教学层面的运行与实施，在2006年9月东师附小第二届教师研究发表会上展示了3节课和一个专题报告。

我们在2007年10月东师附小第三届教师研究发表会上展示了“奥运与数学”等3节课，分别由老、中、青三个年龄段的三位教师执教，效果比较理想。

（二）教师素质得到提高

学校拥有了一支业务能力强、数学素养高的数学教师队伍：有10多位国家、省、市级骨干教师参与了北师版教科书的编写修订，积累了比较丰富的教科书研究经验；有多位教师多次代表吉林省在全国小学数学教育年会、全国新课程大赛等活动中上观摩课、比赛课，并获奖；个别优秀教师参与国家级科研课题，并承担国家级数学教科书及省市级骨干教师的培训任务。

四、结　语

通过几年的持续研究，对于学校层面的教科书质量保障，我们深深感觉到，合理使用教科书不是一时一事就能一劳永逸的工作，而是须要不断开拓创新，不断总结积累的持续过程。同时，教科书的使用要因地制宜，要为课程目标的实现而服务。因而，学校层面的教科书质量保障研究将是持续不断的研究历程。

第四节　学校层面教科书质量保障的个案研究

——以李营二中为例[①]

背景材料：山东省济宁市任城区李营二中是一所农村走读制初中，创建于1985年，占地40亩，现有12个教学班，在校学生462名，是“区级规范化学校”、“市级电化教学示范学校”。学校现有教职工51人，任课教师40人，35岁以下青年教师占任课教师总数的70%，学历全部达标，具有本科学历的教师占85%，2位教师正在攻读硕士学位，其中市、区级骨干教师、教学能手15人，中学高级教师4人，一级教师30人。近3年，学校教学质量在全区14所学校中一直保持在前4名，每年升入市级以上重点高中的人数达毕业生总数的60%以上。

作为BHA030025课题的子课题的承担单位（和BHA030025课题申报的合作单位），自2004年元月以来，针对农村初中的实际，李营二中尝试多种方法、措施，确保课程实施过程中的教科书质量和实效，经过3年多的探索，印证如下措施效果优良。

措施之一：强化对教科书的研究，减少教科书使用中的“异变”和衰减

新的教科书重视过程和方法的教学、情感态度价值观的培养，注重学生自主学习，重视知识与实践的联系和应用等。目前，可供各学科选择的教科书版本较多，这增加了我们选用教科书的机会。我校已进入新课程的第二轮教科书实验，实验中，几乎每个学科都更换了新版本。为更好地使用新教科

① 本部分由山东省济宁市任城区李营镇第二中学（即李营二中）承担，在2004年1月至2007年11月期间完成，李昭军担任项目负责人。本稿执笔人：李昭军（孔凡哲修改）。

书，我们主要采取了以下三个措施：

第一，通过学习新课程，深入研究新教科书，准确理解教学内容，把握教学要求。如数学学科，我们采用过北师大版教科书和人教版教科书。对比两个版本的教科书，北师大版教科书更强调生活化，突出数学与生活的联系，很多问题的引入都从生活出发，这能很好地激发学生的数学学习兴趣，更容易形成学生对知识的真正理解。人教版数学教科书的学科系统性强，体系完整，但改革力度平缓。经过实验，我们尝试着引导任课教师对比包括北师版、人教版、华师版在内的三套教科书，分析其不同的编排风格和优缺点，密切结合农村中学的实际，根据具体的教学内容灵活采纳现用版本的优点，借鉴其他版本的优势来弥补其不足，逐渐形成了相对完整的农村初中数学课堂教学的系列教案，作为集体备课、开展教科书研究的初步成果。

第二，在任课教师安排上实行循环制，三年一个循环，教师能全面地执教和体验一套教科书的完整体系，形成对教科书特点的准确把握。同时，学校创造机会鼓励和组织部分优秀教师参加省、市统编的同步教学辅导用书《同步学习》、《优化设计》等的编写工作，既强化了参编教师对新课程标准、新教科书的理解和把握程度，又很好地提升了参编教师驾驭教科书的能力。目前，区教研中心工作忙时，全区学期末统考试卷经常采用我校教师提供的试题（甚至全套试卷）。尤其数学学科，我校教师每次都提供试题。

第三，对教科书的研究日常化。确保每位任课教师都能较好地把握新课程的分层要求，对哪些内容必学，哪些内容选学，要求到什么程度，都必须清楚明白，保证全体学生都能达到课标的最低要求，同时，给学有余力的学生提供进一步学习的机会。

措施之二：依托校本教研，构建制度保障

校本教研是新课程改革的重要动力。为使每位教师都能更好地参与校本教研活动，在实验初期，我们采用了“加压”、“分工”、责任到人等方法，制定教研制度，以良性机制约束人。（1）每周定期开展教研组教研活动，采用理论学习、上公开课、课例分析研讨、教学疑难问题现场研讨等形式，确实解决教师本周教学中遇到的困惑和疑虑。（2）教师外出学习或参加上级教研活动时要作好记录，返校后，要尽快写出心得体会或者执教一节公开汇报课，向全体教师传达新信息。（3）注重资料的积累，对教学设计、活动反思、案例分析、学生作品等经验资料及时收集、汇编成册，为进一步开展教研活动积累后备资源，实现资源共享。

在集体备课中，针对教师的知识缺陷和经验缺陷，我们集中研究《课程标准》中出现的新知识、新问题，深究其学科本意，探讨其教科书呈现的基本形式。例如，对数学课程中的旋转、平移、概率、三视图等新知识，任课教师先独立研究，提出自己的教学建议和设想，而后进行教研组的集体探究，形成一致意见，再落实到教学设计（教案）之中，进而完成课堂实施。

考虑学校青年教师居多，教学经验和教学机智匮乏的实际，我们强化公开课活动。例如，对于公开示范课，先由执教教师说课，说教学设计，说教学设想；教学结束后，立即召开评课会，先自我反思，再由其他教师评价、分析，最终形成可供大家共同分享的典型案例。如齐海燕老师执教的公开课“反比例函数”一节，首先通过几个问题激发学生的求知欲望，然后让学生带着好奇，自学教科书中的相关概念，自学结束后，在学习小组内交流自学的收获，讨论遇到的疑难、困惑，全班在各小组间展开竞赛。这一做法极大地激发了学生参与学习的积极性、主动性，增强了学生小组合作意识。在交流收获时，每个小组的代表都事先记录好本小组每名成员的收获，然后在班内展示本小组的成果，既训练了归纳概括能力，又训练了语言表达能力。交流完毕后，教师适当地补充学生尚未提及的新问题，适时点拨、引导，诱发学生以小组为单位合作解决新问题。课堂上学生积极踊跃，在不知不觉中很好地达到了课堂教学目标，保障了教科书的预设目标，真正体现了以学促教的新理念。更为重要的是，这种课堂活动方式比较符合农村中学的教学现状，教学的实效性良好。

措施之三：关注从教科书结构到课堂结构的转变和落实细节

在农村新课程改革中，保障教科书的实施效果，不仅须要深入研读教科书，评判教科书，更要制定确实可行的课堂落实措施。其中，课堂教学结构改革是关键。

我们认为，传统的课堂教学结构模式已经不能完全适应《课程标准》及其教科书的实际，必须探究新课程下的课堂教学结构，以切实提高课堂教学效率，保障教科书的实施效果。对此，我们结合各个学科的实际，以学科为单位，在语文、数学、英语三个学科中开展了与《课程标准》及其教科书适应的课堂教学结构、模式改革探索，形成了“整体阅读”语文课堂教学结构、问题解决的数学课堂教学结构等等。

“整体阅读”语文课堂教学结构，是指在语文阅读课堂教学过程中对课文侧重整体把握、整体理解，也可以理解为一种教学策略，它着眼于文章的整体，注重理清文章内部的相互关系，从宏观上居高临下驾驭文章，领会文章的主旨内涵，吸收文章的精髓。这种教学结构比较符合语文教学的特点，适合于阅读教学，对于培养学生良好的阅读习惯很有帮助。

数学学科的问题解决结构，即让每名学生都在生动具体的情境中参与数学，亲自体验数学的发生发展的全过程，通过自己的动手做，通过积极主动的探索，构建自己的理解和个人意义。其基本环节包括：创设问题情境——建立数学模型——解决数学问题——应用、拓展创设问题情境——建立数学模型——解决数学问题——应用、拓展。这种结构适用于联系实际密切的探究应用类课程内容，适合于教科书中的课题学习类内容的课堂实施。

数学学科的探究发现型教学结构，即通过学生独立提出问题、发现问题，借助实验、调查、收集与处理信息，进而使学生获得有关的新知识技能、新思想方法，积累活动经验，发展探索精神和探索能力的一种教学“模式”。其主要环节包括：（1）创设情境，引入课题；（2）动手实践，揭示概念；（3）建构模型，探究规律；（4）运用新知，解决问题；（5）拓展探究，思维发散。这种模型适用于教科书中的数学概念类、定理类内容的课堂实施。

对于一些学科，如英语，为了切实达到预期的课程目标，我们没有搞一刀切，而是要求各科教师根据本学科实际灵活操作，如英语组在教学词汇时采用多种教学手段增强学生学习的兴趣：（1）利用图片或实物进行直观教学；（2）教唱歌曲记忆单词；（3）编写顺口溜讲解词汇；（4）创设情境学习新词等。通过开展英语阅读比赛、演讲比赛、英语晚会、英语角等课外活动，培养学生学习英语的兴趣。

三年的课堂教学实践探索，灵活多变的课堂教学结构与方式方法，确实能够保障教科书的课堂实施质量、效果——课堂教学毕竟是课程、教材实施的主渠道。

措施之四：重视教学反思，提升教师的教科书评判意识

“反思”要求教师以新课程标准为依据，不断思考、发现并提炼出实际教学中的问题，同时加以解决。我们要求教师集中作三种反思：

1. 课后再备课。课前设计的教学目标和要求的实现程度如何，只有在课后才能检验出来，课后若不及时总结和反思，存在的问题常常得不到及时解决，成功的经验也就无法得到提炼和升华。课后再备课，即教师上完课后根据教学中获得的反馈信息进一步修改和完善教案，明确课堂教学改进的方向和措施。课后备课有助于教师从正反两个方面及时总结经验教训，有效提升教学效果，提高教学专业水平。

2. 写反思日记。即在一天的教学工作结束之际，要求教师写下自己的经验，并与其他教师共同分析教学中存在的问题和缺点，同时，在上课和作业批改后主动征求学生的意见，并详细记录下教学的背景、效果、上课的感受、存在的问题以及通过反思后得出的解决方法与进一步的设想。

3. 观察与分析。即教师相互观摩彼此的课堂教学，并对所观察到的情境进行描述，让教师提出课堂上产生的问题，然后共同讨论解决问题的办法。

4. 开展“听”自己课的活动。互相听课学习，教师之间跨学科、跨学校相互听评课，甚至面向家长开设公开课，在不断地“走出去，请进来”的同时，听听自己的课很有必要，以求找到自己教学的不足。听自己的课能够发现很多自己平时经常出现但很难察觉的问题。这有助于自我反思，自我提高。其主要的方法就是给自己的课堂教学录一次音（必要时由学校负责拍摄一次课堂实况），供教师自我反思。

措施之五：以课题为载体，提高教师的课程实施能力

学校定期聘请区教研室、市教科所以及高校等的教育专家，对教师进行科研理论和方法的培训。经过连续两年的系列培训，教师们的教科研意识普遍增强了。与此同时，学校采取课题带动战略，先后申报了多项省、市、区级教育科研课题，以课题为抓手，使课堂教学改革取得了较大突破。其中的关键在于，以教育教学中的具体问题为切入点，确定研究方向和研究内容。以往，教师的研究课题多是从材料中找的或是自己闭门凭空想出来的，往往脱离教学工作实际，研究的结果无法对自己的工作给予指导，导致教师的研究热情不高。开展 BHA030025 课题研究以来，学校统一组织一线教师立足课堂教学，通过认真反思与回顾将自己教学中的困惑、难题提出来，将教科书中的问题与不足找出来，进行反复分析、讨论，将问题分类整理，最终提出符合自己教学实际的研究课题。2007 年，我们申报的市级课题“对实验教科书中‘问题教学’的实证研究”、“新课程背景下教与学行为的转变”已结题鉴定，向教育部北师大基础教育课程研究中心申报的课题“初中教学中数学问题创设的课堂研究”已获立项审批，正在研究中。目前，我校教师掀起了以课题为中心的教研热潮，初步形成了以科研课题研究为动力，以教研为主力，以课堂落实为重点的良好氛围。

第五节 基层学校保障数学课程质量的五个基本机制①

在学校层面进行课程实施（主体工作是实施教科书），学校状况、师职状况等等常常出现异变现象，具体表现为“穿新鞋走老路”或做表面文章，搞形式主义。为有效地解决上述问题，学校于 2004 年参加了 BHA030025 课题研究。根据学校的师资及生源情况，我们选定数学学科作为研究的重点和样板，开展学校课程质量保障、教科书质量保障的实践探索，经过三年多的摸索，在吉林大学附中的学校文化基础上形成了保障数学课程质量的五个基本机制。

机制之一：建立并运行相对系统的教师培训机制

教师是课程实施的终端执行者，直接面对被教育对象。提高教师的教育理论水平是新课改下课程改革的重要保证。为此，学校近些年来对于师资的培训，可以说不惜重金，不惜时间，下了大力气，作了大投入，也有了大收获。

（一）课改初期的培训

课改初期，新名词、新理论铺天盖地，一时间教师们感到陌生，感到惊奇，随之就是怀疑。为了使教师尽快适应改革的形势，学校采取了高密度的“风暴式培训”：不仅要求全体教师参加省、市、区各级相关部门的培训，还请来了东北师范大学、吉林省教育学院的教育专家乃至美国、加拿大的访问学者作专题报告。这一系列培训，缩短了教师们的适应期，为学校顺利跟进全国的课改大潮奠定了基础。

（二）培训常规制度的建立与实施

教师专业水平的提高不是可以一蹴而就的，要想从师资方面确保课程质量，教师的培训、提高还要靠平常的日积月累。为此，学校的教师培训作为一项常规工作，已形成了一整套的运行模式。每学期的基本流程如下：开学初的全校性培训——学期初的教师专业知识考试——开学后每半月的教研组培训——不定期的专题培训。

---

① 本部分是 BHA030025 课题的子课题“学校层面的教科书质量保障研究（城市初中）”的主要成果，由吉林大学附属中学周赫、武海娟、孙洪波、谭平承担，周赫担任负责人。此处有一定程度的删减、修缮。

1. 开学初的全校性培训。这是一项多年不变的例行常规，由学校请来国内外教育、教学方面的知名学者、专家为教师作报告。比如仅数学学科，我们就先后请来过中央教科所张芃研究员，吉林大学的尹景学教授、王德辉教授，东北师范大学的高夯教授、沈呈民教授、孔凡哲教授等。

2. 学期初的教师专业知识考试。主要考查教师的数学专业知识，闭卷考试，考试内容为当年全国各省市典型的中考试题或高中教科书的知识，以达到督促教师注重专业基本功特别是解题能力的日常训练。

3. 开学后每半月的教研组培训。学校数学学科的教研组活动经过多年的摸索，已形成了自己的特色，即松散式“沙龙”活动。每期由一位教师主持，基本围绕一个问题展开，数学学科的问题或数学教育的问题均可，有时是这两类问题交织在一起。比如在“沙龙”活动中，我们曾对有理数乘法的运算法则作过专门的研讨，研究了新课标下北师版、华师版、人教版以及原大纲下的人教版四个版本的教科书，并查阅了台湾“创意教学”一书及美国的国家课程标准，详细地比较了它们在处理这一问题上的异同。我们做的这一切使教师们基本统一了认识：有理数的乘法法则是一种规定，但在初中教学中应该让孩子们承认这种规定的合理性。因此，教科书都运用直观模型对其合理性进行尽可能的解释。不同版本的教科书选用的模型不尽相同，每种模型各有利弊。在教学中，教师应该根据学情作有针对性的选择。在东北师大孔凡哲教授、吉林省教育学院孟祥静副教授的指导下，我们特意进行了分别用三种典型模型归纳有理数乘法法则的研讨课。教师们受益匪浅，澄清了过去在教学中对这部分内容的许多模糊认识。

4. 不定期的专题培训。这基本上是对教师的数学专业知识的培训。学校数学教师平均年龄在35岁左右，都是学历达标的，本科毕业的占80%以上。照理说，讲授初中内容，教师的数学专业知识储备绰绰有余。但实践表明，情况并非这么简单。首先，相当一部分教师由于长期从事中学数学的教学，已有的知识储备逐渐流失殆尽，教初中就只剩下初中的知识了，教高中就只剩下高中的知识了，教几何就不会代数，教代数就不会几何。因工作的需要，专门从事一个学段的教学研究而遗忘了与工作联系不大的知识，本是正常的，可以理解。但这种遗忘不应该落到教什么只会什么的地步，那样就很难高屋建瓴地处理教学。为此，学校要求每位数学教师必须不断温习数学内容，经常阅读有关高观点下的初等数学的书籍。

2005年，学校请来吉林大学数学学院的学科带头人王德辉教授为教师讲授概率、统计知识，每周一次，为期半年。数学新课程标准对于概率、统计的内容作了大力的加强，而原来这门课程在大学期间并不为学生所重视，因为当时这部分内容在中学数学教科书中很薄弱。这样就出现了矛盾，不及时培训就将面临教师现学现教的被动局面，这必将极大地影响课程质量。经过半年的学习，教师们反映，现在讲“概率初步”心里有底了。

机制之二：专题研究机制

即借助专题研究，切实提高数学教师的课堂实施水平。多年来，学校一直开展学习孙维刚的活动，把孙维刚精深的数学教学思想贯彻到课堂中，保障学校高水平的数学课程质量，并形成了学校独特的数学教学风格。孙维刚老师生前是全国十佳教师，其数学教学思想的核心就是“站在学科系统的高度处理中学的数学教学”，“要帮助学生造就一个强大的大脑，让不聪明的学生变聪明，让聪明的学生更聪明”，他把课堂的主动权交给了学生，为学生搭建了广阔的自主学习的平台。其实，早在20多年前，孙维刚老师就以朴素的形式在课堂上践行着今天倡导的许多教育理念。自2002年开始，每年的寒假期间，学校都把深受孙维刚老师真传的中学数学教师请来，针对一章完整的内容，现身说法，连续一周现场授课，并与学校数学教师共同研讨，这种形式使学校多数教师体会了孙维刚老师教学思想的真谛。与此同时，2006年五一长假期间，学校派出8位数学教师到北京孙维刚夫人那里连续五天观看孙老师生前的教学录像带；2006年10月份，派出17位数学教师到孙老师生前所在的北京22中，针对一个单元的教学，实地听课、教学观摩研讨一周。在此基础上，我们在面向全省的公开课活动中，先后推出了“二次函数”单元的4节系列课、“圆”4节系列课、“一元一次方程”3节系列课、“平行四边形”3节系列课，为促进全体数学教师更好地把握数学新课程、新教科书，共同成长起到了引领作用。

机制之三：青年教师培养机制

即让青年教师到新课程大赛的“火线”上历练。教学公开课对于青年教师成长的催化作用是巨大的。近几年，学校与吉林省教育学院联办了两届面向全省的“滋兰杯”公开课活动，多次组织送课下乡，足迹遍布全省的九个地市（州）。近五年间，学校46位数学教师中，获得全国初中数学青年教师课堂教学评比一等奖的有3人次、二等奖的有1人次，获得东北地区初中数学青年教师课堂教学评比一等奖的有2人次，获得东三省四城市初中数学青年教师课堂教学评比一等奖的有2人次，所受课程获得省级优秀课称号的有15人次。这极大地调动了教师（特别是青年教师）参与改革、研讨的积极性，从师资力量、人才培养上保障了学校数学课程实施质量。

机制之四：构建并运行国家课程校本化实施的良性机制

新课程对于课程管理的一个重要理念就是强调校本化。在数学课程建设上，学校主要做了两项工作：

（一）国家课程的校本化实施

学校有两个年级使用华师版教科书，一个年级使用人教版教科书。在不违背新课程精神的前提下，根据学生的实际情况，我们对两个版本的教科书都作了适当的调整。比如原华师版的教科书针对过去几何演绎推理一直是初中教学难点这一情况，将其呈现时间向后推迟了，但矫枉过正，又把这部分内容安排得太晚了（安排到了初三下学期）。在2002在第一次使用华师版教科书时，我们就对此作了调整，把几何演绎推理改在初二下学期。这样的安排比原大纲下的人教版教科书推迟了一年，又比华师版教科书提前了一年。实践表明，这种调整比较符合学生的学情。而2006年改版后的华师版教科书也将演绎推理提前了（与我们校本化处理的思路相同）。

（二）建设适合学校校情的数学校本课程

几年来，学校为配合课堂教学，开发了一些数学校本课程。已经基本成熟了的十几门数学选修课涵盖了数学中的对称、有趣的七巧板、黄金分割、无限与有限、π的自述、雪花曲线与分形几何等等众多领域。此外，学校还建立了学生科学院，组织学生写了大量的数学小论文。

机制之五：完善集体备课制度

即发挥教师的集体智慧，保障新课程理念的落实和实施。长期以来，学校一直都坚持集体备课制度，不但组织教师课前集体研究下节课的教学内容、目标、重点、难点以及教学方法，而且经常安排一位教师按照集体备课研究的方案先试教一节课，在集体现场研讨、改进缺点、统一认识后，才开始在全年级开始讲授这个内容。这种变“纸上谈兵”为“课前演习”的备课方式，对于因师资差异而造成的课程质量差异，起到了较好的防范作用，深受教师们的欢迎，既保证了全年级的课堂教学质量，又锻炼了师资。

在三年的实践探索中，我们深感一些问题仍需继续深入研究，例如，各种版本教科书的比较研究，教师使用教科书的策略研究。特别是教师在对教科书进行重组、整合的过程中，往往“走马观花”，大概浏览一遍各种版本的教科书，看哪本的哪一部分有新意，有新题，就将其摘取过来拼在一起。由于没有系统地研究每个版本教科书的编写意图、整体结构，所摘取来的各个版本的“精采”局部凑到一起时却不能有机地融合为一体，甚至在知识呈现顺序方面出现逻辑矛盾。这必然直接影响课程质量。而目前，国内对于这方面的研究，理论界是薄弱的，在基层学校的实践中也几乎是空白的。这将是今后一段时间内我们进一步研究的方向。

第十一章

教科书评价研究

教科书评价是教科书研究的重要内容之一。自新一轮基础教育课程改革实施以来，中小学教科书改革不断深入。一方面，打破了以往一套教材“一统天下”的局面，初步建立了“一纲（标）多本”的教科书开发与使用模式；另一方面，随着课程改革的不断深入，教师、学校等课程实施主体角色观念的不断转化，教师、学校参与课程、教科书开发的理念不断被人们接受、践行，教科书的开发和编制变得多样化起来。

面对这样的趋势，基础教育教科书的质量评价就显得尤为重要。什么样的教科书才能算得上合格的教科书？什么样的教科书才符合特定地区、特定学校甚至特定教师的需要呢？这些都是课程教科书研究亟待回答的问题。

正是由于我国现阶段基础教育教科书的编写和选用现状，各类教科书层出不穷，因此，教科书的审定、评价就显得尤为重要。

在本章①，我们将简要地分析教科书评价的现状、特点与未来发展趋势。

第一节 中小学教科书评价研究的基本思路

教科书是教材的主要组成部分，是课程目标、课程内容的主要载体，是师

① 本章是BHA030025课题的子课题“中小学教科书评价研究”的主要成果，由孔凡哲、王郢完成。在此前，本章主要结论曾作为BHA030025的阶段成果，以“浅谈我国中小学教科书评价的趋势”为题在《教育科学研究》2006年第6期上公开发表。目前，王郢在西南大学攻读博士学位。

生进行教学活动的主要参考材料。教科书评价是教育评价的重要组成部分，教科书的评价、审定和选用对于课程质量、教学效果和学生学习绩效有着十分重要的作用。从某种程度上来说，教科书质量的好坏影响着课程质量。

当前，世界各国的教科书评价主要是从教科书的社会性和教育性两个方面来制定评价标准。社会性主要指教科书内容的思想性、政治性和科学性，这些因素有着强烈的国家和民族色彩。教育性（以及教学性）主要指教科书内容与教育教学目标的吻合程度，与课程标准的吻合程度，以及内容的编排和表述对教、学的影响程度。尽管我国关于教科书评价指标的现有分类并不止两类，但还是大致遵循这样的划分思路。

我国历来就十分重视对教材和教科书的评价及其质量保障的研究。自新课程实施以来，我国的很多学者都对教科书评价、教科书质量有了进一步深入的研究。这些研究或多或少地存在一些问题，如缺乏实践性、教科书概念的混淆、经验性随意性很大等问题，这使教科书质量评价的研究成为了教育评价研究的一个薄弱环节。而另一方面，当前的新课程改革中，教科书的功能和意义已经发生了翻天覆地的变化，教科书质量对于新课程顺利实施的影响作用日益凸显出来。

在中小学教科书评价指标的研究中，一方面，研究多在新课程改革之前或改革之初进行，这与现今使用的新的教科书已经有了很大的不同，从某种意义上来说，这些评价指标已经不能很好地反映当前教科书质量的真实情况。另一方面，由于各种原因，现有的很多研究都存在着操作性不强的问题，以至于虽然对于中小学教科书的评价有了一定的指标体系，但没有被广泛地运用于教育教学实际。

正是由于教科书质量在课程实施中的重要地位以及教科书质量评价指标研究的薄弱现状，中小学教科书质量评价指标的研究就显得更为重要和迫切。

评价是一种主观的价值判断活动，但现阶段我国的教科书评价并不是一种单纯的“好或不好”的问题，一直以来我们对于教科书的评价通常都分为两个部分：评判与分析。从某种意义上来说，教科书的评判是对这种教科书的“好或不好”作出判断，而分析（通常指静态分析）则更多的是对此类教科书的特点、使用范围和不足进行阐述。仅仅由于评判和分析的不同，教科书的评价就注定是一个庞大而又复杂的操作体系。加之教科书本身的特殊属性和课程实施中对于评价活动的各种要求决定了教科书评价的繁复。

事实上，教科书的评价是一个螺旋上升的闭合回路。教科书的价值要通过使用才能够真正地体现出来，我们即使通过判断和分析选择某种“看起来”合格，而又符合我们的实际情况的教科书作为课堂教学的使用文本，但我们仍然需要对于这种教科书在实际教学中的使用情况进行跟踪，从而进一步评估这一种教科书是否“真的”合格并且符合我们实际需要。这种对于教科书实际使用情况的跟踪必须在动态的课程实施中才能得以实现，而不是单纯凭借对教科书文本的（静态）分析就可以完成。在这里，我们仅讨论教科书（文本）评价的指标问题。

正是由于教科书评价本身的复杂性和系统性，决定了在教科书评价的研究和实践中，即使能够提出一套详尽的教科书评价指标也极有可能出现挂一漏万的情况。对于教科书评价指标和方法的研究我们还任重而道远。另一方面，教科书评价与教科书质量评价并不是两个完全相同的范畴，我们这里说的“教科书评价”是指教科书评价的核心部分——教科书质量评价。

在本专题研究中，我们主要探讨两个问题，一是中小学教科书评价研究现状，二是从质量学视角进行教科书评价研究。

考虑教科书评价的特点，综合目前中小学教育教学改革实际，在本专题研究中，我们主要采用如下研究方法：

1. 文献资料查阅法。这种方法主要在前期的基本理论研究阶段采用。

2. 实证研究法。主要在中后期采用，即在问卷调查、个案访谈等质化、量化相结合研究的基础上进行教育研究和探讨。

3. 定量研究法，即采用定量的方法处理有关师生心目中的好教科书的调查数据。

从整体说，本研究试图把质化研究和量化研究结合起来，综合运用问卷、访谈、观察与内容分析、文献研究等多种研究方式、方法。

第二节 中小学教科书评价的现状分析

近年来，我国学者对中小学教科书评价问题比较关注，尤其在教科书评价的指标体系方面进行了一定的研究，取得了一些成果，其中[①][②][③]的研究具有一定的代表性。

---

① 高凌飚，张廷凯. 基础教育教材评价：理论与工具［M］. 北京：人民教育出版社，2002.

② 丁朝蓬. 教科书结构分析与内容质量评价［J］. 教育理论与实践，2001（8）.

③ 方红峰. 论教材选用视野中的教科书评价［J］. 课程·教材·教法，2003（7）.

一、关于中小学教科书评价指标的分析

高凌飚教授将基础教育教科书评价指标划分为四个维度：知识与科学性维度、思想品德和文化内涵维度、认知与心理规律维度、编制技巧与工艺水平维度。同时指出，这四个维度又包括了许多更为细致的指标，例如，在知识与科学性维度中，教科书作为学生的知识资源和学习工具，选取什么样的知识以及能够将知识贯穿起来与教科书的质量水平有密切的关系。在认知与心理规律维度中，作为学生学习的工具，教科书在内容的编排上是否遵循了人类的认知规律也似乎是影响教科书质量的重要因素。因而，近期对教科书的评价研究倾向于提出更为详尽的评价标准，如“教科书选择知识内容的原则或指导思想是什么？这些原则或指导思想在教科书中体现在哪里”等等。

丁朝蓬研究员将教科书的评价指标划分为教科书目标、教科书的内容特性和教科书的教学特性三个维度。所谓教科书目标，是指教科书预设的学生所应达到的目标。教科书的目标又可以细分为知识与技能目标、能力目标、情感态度价值观目标和行为实践目标。在进行教科书评价时，教科书质量在教科书目标维度的体现应该是“它（教科书）的基本精神应该与课程计划和课程标准一致，但可以根据本教科书所面向的特定学生而有其特色”。教科书的内容特性，即教科书所承载知识技能要素的选择和组织，同样也对于教科书的质量有至关重要的影响，因此，教科书的内容特性对于教科书质量的影响是通过两个渠道来反映的，一个是这些要素的选择，另一个是要素的组织。教科书的教学特性则主要是从“教科书的表层结构是否符合学生认知和情感发展规律以及教育教学规律”这一方面来对教科书进行价值判断的，同时将教科书的物理属性质量，即印刷、装订等标准也纳入了这一维度。

须要说明的是，评价的不同目的必然导致评价指标的不同，即教科书的审定评价标准和教科书的选用评价标准必然有所不同。审查教科书的主要目的是评价教科书是否符合国家所规定的中小学教科书内容标准和出版标准。评价指标体系及各项指标的合格标准应是各级中小学教科书审查机构审查教科书时的统一的基本依据。因此，审查教科书的评价指标应主要围绕如何衡量教科书是否合格的问题进行。

国内关于选用教科书的研究，其主要目的是评价教科书是否符合本地区或本学校的教学实际，是否最适合本地区或本学校使用，评价指标体系及各项指标的适应性标准应是各地区或学校中小学教科书选用委员会的基本标准。

方红峰从教科书选用评价的角度，结合浙江省在这方面的操作实践与经

验，划分了五个维度，对教科书的选用评价做出界定①。

1. 内容维度：包括教科书内容的完整性、新颖程度、准确性、难易程度、公正性。

2. 语言文字维度：词汇、采用学生熟悉和有趣的表达方式、语言文字要正确无误。

3. 教学设计维度：包括内容的排序和结构、内部各部分的关系、课程目标在内容中的反映、学习活动的设计、激励学生学习的程度、联系和评价。

4. 编印设计维度：包括教科书的编排符合学科内容与学生身心特点相统一的要求，说明图解有助于识别、突出关键词和概念，栏目设计合理且在各章中分配均匀，恰当地运用总结及学习指南帮助学生学习，字型及字体大小、纸张质量、装帧等规范，选择性地罗列参考书目、相关网址及索引。

5. 课堂使用维度：包括使用的便利性、学业成就和态度、课程资源等方面。

当然，现阶段我国对于教科书评价指标的研究远远不止这些，但是以上这三类评价方法具有很强的代表性，对于我们了解当前我国教科书评价指标的研究现状有一定的帮助。

二、反 思

分析教科书的评价指标有助于我们认清教科书的质量标准，提出更深入的评价指标。对比我国现阶段对中小学教科书评价指标的研究结果，可以发现，这些研究呈现出一些普遍趋势：

（一）普遍采用两级指标的评价分类方式

以上三种评价标准在指定的时候无一例外采取了“大维度”套“小指标”的方式，即先把教科书的评价分为几个大的方面，而后在每个维度上列出若干条更细的指标。这实际上类似于先将教科书的必要属性找出来，然后再一一对教科书的必要属性进行定义。如高凌飚将教科书的评价分为四个大维度，丁朝蓬将教科书评价分为三个大维度，方红峰将教科书的评价分为五个维度。

（二）在制定教科书评价标准时都十分强调教科书的教育性

正如前文所述，当前世界对教科书的评价通常都是从社会性和教育性两

① 方红峰．论教材选用视野中的教科书评价［J］．课程·教材·教法，2003（7）．

个大的方向来进行的。就我国对教科书的评价研究而言，教育性是首先要关注的。事实上，教科书作为学生学习必不可少的资源和工具，必须兼顾教科书的逻辑顺序和学生的心理顺序，内容的组织和安排一方面要根据学科内容体系的内在逻辑，另一方面也要符合学生的认知规律。这两个方面在中小学教科书中的具体体现应当是评价中小学教科书的重要而基本的标准。可以肯定的是，对于我国以前过于强调教科书的社会属性的评价和审定的情况而言，充分认识教科书的教育性并将之作为教科书的重要属性甚至本质属性，是非常难得和值得肯定的。

（三）十分关注学生对教科书的使用情况

分析我国当前对教科书的评价指标，不难发现，对于学生的需要和使用效果十分关注，体现出以学生的发展为中心的价值取向，甚至有人认为教科书的作用集中体现为“学生学习的资料和学生学习的工具”(高凌飚，2002)。事实上，教科书评价必须关注内在效度和外在效度，而不能仅仅停留在静态的、内在效度评价。关注实施中的课程，而不仅仅关注文本课程，正是当前课程研究领域的新趋势。

（四）对教科书评价维度的划分存在明显差异，体现出评价标准的多元取向

在我国当前对教科书评价指标的研究中，不难发现，评价指标虽然普遍采取了两级指标的划分方式，然而对于一级标准划分的方式却存在较大差异。例如，高凌飚①将教科书评价的维度划分为认知思维水平知识与科学性维度、思想品德和文化内涵维度、认知与心理规律维度、编制技巧与工艺水平维度四个维度，前三个维度可以对应《课程纲要》中知识与技能、过程与方法、情感态度价值观三个方面，而编制技巧与工艺水平维度可以被认为是对教科书物理质量属性，如印刷、装帧等的考察标准。可以说，这是一种比较典型和常规的划分方法，并已为大多数人们所接受。丁朝蓬将教科书的评价划分为教科书目标、教科书的内容特性和教科书的教学特性三个维度。这是一种比较新的划分方式，这种划分跳出了我们常规的教育评价思路（教科书评价是教育评价的一部分）。相较之下，方红峰②的划分方式更加实用，这与其所持的“教科书选用视野”密不可分。划分的线索是一本教科书从选定到使用过程中容易“出现问题”展开的。这种划分方式关注的是教科书在

① 高凌飚．基础教育教材评价：理论与工具［M］．北京：人民教育出版社，2002．

② 方红峰．论教材选用视野中的教科书评价［J］．课程·教材·教法，2003（7）．

现实教学中是否“实用”、“好用”，例如，在课堂使用维度中，“学生学业成就”是考察教科书质量的标准之一，这实际就是关注教科书的使用效果。而“教科书可以为学生提供一些与课文相关的参考文献、索引”等标准实际就是关注“学生在学习教科书内容的同时能够在教科书的指引下进行一些拓展的学习和训练”。

下面以某一套教科书中某一章的某一课时内容为例，分析关注点的差异。我们选用的是当前正在使用的某套课程标准实验教科书小学数学一年级上册的一个片段（以下记作片段A），这一单元主要内容是图形与物体的认识。

（1）评价角度之一

如果从“知识与科学性维度”、“思想品德和文化内涵维度”、“认知与心理规律维度”、“编制技巧与工艺水平维度”四个维度进行评价，那么，我们可以这样分析：

知识与科学性维度：片段A知识内容选择的原则是贴近生活实际的，这一点可以通过教科书问题情境中列出的物体种类体现出来——这些物体都是学生日常生活中经常接触到的。作为小学数学课程的重要方面，空间与图形板块旨在让学生更好地认识自己所处的三维空间和自己身边的各种物体，这对学生的日常生活和空间观念的形成也是非常重要的。教科书在设计时特别注意强调了六棱体与圆柱体的差别（用有棱边的铅笔和一般的圆柱体物体进行比较和区别），十分注重教科书知识内容的科学性和准确性，从这里可以看出教科书在该内容的选择上还是做得比较好的。贴近日常生活实际是片段A的重要特点，又是从问题情境出发引出的学习内容，与学生当前的生活和环境有密切的联系，有助于学生加深对自己身边事物的了解，但对于相关内容较少涉及，在学科间的整合方面比较薄弱。

认知与心理规律维度：由于学生在入学前积累了一定的生活积累，对于简单的物体形状有一些零星的认识，为此，教科书由问题出发引出学习问题，从学生熟悉的生活物体出发引出数学概念，在学生已知和未知之间搭起认知的桥梁，也就是说，这本教科书在片段A中对于学生认知水平和认知能力的把握比较准确。同时，教科书设计了“做一做”等环节，让学生自主探究，从进一步的实施效果来看，笔者认为，这里对于学生自主探究的引导还是比较薄弱的。

与下册书中的相关知识比较可以发现，片段A在内容的呈现上存在着一定的重复和赘述，从设计意图中可以发现，这是编者为了体现“螺旋上升”的课程组织方式，但是，“螺旋上升”与单纯的内容重复如何区分，尚待进一步研究。

片段A对如何从众多物体中抽象出长方体、圆柱体等过程没有作比较清楚的交代，只是通过分类来表述，同时针对“是否通过引导能够让学生认识到这一过程”这点提出的具体要求不够充分。在编写和组织上，片段A非常注意与现实生活的联系，采用寓教于乐的方式，这是值得肯定的，同时在活动环节设计了一个“让学生在平滑的桌面分别推动长方体和圆柱体”的小活动，其实，这是为了让学生感受长方体是“有棱角”的而圆柱体表面是“光滑的”，但由于缺乏一些关键性的提问，缺乏必要的数学提升，在教学实际中教师如果不进行必要的补充，活动目的就很难实现。

编制技巧与工艺水平维度：从片段A中我们可以看出：教科书的文字流畅，贴近生活，适合学生的阅读水平；课题对于学习内容的概括比较清晰，插图多，“做一做”、“练一练”环节的相互配合比较到位，习题设计也是比较“成熟”的；采用多色印刷，版面非常美观且富有吸引力；教科书印刷清楚，无错漏。

（2）评价角度之二

如果我们从教科书的目标、内容特征和教学特征上来评价片段A，那么，可以得到这样的结论：

教科书目标维度：《课程标准》要求“通过事物和模型辨认长方体、正方体、圆柱和球等立体图形”，通过分析，我们不难发现，教科书提出的目标与课程计划和课程标准目标是一致的；同时，习题中注意了对所学知识的提升，这一方面运用了“最近发展区”理论，同时为不同特点和不同水平的学生提供了发展的可能。

教科书内容特性维度：如前所述，作为小学数学空间与图形的入门内容，片段A所选择的知识在基础性上是毋庸置疑的；同时，片段A注重与学生日常生活的联系，使所选择的内容便于学生接受和理解，在深度和广度上比较符合学生的年龄特征；较高难度的习题为不同特点的学生提供了发展空间，但是由于情境设置比较缺乏新意，在激发儿童的学习动机和激发儿童思维积极性等方面比较薄弱；所设计的“做一做”环节让学生动手操作，便于发挥学生主体性，在现有的教学条件下可操作性强；与下册相关知识比较可以发现，在内容的呈现上存在着一定的重复和赘述，这是编者为了体现“螺旋上升”的课程组织方式，但效果不甚明显。

教科书的教学特性维度：教科书缺少“先行组织者”，不能让学生在学习前对自己将要学习的内容产生总体认识；“做一做”环节让学生动手操作，能够调动学生多种感官的参与；创设认知冲突的设计还较为欠缺，因而，在实际教学中，学生的学习兴趣没有得到理想的激发；在片段A中，学生实际经历的东西要多一些，直接经验也较多；活动设计与实际联系比较紧密；在“为学生提供运用知识解决实际问题的机会”方面做得有所欠缺；联系实际的题目与所学习的问题以及教学目标相一致，但习题的设计上“结果有余，过程不足”，不利于教师鉴别学生的思维过程；评定方式比较单一；没有提供参考资料让学生自主学习，在教师用书中也没有提供其他的教学情境让教师选择。

(3) 评价角度之三

从教科书选用的角度评价片段A，可以有如下结论：

内容维度：片段A包括了课程标准所要求的内容和目标，具有较好的完整性；由于片段A是第一学段的空间与图形的入门部分，因而，其中的长方体、正方体等概念都没有明确、具体的定义，当然，这与学习者的认知水平直接相关。

语言文字维度：片段A中“图多字少”，这与学习者的年龄特点比较符合；同时，普遍采用学生熟悉的日常用品，有利于学生学习；文字语言无差错。

教学设计维度：片段A从一般到抽象，体现了学生的思维方式，这种编排方式比较合理；在习题的设计上，兼顾了多个层面的学生学习需求；学习活动的设计有利于学习目标的达成，但缺乏适当而关键的“引导”，同时，呈现方式比较单一，趣味性和可读性大打折扣。

编印设计维度：字体、外观等都耐用且美观，采用多色印刷，颜色鲜艳，新颖；缺乏适当的“学习指南”话语，在与学习知识相关内容的扩展上有所欠缺。

课堂使用维度：对于课堂教学的硬件要求较低；学生在学习后基本能够达到习题要求的水平，但可供教师选择的情境比较少，教师教学的多样性受到限制。

从上面的分析，不难发现，几种不同的评价维度各有千秋，教科书评价的多维度、多标准正在形成，当然，不同的用途需要不同的标准。

通过研究，我们发现，当前我国中小学教科书评价研究有一些突出的特点，集中表现在如下几个方面：

1. 普遍采用两级指标的评价分类方式，使评价更全面而无遗漏。

2. 在制定教科书评价标准时都十分强调教科书的教育性和学科属性，

既关注学科的自身特性，又关注作为教育任务的学科课程，也就是说，不仅关注教科书的学科属性，注重课程内容呈现的全面、流畅而有特色，而且关注作为教育素材本身的教科书属性，关注教科书所蕴含的教育价值和内在潜能，并有意识地将有关的教育活动自然地拓展到书外的空间。

3. 十分关注教科书对教师教、学生学的满意程度，关注教科书是否为方便使用提供更多的便利，尤其是教科书是否有助于学生学习的自我建构。

不同的群体对教科书评价维度的划分方式存在明显差异，体现出评价标准的多元取向，尤其是作为管理部门的教科书评价取向——“管理的方便，要求的明确具体”与作为一线教师取向的教科书评价取向——“课程资源库”及作为学生取向的教科书评价取向一“学材”之间存在较大差异。

第三节　中小学教科书评价发展的新特点

一、我国中小学教科书评价发展的若干特征

纵观我国基础教育教科书评价发展的历程，结合教科书评价的国际发展趋势，我们认为，我国基础教育教科书评价的未来发展将特别关注如下几个特征：

（一）评价标准多元化，而其中的核心成分趋同

不同的评价目的和评价主体在对教科书进行评价时对于各项指标的考虑有所偏重，因而，基础教育教科书评价的标准将趋于多元化，但对于同一类评判目的的标准将趋于一致。如前所述，立足于教科书选用的教科书评价所持的评价标准与其他用途的评价标准有很大差别。既然教科书的评价通常从社会性和教育性两个方面来进行，那么，不同的评价主体在对教科书进行评价时所考虑的各个维度的权重自然有所不同，比如，教育行政部门在评价教科书的时候，相对于教师而言会更加关注教科书的社会性。值得关注的是，对于相同目的和相同群体而言，教科书的评价标准应当一致，否则，必将引起教科书领域的混乱。因此，关注不同群体对于教科书评价、审定和选用的意见，鼓励教师积极参与教科书评价，对于提升教科书质量至关重要。

（二）基础教育教科书评价的可操作性迫切需要加强

当前，虽然国内对于教科书评价指标的研究取得了一定成果，但总体来说，研究力量比较单薄，研究水平尚待进一步提升。尤其是已有的各套评价指标体系很难统一，评价体系的可操作性在实施中受到极大的挑战——有的

研究者所提出的一级指标只有3项，显然过于简略；有的研究者所提出的一级指标有6项，但二级指标分别为2项、6项、29项、26项、4项和18项，显然过多，无法操作。中小学教科书评价指标体系究竟分为几级，每一级指标又分为几项，显然，还很难有一个统一、客观的量化方法。目前较为实际的办法是在征求有经验的教科书评价专家和教科书编写人员意见的基础上进行综合提炼。较为一致的意见是中小学教科书评价体系宜分为两级，一级指标以4至6个项目为宜，二级指标以2至4个项目为宜。

（三）教科书评价指标体系的构建需要相应理论的支撑

现有的评价指标在一些维度的划分上还存在诸多不妥之处，如划分不全面，划分的理论支持薄弱等。我们都把教科书评价的指标分为了两个等级，为什么要分为两级，而不是三级、四级呢？为什么这样划分而不那样划分呢？怎么才能保证你对教科书评价指标的划分方式是全面、完备的？这些问题都凸显出我国当前的教科书评价领域通常以评价者本人的个人经验或主观判断为依据的现状，缺乏有力的理论支撑等问题。特别是缺乏必要的教科书质量分析与评价的系统理论，这与课程评价理论、课程质量理论的薄弱直接相关。

（四）关注教科书评价指标的外显性

虽然教科书评价的客体是教科书，但是，在教科书评价中，真正要评价的是蕴含于教科书之中的教科书的内容、教学思想、组织体系等等。因此，评价指标必须针对教科书外在的、显性的内容而制定，不宜直接指向教科书内隐的、间接的内容，否则，评价者难以把握。中小学教科书外在的、显性的内容可以概括为教科书最终所要呈现的内容及方式。因此，在最终确定中小学教科书评价指标时，我们应当考虑如何通过呈现的内容及方式来评价教科书的社会性和教育性。其次，评价指标必须把教科书的社会性和教育性作为一个整体加以考虑，也就是说，必须将教科书的思想性、政治性、科学性和教育性通过评价指标有机地结合在一起，否则评价将支离破碎，难以操作。

（五）加强教科书评价的微观研究，注重多种方法的综合使用

当前，基础教育教科书评价的标准不宜太大、太空，否则会成为“摆设”而无任何实际应用价值，尤其是缺乏微观化的、深入细致的研究，如对于教科书局部内容的评价显得十分单薄。

在评价方法的运用上，当前的普遍趋势是“质化有余，量化不足”，“评价有余，改进不足”。事实上，无论评价的概念如何扩大和深入，“价值判

断”作为评价的根本属性是不容忽略的。虽然质化方法具有强劲的生命力，但是，局部的、诠释性的解释毕竟不能揭示教科书的深层规律，只有量化评价与质性诠释相结合，才能更好地进行价值判断，才能在内容分析的基础上进一步改进和调整。当前，虽然完全的量化不现实，但我们起码可以做到对教科书进行“模糊量化评价”，避免“武断”之嫌。

二、教科书评价的新视角：质量学视角

（一）质量学视角下的中小学教科书评价

如果要从质量学的视角对中小学教科书质量进行评价，基本理念起码应该有如下三个方面：“用户”至上；质量的评价和保障是一个全员参与、全程参与、全体协作的过程；质量的保障和提高是一个不间断的努力过程。

质量观念指导下的教科书评价是指以质量的理念出发来进行教科书评价指标体系的制定和教科书的评价过程。质量观念的显著特征是以用户对产品或服务的满意程度作为衡量质量的重要指标。对于质量学下的教科书评价来说，也就是指将教科书的质量优劣反映于教科书对于其用户需求的满足程度上。而教科书作为教学活动的重要凭借和桥梁，它的某些价值和对用户需求满足的某些属性，只能在使用过程中才表现出来。

将全面质量管理等理念渗透到教科书质量的管理中，转换为教育语言则可以理解为对于教科书质量的管理不应该只是在教科书编制完成后才对教科书进行审定和评价，而应该在教科书编定之初就开始对教科书质量进行监控和保障，即从立项、审批、组织编写、后期制作、排版印刷等各个环节都要充分把关，以质量观念指导教科书的编写过程。参与教科书编写和制作的每一道程序、每一个人都应当树立“教科书质量与我休戚相关”的观念，把自己的下一道工序作为自己的用户、顾客，对用户和顾客负责。同时，教科书编制完成以后并不意味着编写人员就可以“高枕无忧”了，相反，还应该认真搞好教科书质量的使用反馈和改进，以期不断提高教科书的质量水平。

（二）质量视角下的教科书评价分析——教科书使用者视角

教科书质量是教育质量的有机组成部分之一，当前，教育质量的研究情况喜人。对于教育质量的研究直接影响教科书质量评价的研究。王敏认为，“教育质量视角与满足个体和社会显现的和潜在教育需要能力的特性”，教育质量的衡量标准是“以教育对个人和社会的教育需要满足程度来确定的”。

具体标准有三[①]：首先，教育过程是否体现了师生之间和谐互动的关系，教育活动是否成为学生自我创造的活动；其次，学生全面素质的和谐发展；最后，教育培养的各级各类人才在数量、质量、结构等方面是否符合当前社会物质文明和精神文明建设的要求。

在现今关于教科书质量评价的研究中，对于教科书的评价我们通常通过两个途径：与理想教科书的契合程度及在现实中实施的情况。（当然这并不是非常合适的划分方式，事实上在后面的研究中我们对于教科书质量评价指标的分析是从元需求、实际实施中的使用情况和反映教科书质量的证据三个方面来进行的。这些将在本研究的后面被提及。但在这里我们仅仅先提这两点）因此，我们在建立教科书评价指标的时候也须要从"理想教科书的主要特征"和"好的教科书实施模式"两个方面来考虑。而理想教科书的主要特征（或者说标准）是我们制定教科书评价指标的一个重要维度。

教科书本身作为教学活动的重要凭借，人们可将其本身具有的功能大致分为两种倾向：一方面是注重文化授受的倾向，这种倾向认为教科书的功能可以分为三类：信息功能、结构化功能、教育指导功能；另一方面是注重文化创造的观点，认为教科书的功能在于强调学习者问题意识的形成，关注主体学习态度及能力以及对话、合作、表达等社会态度及能力的形成。

这两种不同的教科书功能倾向事实上代表了对于教科书不同的价值期待：一方面，教科书作为学校教育的主要承载，必然应该担负起知识传递的功能，这实际上也是传统的课程即教材观念的一种反映；另一方面，教科书在培养学习者的学习方式、生活态度等方面的功能其实也反映了课程即经验的课程观。

前面提到，本研究区别于其他教科书评价指标研究的一个重要特点在于从质量、用户的角度来分析教科书的质量评价。尽管对于"质量"的定义纷繁复杂，然而ISO对于质量的定义确实得到了大多数人的认可，这种定义概括起来就是质量是一种属性，这种属性是指满足客户的需要。

在教科书使用中，"用户"对于教科书的满意程度事实上表现在两个方面：一方面，需接受评价的教科书与用户所预先设想的教科书是否符合；另一方面，需接受评价的教科书在实际使用过程中是否令用户感到符合或者超出预想的满意程度。

① 王敏．教育质量的内涵及衡量标准新探［J］．东北师范大学学报：哲学社会科学版，2000（2）：20—23．

对于中小学教科书的质量评价来说，与教科书的质量密切相关的用户不仅仅是指“消费者”——学生，还包括了许许多多与教科书发生关系的群体，即学生是教育的第一直接用户，教师作为教学活动的另一主体可以被看作教育的第二间接用户，而教育行政部门，或者说社会，被认为是教育的第三间接用户。因此，笔者认为，学生、教师、学科专家、教育学家和课程专家、教育行政部门、家长、社区等都可以成为教科书的主要受众。

（1）学生，也可看成受教育者，他们既是教科书的直接消费者又是直接影响群体。学生在学校学习，接触最多的文本读物恐怕就要算教科书了。作为教学活动的双主体之一，教科书作为教学活动的桥梁纽带和课程的主要呈现方式对于学生起着不可忽视的作用。因此，学生对于教科书的价值期待可以说在我们所研究的教科书的“元需求”中占了非常重要的地位。

（2）教科书：作为教学活动的另一主体，教师也毋庸置疑是教科书质量的主要关系人群。教科书质量的高低直接影响着教师在教学活动中的运用情况，更重要的是教科书的质量优劣在某种意义上决定着教师的教学工作绩效。另一方面，从霍尔（Hall）和霍德（Hord）对于课程实施水平中教师态度的划分中我们看出，教师对于当前课程计划的认同、满意程度对于课程实施有着十分重要的作用。而教师作为课程的具体实施者，他（她）对于教科书的满意程度在一定意义上也体现着教师对于当前课程的满意程度。

（3）学科专家：教科书传承文化的功能使它对于自身所代表的学科的发展和传承有着十分重要的作用。学科专家关注教科书，因为教科书对于该学科的阐述和发展有非常重要的影响。同时，学科专家对于教科书中所体现的学科体系有权威的发言权。

（4）教育专家、课程专家：前面已经论及，教育性是教科书的重要属性，而教育性、教学性是教育专家、课程专家（包括教师）所关注的。因此，教科书在编订时除了要考虑学科本身的知识体系以外，学生学习的心理学顺序也是其十分重要的考察维度。

（5）教育行政部门、社区、社会：在我国，既然课程是国家意志的体现，那么作为课程重要组成部分的教科书也必然要体现国家教育行政部门的意志。同时，由于教育的本质是一种培养人的活动，教育活动的“产品”实际上是满足社会需要的人，这种“社会需要的人”既包括在技能、知识、道德等方面的社会需要，也包括在思想、政治信仰等方面的社会需要。这样教科书就必然带有社会和国家的价值期待。因此，教育行政部门、社会和社区也是教科书质量的主要关系群体。须要特别说明的是，现在欧美等国家对于教科书的研究还有一个更为细致的研究角度，即教科书政治学的研究。如果说斯宾塞提出了“什么知识最有价值”这一问题是课程学科开山之问的话，那么教科书政治学的研究则更想要回答“谁的知识最有价值”这一问题。

（6）家长：与学生一样，教科书的质量对于家长来说也是至关重要的。特别是在现阶段的中国国情下，教育支出可以算得上一个家庭最主要的支出，而中国长期以来的人才观决定了读书升学仍然是大多数家庭为孩子所设想的成才之路。因此，家长对于教育质量以及教科书质量的关注不可谓不强烈。而家长对于教科书质量的意见和需求对于教科书本身来说也有着很重要的影响。

（三）质量学视角下的教科书评价新特点：用户差异导致标准差异

阿普尔将教科书比喻为“权力的角斗场”[①]，从政治学的角度来说，教科书所包含的内容是由社会中各种力量的社会地位决定的，在教科书评价中也是如此。虽然我们的教育宗旨、教育方针是统一的，但是由于各个群体之间利益的差异、所持立场的差异，必然导致各群体在对教科书进行评价时所持标准的差异。

教科书不仅仅是“事实”的传输系统，还是政治、经济、文化活动、斗争以及相互妥协等共同作用的结果。就我国来说，在根本利益一致的前提下，教师、学生、家长、社会以及教育行政部门对于教科书质量的评价标准的要求还是有所侧重的。

我们曾对某套义务教育课程标准数学课程实验教科书一年级下册的使用情况进行分析，调查发现，师生对这套教科书的关注点有不少差异：

1. 学生。从学生的话语[②]中可以看出，不同教学方式对于教科书的质量评价有很大的影响作用，与教科书实施的质量效果直接相关。总的来说，在学生的使用过程中，这套教科书能够满足学生对学习、使用、预复习的需要。

2. 教师。笔者对长春市两所小学使用本册教科书教师中的五位进行了聚焦式访谈，在接受访谈的这五位教师中，有一位是“包班”（即一人兼任数学和语文教师，而这位包班教师以前是从事语文教学工作的），其他四位教师是专职数学教师。五位教师对教科书质量的价值期待和认同信息参见下表格（其中的每个项目满分5分，兼设0.5分数量级）：

---

① M. 阿普尔. 教科书政治学［M］. 上海：华东师范大学出版社，2005.

② 关于学生的调查结果参见本书第四章第二节。

标准内容	教师 A	教师 B	教师 C	教师 D	教师 E	总分值 25 分	重要程度
1. 知识阐述是否明确	5	4.5	4	4.5	5	23	92%
2. 是否注重学生基本数学思维方式方法的训练和提高	4	5	4.5	4	4.5	22	88%
3. 内容是否能让学生更喜欢数学	3	4	4.5	4	3.5	19	76%
4. 难点和重点处理是否恰当	3	4	4	3.5	4	18.5	74%
5. 课后习题是否设置足够数量的开放题	2	4	4	3.5	3	16.5	66%
6. 是否突出基础知识和基本规律	4	5	3.5	3	3.5	19	76%
7. 是否有利于培养学生合情推理以及演绎推理能力	3	5	4	4	3.5	19.5	78%
8. 是否提供数学思想方法、数学思想等问题的指导	3	5	4.5	4	4.5	21	84%
9. 是否能够激发学生的探究兴趣和求知欲	2	5	5	4.5	4	20.5	82%
10. 课后习题是否有利于掌握和巩固所学知识	2.5	3	4	3.5	4	17	68%
11. 是否有错别字和错误的语法、句子	1.5	3	5	4.5	4	18	72%
12. 编排上是否遵循了螺旋上升的原则	3	4	4.5	4	4.5	20	80%
13. 是否有配套的辅助资料包	2.5	3	4	3.5	3	16	64%
14. 课后习题是否有新意和代表性	3	4	4	3.5	4	18.5	74%
15. 编排顺序是否体现知识之间的内在联系和规律	3.5	5	3.5	3	3.5	18.5	74%
16. 是否让学生有机会动手操作和合作	3	5	4.5	4	3.5	20	80%
17. 是否贴近学校、地区实际	1	4	3	3	3.5	14.5	58%

续 表

18. 内容的可读性和趣味性	2	4	5	4.5	4	19.5	78%
19. 辅助资料是否与教科书的正文相适应	2	3	3.5	3.5	4	16	64%
20. 编写时是否留出了让学生进行反思的空间	3	5	4	3.5	3	18.5	74%
21. 内容安排是否与教学课时相适应	2	4	3	3.5	4	16.5	66%
22. 是否反映前沿知识	2.5	4	4	4	3.5	18	72%
23. 是否照顾不同民族、地域的文化差异	0.5	3	3.5	4	4.5	11.5	46%
24. 是否为教师的教学反思提供指导	0.5	5	3.5	3	2.5	14.5	58%
25. 是否体现中华民族的优秀传统文化	0.5	3	4	3.5	4	15	60%
26. 是否有利于培养爱国主义情感和集体主义精神	1	3	4	4	3.5	15.5	62%
27. 教科书是否有利于培养学生的环保意识、法治意识	0.5	3	4.5	4	4.5	16.5	66%
28. 教科书是否能为教师的专业成长提供有力的保障	2.5	5	3.5	4	3.5	18.5	74%
29. 是否体现与其他学科的整合	3.5	3	4	3.5	3	17	62%

从上表中可以看出，教师对于本册教科书在“是否注重学生基本数学思维方式方法的训练和提高”、“知识阐述是否明确”、“是否有利于培养学生合情推理以及演绎推理能力”三个方面的关注度和满意度最高，对于“是否照顾不同民族和地域的文化差异”、“是否贴近学校、地区实际”、“是否为教师的教学反思提供指导”三个方面却不是非常满意。

进一步的深入访谈发现，教师在使用本册教科书时有两个十分明显的感触：一是新旧教科书在内容上有很大差异，以前只要“有一两本教师用书，再加上自己脑子里滚瓜烂熟的习题就可以让学生学得好，我教得也轻松”；二是从教师组织教学的形式上来说，“似乎以前习以为常、引以为豪的‘绝招’在这里不管用了”，“甚至出现了别人都行可自己什么都不行的想法”……“不过学生的表现，却是以前教过的几届学生中表现得最好的”，“如果能有更多的辅助资源以及像以前的教材一样的参考资料也许就会好一些”。

可见，教科书的不同评价群体对于教科书质量的要求是不一样的。教育行政部门较之教师而言更关注社会性，而教师更关注某套教材对于自己而言是否“好用”或“用着顺手”。另一方面，我国幅员辽阔，每个地区之间的文化和地域差异十分明显，如果只武断地用一套标准或某一些人的标准来对教科书进行评价，则必然导致教科书评价的不客观以及教科书使用上的适切性程度降低等问题。

综上所述，我们认为，不同的人群对于教科书的标准是不同的，在制定教科书评价标准时，我们也应该考虑多方面的需求，从实际出发，有机结合，这样才能确实地作好客观、公正和可信的教科书评价指标。

总之，教科书评价是一个庞大而又繁复的工程。质量学视角下的中小学教科书评价核心在于以教师、学生等教科书用户需要的满足程度来衡量教科书的质量。从“用户”需要的满足程度入手考察教科书质量，就须要首先对教科书的各个“用户”对于教科书的价值期待进行调查和分析，制定出相应的评价标准；然后根据“用户”的需要及对教科书质量的认同来对教科书的质量作出判定和分析。与此同时，质量学视角下的中小学教科书评价的标准，由于评价的目的不同，评价对象的不同，其评价指标也有所不同。教科书的质量是从教科书对于“用户”需要的满足程度（或教科书“用户”对其的认同程度）出发来衡量教科书质量的高低优劣，因而不同的“用户”对于教科书自然有不同的需求。

第十二章

新课程教科书研制开发与质量监控的探究

“基础教育新课程新教材研制开发与质量监控的理论与实践”课题自2002年开始申报，2003年3月获得批准立项以来，课题组围绕教科书的研制开发的理论与编写实践开展了一系列切实的研究，特别是在教科书质量理论、教科书研究方法论、教科书编写的具体操作思路、方法等方面，开展了一系列务实的探索。与此同时，课题组密切结合基础教育新课程新教科书（数学苏教版、北师大版等）推广的实际，在教科书的推广、社会保障、学校保障等诸多方面开展了非常务实的实践探索，形成了一系列值得借鉴的结论，这些结论中既有对失败教训的亲身探索及总结，也有许多成功的经验，既有技术层面的具体思路、方法，也有理论层面的比较系统的提升、升华。这些可资借鉴的结论主要集中在教科书编写团队的创建、推广机制的形成、推广过程中的教科书质量保障（教研层面、学校层面、教师个体层面等等）各个层面。本章我们将在前面各章阐述的基础上再作一些必要的补充和提升。

第一节　基础教育教科书编写的人员组成

高质量的教科书是保障课程改革持续发展的重要源泉。而特色鲜明，风格流畅而统一，是高质量的教科书的基本保障。对高质量的教科书而言，整套书籍有一个“灵魂”性的标志，这就是通贯始终的一致风格。反观当前我国现行的一些课程标准实验教科书，普遍存在的缺憾乃是同一套教科书的各册之间、同一册教科书的各章之间风格迥异，“判若两人”。其实，一套教科书一致的风格在很大程度上受制于编写队伍的结构与组成。

一、中小学教科书编写队伍的基本组成

合理的中小学教科书编写队伍一般有三个基本结构，即年龄结构、知识结构、工作背景结构。

（一）年龄结构

比较合理的编写组应当是“老、中、青”相结合，构成既有经验又有激情的编写团队。事实上，老一辈的编写专家积累了丰富的编写经验，有的甚至终身都在从事教科书编写，他们的青春、生命与教科书事业融在一起，这种丰富的经历是无法替代的。而新生力量是社会进步的象征，常常又是时代潮流的引领者，特别地，一批专门从事相关研究的博士、硕士，其扎实的专业功底和广阔的学术视野使他们朝气蓬勃，敢于标新立异。此外，还有一批中年人士，他们往往既有理论基础又有一定的经验，也是教科书编写的中坚力量。这样的结构往往能最大限度地发挥教科书编写队伍的整体优势，既有经验、技术，又有新鲜的血液和创新优势。

（二）知识结构

所谓知识结构比较合理，主要是指编写人员的专业背景相互补充，相互映衬，既包括学科专家、课程专家、教科书编写专家，也包括优秀的教研员和一线优秀教师，共同构成一支多层面、立体化的教科书编写队伍。

学科专家能将其良好的学科素养融入教科书设计与编写之中，这是保障教科书内在逻辑结构准确无误的重要因素。课程专家更加了解学生学习发展的规律，更容易使学科内容与学生的认知发展规律、社会因素等融合在课程体系之中，进而形成教科书层面的课程形式。教科书编写专家有着丰富的编写经验，能够更好地将教学目标、课程内容转化为符合教科书常规的结构，避免教科书编写出现一些技术性错误，实现教科书的规范化、标准化。优秀的教研员、一线教师更加贴近教师、学生的实际，更加贴近教科书的最大用户群体的实际，构成保障教科书实用性、操作性的关键性因素。特别地，优秀教师加盟教科书的编写，必然使教科书更加符合课堂教学实际，体现实践层面的真实呼声，这是保障教科书实效性的决定性因素。

也就是说，一流的教科书编写组须要拥有相关各个学科背景的一流的作者群，需要一流的编辑和一流的学校教育人员，甚至还包括教科书的专业推广人员。

（三）工作背景结构

也就是说，校内外人员相结合，即一流的教科书编写组，其人员既包括高校的专家学者、中小学优秀教师、介于校内外之间的教研员，还包括从事

出版事业的编写人员等等。

应当看到，随着社会的发展，特别是随着课程改革的不断深入，教育的个性化和课程的多元化与我国课程、教科书研制开发人才的匮乏形成强烈反差。教科书质量的高标准迫切需要教科书研制开发人员专业化程度与时俱进。

二、完善我国中小学教科书编写队伍的两点建议

基于前面几章对我国当前中小学教科书编写工作的现状和发展实际的分析，笔者认为，当前有两个问题值得关注：一是全面理解编写人员的合理结构；二是须要有一支热爱教科书事业、有服务精神和奉献精神的团队。

（一）合理的编写结构源于一致的理念、一致的编写风格和互补共进的经历与能力

在笔者看来，所谓编写人员的合理组成，一是作为编写组整体的学缘、工作经历、学科专业背景和年龄结构，从整体看要合理，二是针对编写者个体而言。特别地，编写人员的阅历、经历和学科背景非常重要，其既要十分了解所编教科书读者的实际生活（最好有亲身的教学经历），也要对教科书所涉及的学科背景有雄厚的功底，能够居高临下，深入浅出，游刃有余，同时，对国内外同类教科书的特征、风格非常了解。当然，现实中同时具备上述条件的人才非常少见，这就需要进行不同群体人员的搭配，例如，小学数学教科书的编写至少需要小学数学教师、课程专业人员、数学家（数学专业人士）、数学教科书编辑与部分教研人员。当前，教科书编写尤其要避免两个极端：一个是过于追求教学的实用性，导致整套教科书前后风格迥异，“疙疙瘩瘩”，没有学术品位，“读一遍感觉有新意，仔细一读却大失所望”；另一个极端则是仅仅考虑学术性、个性化，而无视中小学教学的实际需要，尤其是教学的可操作性极差。这两个极端都是目前我国中小学教科书编写领域客观存在的现象，其根源之一就在于编写人员组成不合理，缺乏整体搭配，真正的团队机制有待进一步形成。

（二）高质量的教科书依托一支有着共同的教育理念和学术追求的团队

中小学教科书研制开发需要一支锐意进取、有团队精神、服务意识的团队，这是保证一套教科书持续运行的必要保障。在这支队伍中，每位成员的教育理念大致相同，其学术追求、学术品位相容；每位成员都能全身心地投入，遇到任何困难决不退缩；每位成员都能够依靠教育部门的领导，依靠学校的引导，依靠自己自身的力量克服编辑出版过程中出现的困难。

应当看到，在商品经济高速发展的今天，服务意识已渗透各个行业，

"服务"一词也有了更加宽阔的内涵，不再仅仅适用于服务行业。

服务一词本意为"履行职务，为大家做事"，对于教科书研制开发来说，我们更强调"履行职务"的含义。对于教科书编写者来说，这种服务也就是教科书编写者上对国家、下对教科书用户履行职责，为其做事。因此，教科书编写者要具有服务意识，并且这种服务意识应该具有全程性，因为教科书并不是编写完就完成任务了，任何事物都有发生、发展的过程，教科书也不例外，要想保障教科书的质量，就必须将教科书置身于实践应用中不断修改和完善，而这种修改、完善的意见与建议大多数来自一线教师。教科书编写者只有具备了这种全程服务意识，才能确保教科书在学校的实践中得到不断检验，进而得到不断的修改、完善。这也是发挥教科书应用价值的最好做法，也有利于教育目的的最终实现。

第二节　基础教育教科书推广的机制建设

众所周知，自2001年以来，我国中小学倡导"一标多本"（即一个课程标准多个版本的教科书），鼓励教科书多样化。其中，实现教科书的高质量是本次课程改革的重要任务之一，也是难点之一。

正如教育部基础教育司有关负责人答记者问指出的："从目前情况看，教材的多样化格局已经基本形成，但面临的挑战非常严峻，尤其如何规范教材选用的管理是个大问题。目前，尽管已有120余种、680余册新教材通过审查，供各地实验区选用，但是基层学校仍然反映教科书的针对性不强，为什么呢？这里有两方面的原因：一方面是教材编写的问题，如何更加适应农村地区学生的需要，仍然是个比较薄弱的环节；另一方面，教科书选用制度并没有得到落实，这也是影响教科书适应性的一个重要原因。"①

尽管又过去了四年，但是，应该说，我国中小学教科书质量保障的机制尚未完全建立，诸如"教材选用制度尚在建设过程之中，有些关键环节还不健全，影响了教材的公平竞争；一些教育行政部门和出版部门为了经济利益和部门利益，没有严格按照要求选用教科书，剥夺了实验区选择教科书的权力，指定教科书的现象仍然存在"。

上面提到的问题实际上是教科书推广阶段的机制建设问题，客观地说，

① 李建平．课程改革如何向纵深发展［N］．中国教育报，2003-10-27（8）．

经过基础教育课程改革六年多的探索，我国目前初步形成了中小学教科书质量保障的良性机制，但是，依然存在诸多不协调、不完善之处，如何构建能够适应未来发展趋势的新的质量保障长效机制，依然是亟待解决的课题。

当然，对此，不少学者发表了自己的一些看法，如“不改变行政主导的教材编写模式，很难让教材满足教育发展的需要，也很难改变教材编写中的行政思维与少数人说了算的趋向。从国外教材编写的经验看，应该广泛发动民间的力量，使其参与教材的编写，而教育管理部门、教育机构只负责最后对所有不同机构编写的教材，按照国家的教育要求进行公开、透明的评价与选择，并在评价和选择中更注重学校教师的意见。这样，教材编写者在编写中就会从市场竞争角度出发，既严格按照国家教材编写的标准，又广泛调查教育者和受教育者的意见，而教育主管部门、学校在选择教材时，也会有更大的选择范围、更大的自主性，而不会因为受教材编写资格审查的影响，不论教材的好坏，都把教材吃进去”①。

第三节　推广过程中保障教科书质量的一般方法

众所周知，有效的课程只有经过课程实施，进而变成学生习得的课程，才能变成课程现实。在教科书的研制开发阶段，保障教科书质量是必需的，这是教科书质量保障的基本前提。但是，静态的教科书文本能不能变成课程现实，课程实施中的预设与生成是否有效，这一切都需要通过课程实践的检验与完善。特别地，没有经过课堂实践考验的教科书也同样会出现这样那样的问题。因而，教科书质量保障不仅需要在研制开发阶段进行，更需要在教科书推广过程之中进行。

一、影响教科书推广质量与效果的因素分析

正如我们在文②中分析的，教科书质量可以区分为内在质量与外在质量，前者相对教科书文本而言，后者特指教科书实施表现出来的实际效果。进行中小学教科书外在质量的分析，必须紧紧围绕教科书、教师与学生而展

① 熊丙奇. 教材怎样编才能少些争议［N］. 华夏时报，2007－09－21. 亦可见 http：//www. uuhz. com/htm/jiao yu/20070921/news＿41. html，2007－11－12引用.

② 孔凡哲，史宁中. 论教科书质量及其影响因素［J］. 教育发展研究，2007（6B）：13－17.

开。教师是影响教科书外在质量（即使用质量和效果）的最直接因素之一。教科书的外在质量在很大程度上受制于教师借助教科书进行创造性教学的水平和实际发挥的状况。

（一）教科书的内在质量是教科书推广的前提和基础

作为教科书质量的重要内涵，教科书文本的内在质量是教科书外在质量的前提，是教科书获得包括教师、学生在内的用户满意的最重要的前提条件，也是占领市场的基础和先决条件。

我国新课程改革的目的是改变以往教科书中繁、难、偏、旧的内容和形式，重视学习过程和学习方法，重视学生综合能力的培养等。因此，教科书编写要充分体现新课程改革的理念，使教科书在内容、结构、逻辑顺序等方面符合新课改精神，以提高教科书的质量，使教师的教和学生的学都能达到高效率。只有高质量的教科书才能占领教师和学生的市场。而影响教科书编写质量的重要因素就是是否有专业化的教科书编写队伍。一支由课程专家、学科专家、教材编写专家、优秀教研员和一线优秀教师相互组合的多层面的编写队伍，是高质量教科书诞生的核心保障。

（二）营销措施与手段制约教科书的推广

为了宣传和推广新教科书，各出版社不断加强自身的营销与管理，纷纷设立教材发行科、实验区培训工作办公室、教材推广与服务中心等部门，抽调精兵强将推广教材。有些出版社与各地方机构合作成立该社驻当地办事处，以抢滩登陆当地的教材市场。种种的营销策略从根本上说都在为课程改革铺路架桥，也构成了教科书推广阶段不可缺少的重要环节。

（三）符合中小学实际，取得一线教师的认同，是确保教科书推广效果的关键

教科书的编写理念应当具有先进性和国际性，同时必须考虑我国基础教育实际情况。如我国幅员辽阔，存在南北、东西、城乡等方面的差异；各地的师资水平、教学硬件设施和社会配套学习资源各不相同，使各地对新教科书的选用标准也不尽相同。与此同时，一线教师对教科书质量的认同程度也直接影响着教科书的推广和发行。教科书选用的国际化趋势在于最终实现一线教师选用教科书，而不是行政部门指定教科书[①]。未来教科书选择的权利在于教师。高质量的教科书必然能得到一线教师的认同，占领教师和学生的

① 孔凡哲，王郢. 提升教师教科书评价意识保障教科书质量 [J]. 教育理论与实践，2006(10).

市场，从而使教育质量在和谐的氛围中得到提升。

（四）出版社的经济实力和研发实力是占领市场的根本

教科书市场具有高投入、低收益的特点，缺乏出版经验，缺乏品牌和服务优势，缺乏拓展和维护市场资金的出版社常常会黯然退出市场。在当前的中国（甚至世界其他国家），没有雄厚的经济实力和研发的技术、人才实力做后盾，很难从事国家级教材（教科书）的研发和出版工作。即使勉强得以出版，还要面对教科书的培训和维护等一系列后续问题。可以预见，不远的将来，可能有多家出版社出版的教科书最终要么被整合、吞并、购买，要么由于编写质量、服务质量或投资的原因而最终淡出教科书市场。

（五）规模效应是影响教科书选用的重要因素

大部分地区和学校希望选用一家或几家学科尽量齐全的教科书，以确保后续服务与培训、教育评价等工作的顺利开展，以及教材教辅的及时供应。因而，学科品种比较少的出版社其市场占有率必将受到一定的挑战。

（六）组建专业化队伍

当前，教科书经营队伍的市场推广使市场竞争能力与教科书出版水平不相适应，也与当前日趋激烈的教科书市场竞争不相适应。出版社必须对教科书营销人员进行结构调整，加强培训和考核，尽快组建真正的专业化教科书营销队伍。只有拥有一支高素质的教科书经营专业化队伍，才能与教育界进行更好的沟通和合作，才能拓展更大的教科书市场。

三、推广过程中保障教科书质量的措施分析

在市场经济条件下，教科书也是一种商品。要保证教科书的质量，首先必须拥有自身的特色，体现用户至上的观念，满足教科书用户的需求。

（一）保证推广渠道的有效性

在推广过程中，保障教科书质量的首要措施是教科书的研制开发系统与推广系统的局部分离，以确保推广渠道的有效、高效和畅通。

目前，除少数出版社外，我国课程、教科书研制开发人员大多是兼职人员，其对教科书的研制、开发行为属临时行为，教科书编写人员同时担当培训和推广的繁重任务，研制、推广领域的信息堵塞困扰着教科书编写人员，更使课程改革一线教师产生不少怨言。参考发达国家和地区的教科书研制开发机制和选用状况，解决当前这个问题的出路就在于以提高我国课程、教科书研制开发人员的专业化水平为中心，将研制开发系统与推广系统相对分离，对教科书的质量作出真正意义上的评价和保障。这也有助于教科书研制开发的可持续发展。

（二）建立良好的教科书后续服务和反馈机制，也就是说迫切需要建立课程、教科书反馈机制、反馈系统

众所周知，《课程标准》还需要在相应教科书的使用中得到不断验证和进一步完善，因而，教科书实验必须与课程标准实验同步互动，共同完善。同时，《课程标准》及其教科书实验工作自始至终都是一项科学研究工作。而教科书建设是一项系统工程，不仅需要前期的科研立项，研发编写，还需要后续的培训、学术交流等方面的跟踪服务。

2001 年 9 月实施新课程以来的实践表明，必须建立课程、教科书质量更新的良性机制，这个机制可以依托报纸、杂志、网站、新闻媒体等为外部平台，以国家课程标准研制组、教科书编写组、课程教科书管理部门、一线人员之间的网状联系为内部平台，将有关课程教科书的研制开发、质量保障的意图、要求和意见、建议，进行及时有效的双向反馈、沟通和交流。

1. 完善教科书培训机制。课堂教学是课程改革的主渠道，课程改革的成败最终决定于教师的教学实践，教师的培训工作在课改实验工作中处于重中之重的地位，只有把教师培训和教研工作做好，教师的专业水平提高了，课程改革才有可能顺利开展。因而，在教科书推广的过程中，我们应该十分重视教科书培训工作的有效、实效和针对性。同时，教科书培训工作宜免费进行，其培训形式必须灵活多样，如请上来的培训、走下去的培训、组织观摩课、编写内部资料等，通过培训切实提升教师对教科书的认识和使用水平。

2. 编写组与一线教师的信息沟通与交流的渠道必须畅通无阻。事实上，教科书的修改、完善取决于实际使用的反馈信息。只有教研员和一线教师能够经常将教科书实验中的问题及经验及时地反馈给教科书编写者，教科书编写者才能将这些经验宣传、推广出去，才能更好地完善教科书。其中，切实的资源、措施作为保障（如经费支持、课程资源保障、政策保障等等）是最为必要的。同时，建立反馈、交流的各种平台十分关键，如设立相应的杂志、刊物，使教科书使用者的意见能够有效地提出；建立网络沟通平台，使一线的教师和学生，甚至家长能够及时反馈自己的问题，并得到解答；组织研讨会、观摩活动等，使所有问题都浮出水面，通过集思广益得以解决。

总之，教科书质量保障是新课程改革顺利实施的基本前提，而不仅需要在教科书的研制开发阶段对教科书的质量加以保障，教科书在推广过程中的质量保障也不可忽视，这是对教科书质量进行进一步反馈的过程，通过这一过程教科书质量才有可能得到全程性的保障。

第四节　基础教育教科书质量保障的若干理想措施

当前，随着基础教育课程改革的不断深化，素质教育得以不断落实。在提倡教材多样化的理念下，我国教科书市场已形成多元化的格局，各种版本的教科书都竞相彰显自己的力量。确保基础教育教科书质量成为推进基础教育改革发展的不竭动力和基本保障。

基于当前我国基础教育改革发展的实际，笔者认为，基础教育教科书质量保障可以从教科书编写的创新机制、教师的教科书质量评判意识、教科书的特色化、教科书质量标准的多元化、教科书选用的市场化、教科书学校质量保障的制度化等若干方面逐步加以落实。

一、克服教科书"创新枯竭"的趋势，建立教科书编写的创新机制

教科书的创新是一个整体的系统工程。其中，核心在于教科书编写机制的创新。正如一些学者分析的，（教科书的创新）必须针对教材适用地区社会、经济、人文特点，联系教育事业发展的规格和水平，考虑使用教材的学生的理解、接受能力以及他们的心理和认知特点，对教材进行整体性的更新改造[①]。教科书只有投入实践，经过实践的检验和验证，经过编写者的修改和完善，才能保证特色与质量，更具有实用性和适用性。因而，保持教科书持续创新机制的良性运转，遏制教科书"创新枯竭"的趋势至关重要。这个创新机制既包括有利于创新的制度保障，有利于创新的人员队伍的流动与稳定机制，有利于创新的经济保障。

（一）教科书编写程序的创新

这里的编写程序，实际上是教科书编写制度的一个重要成分。教科书研制开发的创新首先体现在编写程序有利于创新，这里的程序既要满足普遍性，更要满足持续性、反馈的畅通，前者是指教科书编写要遵循教科书一般的编写程序，符合教科书编写的基本规律，后者是强调教科书的完善是持续不断的过程，必须经过"设计→实践检验→采集反馈意见→修改完善→再实验"这个不断反复的过程，需要一线教师与教科书编写人员共同配合、合作

① 《基础教育教材建设丛书》编委会. 中小学教材的编写出版. 北京：人民教育出版社，2004：79.

的历程，而不是当前一些编订者理解的教科书推向市场后就可以“休整、告一段落”的理解，也就是说，教科书的创新是一个过程，而不是一次“事件”。

在这里，有两个要素非常关键：一是是否有灵敏、准确和有力的反馈渠道，二是反馈信息的合理采纳的实效性。前者是相对于教科书编写者与教科书使用者之间的渠道而言的，后者是相对于教科书编订者处理反馈信息的效率而言的。

（二）教科书编写人员的创新

这种创新表现在教科书的研制开发组织者能否容纳百川，有效发挥各方力量，一方面，编写决策者和编写组核心成员自己具有创新的头脑、发展的潜意识和开阔的教科书视野，另一方面，其能够广泛而合理地吸收对本套教科书创新有用的各种信息，特别是让一线教师积极参与教科书的研究、修改和完善的过程之中。当然，要实现这种理想状态，教科书编写人员的比例结构非常重要。

当前，在全国中小学教科书研制开发发展的关键时期，如何切实提高教科书质量保障机制的实效性，笔者认为，提升教科书编者的专业水准和视野，开展反思性研究，摆正教科书发展的心态，建立可持续发展的良性机制，是当务之急：

一是由于对教科书研究的深度、广度所限，诸如教科书研究方法并不是所有的教科书编者都能熟悉并娴熟地加以运用的。从而，很少能出现“教科书还可以这样编写”，而是经常出现诸如“教科书的编写也就这样几种形式，仅此而已”的感慨。

二是对中外优秀教科书的比较研究缺乏，创新思路受学术视野的束缚而无法施展开来。例如，当 2001 年 9 月新课程标准实验教科书以生动的现实情境呈现在人们面前时，人们耳目一新，但是，随着改革的不断深入，细心的人容易发现，教科书的现实性似乎必然要与学科知识的系统性相悖，教科书的一些编者也有同样的感慨。但是，仔细研读现行的俄罗斯小学数学教科书可以发现，其不仅现实性鲜明，民族特色突出，而且，其数学知识的系统性、连贯性非常好。将题材的现实性与内容的系统性巧妙地统一起来，是俄罗斯小学数学教科书的典型特色，很值得我们借鉴。

三是编写组成员“近亲繁殖”，对现有题材风格的认同和遵循守旧，致使编写组无法开展真正意义上的讨论和深入的反思性研究，最终导致创新活力不够。

四是经济利益作祟，消极、惯性心理滋生，教科书推广的“大好形势”冲混了一些负责人的头脑。不可否认，教科书的编写、出版、发行具有丰厚的利润，但是，这也是一项造福于民的事业，以服务意识、对教科书质量精益求精的追求，才是教科书编订者的真正使命。

二、提升教师的教科书质量评判意识

当前困惑中小学教师的因素虽然很多，但是，其中的一个重要问题就是如何才能实现“用教材教”。笔者以为，提高教师的课程开发意识是一个渐进的过程，需要付诸长时间的艰苦努力，但是不可否认的是，在增强教师课程开发意识的过程中，一个非常重要的环节就是“增强中小学教师的教科书评价意识”，赋予教师参与选用教科书的权力，让教师切身地感受到自己也是教科书选用、评价的重要因素，自己也是课程缔造的重要环节。究其原因，大致有以下四个方面的含义：

（一）教科书质量保障的一条重要源泉在于一线教师的教科书评判意识

实践是检验真理的唯一标准。教师作为教育一线的工作者，是课程的最终实践人。作为课程的主要实施者的教师，特别是一线教师，他们对于教科书的评价至关重要：首先，教师作为日常教学工作的实际实施者对于实际的教学情况有着更为清楚和客观的把握和了解，如果教科书体现他们的主体要求，那么实际教学的效率和效果将得到大幅提升；其次，每个地区，甚至每所学校的教学历史传统和现状不尽相同，如果本地、本校教师对于教科书的评价和选用的要求不能适当得以体现和满足，对于教学结果非常不利；最后，新课程改革要求教师转变观念，充分发挥其课程开发者的作用。这就意味着教师参与教科书的评价和审定是这种角色转变的重要部分，也更加有利于教师参与课程的开发和编制。可以说，教师参与教科书的评价与审定对于提升课程质量、优化教学效率和效果有着至关重要的作用和意义。对教科书质量好坏的评判最终还在于一线教师与学生。

（二）提高教师的教科书评判意识是现代课程观的必然反映和具体体现

现代课程观要求教师转变观念和角色，从以往照本宣科的课程实施者转变为今天新一轮课程改革所要求的课程的开发者、教育教学的研究者。这就更加需要教师在教科书的评价和选用过程中发挥作用，提高自我参与意识。另一方面，新课程要求教师“用教材教，而不是教教材”，其基本前提就在于教师应该具备合理地评价一套教科书或者教科书的章节、片段的能力，只有在充分认识教科书、把握教科书的基础上，才能用得得心应手。

（三）教科书发展的国际化趋势就是最终实现一线教师选择教科书，而不是行政部门指定教科书

当前课程与教科书研究的现状已经表明，教师参与教科书评价是国际课程界的大势所趋，也是我国新课改的理想目标。一直以来，我国基础课程在教科书评价、选用方面一直都存在着国家统得太死的弊端，这既不利于教科书与各地区、各学校的实际情况相适应，也不利于教师的专业发展。新时代的教师应该树立起自己是课程主人之一的观念，积极投身于对教科书的评价和选择的活动之中。

（四）提高中小学教师课程开发本领的一个重要方面，在于提高中小学教师的教科书评价意识，而不仅仅在于教授其编写、开发课程资源的一些技巧

教师参与课程开发的程度可划分为不同的层次，最高段的目标是教师完全自主地开发课程。这对现阶段我国的大部分教师来说是一个严峻的挑战和长期的课题。因此，要提高中小学教师的课程开发本领，一个非常重要的工作就是提高教师对于不同教科书的比较意识和评价意识。

综上所述，我们可以看出，提高教师参与教科书评价的意识，使教师逐渐地参与教科书的评价和选用，不仅是当前国际和国内课程发展的大势所趋，同时对于促进教师的专业成长，提高教育教学质量也有着非常重要的意义和作用。

三、教科书的特色化

特色是一套教科书的灵魂，是教科书质量保障的生命线。所谓特色，也就是特别之处、让人认同的标新立异之处。教科书的特色既可以体现在教科书的整体设计风格上，也可以体现在教科书的单项特色上，既可以体现在教科书的内容质量上，也可以体现在教科书的外在质量（印刷、包装等等）上。

从理论上讲，在国内基础教育课程改革实验区，每一套投入使用的教科书都应有自己的特色，在发挥教科书的作用、实现教科书的功能和价值方面都要有独到之处。教科书的特色有外显的方面，也有内在的实质。特定的适用对象，别具匠心的框架结构，与众不同的活动形式，创新的教育理念和视角等等，都可以成为特色的外显方面。不论外显的表现手法多么丰富，特色的实质是根据相应学习领域的特点，灵活地、创造性地运用学生的认知和发展规律，使教科书在框架体系的安排、教学活动的设计以及知识内容的选择和阐述方面形成独到之处，从而极大地激发学生的学习兴趣和积极性，启迪

学生的思维和创造性，活化教学过程和师生交往互动，增进学生对知识的理解，促进学生发展，最大限度地实现教科书的功能和价值。

一般地，不同的群体对教科书特色的关注点有所侧重。相比之下，教科书在内容上的特色更令人新奇，更受研究者的关注。因而，学者更多地研究教科书在内容、结构、呈现方式等方面的特色，而教科书的使用者（一般的人员，而不是专业人员）更关注教科书在印刷、包装等方面的特色。也可以说，对教科书特色的关注点、关注的层次、深度，随着人们对教科书学术研究的深度、广度而有所差别。

四、建立学校层面课程实施下的教科书质量保障机制

综合我们在三所学校开展的教科书质量保障的探索，对比国内其他学校的一些具体做法，我们认为，在学校层面上保障教科书的实施，如下做法是比较理想的：

（一）创建教育科研网，构建资源共享、及时沟通的校本研究平台

众所周知，随着时代的发展、经济社会的高速发展，特别是高科技的出现，人与人之间情感交流的渠道本来增多了，但是，现实生活中的人与人之间反而疏远了，教师个人变得“孤独”了。这种新变化也在影响着学校内教师之间的关系。以往比较畅通的情感交流、教研组业务活动，日渐稀少。人们更喜欢虚拟的网络世界。同时，随着 2001 年 9 月正式开始实施的新课程实验的不断深入，校本研究逐渐演变为推行新课程的基本方法之一。构建校际网络资源网，建立符合时代特征的新的学校教研网变得十分必要和迫切。近年来，许多学校建立了自己的校园网。例如，在学校的“教育在线”与 BBS 上，每位教师都有自己的用户名和密码，定期发表自己的教学设计，其他教师会给其提出意见和建议。其中，很多时候教师们是针对教科书的特点给同事提出改进的建议和“绝招”。教师们的交流和思维的碰撞（特别是通过网络平台等渠道与教科书编者的沟通、交流），使教师能更好地把握和理解教科书，掌握教科书编者的意图，从而在课堂上能更好地体现教科书的思想，从而把教科书结构更加合理地转化成课堂教学结构。

（二）强化教科书分析工作，使其日常化、制度化

一般地，每个学期初，学校会组织不同年级的教师进行集体备课，让各学科带头人对每册教科书进行分析，首先针对全册教科书的教学内容、教学目标以及教科书的主要特点进行分析，然后针对每个单元的内容展开讨论，具体讨论单元的教学目标和教科书说明以及教学建议。对教科书分析和研究工作的日常化、制度化，对保障教科书的实施有重要作用。

（三）建立“名师工作室”，发挥其模范带头作用

亦即，学校将特级教师、学科带头人、市优秀青年教师、区优秀青年教师等优秀教师组织起来，组成“名师工作室”。名师工作室除了组织研究课和观摩课之外，还会给一线教师提供技术支持，帮助教师们解读教科书，分析教科书，定期将全校的各科教师组织在一起，与其共同讨论一节课，分析教科书编写者的意图，对教科书进行校本化处理，然后指派教师写教学设计、试上课、直至将这堂课推出去，参加区精品课比赛。如此，真正发挥名师的示范作用。

（四）每周开展务实的教研活动，构建校本研究的良性机制

学校在每周的固定时间都有教研活动，有时分年级组进行，大家共同讨论本年级组的教学进度，针对具体课时展开讨论，分析教学的重点、难点，在这一过程中，教师们更多的是分析教科书，解读教科书编写者的意图。最终形成校本研究机制的良性运转。

（五）发挥教师教学用书的“资源库”作用，有效利用课堂内外、学校内外的各种课程资源

例如，每位教师在学期初都会拿到教学用书，高年级的教师教学用书会附有教学光盘。教师备课时会认真阅读教师用书，了解单元的教学目标，每个课时的教学目标、教科书说明、教学建议、评价建议，甚至可以参考教师用书上提供的参考教案。

配套的教学光盘，不仅使教师节约了备课时制作课件的时间，而且光盘上的动画和内容放映的顺序也能更好地帮助教师理解教科书，把握教科书的思想。有的教师在时间不充分的情况下，课前看看教学光盘，也能了解教科书编写者的意图。

除此之外，发挥社区资源的功能和作用，也是保障教科书质量的有效策略。对此，俄罗斯的经验①值得借鉴。

总之，教科书多样化不是多本化，而是应该各具特色的多样化。只有高质量的、有创新特色的教科书才能获得教师和学生的认同和喜爱，这就需要教科书编写者编写出高质量的、特色鲜明的教材。因此，教科书的编写除了要遵循一般的教科书编写程序之外，不同的教科书编写主体还要有自己独特的创新机制，只有这样才能确保教科书旺盛的生命力和稳定的市场占有量。

---

① 孔凡哲，徐秀娟．俄罗斯社区类资源的有效利用及启示［J］．基础教育课程，2006（8）：26—27．